ŒUVRES

DE

J. F. COOPER

IMPRIMERIE DE H. FOURNIER ET Cᵉ, 14 RUE DE SEINE.

J. F. COOPER

par Defauconpret

LE CORSAIRE ROUGE

Paris

OEUVRES

DE

J. F. COOPER

TRADUITES

PAR

A. J. B. DEFAUCONPRET

TOME HUITIÈME

LE CORSAIRE ROUGE

PARIS

FURNE ET Cᵉ, CHARLES GOSSELIN
ÉDITEURS

M DCCC XXXIX

PRÉFACE

DE LA NOUVELLE ÉDITION.

Depuis le moment où parut cet ouvrage, jusqu'à ce jour, l'auteur ne l'a relu que pour faire les corrections nécessaires à cette nouvelle édition. Après examen, la critique l'a trouvé rempli de fautes de style, d'orthographe et de goût. Il espère avoir fait tous ses efforts pour réparer ces trois erreurs et que cet ouvrage est maintenant plus digne qu'autrefois de la faveur qu'il a obtenue.

L'auteur a peu de chose à dire relativement au sujet du roman. L'Amérique est un pays qui n'a presque pas de traditions ; le peu qu'il en existe est trop familier pour être converti en fiction. L'objet de l'ouvrage est de peindre des scènes maritimes, des usages et des caractères qui n'appartiennent qu'à la mer, et point du tout de raconter des événemens réels. Il n'y eut jamais de flibustier du nom de notre héros, et ce nom est de pure invention comme le reste de l'ouvrage. Le but moral que l'auteur se proposait était de prouver que les hommes du plus beau caractère peuvent être égarés par leurs passions et combien les bornes qui séparent le vice de la vertu sont faciles à franchir, lorsqu'une éducation négligée donne une fausse impulsion à des esprits qui portaient en eux le germe des belles actions. L'auteur a pensé aussi qu'il était utile de prouver qu'on peut donner au crime de brillantes apparences, et que d'un autre côté il ne faut pas appeler des monstres ceux qui ont avec raison perdu l'estime de leurs concitoyens ; car, en général, les déclamations de ceux qui sont placés par la fortune au-dessus des dangers et des tentations, sont aussi dangereuses que les exemples des criminels.

Londres, octobre 1833.

A

W. B. SCHUBRICK, ESQ.

DE LA MARINE DES ÉTATS-UNIS.

En vous offrant cette esquisse imparfaite et rapidement tracée de quelques scènes de notre état, mon cher Schubrick, je compte plus sur votre bienveillance que sur le mérite de l'exécution. Tel qu'il est, cependant, ce livre vous est offert comme une nouvelle preuve de l'estime et de l'amitié sincère de

L'AUTEUR.

PRÉFACE

DE LA PREMIÈRE ÉDITION.

L'auteur a déjà cru nécessaire, dans une autre occasion, de faire observer qu'en traçant ces tableaux de la vie maritime, il ne s'est pas cru obligé de tenir compte bien rigoureusement de l'ordre chronologique des perfectionnemens que l'on a introduits dans l'art nautique. Mais il pense qu'on ne trouvera dans cet ouvrage aucun anachronisme trop grossier. Si pourtant quelque critique marin à l'œil pénétrant allait découvrir une corde égarée dans une fausse poulie, ou un terme estropié de manière à en altérer la véritable orthographe, on lui rappelle que la charité lui fait un devoir d'en accuser toute autre chose que l'ignorance, quand il s'agit d'un confrère. Il ne faut pas oublier qu'il y a proportionnellement moins d'*hommes de mer* que d'*hommes de terre* employés à la partie mécanique aussi bien qu'à la partie spirituelle de la composition d'un livre, et ce fait suffit pour expliquer les nombreuses imperfections qui viennent encore mettre obstacle à l'harmonie parfaite des diverses parties de la littérature. En temps convenable sans doute, on trouvera un remède à ce mal déplorable, et alors le monde pourra espérer voir régner un peu plus d'ensemble dans les différentes branches du métier. Il n'y aura de véritable âge d'or pour la littérature, que lorsque les livres seront aussi corrects dans leur typographie qu'un *livre de loch*[1], et que le sens en sera aussi précis que celui d'un *watch-bill*[2].

---

[1] Le registre-journal d'un navire.—Ed.
[2] Le livre de quart.—Ed.

Quant à l'article moins important des matériaux, dont l'auteur aurait pu tirer un meilleur parti dans cet ouvrage, il n'a point l'intention d'être très communicatif à cet égard.

Si la manière dont l'auteur a développé les événemens de son récit n'en fait pas ressortir la vérité, il faut bien qu'il reste exposé à l'imputation de l'avoir défiguré par sa maladresse. Toutes les sortes de preuves qui existent peuvent se partager en trois classes : les *preuves positives*, les *preuves négatives* et les *preuves circonstanciées*. Le premier et le dernier genre de preuves sont généralement reconnus comme les plus recommandables, puisque le troisième ne peut être admis qu'en l'absence des deux autres. Quant à l'évidence *positive* de la vérité de ce que contient cet ouvrage, le livre lui-même la démontre d'une manière frappante. J'espère aussi qu'il ne manque point de *détails* propres à lui donner ce caractère désirable. Ces deux points préliminaires une fois accordés, l'auteur laisse à ceux qui voudraient chicaner encore, tout le plaisir de la *négative*, en leur souhaitant autant de succès qu'on peut en avoir en traitant une pareille question.

LE CORSAIRE ROUGE.

« Vous parlez comme d'honnêtes gens, je prie Dieu que vous vous montriez tels ! »

CHAPITRE PREMIER.

« Vous êtes des novices que Mars aime à la fureur. »
SHAKSPEARE. *Tout est bien qui finit bien.*

Quiconque sait ce que c'est que le tumulte et l'activité d'une ville commerçante d'Amérique ne reconnaîtrait point, dans le repos qui règne maintenant dans l'ancien marché de Rhode-Island, une place comptée dans ses jours de prospérité au nombre des ports les plus importans de toute la ligne de nos vastes côtes. Il semblerait, au premier coup d'œil, que la nature avait fait ce port tout exprès pour prévenir les besoins, et réaliser les vœux du marin. Jouissant des quatre grands avantages d'un port sûr et heureusement situé, d'un bassin tranquille, d'un havre d'entrée, et d'une rade commode dont l'abord est facile, Newport paraissait, aux yeux de nos ancêtres européens, destiné à servir d'abri aux flottes, et à nourrir une masse de marins robustes et expérimentés. Quoique cette dernière prédiction n'ait pas été entièrement démentie par l'événement, combien peu la réalité a répondu à l'attente, relativement à la première! Un heureux rival s'est élevé jusque dans le voisinage immédiat de ce favori apparent que la nature, pour déjouer tous les calculs de la sagacité commerciale, et ajouter une nouvelle preuve à toutes celles qui attestaient déjà que — la sagesse humaine n'est que folie.

Il est peu de villes de quelque importance, dans l'étendue de nos vastes territoires, qui ait aussi peu changé en un demi-siècle que Newport. Jusqu'à ce que les immenses ressources de l'intérieur fussent développées, la belle île sur laquelle cette ville est située était choisie pour retraite par les nombreux planteurs qui venaient du sud chercher un abri contre les chaleurs et les maladies de leurs climats brûlans. C'est là qu'ils se rendaient en foule pour respirer l'air fortifiant des brises de la mer. Sujets d'un même gouvernement, les habitans de la Caroline et de la Jamaïque s'y réunissaient amicalement pour comparer leurs mœurs et leurs constitutions respectives, et pour s'affermir réciproquement dans une illusion commune, que leurs descendans à la troisième génération commencent aujourd'hui à reconnaître et à regretter.

Ces relations ont laissé sur la postérité simple et sans expérience des puritains leurs impressions naturelles avec toutes les conséquences bonnes ou mauvaises. Les habitans du pays, tout en puisant dans ces liaisons une partie de ces manières douces et aimables qui distinguaient si éminemment ceux des colonies anglaises du sud, ne manquèrent point de se pénétrer en même temps de ces idées particulières sur la distinction des races humaines, idées qui ne forment pas un trait moins saillant de leur caractère. Rhode-Island fut la première des provinces de la Nouvelle-Angleterre à s'écarter dans ses mœurs et ses opinions de la simplicité de ses fondateurs. Ce fut elle qui porta le premier coup à ces manières rigides et grossières qui étaient regardées autrefois comme les compagnes nécessaires de la vraie religion, comme une espèce de gage extérieur qui garantissait la santé de l'homme intérieur, et ce fut elle aussi qui se départit la première, d'une manière sensible, de ces principes salutaires qui pourraient faire excuser un extérieur même encore plus repoussant. Par une singulière combinaison de circonstances et de dispositions, qui est néanmoins aussi vraie qu'inexplicable, les négocians de Newport devinrent en même temps marchands d'esclaves et *gentlemen*, et commencèrent à faire la traite au moment même où leurs mœurs se policaient.

Au reste, quel que fût l'état moral de ses habitans en 1759, l'île elle-même n'avait jamais été plus agréable ni plus riante. Les cimes plus altières de ses hauteurs étaient encore couronnées de bois aussi vieux que le monde; ses petites vallées étaient couvertes de la verdure animée du nord, et ses maisons de campagne sans prétention, mais propres et commodes, étaient ombragées de bosquets et parées de riches tapis de fleurs. La beauté et la fertilité de ces lieux leur valurent un nom qui probablement avait beaucoup plus d'expression qu'on ne le croyait dans ces premiers temps. Les habitans du pays appelèrent leurs possessions le Jardin de l'Amérique, et leurs hôtes venus des plaines brûlantes du sud ne se refusèrent point à confirmer un titre si brillant. Le surnom s'est même transmis jusqu'à nos jours, et il n'a été entièrement abandonné que lorsque les voyageurs furent à même de contempler ces milliers de vastes et délicieuses vallées qui, il y a cinquante ans, étaient ensevelies dans les épaisses profondeurs des forêts[1].

La date que nous venons de nommer était l'époque d'une crise du plus haut intérêt pour les possessions britanniques sur ce continent. Une guerre de sang et de vengeance, qui avait commencé par des défaites et des désastres, allait se terminer par le triomphe. La France était privée de la dernière de ses possessions maritimes, tandis que l'immense contrée qui s'étend entre la baie d'Hudson et le territoire espagnol se soumettait au pouvoir de l'Angleterre. Les habitans des colonies avaient largement contribué aux succès de la mère-patrie. Les pertes et les affronts que leur avaient fait souffrir les insolens préjugés des commandans européens commençaient à s'oublier dans l'ivresse du succès. Les fautes de Braddok, l'indolence de Loudon et l'incapacité d'Abercrombie avaient été réparées par la vigueur d'Amherst et

---

[1] Il y a un état et une île qui portent le même nom. L'état de Rhodes est le plus petit des vingt-quatre autres qui composent l'Union américaine. Il n'est pas plus grand que beaucoup de comtés d'Angleterre. Sa population se compose d'environ cent mille ames. Il est connu par son industrie manufacturière.

par le génie de Wolfe. Dans toutes les parties du globe les armes anglaises étaient triomphantes. Les fidèles colons étaient les plus ardens dans leur enthousiasme et les premiers à faire éclater leur joie, semblant ne pas faire attention à la faible part de gloire qu'un peuple puissant cède, et ne cède encore qu'avec répugnance, à ceux qui dépendent de lui, comme si l'amour de la gloire, de même que l'avarice, augmentait à mesure qu'on a plus de moyens de le satisfaire.

Le système d'oppression et de tyrannie qui hâta une séparation tôt ou tard inévitable n'avait pas encore été mis en pratique. La mère-patrie, à défaut de justice, montrait au moins de la complaisance. Comme toutes les anciennes et puissantes nations, elle s'abandonnait au plaisir flatteur, mais dangereux, de s'admirer elle-même. Les qualités et les services d'une race qui était regardée comme inférieure furent cependant bientôt oubliés, ou, si elle s'en souvint, ce fut pour les blâmer en les présentant sous un faux jour. Le mécontentement produit par les discordes civiles envenima le mal, et il en résulta des injustices plus frappantes, comme s'il régnait un esprit de vertige. Des hommes qui, d'après leur expérience, auraient dû être mieux au fait, ne rougirent point de manifester jusque dans l'assemblée suprême de la nation l'ignorance complète où ils étaient du caractère d'un peuple avec lequel ils avaient mêlé leur sang. L'amour-propre donna du crédit à ces opinions insensées. Ce fut sous l'influence de cette fatale présomption qu'on entendit des vétérans dégrader leur noble profession par des forfanteries que l'on n'eût pas tolérées dans la bouche d'un officier de salon; ce fut sous cette même influence que Burgoyne fit dans la chambre des communes cette mémorable promesse de marcher de Québec à Boston avec une force qu'il jugea à propos de nommer; promesse qu'il accomplit ensuite en traversant ce même territoire avec un nombre double de compagnons de captivité; ce fut enfin sous cette fatale influence que, depuis, l'Angleterre sacrifia follement cent mille hommes et prodigua cent millions de trésors.

L'histoire de cette mémorable lutte est connue de tout Américain. Heureux de savoir que son pays a triomphé, il se contente d'en laisser le glorieux résultat prendre sa place dans les pages de l'histoire. Il voit que l'empire de sa patrie s'appuie sur des bases larges et naturelles, qui n'ont point besoin de l'appui des plumes vénales; et heureusement pour la paix de sa conscience autant que pour la dignité de son caractère, il sent que la prospérité de la république ne doit pas être achetée au prix de la dégradation des nations voisines.

Notre sujet nous ramène à la période de calme qui précéda l'orage de la révolution. Dans les premiers jours du mois d'octobre 1759, Newport, comme toutes les autres villes de l'Amérique, était livrée tout à la fois à la joie et à la tristesse. Les habitans pleuraient la mort de Wolfe et triomphaient de sa victoire. Québec, la clef du Canada et la dernière place de quelque importance qu'occupait un peuple qu'ils avaient été élevés à regarder comme leur ennemi naturel, venait de changer de maîtres. Cette fidélité à la couronne d'Angleterre, qui s'imposa tant de sacrifices jusqu'à l'extinction de cet étrange principe, était alors dans sa plus grande ferveur, et probablement on n'aurait pas trouvé un seul colon qui n'associât, jusqu'à un certain point, son propre honneur à la gloire imaginaire du chef de la maison de Brunswick.

Le jour où commence l'action de notre histoire avait été spécialement destiné à manifester la part que prenait le peuple de la ville et des environs aux succès des armes royales. Il avait été annoncé, comme mille jours l'ont été depuis, par le son des cloches et par des salves d'artillerie, et la population s'était de bonne heure répandue dans les rues de la ville, avec cette intention bien prononcée de s'amuser, qui ordinairement rend si insipide un plaisir concerté d'avance. L'orateur du jour avait déployé son éloquence dans une espèce de monodie prosaïque en l'honneur d'un héros mort, et il avait suffisamment fait preuve de dévouement à la couronne en déposant humblement au pied du trône non-seulement la gloire de ce sacrifice, mais encore toute celle que s'étaient acquise tant de milliers de ses braves compagnons.

Satisfaits d'avoir ainsi manifesté leur fidélité, les habitans commençaient à reprendre le chemin de leurs maisons, en voyant le soleil se retirer vers ces immenses contrées où s'étendait alors un désert sans bornes et inconnu, mais que fécondent aujourd'hui les produits et les jouissances de la vie civilisée. Les paysans des environs, et même du continent voisin, se dirigeaient vers leurs demeures éloignées avec cette prévoyance économe qui distingue encore les habitans du pays, même dans le moment où ils paraissaient se livrer aux plaisirs avec le plus d'abandon, de crainte que le soir qui approchait ne les entraînât dans des dépenses qui n'étaient pas regardées comme indispensables pour exprimer les sentimens du jour. En un mot, l'heure des excès était passée, et chacun retournait au simple cours de ses occupations ordinaires, avec un empressement et une discrétion qui prouvaient qu'il n'oubliait pas totalement le temps qu'il avait perdu à manifester des sentimens qu'il paraissait déjà presque disposé à regarder comme étant un peu de surérogation.

Le bruit du marteau, de la hache et de la scie recommençait dans la ville. Les fenêtres de plus d'une boutique étaient à demi-ouvertes, comme si le propriétaire avait fait une sorte de compromis entre ses intérêts et sa conscience; on pouvait voir les maîtres des trois seules auberges de la ville assis devant leurs portes, regardant les paysans qui se retiraient, d'un air qui annonçait évidemment qu'ils cherchaient des pratiques au milieu d'un peuple qui a toujours été plus disposé à vendre qu'à acheter. Quelques matelots bruyans et désœuvrés, attachés aux vaisseaux du port, et un petit nombre d'habitués des cabarets, furent cependant l'unique conquête que purent faire tous leurs gestes d'amitié, toutes leurs questions sur la santé des femmes et des enfans, et même les invitations, quelquefois directes, faites aux passans de venir boire et se reposer.

Les soins de ce monde, auxquels venait se mêler la pensée constante, mais quelquefois un peu detournée de l'avenir, étaient ce qui occupait le plus et ce qui formait le trait distinctif du peuple qui habitait alors ce que l'on appelait les provinces de la Nouvelle-Angleterre. La grande affaire du jour n'était cependant pas oubliée, quoique l'on crût inutile d'en discuter les détails dans l'oisiveté ou le verre à la main. Les voyageurs, le long des différentes routes qui conduisaient dans l'intérieur de l'île, se formaient en petits groupes, où les résultats politiques du grand événement national qu'ils venaient de célébrer, et la manière dont ils avaient été traités par les différens individus choisis pour jouer le premier rôle dans les cérémonies du jour, étaient examinés librement, quoique néanmoins avec une grande déférence pour la réputation établie des personnages distingués les plus intéressés dans la question. Il était généralement reconnu que le sermon, qu'on aurait pu appeler historique, était aussi soigné qu'édifiant; et, en somme, quoique cette opinion trouvât une contradiction modérée chez quelques cliens d'un avocat opposé à l'orateur, on con-

venait que jamais il n'était sorti d'aucune bouche un discours plus
éloquent que celui qui, ce jour-là, avait été prononcé en leur
présence. C'était précisément de la même manière que discutaient
des ouvriers sur un vaisseau qu'on construisait alors dans le
port, et qui, suivant eux, d'après ce même esprit d'admiration
de province, qui a depuis immortalisé tant d'édifices, de ponts, et
même d'individus, dans les limites respectives de leurs pays,
était le plus précieux modèle qui existât des proportions parfaites
de l'architecture navale.

Il est peut-être nécessaire de dire un mot de l'orateur lui-même,
afin qu'un prodige intellectuel si remarquable remplisse sa place
dans notre énumération éphémère des grands hommes de cette
époque. Il était l'oracle habituel du voisinage quand il était nécessaire que les idées se rencontrassent sur quelque grand événement, tel que celui dont nous venons de parler. Son instruction
était regardée à juste titre, par comparaison, comme des plus
complètes et des plus étendues; sa réputation était comme le ca-
lorique, qui a d'autant plus d'intensité que les limites dans lesquelles il est enfermé sont plus étroites; on assurait, non sans
raison, qu'il avait étonné plus d'un docteur européen qui avait
voulu s'escrimer avec lui dans l'arène de la littérature ancienne.
C'était un homme qui savait tirer le plus grand parti de ces dons
surnaturels. Dans une seule circonstance il s'était écarté de son
attention ordinaire à ne rien faire qui pût diminuer une réputation
acquise de cette manière : c'était en permettant qu'un des laborieux chefs-d'œuvre de son éloquence fût imprimé, ou, comme le
disait son rival, plus spirituel mais moins heureux, le seul autre
homme de loi de la ville, en souffrant que l'on *arrêtât au passage*
un de ses essais *fugitifs*. Mais cette épreuve même, quels que pussent en être les résultats au-dehors, servit à confirmer sa réputation
dans le pays. Il brillait alors aux yeux de ses admirateurs de tout
l'éclat de l'impression, et c'était en vain que cette misérable race
— d'animalcules qui se nourrissent de la substance du génie —
essayèrent de miner une réputation consacrée dans l'opinion de
tant de paroisses. La brochure fut colportée avec soin dans les
provinces, prônée dans les soirées, portée ouvertement aux nues
dans les papiers publics, par quelque plume homogène, comme
on s'en apercevait à la ressemblance frappante du style; et, enfin,
grace au zèle d'un partisan plus enthousiaste, ou peut-être plus
intéressé que les autres, chargée à bord du premier vaisseau qui

mit à la voile pour retourner dans sa chère *patrie*¹, comme on appelait alors affectueusement l'Angleterre, sous une enveloppe qui n'était adressée rien moins qu'au roi d'Angleterre. L'effet qu'elle produisit sur l'esprit rigide de l'Allemand dogmatique qui occupait alors le trône du conquérant n'a jamais été connu, quoique ceux qui étaient dans le secret de l'envoi attendissent longtemps en vain la récompense signalée qui devait être le prix d'une si merveilleuse production d'une intelligence humaine.

Malgré ses hautes et précieuses qualités, celui qui en était doué était alors occupé de la partie des travaux de sa profession qui avait le plus de rapport avec les fonctions d'écrivain public, avec autant d'abnégation de lui-même que si la nature, en lui accordant des dons aussi rares, n'y avait pas joint la dose ordinaire d'amour-propre. Un observateur critique aurait pu cependant voir, ou du moins penser voir, à travers l'humilité forcée de son maintien, certains airs de triomphe qu'on pouvait attribuer à une autre cause qu'à la prise de Québec. L'habitude très recommandable d'économiser les moindres minutes était la cause de l'activité extraordinaire qu'il déployait dans l'exercice d'une profession si humble, comparée aux efforts récens de son esprit.

Laissant ce favori de la fortune et de la nature, nous allons passer à un individu tout-à-fait différent et à un autre quartier de la ville. Le lieu dans lequel nous allons maintenant transporter le lecteur n'était ni plus ni moins que la boutique d'un tailleur qui ne dédaignait pas d'entrer dans les plus minces détails de sa profession et d'être lui-même son unique ouvrier. L'humble édifice s'élevait à peu de distance de la mer, à l'extrémité de la ville, et dans une situation telle, que le propriétaire pouvait contempler toute la beauté du bassin intérieur, et même, par un passage ouvert à l'eau entre les îles, la surface, aussi paisible qu'un lac, du havre d'entrée. Un quai petit et peu fréquenté était devant sa porte, tandis qu'un certain air de négligence et l'absence de tout fracas prouvaient assez que ce quartier lui-même n'était pas le siége direct de la prospérité commerciale si vantée de Newport.

L'après-dinée était comme une matinée du printemps, car la brise, qui de temps en temps ridait la surface du bassin, avait cette douceur particulière qui caractérise si souvent l'automne en Amé-

---

(¹) *Home*. On connaît toute la magie de ce mot anglais, qui exprime à la fois les foyers domestiques et le pays natal.—ÉD.

rique. Le digne ouvrier travaillait à son ouvrage, assis sur son établi près d'une fenêtre ouverte, et bien plus satisfait de lui-même que beaucoup de gens que la fortune a placés sous des rideaux de velours et d'or. Du côté extérieur de la petite boutique, un paysan, de grande taille, gauche de manières, mais vigoureux et bien bâti, était à se balancer, l'épaule appuyée sur un des côtés de la boutique; comme si ses jambes trouvaient la tâche de soutenir sa lourde masse trop forte pour ne pas avoir besoin de support. Il semblait attendre le vêtement auquel travaillait l'autre, et dont il se proposait d'orner les graces de sa personne dans une paroisse voisine le prochain jour du sabbat.

Pour abréger les instans, et peut-être pour satisfaire une violente démangeaison de parler à laquelle celui qui maniait l'aiguille était quelquefois sujet, il se passa bien peu de minutes sans qu'il se dît un mot de part ou d'autre. Comme leur conversation avait un rapport direct avec le principal sujet de notre roman, nous nous permettrons d'en rapporter les parties qui nous semblent les plus propres à servir à l'exposition de ce qui doit suivre. Le lecteur voudra bien faire attention que celui qui travaillait était un vieillard approchant du déclin de la vie, et dont l'extérieur annonçait que, soit que la fortune lui eût toujours été contraire, soit qu'elle lui eût retiré ses faveurs, il ne parvenait à écarter la pauvreté de sa demeure qu'à l'aide d'un grand travail et d'une extrême frugalité; et que sa pratique était un jeune homme dont l'âge et l'apparence pouvaient faire présumer que l'acquisition d'un habillement complet était pour lui un grand événement qui faisait époque dans sa vie.

— Oui, s'écriait l'infatigable coupeur de drap en faisant une espèce de soupir qu'on pouvait également prendre pour la preuve de l'excès de son contentement moral, ou de la fatigue physique causée par ses pénibles travaux, oui, rarement il est sorti de la bouche de l'homme de plus belles paroles que celles que le squire[1] a prononcées aujourd'hui même. Quand il parlait des plaines du père Abraham[2], de la fumée et du carnage de la bataille, mon cher Pardon, il m'a remué si profondément, que, je le crois en vérité, il pourrait me venir en tête de laisser là l'aiguille, et de

---

[1] Nous avons déjà fait observer que ce mot ne saurait être traduit par *écuyer*; il signifie aussi un titre d'honneur donné par pure courtoisie; c'est le mot *monsieur* dans la bouche d'un industriel en échoppe.—Ed.

[2] La plaine d'Abraham est près de Québec.—Ed.

partir moi-même pour aller chercher la gloire sous les drapeaux du roi.

Le jeune homme, dont le nom de baptême, ou le *nom donné*, comme on le dit encore aujourd'hui dans la Nouvelle-Angleterre, avait été humblement choisi par ses parens spirituels pour exprimer ses espérances pour l'avenir, tourna la tête vers l'héroïque tailleur avec une expression de moquerie dans le regard, qui prouvait que la nature ne lui avait point refusé le don de la plaisanterie, quoique cette qualité fût étouffée par la contrainte d'habitudes toutes particulières, et d'une éducation qui ne l'était pas moins.

— Il y a jour à percer à présent pour un homme ambitieux, voisin Homespun, dit-il, puisque sa majesté a perdu son plus brave général.

— Oui, oui, répondit l'individu qui, dans sa jeunesse ou dans son âge mûr, s'était si gravement trompé dans le choix d'un état, c'est une chance belle et flatteuse pour celui qui ne compte que vingt-cinq ans. Mais moi, la plupart de mes jours sont écoulés, et je dois en passer le reste ici, où vous me voyez, entre le bougran et l'osnabruck. — Qui a teint votre drap, Pardy? C'est le plus beau en couleur que j'aie manié de cet automne.

— La maman s'y entend, voyez-vous, pour donner une couleur solide à son tissu, et je vous réponds, voisin Homespun, que pourvu que vous lui laissiez le temps de se retourner, il n'y aura pas dans toute l'île un garçon mieux habillé que le fils de ma mère. Mais, puisque vous ne pouvez pas être général, bon homme, vous aurez du moins la consolation de savoir qu'on ne se battra plus sans vous. Tout le monde est d'accord que les Français ne tiendront plus long-temps, et que nous allons avoir la paix faute d'ennemis.

— Tant mieux, tant mieux, jeune homme. Quelqu'un qui a vu comme moi les horreurs de la guerre, et, Dieu merci, j'en ai vu de toutes les couleurs, sait quel prix il doit attacher aux douceurs *physiques* de la paix.

—Vous n'êtes donc pas tout-à-fait étranger, bon homme, au nouvel état que vous songez à prendre?

— Moi, j'ai passé par cinq longues et sanglantes guerres, et je puis dire que, grace à Dieu, je m'en suis tiré assez heureusement, puisque je n'ai pas reçu une égratignure aussi forte que celle que pourrait faire cette aiguille. Oui, ce sont cinq longues, — sanglantes, et, je puis le dire, glorieuses guerres que j'ai traversées sain et sauf !

— C'était un moment bien dangereux pour vous, voisin; mais je ne me rappelle pas avoir entendu parler dans ma vie de plus de deux querelles avec les Français.

— Vous n'êtes qu'un enfant auprès de celui qui a vu la fin de sa soixantième année. Il y a d'abord cette guerre-ci, qui maintenant est si vraisemblablement à son dernier terme.—Le Ciel, qui règle tout dans sa sagesse, en soit loué ! — Il y eut ensuite l'affaire de 1745, quand le brave Warren parcourut nos rivages dans tous les sens, fléau des ennemis de sa majesté et défenseur de tous ses fidèles sujets. Ensuite il y eut une affaire en Allemagne dont on nous a fait de terribles récits, et où les hommes tombaient comme l'herbe sous la faucille maniée par un bras vigoureux. Cela fait trois. La quatrième, ce fut la révolte de 1715, dont je ne prétends pas avoir vu grand'chose, car j'étais encore tout jeune à cette époque. La cinquième, c'était un bruit terrible qui s'était répandu dans les provinces d'un soulèvement général parmi les noirs et les Indiens, qui devait plonger tous les chrétiens dans l'éternité, sans leur laisser une minute pour se reconnaître.

— Ma foi, je vous avais toujours regardé comme un homme paisible et sédentaire, reprit le paysan étonné, et il ne m'était jamais venu à l'esprit que vous eussiez vu des mouvemens aussi sérieux.

— Je n'ai jamais voulu me vanter, Pardon; sans cela j'aurais pu ajouter à ma liste d'autres affaires importantes. Il y eut une grande lutte en orient, pas plus tard qu'en 1732, pour le trône de Perse. Vous avez lu les lois des Mèdes et des Perses. Eh bien ! ce même trône qui a donné ces lois inaltérables était alors l'objet d'une querelle terrible où le sang coulait comme de l'eau ; mais ce n'était pas dans un pays chrétien, et je ne puis en rendre compte d'après ma propre expérience, quoique j'eusse pu vous parler de l'émeute relative à Porteous[1] avec certitude, puisqu'elle a eu lieu dans une partie du royaume même où je vivais.

— Vous devez avoir beaucoup voyagé et vous être mis en marche de grand matin, bon homme, pour avoir vu toutes ces choses et n'avoir rien souffert.

— Oui, oui, j'ai tant soit peu été voyageur, Pardy ! J'ai été

---

[1] Voyez la *Prison d'Edimbourg*, chap. I.—Éd.

deux fois par terre à Boston, et j'ai traversé une fois le grand détroit de Long-Island pour descendre à la ville d'York. Cette dernière entreprise est bien périlleuse vu la distance, et surtout parce qu'il est nécessaire de passer par un endroit qui ressemble par son nom à l'entrée de Tophet[1]..

— J'ai souvent entendu parler du lieu appelé *Porte de l'Enfer*, et je puis vous dire aussi que je connais parfaitement un homme qui l'a traversé deux fois, l'une allant à York, l'autre en revenant chez lui.

— Il y en a eu assez, j'en suis bien sûr. Vous a-t-il parlé de la grande *Marmite* qui bouillonne et frémit comme si Belzébuth attisait au dessous ses feux les plus violens? Vous a-t-il parlé du *Dos de Sanglier* par dessus lequel l'eau se précipite avec plus de fureur qu'elle ne tombe, je le parierais, aux grandes cascades de l'ouest? Grâce à la sage adresse de nos marins, et au rare courage de nos passagers, nous en eûmes bon marché, et cependant, je dois l'avouer, et peu m'importe qui en rira, c'est une rude épreuve pour le courage que d'entrer dans ce terrible détroit. Nous jetâmes l'ancre à certaines îles, situées à peu de verges de ce côté de la ville, et nous envoyâmes la chaloupe avec le capitaine et deux vigoureux matelots pour reconnaître l'endroit, afin de voir si tout y était paisible. Le rapport ayant été favorable, les passagers furent mis à terre, et le vaisseau arriva, grace à Dieu, sain et sauf. Nous eûmes raison de nous féliciter de nous être recommandés aux prières de l'Église avant de quitter la paix et la sécurité de nos demeures.

— Vous traversâtes la Porte d'Enfer par terre? demanda le paysan attentif.

— Certainement : c'aurait été blasphémer et tenter la Providence d'une manière impie que d'agir autrement, quand nous voyions que notre devoir ne nous appelait pas à un tel sacrifice; mais tout le danger est passé comme se passera, je l'espère, cette guerre sanglante où nous avons tous deux joué un rôle, et alors, je l'espère humblement, sa gracieuse majesté aura le loisir de tourner ses augustes pensées sur les pirates qui infestent la côte, et d'ordonner à quelques-uns de ses braves capitaines de rendre aux coquins le traitement qu'ils aiment tant à infliger aux autres. Ce serait un joyeux spectacle pour mes yeux affaiblis de voir le

---

[1] Nom donné quelquefois à l'enfer dans la Bible.—Éd.

fameux Corsaire Rouge, si long-temps poursuivi, traîné dans ce même port, à la remorque d'un vaisseau du roi.

— C'est donc un coquin enragé que celui dont vous parlez?

— Lui! il y en a plus d'un dans ce vaisseau de contrebande, et ce sont tous des brigands altérés de sang et de rapines, jusqu'au dernier des mousses de l'équipage. C'est un véritable chagrin, une vraie désolation, Pardy, d'entendre le récit de leurs méfaits sur les terres du roi!

— J'ai souvent ouï parler du Corsaire, répondit le paysan, mais jamais on n'est entré avec moi dans les détails compliqués de ses pirateries.

— Comment pourriez-vous, jeune homme, vous qui vivez dans l'intérieur des terres, connaître ce qui se passe sur le vaste océan, aussi bien que nous qui habitons un port si fréquenté par les marins? Je crains que vous ne rentriez tard chez vous, Pardon, ajouta-t-il en jetant les yeux sur certaines lignes tracées sur les planches de sa boutique, à l'aide desquelles il savait calculer la marche du soleil; cinq heures vont sonner, et vous avez deux fois ce nombre de milles à faire avant de pouvoir, *moralement* parlant, atteindre le point le plus voisin de la ferme de votre père.

— La route est facile et le peuple honnête, répondit le paysan, qui ne s'inquiétait pas qu'il fût minuit, pourvu qu'il pût porter le récit de quelques terribles vols sur mer aux oreilles de ceux qui, comme il le savait bien, se presseraient autour de lui à son retour pour apprendre des nouvelles du port.

— Et est-il en effet aussi craint et aussi recherché que le peuple le dit?

— Recherché! Tophet est-il recherché par les chrétiens en prière? Il y a peu de marins sur le vaste océan, fussent-ils aussi braves à la guerre que l'était Josué, le grand capitaine juif, qui n'aimassent mieux voir la terre que les voiles de ce maudit pirate. Les hommes combattent pour la gloire, Pardon, comme je puis dire l'avoir vu, après avoir traversé tant de guerres, mais personne n'aime à rencontrer un ennemi qui de prime abord hisse un étendard sanglant, et qui est prêt à faire sauter en l'air amis et ennemis, s'il vient à trouver que le bras de Satan n'est pas assez long pour le secourir.

— Si le coquin est si enragé, reprit le jeune homme redressant ses membres vigoureux d'un air d'orgueil, pourquoi l'île et ses plantations n'envoient-elles pas un vaisseau côtier pour nous le ramener ici, afin qu'il puisse jouir du spectacle d'un gibet salutaire ? Que le tambour batte à cet effet dans notre voisinage, et je réponds qu'il se présentera un volontaire pour le moins.

— Voilà bien les propos d'un homme qui n'a jamais vu la guerre ! Que serviraient les fléaux et les fourches contre des hommes qui se sont vendus au diable ? On a souvent vu le Corsaire la nuit, ou au moment où le soleil venait de se coucher, à côté des croiseurs de sa majesté, qui, ayant bien entouré les brigands, avaient de bonnes raisons pour croire qu'ils les tenaient déjà dans les fers; mais quand le matin venait, l'oiseau était déniché, le diable sait comment.

— Et les scélérats sont si altérés de sang qu'on les a surnommés *Rouges ?*

— Tel est le titre de leur chef, répondit le digne tailleur, tout fier de l'importance que lui donnait la connaissance d'une légende si remarquable, et tel est aussi le nom qu'ils donnent au vaisseau; car aucun homme qui y a mis le pied n'est jamais revenu dire s'il en avait un autre meilleur ou pire, — mon Dieu non, ni voyageur ni matelot. Le bâtiment est du calibre d'un sloop royal, à ce qu'on dit, et semblable au sloop pour la forme et pour l'équipement. Mais il a échappé miraculeusement à plus d'une brillante frégate, et une fois — on se le dit tout bas, car aucun loyal sujet n'oserait prononcer tout haut un aussi scandaleux récit, — il resta pendant une heure entière sous le feu d'un vaisseau de cinquante canons, et il parut à tous les yeux s'enfoncer comme la sonde jusqu'au fond de l'eau; mais au moment où chacun battait des mains, et félicitait son voisin de l'heureuse punition des coquins, il entra dans le port un bâtiment des Indes Occidentales, qui avait été pillé par le Corsaire le matin même après la nuit où l'on pensait qu'ils étaient partis tous ensemble pour l'éternité. Et ce qui rend l'affaire encore pire, jeune homme, c'est que, tandis que le vaisseau du roi se radoubait, et qu'on bouchait les ouvertures faites par les boulets de canon, le Corsaire courait des bordées le long de la côte aussi frais et aussi dispos que le jour où il était sorti du chantier.

— Eh bien ! voilà qui est inouï, répondit le campagnard, sur qui le récit commençait à faire une impression sensible. Est-ce un vaisseau bien tourné, et qui soit beau à voir ? Et, pour tout dire, est-on bien sûr que ce soit un vaisseau vivant ?

— Les opinions diffèrent : les uns disent oui, les autres non. Mais je connais parfaitement un homme qui a voyagé une semaine dans la compagnie d'un marin qui, emporté par une bourrasque, a passé à la distance de cent pieds de ce vaisseau. Bien lui en a pris que la main du Seigneur se fît sentir si puissamment sur les flots, et que le Corsaire eût assez à faire d'empêcher son propre bâtiment de s'abîmer. L'ami de mon ami vit donc parfaitement et le vaisseau et le capitaine, sans courir le moindre danger. Il disait que le pirate était un homme qui pouvait être plus gros de moitié que le grand prédicateur, là-bas, qu'il avait des cheveux de la couleur du soleil dans un brouillard, et des yeux qu'aucun homme n'aimerait à regarder une seconde fois. Il le vit aussi bien que je vous vois ; car le coquin se tenait sur le tillac de son vaisseau, faisant signe à l'honnête marchand, d'une main aussi large qu'un pan d'habit, de ne pas avancer, de crainte que les deux navires ne s'endommageassent en se heurtant.

— C'était un intrépide marin que ce marchand, pour oser approcher si près d'un pareil brigand sans pitié.

— Je vous assure, Pardon, que c'était diablement contre sa volonté. Mais la nuit était si obscure !

— Obscure! interrompit l'autre. Comment réussit-il donc à voir si bien ?

— C'est ce que personne ne saurait dire, répondit le tailleur : mais pour ce qui est de voir, il a bien vu tout ce que je vous ai dit. Bien plus, il a pris bonne note du vaisseau, afin de pouvoir le reconnaître, si le hasard ou la Providence le remettait jamais sur son passage. C'était un long bâtiment noir, enfoncé dans l'eau comme un serpent dans le gazon, ayant un air de scélératesse diabolique, et d'une dimension tout-à-fait malhonnête. Ensuite tout le monde dit qu'il paraît voguer plus vite que les nuages, et qu'il semble s'inquiéter peu de quel côté souffle le vent ; aussi ajoute-t-on qu'il n'est pas plus facile d'échapper à sa poursuite qu'au traitement qu'il vous prépare. D'après tout ce que j'ai entendu dire, il a quelque rapport avec ce bâtiment négrier là-bas qui a mouillé la semaine passée, Dieu sait pourquoi, dans notre havre d'entrée.

Comme le tailleur babillard avait nécessairement perdu beaucoup de momens précieux à raconter l'histoire qui précède, il se mit alors à les réparer avec une extrême activité, en aidant le raide mouvement de la main tenant l'aiguille par des gestes correspondans de la tête et des épaules. En même temps le paysan, dont l'esprit était tout rempli de ce qu'il venait d'entendre, tourna les yeux sur le vaisseau que l'autre lui montrait du doigt, pour en prendre une idée, et se bien mettre dans l'esprit tout ce qui avait rapport à une histoire aussi intéressante, afin de pouvoir la raconter ensuite dans tous ses détails. Il y eut nécessairement un instant d'interruption dans l'entretien, pendant que les deux interlocuteurs s'occupaient ainsi chacun de leur côté. Mais le silence fut soudainement rompu par le tailleur, qui coupa le fil avec lequel il venait d'achever le costume de Pardon, jeta tout sur l'établi, releva ses lunettes sur son front, et croisant ses bras sur ses genoux de manière à former avec ses jambes un labyrinthe parfait, pencha son corps en avant, assez pour passer la tête hors de la fenêtre, dirigeant également ses regards vers le vaisseau sur lequel les yeux de son compagnon restaient constamment fixés.

— Savez-vous, Pardy, lui dit-il, quelles pensées étranges, quels cruels soupçons me sont venus dans l'esprit relativement à ce vaisseau ? On dit que c'est un négrier venu ici pour prendre de l'eau et du bois; voilà une semaine qu'il est là, et je veux mourir si l'on y a transporté seulement une planche; pour ce qui est de l'eau, je vous réponds que pour une goutte d'eau il en passe à bord au moins dix de rum de la Jamaïque. Ensuite vous pouvez voir qu'il a jeté l'ancre dans un endroit où il n'y a qu'un seul canon de la batterie qui puisse l'atteindre; tandis que si c'eût été réellement un timide vaisseau marchand, il se serait naturellement mis dans un lieu où, si quelque corsaire avide venait rôder autour du port, il l'aurait trouvé dans le plus chaud du feu.

— Vous êtes bien futé, bon homme, répondit le paysan ébahi; eh bien ! un vaisseau se serait mis sous la batterie même de l'île, que je l'aurais à peine remarqué.

— C'est l'usage, c'est l'expérience, Pardon, qui fait des hommes de nous tous. Je dois savoir quelque chose des batteries, moi qui ai vu tant de guerres, et qui ai servi pendant une campagne d'une semaine dans ce même fort, quand le bruit se répandit que les Français envoyaient une flotte de Louisbourg croiser le long de la côte. Dans cette occasion, j'eus pour consigne de faire sentinelle auprès de ce même canon, et j'ai vingt fois pour une examiné la pièce dans tous les sens, afin de voir dans quelle direction le coup partirait en cas que le malheur voulût qu'il de-

LE CORSAIRE ROUGE.

vînt nécessaire d'y mettre le feu en la chargeant de bons et francs boulets.

— Et qui sont ces hommes? demanda Pardon avec cette espèce de curiosité niaise qu'avaient éveillée chez lui les merveilles racontées par le tailleur. Sont-ce des matelots du négrier, ou des oisifs du Newport?

— Eux! s'écria le tailleur en regardant le petit groupe que lui montrait le paysan, à coup sûr ce sont de nouveaux venus, et il peut être bon de les examiner de plus près dans ces temps de trouble. Holà! Nab, prenez cet habit, et rabattez-en les coutures, fainéante, car le voisin Hopkins est pressé par l'heure, tandis que votre langue va comme celle d'un jeune avocat dans une cour de justice. N'épargnez pas vos coudes, jeune fille; ce n'est pas de la mousseline que vous allez presser sous le fer, mais une étoffe sur laquelle on pourrait appuyer une maison. Ah! c'est que votre mère s'y entend, Pardy, et ce qui a été une fois sur son métier n'a pas souvent besoin de la ravaudeuse.

S'étant ainsi déchargé du reste de l'ouvrage sur une servante à mine refrognée, qui fut forcée de cesser de babiller avec un voisin pour obéir à ses ordres, il sortit promptement de sa boutique, tout boiteux qu'il était depuis sa naissance, et se trouva en plein air. Mais comme nous sommes sur le point de présenter au lecteur des personnages plus importans, nous nous permettrons de différer leur introduction jusqu'au commencement du chapitre suivant.

CHAPITRE II.

> Sir Toby : « Excellent! je découvre le mystère! »
> SHAKSPEARE. *Le Jour des Rois.*

Les étrangers étaient au nombre de trois, car c'étaient bien des étrangers, à ce que dit à l'oreille de son compagnon le bonhomme Homespun, qui connaissait non-seulement les noms, mais presque l'histoire secrète de tous ceux, hommes et femmes, qui demeuraient dans un rayon de dix milles autour de sa résidence; c'étaient des étrangers, et même des étrangers d'un aspect mystérieux et menaçant. Afin que d'autres puissent apprécier le plus ou moins de vraisemblance de cette dernière conjecture, il devient nécessaire d'entrer dans quelques détails sur l'extérieur respectif de ces individus, qui avaient le malheur de n'être pas connus du tailleur babillard de Newport.

L'un, c'était celui qui avait de beaucoup l'air le plus imposant, était un jeune homme qui avait dû voir de vingt-six à vingt-sept printemps. Mais, pour se convaincre que ces printemps n'avaient pas été uniquement composés de journées paisibles et de nuits de repos, il suffisait de regarder ces couches brunes et foncées accumulées sur sa figure l'une après l'autre, de manière à donner une couleur olive à un teint naturellement blanc, sans cependant altérer en rien l'expression de la plus brillante santé. Ses traits avaient plus de noblesse et de vigueur que de régularité et de symétrie; son nez n'avait peut-être point des proportions bien exactes, mais il avait quelque chose de saillant et de hardi, qui, joint à ses sourcils avancés, donnait à la partie supérieure de sa figure cet air prononcé d'intelligence qui caractérise maintenant la plupart des physionomies américaines. Sa bouche avait une expression ferme et mâle, et tandis qu'il se parlait tout bas à lui-même avec un sourire significatif, au moment où le curieux tailleur s'approchait doucement, elle laissa voir une rangée de dents brillantes qui tiraient un nouvel éclat de la couleur sombre du teint qui les entourait. Ses cheveux étaient noirs comme le jais, formant des boucles épaisses qui retombaient en désordre. Ses yeux étaient un peu plus grands qu'ils ne le sont d'ordinaire, et d'une expression très changeante, quoique cependant plutôt douce que sévère.

La taille de ce jeune homme était de cette heureuse dimension qui unit d'une manière si particulière la vigueur et l'activité. Elle semblait le résultat d'une combinaison parfaite, tant les proportions en étaient justes et la grace frappante. Quoique ces différentes qualités physiques se montrassent avec le désavantage d'un costume de simple marin, tout-à-fait ordinaire, bien que propre et arrangé avec assez de goût, elles étaient assez imposantes pour intimider le soupçonneux tailleur, et le faire hésiter à adresser la parole à l'étranger, dont le regard paraissait attaché par une sorte de prestige sur le soi-disant négrier du havre d'entrée. Une contraction de sa lèvre supérieure, et un autre sourire étrange, dans lequel le dédain semblait se mêler aux paroles qu'il murmurait, mirent fin subitement à cette irrésolution. Il n'osa point troubler une rêverie qui semblait si profonde, et, laissant le jeune homme appuyé contre le bord de la jetée, où il se tenait depuis long-temps sans s'apercevoir le moins du monde de la présence d'aucun importun, il se hâta de se détourner un peu pour examiner les deux autres personnages.

L'un d'eux était un blanc, et l'autre un nègre. Tous deux avaient passé l'âge moyen, et leur extérieur prouvait évidemment qu'ils avaient été long-temps exposés à la rigueur des climats et à des tempêtes sans nombre. Leur costume, tout couvert de goudron, et portant plus d'une trace des ravages du temps, annonçait qu'ils appartenaient à la classe des simples matelots.

Le premier avait une taille courte, ramassée, mais vigoureuse, et dans laquelle, par une heureuse disposition de la nature, développée peut-être par une longue habitude, le principal siége de la force se trouvait placé dans des épaules larges et charnues, et dans des bras robustes et nerveux, comme si, dans la construction de son corps, ses membres inférieurs n'avaient été destinés qu'à transporter les membres supérieurs aux différens endroits où ils devaient déployer leur énergie. Il avait une tête énorme, le front court et presque couvert de cheveux, les yeux petits, très vifs, quelquefois fiers, souvent insignifians; le nez gros, commun et bourgeonné; la bouche grande, semblant indiquer l'avidité, et le menton large, mâle et même expressif. Ce personnage si singulièrement bâti s'était assis sur un tonneau vide, et, les bras croisés, il examinait le négrier dont nous avons si souvent parlé, en favorisant de temps en temps le nègre, son compagnon, des remarques que lui suggéraient ses observations et sa grande expérience.

Le nègre occupait un poste plus humble et plus conforme à ses habitudes de soumission. Dans la distribution toute particulière de la forme animale, il y avait une grande ressemblance entre les deux, si ce n'est que le dernier avait l'avantage de la taille et même des proportions. Si la nature avait empreint sur ses traits ces marques distinctives qui caractérisent la race dont il sortait, elle ne l'avait pas fait à ce point révoltant auquel elle porte souvent sa colère contre ce peuple frappé de sa réprobation. Ses traits étaient plus distingués qu'ils ne le sont d'ordinaire; son œil doux prenait aisément l'expression de la joie, et quelquefois, comme le regard de son compagnon, celle de la plaisanterie ; sa tête commençait à grisonner; sa peau avait perdu la couleur luisante de jais qui l'avait distinguée dans sa jeunesse; tous ses membres, tous ses mouvemens annonçaient un homme dont le corps avait été endurci par un travail sans relâche. Il était assis sur une borne peu élevée, et semblait occupé attentivement à jeter en l'air de petits cailloux, déployant sa dextérité en les rattrapant de la même main qui venait de les lancer, occupation prouvant à la fois le penchant naturel de son esprit à chercher à s'amuser de bagatelles, et l'absence de ces sentimens plus élevés qui sont le fruit de l'éducation. Ce jeu cependant servait à faire ressortir la force physique du nègre ; car afin de pouvoir se livrer sans obstacles à cet amusement puéril, il avait retroussé jusqu'au coude les manches de sa veste de toile, et déployait un bras qui eût pu servir de modèle pour celui d'Hercule.

Il n'y avait certainement, dans la personne des deux matelots, rien d'assez imposant pour intimider un homme aussi pressé par la curiosité que notre tailleur. Au lieu cependant de se laisser aller tout de suite à son premier mouvement, il voulut montrer au campagnard comment on devait s'y prendre en pareil cas, et lui donner une preuve frappante de cette sagacité dont il était si fier. Après lui avoir fait avec précaution un signe d'intelligence, il s'approcha doucement par derrière, sur la pointe du pied, afin d'être à portée de tout entendre si l'un des deux matelots laissait involontairement échapper un secret. Sa prévoyance ne fut suivie d'aucun résultat important; elle ne lui donna pour confirmer ses soupçons d'autre indice que celui qu'il pouvait tirer du simple son de leur voix. Quant aux mots eux-mêmes, quoique le bon homme crût bien qu'ils impliquaient trahison, il était forcé de reconnaître qu'elle était assez bien cachée pour échapper à toute sa sagacité. Nous laisserons le lecteur juger lui-même de la justesse de ses conjectures.

— Voilà un assez joli brin de bassin, Guinée, dit le blanc en roulant son tabac dans sa bouche et en détachant les yeux du bâtiment pour la première fois depuis bien des minutes, et c'est un endroit où l'on devrait aimer à voir sa frégate, lorsque l'on est ainsi sans défense sous la gueule du vent. Je puis dire, sans me vanter, que je suis tant soit peu marin; eh bien, du diable si je puis deviner, à part moi, quelle peut être la philosophie du capitaine pour laisser son navire dans le havre extérieur, lorsqu'il pourrait le touer dans cet étang à moulin en moins d'une demi-heure. Cela donne une rude besogne à ses barques, Noiraud, et c'est ce que j'appelle faire du mauvais temps avec du bon.

Le nègre avait été surnommé Scipion l'Africain par une espèce de raffinement d'esprit qui était beaucoup plus commun aux Provinces qu'il ne l'est aux États d'Amérique, et qui peupla les derniers rangs de la société d'une foule de représentans, du moins de nom, des philosophes, des poètes et des héros de Rome. Pour lui, c'était une chose assez indifférentes que le vaisseau fût dans le havre d'entrée ou dans le port, et il le prouva en répondant d'un air d'indifférence et sans discontinuer son amusement enfantin :

— Lui croire toute l'eau en dedans être sur une hauteur, moi suppose.

— Je vous dis, Guinée, reprit l'autre d'un ton sec et péremptoire, que cet homme n'y entend rien. S'il connaissait quelque chose au gouvernement d'un vaisseau, est-ce qu'il laisserait le sien dans une rade lorsqu'il pourrait l'amarrer, poupe et proue, dans un bassin comme celui-ci ?

— Quoi lui appeler rade! interrompit le nègre saisissant avec l'avidité de l'ignorance l'occasion de relever la légère erreur que son adversaire avait commise en confondant le havre extérieur de Newport avec l'ancrage plus étendu qui le séparait du port, et s'inquiétant peu, comme tous les gens de son espèce, si l'objection s'appliquait en aucune manière au point véritablement en discussion; moi n'avoir jamais entendu eux appeler rade un ancrage avec de la terre tout autour !

— Écoutez un peu, maître Côte-d'Or, marmotta le blanc en penchant la tête de côté d'un air menaçant quoiqu'il dédaignât encore de tourner les yeux sur son humble adversaire : si vous ne voulez pas avoir les os en compote pendant plus d'un mois, jetez, croyez-moi, le grappin sur votre esprit, et prenez garde à la manière dont vous lui laissez courir des bordées. Dites-moi seulement un mot, s'il vous plaît : un port n'est-il pas un port, et la mer n'est-elle pas la mer ?

Comme c'étaient deux propositions que le subtil Scipion lui-même ne pouvait contester, il s'abstint sagement de les débattre, se contentant de balancer la tête d'un air de complaisance, et riant d'aussi bon cœur du triomphe imaginaire qu'il avait remporté sur son compagnon, que s'il n'avait jamais connu aucun souci, ni jamais été exposé à des humiliations, à des outrages si long-temps et si patiemment endurés.

—Oui, oui, grommela le blanc en reprenant sa première attitude et en croisant de nouveau ses bras qui s'étaient séparés un peu pour donner plus de force à la menace qu'il venait de fulminer; maintenant vous êtes là à humer l'air comme une troupe de corneilles affamées, comme si vous pensiez que vous m'avez coulé bas dans la chose en question. Un nègre est un animal sans raison : le Seigneur l'a fait comme ça; et un matelot expérimenté qui a doublé les deux caps, et fait tous les promontoires entre Fundy et Horn, n'aurait pas le droit d'employer son souffle, peut-être en pure perte, à donner une leçon à un être de son espèce! Je vous dirai, Scipion, puisque Scipion est votre nom sur les registres du vaisseau, quoique je fusse prêt à parier un mois de paie contre un croc de bois, que votre père n'était connu chez lui que sous le nom de Quashee, et votre mère sous celui de Quasheeba: je vous dirai donc, moi, Scipion l'Africain, ce qui est, je suppose, le nom de tous ceux de votre couleur, que le camarade là-bas, dans le havre extérieur de ce port de mer que voici, n'entend rien à un ancrage, ou bien il jetterait une ancre de touée quelque part dans la direction de l'extrémité méridionale de ce petit bout d'île que vous voyez, et hâlant son vaisseau jusque là, il l'amarrerait à l'endroit en question avec de bons câbles de chanvre et des grappins de fer. Or maintenant, Négrillon, écoutez un peu le raisonnement de la chose, ajouta-t-il, et son ton radouci prouvait que la petite escarmouche qui venait d'avoir lieu n'avait pas eu plus de durée que l'une de ces bourrasques soudaines dont ils avaient vu l'un et l'autre un si grand nombre, et qui d'ordinaire faisait place si promptement au temps calme ; — suivez bien l'analogie de ce que je me fais un plaisir de vous dire. Il est venu dans cet ancrage ou pour quelque chose ou pour rien, n'est-ce pas? Je suppose que vous êtes prêt à admettre cela. Si c'est pour rien, il aura pu le trouver pleinement en dehors, et je n'ai plus rien à dire; mais si c'est pour quelque chose, il pourrait se le procurer bien plus aisément, s'il était précisément à l'endroit que je vous disais, mon garçon, que là où il lui a pris fantaisie de se poster, quand même l'objet requis ne serait rien de plus pesant qu'une poignée de plumes fraîches pour l'oreiller du capitaine. A présent, si vous avez quelque chose à exhiber pour couler bas la qualité du raisonnement, eh bien! je suis prêt à vous écouter comme un homme raisonnable, qui n'a pas oublié les procédés en apprenant sa philosophie.

—Vent n'avoir qu'à souffler de là, répondit l'autre en étendant son bras robuste du côté du nord-ouest, et vaisseau vouloir gagner mer vite, vite ; comment lui pouvoir aller loin assez pour avoir vent à sa portée? Ah! vous répondre à cela. Vous, beaucoup savant, messer Dick, mais vous jamais voir vaisseau aller dans les dents du vent, ni entendre singe parler.

— Le noir a raison ! s'écria le jeune homme qui, à ce qu'il paraît, avait entendu toute la discussion, tandis qu'il semblait occupé d'un autre côté; le capitaine du négrier est resté dans le havre extérieur, sachant que le vent est presque toujours à l'ouest dans cette saison de l'année, et vous voyez aussi qu'il a dressé ses espars, quoiqu'il soit assez clair, d'après la manière dont ses voiles sont ferlées, qu'il a un nombreux équipage. Sauriez-vous me dire, mes amis, s'il a une ancre sous la quille, ou s'il n'est tenu que par un simple câble ?

—Il faut que ce capitaine ait perdu la tête pour rester ainsi au largue sans jeter une ancre de touée, ou au moins une empennelle, pour empêcher son vaisseau de rouler, reprit le blanc sans paraître croire qu'il pût y avoir d'autorité plus grande que la sienne pour décider ce point. J'avais bien vu déjà qu'il ne se connaissait pas en ancrage, mais jamais on n'aurait cru qu'un homme qui tient tout en si bon ordre par là-haut irait s'aviser d'attacher son vaisseau pour un certain temps par un simple câble, pour qu'il roule dans tous les sens, et qu'il fasse des cabrioles comme ce poulain, attaché à une longue corde, que nous avons rencontré sur la route en revenant par terre de Boston.

— Eux avoir jeté une ancre de touée et avoir laissé toutes les autres à leurs places, dit le nègre dont l'œil noir regardait le vaisseau en *connaisseur*, tandis qu'il continuait à jeter ses cailloux en l'air; eux avoir tout disposé pour pouvoir courir vite, vite, quand ils le voudront! Moi aimer à voir Dick' galoper vite avec poulain attaché à un arbre!

Le nègre se livra de nouveau à sa bonne humeur, et la manifesta en balançant la tête et en éclatant de rire, comme si son

(¹) Abréviation de Richard.—Éd.

ame tout entière prenait plaisir à l'image bizarre que sa grossière imagination venait de conjurer, et de nouveau aussi son compagnon murmura contre lui quelques imprécations des plus énergiques. Le jeune homme jusque alors avait paru prendre fort peu de part aux querelles et aux plaisanteries des deux adversaires; il continuait à tenir les yeux constamment fixés sur le vaisseau qui, dans ce moment, semblait lui inspirer un intérêt extraordinaire. Branlant alors la tête à son tour, comme si ses doutes touchaient à leur fin, il dit, lorsque la bruyante gaîté du nègre se fut apaisée :

— Oui, Scipion, vous avez raison, il est porté sur son ancre de touée et il se tient prêt à pouvoir mettre à la voile au premier moment. En moins de dix minutes le vaisseau pourrait être hors de la portée de la batterie, pourvu qu'il eût seulement une bouffée de vent.

— Vous paraissez être un excellent juge sur ces sortes de matières, dit derrière lui une voix inconnue.

Le jeune homme se retourna vivement, et s'aperçut, pour la première fois, de la présence de nouveaux venus. La surprise cependant ne fut pas pour lui seul, car le tailleur babillard avait été trop occupé jusque alors à épier les moindres mouvemens des deux interlocuteurs pour avoir remarqué l'approche d'un homme qui lui était encore entièrement inconnu.

Cet homme avait de trente à quarante ans, et son air, ainsi que son costume, était de nature à exciter la curiosité déjà aux aguets du bonhomme Homespun. Sa taille, quoique mince, annonçait une grande vigueur, bien qu'elle s'élevât à peine au-dessus de la moyenne. Sa peau avait eu la blancheur de celle d'une femme; mais des lignes d'un rouge foncé, qui se dessinaient sur le bas de sa figure, et qui se faisaient surtout remarquer sur les contours d'un beau nez aquilin, empêchaient qu'elle ne parût efféminée. Ses cheveux étaient blonds et tombaient en grosses et belles boucles autour de ses tempes. Sa bouche et son menton étaient d'une beauté régulière; mais peut-être y avait-il dans l'une un certain caractère de dédain, et dans tous les deux une expression assez prononcée de volupté. Ses yeux étaient bleus, pleins sans être saillans, et quoique ordinairement doux, on eût dit par moment qu'ils avaient quelque chose de hagard. Son chapeau, haut de forme et s'élevant en cône, était mis un peu de côté, de manière à donner une légère expression de *crânerie* à sa physionomie. Une redingote vert pâle, des culottes de peau de daim, de grandes bottes et des éperons, complétaient son accoutrement. Il avait à la main une petite badine dont il fendait l'air au moment où il fut aperçu pour la première fois, sans paraître s'inquiéter en aucune manière de la surprise occasionnée par son apparition soudaine.

— Je dis, monsieur, que vous semblez être un excellent juge sur ces sortes de matière, répéta-t-il après avoir enduré le regard froid et sévère du jeune marin, aussi long-temps qu'il était compatible avec la dose de patience dont il était pourvu; vous parlez en homme qui sent qu'il a le droit d'émettre une opinion!

— Trouvez-vous extraordinaire qu'on n'ignore pas une profession qu'on a exercée avec soin pendant toute sa vie?

— Hem! je trouve assez extraordinaire d'entendre donner le nom pompeux de *profession* à un métier que je pourrais appeler purement mécanique. Nous autres gens de loi, sur qui s'arrêtent les sourires particuliers des universités savantes, nous n'en pourrions dire davantage!

— Eh bien! appelez-le métier, soit, car un marin n'aime pas à avoir rien de commun avec des érudits de votre espèce, repartit le jeune homme en lui tournant le dos d'un air de dégoût qu'il ne chercha pas à cacher.

— Voilà un garçon qui a de la tête! murmura l'autre d'un ton rapide et avec un sourire significatif. Ami, ne nous brouillons pas pour un mot, pour une vétille. J'avoue mon ignorance complète sur tout ce qui a rapport à la marine, et je prendrais volontiers quelques leçons d'un homme aussi versé que vous dans la noble *profession*. Il me semble que vous parliez de la manière dont ce vaisseau là-bas a jeté l'ancre, et de l'état dans lequel tout y est tenu, en bas comme en haut.

— En bas comme en haut! s'écria le jeune marin en regardant en face celui qui l'interrogeait d'un air tout aussi expressif que celui qu'il avait pris l'instant d'auparavant.

— En bas comme en haut, répéta l'autre avec calme.

— J'admirais le haut du bâtiment où tout me semble parfaitement tenu; mais je ne me pique pas de pouvoir juger du bas à cette distance.

— J'étais donc dans l'erreur; mais vous excuserez l'ignorance d'un novice, car je le suis dans la *profession*. Je ne suis, comme je vous l'ai dit, qu'un indigne avocat au service de sa majesté, envoyé dans ces parages pour une mission toute particulière. Si ce n'était pas un véritable jeu de mots, je pourrais ajouter que je ne suis pas *juge*.

— Point de doute que vous n'arriviez bientôt à ce poste honorable, reprit l'autre, si les ministres de sa majesté savent apprécier dignement le mérite modeste, à moins, il est vrai, qu'il ne vous arrive d'être prématurément...

Le jeune homme se mordit la lèvre, leva la tête très-haut, et se mit à se promener le long du quai, suivi des deux matelots qui l'avaient accompagné, et qui montraient le même sang-froid. L'étranger à la redingote verte suivit de l'œil tous leurs mouvemens avec calme, et même, en apparence, avec un certain plaisir, caressant sa botte avec sa badine, et semblant réfléchir comme quelqu'un qui cherche à renouer la conversation.

— Pendu! dit-il enfin entre ses dents, comme pour finir la phrase que l'autre avait laissée imparfaite. Il est assez bizarre que ce jeune drôle ose me prédire une pareille élévation, à moi!

Il se préparait évidemment à les suivre, lorsqu'il sentit une main qui se posait assez familièrement sur son bras, et il fut obligé de s'arrêter. C'était celle de notre ami le tailleur.

— J'ai un mot à confier à votre oreille, dit celui-ci en faisant un signe expressif pour indiquer qu'il avait un secret d'importance à communiquer, un seul mot, monsieur, puisque vous êtes au service particulier de sa majesté. — Voisin Pardon, ajouta-t-il en s'adressant au paysan d'un air noble et protecteur, le jour commence à baisser, et je crains que vous n'arriviez bien tard chez vous. La fille vous donnera vos habits, et le Ciel vous conduise! Ne dites rien de ce que vous avez vu et entendu, que vous n'ayez reçu de mes nouvelles à cet effet; car il ne serait pas séant que deux hommes qui ont acquis tant d'expérience dans une guerre comme celle-ci manquassent de discrétion. Adieu, mon garçon; mes amitiés au papa, ce brave fermier, sans oublier l'honnête ménagère qui est votre mère. Au revoir, mon digne ami, au revoir; portez-vous bien.

Homespun, ayant ainsi congédié son compagnon, attendit, dans une noble attitude, que le campagnard tout ébahi eût quitté le quai avant de tourner de nouveau les yeux sur l'étranger en vert. Celui-ci était resté immobile à la même place, conservant un sang-froid imperturbable, jusqu'au moment où il se vit adresser une seconde fois la parole par le tailleur, dont il semblait avoir pris les dimensions, et avoir mesuré en quelque sorte le caractère d'un seul de ses regards rapides.

— Vous dites, monsieur, que vous êtes un serviteur de sa majesté, demanda Homespun bien décidé à s'assurer des droits que l'étranger pouvait avoir à sa confiance, avant de se compromettre en lui faisant des révélations précipitées.

— Je puis dire plus, monsieur: son confident intime.

— C'est à son confident intime que j'ai l'honneur de parler! c'est un bonheur dont je suis pénétré jusqu'au fond de l'ame, répondit l'artisan en passant la main sur ses cheveux et en s'inclinant presque jusqu'à terre; un bonheur vraiment excessif, un privilége tout gracieux.

— Quel qu'il soit, mon ami, je prends sur moi, au nom de sa majesté, de vous dire que vous êtes le bienvenu.

— Une condescendance aussi magnifique ouvrirait tous les replis de mon cœur, quand même il ne renfermerait que trahison et qu'infamies de toute espèce. Je suis heureux, très honorée, et je n'en doute pas, très honorable personne, d'avoir cette occasion de faire preuve de mon dévouement pour le roi devant quelqu'un qui ne manquera pas de redire mes faibles efforts aux oreilles de sa majesté.

— Parlez librement, interrompit l'étranger avec l'air de condescendance d'un prince, quoiqu'un homme moins simple et moins occupé de sa grandeur naissante que le tailleur n'eût pas eu de peine à s'apercevoir que ces protestations trop prolongées de dévouement commençaient à l'impatienter; parlez sans réserve, mon ami; c'est ce que nous faisons toujours à la cour. Puis, frappant sa botte de sa badine, il dit tout bas à lui-même en tournant légèrement sur ses talons d'un air d'insouciance:—S'il croit cela, il est aussi simple que son *oie* [1].

— Que vous êtes bon, monsieur! et que c'est une grande preuve de charité de la part de votre noble personne de vouloir bien m'écouter! Vous voyez ce grand vaisseau là-bas, dans le havre extérieur de ce loyal port de mer?

— Je le vois; et ce paraît être l'objet de l'attention générale parmi les dignes habitans de l'endroit.

— Eh bien! monsieur, vous faites trop d'honneur à la sagacité de mes compatriotes: voilà plusieurs jours que ce vaisseau est

---

[1] Les Anglais appellent *oie* (*goose*) l'outil de tailleur que nous nommons *carreau*. — Ed.

là où vous le voyez, et je n'ai pas encore entendu proférer une seule syllabe sur le louche qu'il y a là-dessous par ame qui vive, excepté moi.

— En vérité, dit l'étranger en mordant le bout de sa badine et en fixant son regard étincelant sur les traits du brave homme, qui étaient à la lettre tout gonflés de l'importance de son secret; et quelle peut être la nature de vos soupçons, à vous?

— Écoutez, monsieur, je puis avoir tort, et que Dieu me pardonne dans ce cas! mais voici, ni plus ni moins, ce qui m'est venu dans l'esprit à ce sujet. Ce vaisseau et son équipage passent, parmi les bonnes gens de Newport, pour s'occuper innocemment et sans malice de la traite des nègres; et ils sont tous reçus à merveille, le vaisseau dans un bon ancrage, et les autres dans toutes les tavernes et chez tous les marchands. N'allez pas croire au moins que jamais gilet ou pantalon soit sorti de mes mains pour un de ces gens-là; non, non, pour que vous le sachiez, ils n'ont eu affaire qu'au jeune tailleur nommé Tape, qui attire toutes les pratiques en disant toutes sortes d'horreurs de ceux qui savent mieux que lui leur métier; non, retenez bien que je n'ai pas fait un point même pour le dernier mousse de l'équipage.

— Vous avez du bonheur de n'avoir rien à démêler avec ces drôles, répondit l'étranger; mais vous avez oublié de me signaler l'offense particulière dont je dois les accuser à la face de sa majesté.

— J'en viens, aussi vite que possible, au point important. Vous devez savoir, digne et respectable personne, que je suis un homme qui ai beaucoup vu et beaucoup souffert au service de sa majesté. J'ai passé par cinq longues et sanglantes guerres, sans parler d'autres aventures et d'autres épreuves, telles qu'il convient à un humble sujet d'en supporter patiemment et en silence.

— Tous ces services seront rapportés fidèlement aux oreilles royales. Maintenant, mon digne ami, soulagez votre esprit en me communiquant franchement vos soupçons.

— Merci, très honorable personne: je n'oublierai jamais votre bonté vis-à-vis de moi; mais il ne sera pas dit que l'empressement à chercher le soulagement dont vous parlez m'ait troublé au point de me faire oublier la manière juste et convenable de me décharger l'ame. Vous saurez, respectable gentilhomme, qu'hier, comme j'étais assis, seul, à cette même heure, sur mon établi, réfléchissant à part moi... Par la raison toute simple que mon envieux de voisin avait attiré toutes les pratiques nouvellement arrivées, à sa boutique ; car, monsieur, la tête travaille lorsque les mains restent oisives... J'étais donc assis là, comme je vous l'ai dit brièvement, réfléchissant à part moi, ainsi qu'un être raisonnable, aux calamités de la vie, et à la grande expérience que j'ai acquise dans la guerre; car il faut que vous sachiez, vaillant gentilhomme, que, sans parler de l'affaire dans le pays des Mèdes et des Perses, et de l'émeute au sujet de Porteous à Edimbourg, j'ai passé par cinq longues et sanglantes...

— Il y a en effet dans votre allure quelque chose de militaire, interrompit l'étranger qui faisait des efforts évidens pour réprimer son impatience toujours croissante, mais comme mon temps est très-précieux, je désirerais plus particulièrement savoir à présent ce que vous avez à dire sur ce vaisseau.

— Oui, monsieur, on prend une allure militaire à force de voir des combats. Or çà, heureusement pour nous deux, me voici arrivé à la partie de mon secret qui regarde plus spécialement ce navire. J'étais assis là, réfléchissant à la manière dont les matelots étrangers avaient été ensorcelés par mon voisin avec son ton mielleux ; car, afin que vous le sachiez, ce Tape parle, parle... Un jeune drôle qui n'a vu qu'une seule guerre tout au plus !... Je réfléchissais donc à la manière dont il m'a dérobé mes pratiques légitimes, lorsque... une idée en amène toujours une autre,—cette conclusion naturelle,—comme dit toutes les semaines notre révérend prêtre dans ses sermons qui sont à fendre le cœur, — se présenta tout à coup à mon esprit : — Si ces marins étaient d'honnêtes et consciencieux négriers, planteraient-ils là un pauvre diable qui a une nombreuse famille, pour aller jeter leur or légitimement gagné à la tête d'un méchant bavard? Je me fis sur-le-champ la réponse à moi-même ; oui, monsieur, je n'hésitai pas à me la faire, et je me dis que non. Alors j'adressai ouvertement cette question à mon intelligence : S'ils ne sont pas négriers, que sont-ils? Question que, le roi lui-même en conviendrait dans sa sagesse royale, il était plus facile de faire qu'il ne l'était d'y répondre. A quoi je répondis : — Si le vaisseau n'est ni un franc négrier, ni un des croiseurs ordinaires de sa majesté, il est aussi clair que le jour que ce ne peut être ni plus ni moins que le vaisseau de cet infâme pirate, le Corsaire Rouge.

— Le Corsaire Rouge ! s'écria l'étranger en vert en tressaillant de manière à prouver que son attention, qui commençait à se lasser des digressions interminables du tailleur, était tout à coup fortement excitée ; ce serait en effet un secret qui vaudrait son pesant d'or. — Mais qui vous fait supposer cela ?

— Une foule de raisons que je vais vous détailler dans leur ordre respectif. En premier lieu c'est un vaisseau armé ; en second lieu, ce n'est pas un croiseur légitime, autrement on en serait instruit, et moi tout le premier, attendu qu'il est bien rare qu'il ne me revienne pas quelque argent des vaisseaux du roi ; en troisième lieu, la conduite brutale et désordonnée du petit nombre de matelots qui sont venus à terre tendent à le prouver : et enfin, ce qui est bien prouvé peut être regardé comme substantiellement établi. Telles sont, monsieur, ce que j'appellerai les prémices de mes inductions, que je vous prie de vouloir bien soumettre à l'attention royale de sa majesté.

L'avocat en vert écouta les conjectures un peu longuement déduites d'Homespun avec beaucoup d'attention, malgré la manière obscure et confuse dont il les exposait. Son œil perçant regardait tour à tour rapidement le vaisseau et la figure de son compagnon ; mais il se passa quelques minutes avant qu'il jugeât convenable de faire aucune réponse. L'air de gaîté et d'insouciance avec lequel il s'était présenté, et qu'il avait continué à montrer jusqu'alors dans le cours de la conversation, fit place à un air abstrait et rêveur qui montrait assez que, quelque léger qu'il pût paraître ordinairement, il était loin d'être incapable de mûres et de profondes réflexions. Néanmoins sa figure quitta tout à coup cette expression de gravité, pour en prendre une qui offrait un singulier mélange de sincérité et d'ironie, et, posant familièrement la main sur l'épaule du tailleur qui était tout oreilles, il répondit :

— Vous venez de remplir le devoir d'un loyal et fidèle serviteur du roi, et vos remarques sont en effet d'une haute importance. Il est bien connu qu'une forte somme est promise à qui livrera un seul des compagnons du Corsaire, et que des récompenses magnifiques et tout-à-fait royales attendent celui qui parviendra à remettre toute cette troupe de mécréans entre les mains du bourreau ; il serait même très-possible que quelque témoignage signalé de la satisfaction royale suivît un pareil service : il y eut Phipps, homme de basse origine, qui reçut le titre de chevalier...

— De chevalier! répéta le tailleur dans une sorte d'extase.

— Oui, de chevalier, répéta l'étranger avec un grand sang-froid, d'illustre et honorable chevalier. Quel est le nom que vos parrains vous ont donné au baptême?

— Mon nom donné, gracieux gentilhomme, est Hector.

— Et la maison elle-même, le titre distinctif de la famille?

— On nous a toujours appelés Homespun.

— Sir Hector Homespun[1]! voilà un nom qui résonnera aussi bien qu'un autre; mais pour vous assurer ces récompenses, mon ami, il faut beaucoup de discrétion. J'admire votre perspicacité, et je me rends à vos argumens invincibles; vous avez démontré d'une manière si palpable la justesse de vos soupçons, que je suis aussi certain que ce vaisseau est le Corsaire, que je le suis de vous voir bientôt porter des éperons, et de vous entendre appeler sir Hector: ce sont deux faits également bien établis dans mon esprit; mais il est nécessaire que dans cette occasion nous agissions avec prudence. Je vous ai entendu dire que vous n'avez communiqué à personne le résultat de vos lumineuses observations.

— A âme qui vive. Tape lui-même est prêt à jurer que ces gens de l'équipage sont d'honnêtes négriers.

— A merveille. Il faut d'abord que nous soyons bien sûrs de nos conclusions, et alors nous songerons à la récompense. Venez me trouver ce soir, à onze heures, là-bas, à ce point peu élevé où la terre s'avance dans le havre extérieur; de là nous ferons nos observations, et tous nos doutes une fois éclaircis, nous parlerons demain matin, et nos paroles retentiront depuis la colonie de la Baie jusqu'aux établissemens d'Oglethorpe. Jusque-là séparons-nous; car il n'est pas bon qu'on nous voie plus long-temps conférer ensemble. Souvenez-vous bien de mes recommandations: Silence, exactitude et faveur du roi, voilà notre mot d'ordre.

— Adieu, honorable gentilhomme, dit le tailleur en faisant un salut jusqu'à terre, tandis que son compagnon portait légèrement la main à son chapeau.

— Adieu, sir Hector, répondit l'étranger en vert avec un sourire affable et en lui faisant un salut gracieux de la main. Il remonta alors lentement le quai, et disparut derrière le manoir des

---

[1] Ce besoin de connaître le nom de baptême d'Homespun, pour le traiter de *sir*, nous fournit l'occasion de remarquer que ce titre ne peut précéder immédiatement le nom de famille: on dit sir Walter Scott, et ce serait une faute de dire sir Scott.—Éd.

Homespuns, laissant le chef de cette ancienne famille, comme beaucoup de ses ancêtres et sans doute de ses descendans, tellement absorbé par le sentiment de sa grandeur future, et si aveuglé par sa folie, que quoique physiquement il vît à gauche et à droite aussi bien que jamais, les yeux de son ame étaient complétement obscurcis par les fumées de l'ambition.

CHAPITRE III.

Alonzo : « Bon contre-maître, prenez garde. »
Shakspeare. *La Tempête.*

A peine l'étranger eut-il quitté le crédule tailleur, que sa figure perdit son expression empruntée pour en prendre une plus calme et plus naturelle. Néanmoins il semblait que la réflexion n'était pour lui ni une habitude ni un plaisir, car, donnant plusieurs coups de badine sur sa botte, il entra dans la principale rue de la ville d'un pas léger et d'un air distrait. Malgré cette distraction apparente, il ne laissait passer presque personne que son coup d'œil rapide n'eût passé en revue; et il était évident, d'après l'empressement qu'il mettait à tout examiner, que son esprit n'était pas moins actif que son corps. Un étranger dans cet équipage, portant sur sa personne tant de preuves qu'il venait de faire une longue route, ne manqua pas d'attirer l'attention des aubergistes prévoyans dont nous avons eu occasion de parler dans notre premier chapitre. Sourd aux politesses empressées de ceux qui étaient le plus en vogue, il s'arrêta, par une bizarrerie assez singulière, chez celui dont la maison était le rendez-vous ordinaire de tous les oisifs du port.

En entrant dans la salle commune de cette taverne, comme on l'appelait, quoiqu'il fût probable que dans la mère-patrie ses prétentions se seraient bornées à l'humble nom de cabaret, il trouva la chambre hospitalière remplie de ses pratiques accoutumées. L'arrivée d'un hôte qui, par son air et son habillement, semblait au-dessus de ceux qui fréquentaient habituellement la maison, causa une légère interruption; mais ce mouvement cessa dès que l'étranger se fut jeté sur un banc et eut dit à l'aubergiste ce qu'il voulait. Celui-ci, en le servant, crut devoir faire quelques excuses, qu'il destinait en même temps à celles de ses pratiques qui se trouvaient à portée de l'entendre, sur la manière dont un individu, placé à l'extrémité de la salle, longue et étroite, accaparait non-seulement la conversation, mais semblait même forcer tous ceux qui l'entouraient à écouter ses récits de quelque histoire surprenante.

— C'est le contre-maître du négrier qui est dans le havre extérieur, monsieur[1], ajouta le digne élève de Bacchus, un homme qui a passé sur l'eau plus d'un jour, et qui a vu des choses merveilleuses, assez pour en remplir un volume. On l'appelle le vieux Borée, quoique son nom légitime soit Jack Nightingale. Le toddy est-il au goût du squire?

L'étranger passa sa langue sur ses lèvres, et fit un geste affirmatif en remettant sur la table la liqueur à laquelle il avait à peine touché. Il tourna alors la tête pour examiner celui qui, à la manière dont il pérorait, aurait pu être appelé, dans le langage du pays, le second « orateur du jour. »

Une taille qui excédait de beaucoup six pieds[2], d'énormes moustaches qui cachaient entièrement la moitié de sa sombre figure, une balafre, reste indélébile d'une profonde blessure qui avait menacé de subdiviser cette moitié en plusieurs parties; des membres en proportion, le tout rendu plus frappant encore par le costume du marin; une longue chaîne d'argent ternie, et un petit sifflet de même métal, servaient à rendre l'individu en question assez remarquable. Sans paraître faire la moindre attention à l'entrée d'un homme si fort au-dessus de la classe de ses auditeurs ordinaires, ce fils de l'océan continua son récit en ces termes et d'une voix qui semblait lui avoir été donnée par la nature comme

---

[1] Squire.—ED.
[2] Environ cinq pieds sept pouces.—ED.

pour contraster avec son nom harmonieux [1], et même ses accens avaient tant de rapport avec les beuglemens sourds d'un taureau qu'il fallait que l'oreille fût habituée pour entendre un jargon aussi étrange.

— Eh bien ! dit-il en étendant son bras vigoureux et tenant le poing fermé, le pouce seulement levé pour indiquer le point nécessaire de la boussole, la côte de Guinée pouvait être ici, et le vent venait de cet endroit, soufflant par bouffées, comme si le matois qui le tient dans une outre pour l'usage de nous autres marins le laissait tantôt passer à travers ses doigts, et tantôt refermait l'outre avec grand soin en y faisant un double nœud.—Vous savez ce que c'est qu'une outre, camarade ?

Cette brusque question était adressée au campagnard ébahi, que le lecteur connaît déjà, et qui, portant sous le bras l'ajustement que venait de lui remettre le tailleur, s'était amusé en route pour écouter l'histoire du contre-maître, et l'ajouter à la provision d'anecdotes dont il se promettait de régaler ses amis dans son village. Un rire général retentit dans la salle aux dépens de l'honnête Pardon. Nightingale lança un regard significatif à un ou deux de ses intimes, et profitant de l'occasion pour se rafraîchir le palais en avalant une pinte de rum et d'eau, il continua son récit en disant d'un ton en quelque sorte d'admonition :

— Et il peut venir un temps, mon ami, où vous saurez aussi ce que c'est qu'un double nœud, si vous ne tenez pas votre honnêteté à deux mains. Le cou d'un homme a été fait, camarade, pour tenir sa tête hors de l'eau, et non pour être tendu comme un câble qu'on tire à force de bras. Ainsi donc, ayez soin que tous vos comptes soient réglés à temps, et que la conscience sonde l'eau lorsque vous vous sentez poussé contre les écueils de la tentation. Alors roulant son tabac dans sa bouche, et regardant autour de lui de l'air satisfait d'un homme qui venait de remplir un devoir moral, il continua :

— Ainsi donc la terre était ici, et comme je le disais, le vent était là, au sud-est, et peut-être au sud-sud-est, tantôt soufflant comme un enragé, et tantôt laissant toutes les voiles flotter contre les cordages et les espars, comme si la toile ne coûtait pas plus que *le Dieu vous bénisse* d'un riche. Je n'aimais pas la mine du temps, attendu qu'il était trop équivoque pour qu'on pût faire

---

([1]) *Nightingale*, en anglais, veut dire *rossignol*.—Ed.

tranquillement son quart. Je me dirigeai donc vers l'arrière, afin de me mettre à la portée de dire mon avis, si par hasard on lui faisait l'honneur de vouloir le connaître. Vous saurez, camarade, que, d'après mes idées à moi, en fait de conduite et de religion, un homme n'est pas bon à grand'chose s'il n'a pas une bonne part de savoir-vivre ; aussi l'on ne me voit jamais fourrer ma cuiller dans la marmite du capitaine, à moins que je n'y sois invité, et cela par la raison toute simple que ma place est à l'avant et la sienne à l'arrière. Je ne dis pas à quel bout du vaisseau se trouve la meilleure tête des deux : c'est un point sur lequel il peut y avoir divers avis, quoique la plupart de ceux qui y entendent quelque chose soient d'accord là-dessus, mais enfin je me dirigeai vers l'arrière pour me mettre à portée de dire mon avis, s'il venait à être demandé. Il n'y avait pas long-temps que j'y étais quand la chose se passa juste comme je l'avais prévu.— *Monsieur* Nightingale[1], dit le capitaine,—car le capitaine est un homme qui a de l'usage, et il n'oublie jamais son savoir-vivre lorsqu'il est sur le pont ou qu'il parle à quelqu'un de l'équipage; —*monsieur* Nightingale, dit-il, que pensez-vous de ce chiffon de nuage, là-bas au nord-ouest? dit-il. — Ma foi, capitaine, dis-je hardiment, car jamais je ne suis embarrassé pour répondre quand on me parle convenablement;—ma foi, capitaine, que je lui dis, sauf meilleur avis de votre honneur, — ce qui n'était que pour la frime; car il n'est qu'un enfant auprès de moi pour l'âge et l'expérience, mais je ne jette jamais de cendres chaudes au vent;— ma foi, capitaine, que je lui dis, mon avis est de ferler les trois huniers et de serrer la misaine. Nous ne sommes pas pressés, par la raison toute simple que la Guinée sera demain où la Guinée est ce soir. Quant à ce qui est d'empêcher le vaisseau de rouler au milieu de ces bourrasques, nous avons la grande voile...

— Vous auriez dû la plier également, s'écria une voix par-derrière, dont le son était aussi péremptoire, quoique un peu moins âpre, que celle de l'éloquent contre-maître.

— Quel est l'ignorant qui dit cela? demanda fièrement Nightingale comme si toute sa bile était mise en mouvement par une interruption aussi hardie et aussi inattendue.

—Un homme qui a traversé l'Afrique depuis Bon jusqu'au cap de Bonne-Espérance plus d'une fois, et qui sait ce que c'est qu'un

---

([1]) *Mister* Nightingale : l'orateur appuie par emphase sur le mot *mister*.—Ed.

grain, répondit Dick Fid en manœuvrant vigoureusement dans la direction de son adversaire furieux, et en employant ses larges épaules pour se frayer un passage, malgré sa petite taille, à travers la foule dont l'importante personne du contre-maître était entourée;—oui, camarade, et un homme, ignorant ou non, qui ne conseillerait jamais à son capitaine de garder tant de voiles d'arrière sur un vaissean, quand il y avait apparence que le vent le prendrait en poupe.

En entendant émettre d'un ton aussi décidé une opinion que tous ceux qui étaient présens trouvaient très audacieuse, il s'éleva dans la salle un murmure général. Encouragé par les preuves non équivoques de la faveur populaire, Nightingale ne resta pas court, et sa repartie ne fut pas des plus douces. Alors ce fut un concert bruyant et unanime dans lequel les voix criardes et aiguës des assistans faisaient le dessus, tandis que les deux champions, se jetant réciproquement à la tête les assertions, les démentis et les injures, semblaient exécuter la partie de basse.

Pendant quelque temps il fut impossible de démêler où en était la discussion, tant était grande la confusion des langues; et certains symptômes semblaient même annoncer que Fid et le contre-maître étaient assez disposés à en venir à une manière plus efficace de vider le différend. Fid était parvenu à s'établir en face de son adversaire gigantesque, et il se carrait sur des jarrets qui n'avaient jamais su plier. Les gestes les plus énergiques se succédaient avec une rapidité d'autant plus effrayante qu'ils montraient la force de quatre bras d'athlètes, noueux comme un gourdin de chêne, sur lesquels les muscles et les veines ressortaient de manière à menacer d'anéantir tout ce qui tenterait de leur résister. A mesure cependant que les clameurs générales se calmèrent un peu, la voix des deux champions commença à se faire entendre; et, comme s'ils ne demandaient pas mieux l'un et l'autre que de confier le soin de leur défense à la vigueur de leurs poumons, ils quittèrent graduellement leur attitude hostile, et se préparèrent à faire assaut d'éloquence.

Vous êtes un fameux marin, camarade, dit Nightingale en reprenant sa place, et si des paroles étaient des actions, point de doute que vous ne fissiez parler un vaisseau. Mais moi qui ai vu des flottes composées de vaisseaux à deux et trois ponts, et cela de toutes les nations, excepté peut-être de vos Mohawks, dont je dois avouer que je n'ai jamais rencontré les croiseurs; — moi qui ai vu des flottes de toute espèce rester en panne, aussi tranquilles que des mouettes, avec les huniers cargués, je sais, je crois, comment on doit s'y prendre en pareil cas.

— Et moi, je dis qu'on ne doit pas faire usage des voiles d'arrière, repartit Dick. Employez les voiles d'étai, si cela vous fait plaisir, il ne peut en arriver mal; mais jamais un bon marin ne recevra une bouffée de vent entre son grand mât et ses haubans d'avant, s'il entend quelque chose à son affaire; mais les paroles sont comme le tonnerre, qui fait beaucoup de bruit là-haut, sans descendre le long de l'espar, du moins que j'aie encore vu; ainsi donc prenons pour juge quelqu'un qui ait été sur mer, et qui ne soit pas sans connaître la manœuvre.

— Si le plus ancien amiral de la flotte de sa majesté était ici, il ne serait pas long à dire qui a tort et qui a raison. Écoutez, camarades : s'il en est un parmi vous qui ait eu l'avantage d'une éducation sur mer, qu'il parle, afin que la vérité de cet incident ne reste pas cachée, comme un épissoir serré entre la poulie d'un bras et une vergue noircie.

— Parbleu! voici l'homme, s'écria Fid; et, étendant le bras, il saisit Scipion par le collet, et le tira sans cérémonie au milieu du cercle qui s'était formé autour des deux antagonistes. C'est un gaillard qui a fait un voyage de plus que moi d'ici en Afrique, par la raison qu'il y est né. — Voyons, Moricaud, sous quelle voile mettriez-vous en panne, sur les côtes de votre pays natal, si vous craigniez d'essuyer un grain?

— Moi pas mettre en panne du tout, dit le nègre; moi faire vaisseau s'enfuir vite, vite, devant le vent.

— Sans doute; mais pour être prêt en cas de bourrasque, assujétiriez-vous la grande voile, ou la laisseriez-vous un peu hors de la ligne du vent sous une voile d'avant?

— Le moindre mousse savoir cela, répondit Scipion en grommelant, car cet interrogatoire commençait à le lasser. Si vous vouloir dériver, comment vous pouvoir sous la grande voile? Vous répondre à cela, monsieur Dick.

— Messieurs, dit Nightingale en regardant autour de lui avec beaucoup de gravité, je le demande à vos honneurs, est-il convenable de nous amener ce nègre d'une façon aussi hétérogène, pour qu'il vienne dire son avis à la barbe d'un blanc?

Cet appel à la dignité blessée de l'assemblée produisit son effet, et il s'éleva un murmure général. Scipion, que rien n'eût fait démordre de son opinion, et qui l'eût soutenue à sa manière contre quiconque eût entrepris de la combattre, n'eut pas le courage de résister à ces démonstrations évidentes qu'on le trouvait de trop dans la salle. Sans dire un seul mot pour sa défense, il croisa les bras et sortit du cabaret avec la soumission et la douceur d'un être trop long-temps élevé dans l'humilité pour faire résistance. Fid, qui se trouvait ainsi inopinément privé de son défenseur, fit de grands cris pour le rappeler, et s'épuisa en efforts pour le faire revenir; mais voyant qu'il n'y pouvait réussir, il remplit sa bouche de tabac à mâcher, et suivit l'Africain tout en jurant, les yeux attachés sur son adversaire, que, suivant lui, le moricaud, si on l'écorchait comme il faut, se trouverait encore être le plus *blanc* des deux.

Le triomphe du contre-maître fut alors complet, il ne s'épargna nullement les félicitations.

— Messieurs, dit-il en s'adressant avec un air d'importance encore plus grande à l'auditoire singulièrement composé qui l'entourait, vous voyez que la raison est comme un vaisseau qui fend l'eau en droiture avec des bonnettes des deux côtés, et qui ne s'amuse pas à louvoyer. Je déteste, entendez-vous bien, je déteste de me faire valoir, et je ne sais pas quel est le camarade qui vient de prendre chasse; mais ce que je sais, c'est qu'on ne trouvera pas entre Boston et les Indes Occidentales un homme qui s'entende mieux que moi à faire marcher un vaisseau ou à mettre en panne, pourvu que je...

Nightingale s'arrêta tout court comme s'il avait perdu tout à coup la parole, et ses yeux restèrent attachés, comme par une sorte d'enchantement, sur le regard perçant de l'étranger en vert, qui était alors venu se mêler à la foule qui l'entourait.

— Peut-être, dit enfin le contre-maître, oubliant la phrase qu'il avait commencée, à la vue inattendue d'un homme dont le regard, fixé sur lui, était si imposant, peut-être ce monsieur a-t-il quelque connaissance de la mer, et il pourrait décider le point en question.

— Nous n'étudions pas la tactique navale dans les universités, répondit l'étranger d'un ton dégagé; mais j'avouerai que, d'après le peu que j'ai entendu, je serais assez pour fuir vite, vite, devant le vent.

Il prononça ces mots avec une emphase qui pouvait faire douter s'il n'avait pas l'intention de jouer sur le mot; d'autant plus qu'il jeta sur la table ce qu'il devait, et qu'il laissa aussitôt le champ libre à Nightingale. Celui-ci, après une courte pause, reprit son récit; mais, soit lassitude, soit tout autre cause, il était facile d'observer que son ton n'était pas aussi péremptoire qu'auparavant, et que le narrateur coupait court. Après avoir achevé tant bien que mal son histoire et son grog, il se traîna jusqu'au rivage, où une barque vint le conduire à bord du vaisseau, qui pendant tout ce temps n'avait pas cessé d'être l'objet de l'attention toute particulière de l'honnête Homespun.

Cependant l'étranger en vert avait poursuivi son chemin le long de la grande rue de la ville. Fid avait donné la chasse au nègre déconcerté, et grommelait tout en marchant, se permettant plus d'une remarque peu polie sur les connaissances et les prétentions du contre-maître. Il le rejoignit bientôt, et son humeur se tourna alors contre le pauvre Scipion, qu'il accabla libéralement d'injures pour l'avoir abandonné au moment où ils ne pouvaient manquer de couler bas leur adversaire.

Amusé sans doute par les bizarreries de caractère de ces deux êtres singuliers, ou peut-être entraîné lui-même par son humeur capricieuse, l'étranger suivit leurs pas. Après s'être éloignés du bord de l'eau, ils montèrent une colline; et dans ce moment, l'avocat, pour lui conserver le nom qu'il s'était donné lui-même, manqua de les perdre de vue, d'autant plus que dans cet endroit la rue, ou plutôt la route, tournait, car ils avaient alors passé même les petits faubourgs de la route. Il doubla le pas, et il eut la satisfaction d'apercevoir les deux amis assis sous une haie, quelques minutes après qu'il avait craint d'avoir perdu leurs traces. Ils faisaient un repas frugal avec les provisions contenues dans un petit sac que le blanc avait apporté sous son bras, et qu'il partageait généreusement avec son compagnon, qui s'était assis assez près de lui pour annoncer que la paix était entièrement rétablie entre eux, quoique cependant encore un peu en arrière, par déférence pour la couleur privilégiée. L'avocat s'approcha d'eux.

— Si vous puisez si librement dans le sac, mes amis, leur dit-il, votre troisième compagnon pourra bien se coucher à jeun.

— Qui hèle? s'écria Dick en levant la tête de dessus son os avec une expression assez semblable à celle d'un gros dogue lorsqu'on le dérange dans un moment aussi important.

— Je voulais seulement vous rappeler que vous avez un autre convive, reprit cavalièrement l'étranger.

— Voulez-vous un morceau, camarade? dit Fid en lui présentant le sac avec la générosité d'un marin, du moment qu'il crut que c'était une manière indirecte de réclamer une part du festin.

— Vous ne me comprenez pas encore. Sur le quai, vous aviez un autre compagnon.

—Oui, oui, il est là au large, examinant ce petit bout de phare, qui est assez mal amarré, à moins qu'on ne veuille montrer la route à vos attelages de bœufs et à vos marchands de l'intérieur; là-bas, monsieur, où vous voyez cet amas de pierres qui semblent près de chavirer.

L'étranger regarda dans la direction qui lui était indiquée, et il vit le jeune marin dont il avait voulu parler debout au pied d'une vieille tour qui fléchissait insensiblement minée par le temps, et qui était à peu de distance de l'endroit où il se trouvait. Jetant une poignée de petite monnaie aux deux matelots, il leur souhaita un meilleur repas, et passa de l'autre côté de la haie, dans l'intention apparente d'examiner aussi les ruines.

—Le camarade en use librement avec ses pièces de cuivre, dit Dick en suspendant les opérations de ses dents pour examiner de nouveau et plus en détail l'étranger; mais comme elles ne viendront pas où il les a plantées, vous pouvez, Moricaud, leur faire prendre le chemin de ma poche. Il n'a pas la main fermée, ce luron-là; mais aussi ces hommes de loi[1] tirent tout leur argent de la bourse du diable, et ils ne sont pas embarrassés pour s'approvisionner de nouveau, lorsque le parquet commence à se dégarnir.

Laissant le nègre ramasser les pièces et les remettre, comme on le lui ordonnait, entre les mains de celui qui, s'il n'était pas son maître, était toujours prêt à exercer sur lui la même autorité que s'il en eût eu le droit, nous suivrons l'étranger, qui se dirigeait vers l'édifice chancelant. Il était difficile de voir ce qui, dans ces ruines, pouvait attirer l'attention d'un homme qui, d'après ses propres discours, avait eu sans doute bien des occasions d'admirer des débris beaucoup plus imposans des anciens temps, de l'autre

---

(¹) Justice ou prévention, l'opinion du peuple sur les hommes de loi a passé d'Angleterre en Amérique ; les caricatures anglaises représentent fréquemment l'*avocat* plaidant ou donnant conseil, avec un diable noir qui lui souffle ses paroles à l'oreille.
—Ed.

côté de l'Atlantique. C'était une petite tour circulaire qui s'élevait sur des piliers grossiers réunis par des arcades, et elle avait pu être construite, dans l'enfance du pays, pour servir de place forte, quoiqu'il fût beaucoup plus probable que c'était un édifice d'une nature plus pacifique. Plus d'un demi-siècle après l'époque dont nous parlons, ce petit bâtiment, remarquable par sa forme, par ses ruines et par ses matériaux, est devenu tout à coup l'objet des recherches et des investigations de cet être érudit dont l'espèce s'est tellement multipliée, — l'antiquaire américain. — Il n'est pas surprenant que des débris aussi honorés soient devenus la cause de maintes doctes et chaudes discussions. Tandis que les amateurs chevaleresques des arts et des antiquités du pays ont rompu galamment des lances autour de ces murailles tombant en poussière, les hommes moins instruits et moins zélés ont regardé les combattans avec cette espèce de surprise qu'ils auraient manifestée, s'ils avaient été présens quand le célèbre chevalier de la Manche s'escrimait contre ces autres moulins à vent si ingénieusement décrits par l'immortel Cervantes.

En approchant, l'étranger en vert donna un léger coup de badine sur sa botte, pour attirer l'attention du jeune marin, qui semblait plongé dans de profondes rêveries, et l'abordant sans plus de façon :

— Cette ruine ne serait pas mal, dit-il d'un ton libre, si elle était couverte de lierre, et qu'elle fût placée au bout d'un bois d'où l'on pût l'apercevoir par une percée ménagée avec art; mais excusez-moi, les hommes de votre *profession* ne s'inquiètent guère de tout cela. Que leur font des bois et d'augustes débris ! Voilà la tour, ajouta-t-il en montrant les grands mâts du vaisseau qui était dans le havre extérieur, voilà la tour que vous aimez à contempler, et les seules ruines pour vous, c'est un naufrage !

— Vous paraissez bien au fait de nos goûts, monsieur, répondit froidement le jeune homme.

— C'est donc par instinct, car il est certain que je n'ai eu que bien peu d'occasions de m'instruire par des relations directes avec aucun membre de ce corps, et il ne me paraît pas que je doive être beaucoup plus heureux dans ce moment. Soyons francs, mon ami, et parlons sans aigreur: que voyez-vous dans cet amas de pierres qui puisse détourner si long-temps votre attention de ce noble et beau vaisseau que vous considériez avec tant de soin?

— Était-il donc surprenant qu'un marin qui n'a pas d'emploi examinât un bâtiment qu'il trouve à son goût, peut-être dans l'intention d'y demander du service ?

— Son commandant aurait perdu la tête s'il refusait une pareille offre; mais vous semblez trop instruit pour occuper un *berth* secondaire.

— *Berth*! répéta le jeune homme en fixant de nouveau ses yeux, avec une expression singulière, sur l'étranger.

— Oui, *berth*. N'est-ce pas votre terme de marine pour poste ou rang? Nous ne connaissons pas beaucoup votre vocabulaire, nous autres avocats; mais pour ce mot-là, je crois pouvoir le risquer en toute assurance. Ai-je le bonheur d'avoir votre assentiment?

Le jeune marin sourit, et comme si cette saillie avait rompu la glace, ses manières perdirent beaucoup de leur contrainte pendant le reste de l'entretien.

— Il est tout aussi évident, répondit-il, que vous avez été sur mer, qu'il l'est que j'ai été à l'école. Puisque nous avons eu l'un et l'autre ce bonheur, soyons généreux et cessons de parler par paraboles. Par exemple, à quoi pensez-vous que servait cette tour, avant qu'elle fût tombée en ruine?

— Pour en juger, répondit l'étranger en vert, il est nécessaire de l'examiner de plus près. Montons.

En disant ces mots, l'avocat monta en effet par une méchante échelle, et passant par une trappe ouverte, il se trouva sur un plancher qui reposait sur les colonnes cintrées. Son compagnon hésitait à le suivre; mais voyant que l'autre l'attendait au haut de l'échelle, et qu'il avait l'attention de lui indiquer un échelon qui ne tenait plus, il s'élança à son tour, et grimpa avec l'agileté et l'assurance particulière à sa profession.

— Nous y voici! s'écria l'étranger en examinant les murs, qui étaient composés de pierres si petites et si irrégulières qu'ils semblaient ne tenir à rien; un bon plancher en chêne pour tillac, comme vous disiez, et le ciel pour toit, comme nous appelons le haut d'une maison dans nos universités. Maintenant parlons des choses de ce bas monde. A... A... J'oublie le nom que vous m'avez dit que vous portiez.

— Cela peut dépendre des circonstances. J'ai porté différens noms dans des positions différentes. Cependant, si vous m'appelez Wilder, je ne manquerai pas de répondre.

— Wilder! voilà un nom qui, je l'espère, ne peint pas votre caractère[1]. Vous autres enfans de la mer vous n'êtes ordinairement rien moins que sauvages, quoique vous ayez la réputation d'être parfois un peu inconstans dans vos goûts. Combien de belles avez-vous laissées soupirant au milieu de berceaux touffus et déplorant votre ingratitude, tandis que vous labouriez, — c'est le mot, je crois, — que vous labouriez le vaste océan aux flots salés ?

— Il est peu de personnes qui soupirent pour moi, répondit Wilder d'un air pensif, quoiqu'il commençât à trouver un peu long un interrogatoire fait aussi librement. Continuons, si vous voulez bien, notre examen de la tour. A quoi pensez vous qu'elle ait servi ?

— Voyons d'abord à quoi elle sert maintenant, et nous découvrirons facilement ensuite quel était son usage autrefois. Dans ce moment elle renferme deux cœurs assez légers, et, si je ne me trompe, deux têtes tout aussi légères, qui ne sont pas surchargées d'un approvisionnement de raison. Autrefois elle avait ses greniers de blé, et, je n'en doute pas, certains petits quadrupèdes qui avaient les pates aussi légères que nous avons la tête et le cœur. En bon anglais, c'était un moulin.

— Il y en a qui pensent que c'était une forteresse.

— Hem! la place pourrait tenir au besoin, reprit l'étranger en jetant un coup d'œil rapide et particulier autour de lui. Mais c'était un moulin, quelque désir qu'on puisse avoir de lui trouver une plus noble origine. L'exposition au vent, les piliers pour préserver l'intérieur du bâtiment des invasions de la vermine, la forme de la construction, tout le prouve. Tic-tac, tic-tac; il s'est fait assez de bruit ici du temps passé, sur ma parole.—Chut! on dirait qu'il s'en fait encore.

S'approchant d'un pas léger de l'une des petites ouvertures qui servaient autrefois de fenêtres à la tour, il y passa doucement la tête, et ne la retira qu'au bout d'une demi-minute, en faisant signe à Wilder de garder le silence. Celui-ci obéit, et il ne fut pas long-temps à apprendre la cause de cette recommandation.

La voix douce d'une femme se fit d'abord entendre à peu de distance, et bientôt les sons approchèrent de plus en plus, jusqu'à

---

[1] *Wild* veut dire sauvage, farouche. *Wilder* est le comparatif de cet adjectif et signifierait par conséquent *plus* sauvage.—Ed.

ce qu'ils parussent partir du pied même de la tour. Wilder et l'avocat choisirent chacun un endroit favorable pour leur projet, et tant que les deux personnes qui causaient ensemble restèrent près des ruines, ils demeurèrent immobiles à la même place, les examinant à leur aise sans être vus, et nous devons le dire à la honte de deux personnages aussi importans de notre histoire, écoutant avec autant de plaisir que d'attention.

CHAPITRE IV.

« Ils font tout ce qu'ils peuvent pour me rendre fou. »

SHAKSPEARE. *Hamlet*.

Les personnes qui se trouvaient en bas étaient au nombre de quatre, et c'étaient quatre femmes : l'une était une dame sur le déclin de l'âge ; l'autre avait passé le milieu de la vie ; la troisième était dans l'âge qui lui donnait le droit d'entrer dans le monde, dans le sens qu'on donne à ce mot en société; la quatrième était une négresse qui pouvait avoir vu vingt-cinq révolutions des saisons. Celle-ci, à cette époque et dans ce pays, ne pouvait avoir d'autre condition que celle d'une domestique humble, quoique peut-être privilégiée.

— Et maintenant, mon enfant, que je vous ai donné tous les avis que demandaient les circonstances et votre excellent cœur, disait la dame plus âgée (ce furent les premiers mots qui parvinrent distinctement à l'oreille des auditeurs), je vais passer de ce devoir fâcheux à un autre plus agréable. Vous assurerez votre père de l'amitié que je lui porte toujours, et vous lui rappellerez que, suivant sa promesse, vous devez encore revenir une fois, avant que nous nous séparions pour jamais.

Ce discours était adressé du ton le plus affectueux à la plus jeune des femmes, qui semblait l'écouter avec attendrissement. Lorsqu'il fut terminé elle leva ses yeux brillant de larmes qu'elle s'efforçait évidemment de cacher, et répondit d'une voix qui résonna aux oreilles des deux jeunes auditeurs comme les chants d'une sirène, tant les accens en étaient doux et harmonieux :

— Il est inutile, ma chère tante, de me rappeler une promesse dont j'ai tant d'intérêt à me souvenir; j'espère beaucoup plus que vous n'avez peut-être osé souhaiter. Si mon père ne revient pas avec moi au printemps, ce ne sera pas faute de sollicitations de ma part.

— Notre bonne Wyllys nous prêtera son aide, répondit la tante en souriant et en regardant la troisième femme avec ce mélange de douceur et de gravité qui caractérisaient les manières cérémonieuses d'alors, et qu'on manquait rarement d'employer toutes les fois qu'un supérieur adressait la parole à un inférieur. Elle a droit d'avoir quelque empire sur le général Grayson, pour sa fidélité et pour ses services.

— Elle a droit à tout ce que l'amour et le cœur peuvent donner, s'écria la nièce avec un empressement et une vivacité qui prouvaient combien elle aurait voulu adoucir les formalités de la politesse de sa tante par la chaleur de ses manières affectueuses. Ce n'est pas à elle que mon père aura rien à refuser.

— Et vous êtes sûre que Mrs[1] Wyllys sera dans nos intérêts? demanda la tante, sans que les démonstrations plus expressives de sa nièce lui fissent oublier le sentiment qu'elle avait des convenances. Avec une alliée aussi puissante notre ligue serait invincible.

— Je suis persuadée, madame, que l'heureuse température de cette île salutaire est favorable à ma jeune élève, qu'à part toute autre considération, je ferais certainement le peu qui dépend de moi pour seconder vos désirs.

Mrs Wyllys parlait avec dignité, et peut-être avec un peu de cette réserve qui régnait nécessairement jusqu'à un certain degré entre la riche et noble tante et la gouvernante dépendante et salariée de l'héritière de son frère; néanmoins ses manières étaient pleines

---

[1] Mrs *Mistress*. C'est ainsi que l'on écrit ce mot lorsqu'il s'agit d'une *Dame* au-dessus du commun. — Ed.

de grace, et sa voix, comme celle de son élève, douce et tout-à-fait féminine.

— Nous pouvons donc regarder la victoire comme remportée, comme le disait mon mari le contre-amiral. L'amiral de Lacey, ma chère Mrs Wyllys, adopta de bonne heure une maxime qui dirigea toute sa conduite, et ce fut en s'y conformant qu'il acquit une assez bonne part de la réputation dont il jouissait dans la marine; cette maxime, c'est que pour réussir il ne faut que le bien vouloir; pensée noble et énergique; et qui ne pouvait manquer de le conduire à ces résultats marqués, que je n'ai pas besoin de vous rappeler, puisque nous les connaissons tous.

Mrs Wyllys fit un signe de tête pour rendre témoignage à la justesse de cette opinion et à la renommée du défunt amiral; mais elle ne crut pas nécessaire de répondre, et changeant de sujet, elle se tourna vers sa jeune élève et lui dit d'un ton d'où était bannie toute contrainte :

— Gertrude, ma chère amie, vous aimerez à revenir dans cette île charmante, près de ces brises délicieuses.

— Et surtout près de ma tante, s'écria Gertrude. Je voudrais qu'on pût persuader à mon père de disposer de ses propriétés à la Caroline, et de venir dans le Nord pour y résider toute l'année.

— Il n'est pas aussi facile à un riche propriétaire de se déplacer que vous l'imaginez, mon enfant; répondit mistress de Lacey. Quelque désir que j'aie qu'un pareil plan puisse se réaliser, je ne presse jamais mon frère à ce sujet. D'ailleurs je suis portée à croire que s'il se faisait quelque nouveau déplacement dans notre famille, ce serait pour retourner tout-à-fait *chez nous*. Il y a maintenant plus d'un siècle, Mrs Wyllys, que les Graysons sont établis aux colonies. Mon bisaïeul, sir Everard, était brouillé avec son second fils, et cette querelle porta mon grand-père à venir se fixer à la Caroline ; mais comme l'affaire est apaisée depuis long-temps, je pense souvent que mon frère et moi nous pourrions retourner aux foyers de nos ancêtres ; cela dépendra beaucoup de la manière dont nous disposerons de notre trésor de ce côté de l'Atlantique.

En finissant ces observations, mistress de Lacey, qui avait un bon cœur, quoiqu'elle eût peut-être un peu trop d'amour-propre, jeta un regard sur celle qui était le *trésor* auquel elle venait de faire allusion. Gertrude s'était détournée, comme elle le faisait d'ordinaire toutes les fois que sa tante gratifiait sa gouvernante de quelque souvenir de famille, et elle présentait à la douce influence de la brise du soir son visage animé des couleurs de la santé, que relevait encore dans ce moment un peu de confusion. Dès que mistress de Lacey eut cessé de parler, sa nièce se tourna promptement vers ses compagnes, et montrant du doigt un vaisseau de belle apparence, qui était à l'ancre dans le port intérieur, et dont les mâts s'élevaient au-dessus des maisons de la ville, elle s'écria comme si elle était bien aise de changer de manière ou d'autre le sujet de la conversation : — Et voilà la sombre prison qui va être notre demeure pendant tout le mois prochain, ma chère Mrs Wyllys !

— J'espère que votre aversion pour la mer vous fait exagérer la durée du trajet, répondit doucement la gouvernante. Le passage d'ici à la Caroline s'est souvent fait en moins de temps.

— Oui, on l'a fait, je puis le certifier, reprit la veuve de l'amiral s'attachant avec un peu d'obstination à une série d'idées auxquelles il n'était pas aisé de faire prendre un autre cours, une fois qu'elles étaient éveillées dans son esprit, lorsque le défunt, mon estimable, et tous ceux qui m'entendent me permettront d'ajouter, mon valeureux époux conduisit une escadre de son royal maître d'un bout à l'autre de ses possessions américaines, en un temps moindre que celui qu'a désigné ma nièce. Il faut considérer, il est vrai, qu'il n'est pas étonnant qu'il allât avec tant de vitesse, puisqu'il poursuivait les ennemis de son roi et de son pays. Mais encore le fait prouve-t-il que le voyage peut se faire en moins d'un mois.

— Et cette terrible Porte de l'Enfer, avec ses bancs de sable et ses écueils d'un côté, et ce courant qu'on appelle le Gouffre de l'autre ! s'écria Gertrude en frémissant, en proie à cette terreur naturelle aux femmes, qui rend quelquefois la timidité si attrayante, quand elle se présente accompagnée de la jeunesse et de la beauté. Sans cette Porte de l'Enfer, ces tempêtes, ces écueils et ces gouffres, je ne penserais qu'au plaisir de revoir mon père.

Mrs Wyllys, qui n'encourageait jamais dans son élève ces petits mouvemens de faiblesse, quelque jolis, quelque attrayans qu'ils pussent paraître à d'autres yeux, jeta sur la jeune personne un regard ferme et presque sévère, en répondant avec une promptitude et une décision qui annonçait son désir qu'il ne fût jamais plus question de frayeur.

— Si tous les dangers que vous paraissez craindre existaient réellement, le passage ne se ferait pas tous les jours, et même à toute heure sans le moindre accident. Vous êtes sans doute, madame, venue souvent par la mer de la Caroline avec l'amiral de Lacey?

— Jamais, répliqua la veuve promptement et même d'un ton un peu sec. La mer ne convenait pas à ma santé, et je n'ai jamais manqué de voyager par terre. Mais cependant vous sentez, Wyllys, que, comme épouse et veuve d'un chef d'escadre, il ne serait pas convenable que je fusse tout-à-fait étrangère à la science *nautique*. Je pense qu'il y a peu de femmes dans tout l'empire britannique qui connaissent mieux que moi les vaisseaux, soit isolés, soit réunis en escadre, surtout ces derniers. C'est une connaissance que j'ai naturellement acquise comme femme d'un officier que son devoir appelait à commander des flottes. Je présume que ce sont des choses qui vous sont totalement étrangères.

La physionomie noble et pleine de dignité de Mrs Wyllys, sur laquelle on eût dit que des souvenirs anciens et pénibles avaient laissé une expression douce, mais durable, de tristesse, qui tempérait, sans les effacer, les traces de fermeté et de courage qu'on retrouvait encore dans son regard ferme et assuré, se couvrit un instant d'une teinte plus prononcée de mélancolie. Après avoir hésité, comme si elle eût désiré changer de conversation, elle répondit :

— La mer n'est pas pour moi un élément tout à fait étranger. J'ai fait dans ma vie beaucoup de longues, et quelquefois même de périlleuses traversées.

— Comme simple passagère. Mais nous autres femmes de marins, nous sommes les seules de notre sexe qui puissions nous vanter de connaître véritablement cette noble profession ! Qu'y a-t-il, ou que peut-il y avoir de plus beau, s'écria la douairière dans un mouvement d'enthousiasme naval, qu'un superbe vaisseau fendant la lame furieuse, comme j'ai entendu l'amiral le dire mille fois, son éperon labourant l'onde, et son *taille-mer* glissant à la suite, comme un serpent sinueux qui s'allonge sur ses propres replis. Je ne sais, ma chère Wyllys, si je me fais comprendre; mais pour moi, à qui ces effets sont familiers, cette description charmante rappelle tout ce qu'il y a de plus beau et de plus sublime!

Le léger sourire inaperçu qui dérida le front de la gouvernante aurait pu trahir la réflexion secrète qu'elle faisait alors, que le défunt amiral avait dû avoir l'esprit de malice et de plaisanterie de l'état, lorsque, dans cet instant, un léger bruit qui ressemblait assez au murmure du vent, mais qui dans le fond n'était autre que des éclats de rire étouffés, partit de l'étage supérieur de la tour. Les mots « c'est charmant, » allaient sortir des lèvres de la jeune Gertrude, qui sentait toute la beauté du tableau que sa tante avait essayé de tracer, sans s'arrêter à en critiquer les détails; mais tout à coup la voix lui manqua, et son attitude annonçait une attention profondément excitée.

— N'avez-vous rien entendu? s'écria-t-elle.

— Les rats n'ont pas encore tout-à-fait déserté le moulin, répondit froidement la gouvernante.

— Le moulin! ma chère Mrs Wyllys; voulez-vous persister à appeler ces ruines pittoresques un *moulin*?

— Je sens tout le tort que ce nom fatal doit faire à ses charmes, surtout pour des yeux de dix-huit ans; mais, en conscience, je ne puis lui donner un autre nom.

— Les ruines ne sont pas assez abondantes dans ce pays, ma chère gouvernante, reprit Gertrude en riant, tandis que ses yeux étincelans prouvaient l'intérêt qu'elle mettait à défendre son opinion favorite, pour que nous soyons en droit de les dépouiller, sans des preuves certaines, du peu de droits qu'elles peuvent avoir à notre vénération.

— Eh bien! le pays n'en est que plus heureux! Les ruines, dans une contrée, sont comme la plupart des signes de décrépitude qui se manifestent sur le corps humain, de tristes preuves d'excès et de passions en tout genre, qui ont hâté les ravages du temps. Ces provinces sont comme vous, ma Gertrude, dans leur fraîcheur et leur jeunesse, et comparativement aussi dans leur innocence. Espérons pour l'une et pour l'autre une longue, utile et heureuse existence.

— Grand merci pour moi et pour mon pays! mais cependant je ne puis admettre que ces ruines pittoresques aient été un moulin.

— Qu'elles soient ce que vous voudrez, voilà long-temps qu'elles occupent cette place, et, selon toute apparence, elles y reste ront encore plus long-temps, ce qui est plus que nous ne pouvons dire de notre prison, comme vous appelez ce beau vaisseau à bord duquel nous devons nous embarquer. — Eh! mais, madame, si mes yeux ne se trompent pas, je vois les mâts se mouvoir lentement et dépasser les cheminées de la ville.

— Vous avez parfaitement raison, Wyllys; les matelots sont en train de touer le vaisseau pour le mettre à flot, puis ils l'attacheront à ses ancres pour qu'il ne bouge pas jusqu'à ce qu'on soit prêt à déplier les voiles, afin de mettre en mer dans la matinée. C'est une manœuvre qu'on fait souvent, et que l'amiral m'a expliquée si clairement, qu'il me serait assez facile de la commander en personne, si cela convenait à mon sexe et à ma position.

— Alors ce mouvement doit nous rappeler que tous nos apprêts de départ ne sont pas encore terminés. Quelque charmant que soit ce lieu, Gertrude, il faut le quitter à présent, au moins pour quelques mois.

— Oui, ajouta Mrs de Lacey en suivant à pas lents la gouvernante qui prenait déjà les devants; des flottes entières ont été souvent touées à leurs ancres, pour attendre que le vent et la marée fussent favorables. Aucune personne de notre sexe ne connaît les dangers de l'Océan, nous exceptées, qui avons été unies par le plus étroit de tous les nœuds à des officiers de rang et de mérite; et nulle autre ne peut jouir délicieusement de la véritable grandeur de cette noble profession. C'est un charmant spectacle qu'un vaisseau fendant les vagues avec sa poupe[1], et s'élançant sur son propre sillage, comme le coursier écumant qui court toujours sur la même ligne, quoiqu'il se précipite de toute sa vitesse.

La réponse de Mrs Wyllys ne parvint pas jusqu'aux oreilles des deux indiscrets cachés dans la tour. Gertrude avait suivi ses compagnes; mais après avoir fait quelques pas, elle s'arrêta pour jeter un dernier regard sur ses murs délabrés. Un profond silence régna pendant plus d'une minute.

— Cassandre, dit-elle enfin à la jeune négresse qui était auprès d'elle, il y a, dans l'arrangement de ces pierres, quelque chose qui m'aurait fait désirer qu'elles eussent été quelque chose de plus qu'un moulin.

— Y avoir des rats dedans, reprit cette fille avec sa simplicité naïve; vous avoir entendu ce que bonne Mrs Wyllys dire.

---

[1] Le mot anglais *taffrail* signifie littéralement le *tableau du couronnement*, ou partie supérieure de la poupe.—Éd.

Gertrude se retourna, sourit et donna un petit coup sur la joue noire de sa suivante, avec des doigts que le contraste faisait paraître blancs comme la neige, comme pour la gronder de vouloir détruire la douce illusion dont elle aimait à se bercer; puis, courant rejoindre sa tante et sa gouvernante, elle se mit à descendre la colline en bondissant avec la légèreté d'une jeune Atalante.

Les deux habitans passagers de la tour restèrent aux écoutes aussi long-temps qu'ils purent apercevoir le plus léger pli de sa robe flottante, et alors ils se retournèrent en face l'un de l'autre et se regardèrent quelque temps en silence, chacun d'eux s'efforçant de lire dans les yeux de son voisin.

— Je suis prêt à prêter serment devant le lord chancelier, s'écria tout à coup l'avocat, que ces ruines n'ont jamais été un moulin!

— Votre opinion a éprouvé un changement bien subit!

— Ma justice a été éclairée, aussi vrai que j'espère d'être juge. La question a été traitée par un avocat puissant, et j'ai vécu pour reconnaître mon erreur.

— Et pourtant il y a des rats dans la tour.

— Des rats de terre, ou des rats d'eau? demanda promptement l'étranger en jetant sur son compagnon un de ces regards vifs et perçans que ses yeux avaient toujours en réserve.

— Mais l'un et l'autre, à ce que je crois, répondit Wilder d'un ton sec et caustique; certainement du moins de la première espèce, ou la renommée fait injure aux gens de robe.

L'avocat sourit, et il ne parut se fâcher en aucune manière d'une allusion aussi libre à sa noble et honorable profession.

— Vous autres gens de mer, dit-il, vous avez dans les manières une franchise si loyale et si amusante, qu'en honneur il n'y a pas moyen d'y résister. Je suis enthousiaste de votre noble profession, et j'en connais tant soit peu les termes. Quel plus beau spectacle, en effet, qu'un superbe vaisseau fendant la lame furieuse avec sa *poupe*, et s'élançant sur son sillage, comme un coursier rapide!

— Ou comme un serpent sinueux qui s'allonge sur ses propres replis.

Alors, comme s'ils éprouvaient un singulier plaisir à se rappeler ces images poétiques tracées par la digne veuve du vaillant amiral, ils se mirent à éclater de rire en même temps d'une manière si bruyante que la vieille tour en fut ébranlée, comme au temps où le vent faisait tourner le moulin. L'avocat fut le premier à reprendre son sang-froid, car le jeune marin s'abandonnait sans réserve à toute sa gaîté.

— Mais c'est un terrain sur lequel il est dangereux pour d'autres que la veuve d'un marin de s'aventurer, dit-il d'un ton redevenu en un instant aussi calme que ses rires avaient été immodérés. La jeune personne, celle qui a tant d'aversion pour les moulins, est une charmante créature! il paraîtrait qu'elle est la nièce de la prétentieuse douairière.

Le jeune marin cessa de rire à son tour, comme s'il sentait tout à coup l'inconvenance de tourner en ridicule une si proche parenté de la belle vision qui venait d'apparaître à ses yeux. Quelles que fussent ses pensées secrètes, il se contenta de répondre :

— Elle l'a dit elle-même.

— Et dites-moi, reprit l'avocat en s'approchant de son compagnon, comme s'il avait un secret important à lui communiquer, ne trouvez-vous pas qu'il y avait quelque chose de frappant, d'extraordinaire, quelque chose qui allait au cœur, dans la voix de la dame qu'elles appelaient Wyllys?

— L'avez-vous remarqué?

— Je croyais entendre les sons d'un oracle, les accens mêmes de la vérité. Quelle voix douce et persuasive!

— J'avoue que j'en ai senti l'influence, et à un point que je ne puis expliquer.

— Cela tient du délire! reprit l'avocat en se promenant à grands pas dans la tour, et toute trace d'enjouement et d'ironie avait disparu de sa figure pour faire place à un air pensif et rêveur. Son compagnon semblait peu disposé à interrompre ses méditations, et était livré lui-même à de tristes et pénibles pensées. Enfin le premier sortit de sa rêverie avec cette promptitude étonnante qui lui était habituelle. Il s'approcha d'une fenêtre, et dirigeant l'attention de Wilder sur le vaisseau qui était dans le havre extérieur, il lui demanda sans autre préambule :

— Ce navire n'a-t-il donc plus d'intérêt pour vous?

— Loin de là! voilà un bâtiment tel que l'œil d'un marin aime à en voir!

— Voudriez-vous essayer d'aller à bord?

— A cette heure? seul? je ne connais ni le capitaine ni personne de l'équipage.

— Il y a d'autres momens que celui-ci, et un marin est toujours sûr d'être reçu à bras ouverts par ses frères.

— Ces négriers n'aiment pas toujours qu'on les aborde. Ils sont armés, et ils savent tenir les étrangers à une distance respectueuse.

— N'y a-t-il pas dans la franc-maçonnerie navale des mots de ralliement par lesquels un frère se fait connaître, de ces mots tels que — l'éperon labourant l'onde, — ou quelque autre de ces phrases techniques que nous venons d'entendre?

Wilder regarda fixement celui qui le questionnait ainsi, et parut réfléchir long-temps avant de hasarder une réponse.

— Pourquoi toutes ces questions? demanda-t-il enfin avec froideur.

— Parce que je crois que si jamais cœur pusillanime n'a triomphé d'une belle, jamais l'indécision n'a triomphé de la fortune. Vous voulez de l'emploi, m'avez-vous dit, et si j'étais amiral je vous ferais mon premier capitaine. Dans nos tribunaux, quand nous avons besoin d'un brevet, nous avons notre manière de le demander. Mais je parle trop librement peut-être à une personne qui m'est entièrement inconnue. Vous vous rappellerez du moins que, quoique ce soit l'avis d'un avocat, il vous est donné gratis.

— Et mérite-t-il plus de confiance à cause de cette générosité extraordinaire?

— C'est ce dont je vous laisse à juger, dit l'avocat en mettant un pied sur l'échelle et commençant à descendre. Me voici fendant littéralement les vagues avec ma poupe, ajouta-t-il en descendant à reculons, lorsqu'on ne voyait plus que sa tête, et semblant prendre beaucoup de plaisir à appuyer sur ces mots avec une emphase particulière. Adieu, mon ami; si nous ne devons plus nous revoir, je vous recommande de ne jamais oublier les rats de la tour de Newport.

Il disparut en disant ces mots, et l'instant d'après il était à terre. Se retournant aussitôt avec un sang-froid imperturbable, il frappa du pied au bas de l'échelle, l'abattit, et ôta de cette manière le seul moyen de descendre. Il leva alors les yeux sur Wilder, qui ne pouvait deviner son dessein, le salua familièrement de la main, lui renouvela ses adieux et s'éloigna d'un pas rapide.

— Voilà une conduite bien étrange, s'écria Wilder qui se trouvait ainsi prisonnier dans la tour. Après s'être assuré qu'il ne pouvait sauter par la trappe sans risquer de se casser une jambe, il courut à la fenêtre pour reprocher à son compagnon sa perfidie, ou plutôt pour s'assurer si c'était sérieusement qu'il l'abandonnait de cette manière. L'avocat était déjà hors de portée de la voix, et avant que Wilder eût le temps de décider quel parti il devait prendre, il avait gagné les faubourgs de la ville, et avait disparu derrière les maisons.

Pendant tout le temps occupé par les scènes que nous venons de rapporter, Fid et le nègre avaient continué à faire honneur à leur sac de provisions, sous la haie où nous les avons laissés. A mesure que l'appétit du premier se calmait, son goût pour la didactique lui reprenait de plus belle, et au moment précis où Wilder était abandonné dans la tour, il était profondément occupé à faire au noir un sermon sur un sujet délicat, — la manière de se conduire en société.

— Voyez-vous, Guinée, dit-il en finissant, pour bien manier le gouvernail dans une compagnie, il ne faut pas jeter tout par-dessus le pont, et gagner ensuite le large à toutes voiles, comme vous avez jugé à propos de le faire ce matin. Autant que je puis croire, ce maître Nightingale est mieux placé au cabaret que dans une bourrasque; vous n'aviez qu'à aller au lof et à le serrer de près quand vous m'avez vu pousser l'argument par le travers de ses écubiers, et du diable s'il n'eût pas été obligé de mettre en panne et de baisser pavillon devant tous les assistans; mais qui hêle? quel est le cuisinier qui tue à présent le cochon de son voisin?

— Seigneur! monsieur Fid, s'écria le nègre, c'être maître Harry, avec tête hors des écoutilles, là-bas dans le phare; lui crier comme si lui avoir un porte-voix!

— Oui, oui, il faut le voir commander une manœuvre! Il a une voix qui résonne comme un cor, quand il lui prend envie de la faire entendre. Mais pourquoi diable met-il en état les batteries de cette vieille chaloupe démâtée? Au reste, s'il est seul pour soutenir l'abordage, il ne doit s'en prendre qu'à lui-même. Pourquoi n'a-t-il pas commandé un roulement de tambour pour rassembler l'équipage.

Comme Dick et le nègre s'étaient dirigés vers la tour avec toute la célérité possible du moment qu'ils avaient entendu Wilder, ils étaient alors à portée de sa voix. Celui-ci, du ton sec et énergique dont un officier de marine donne ses ordres, leur dit de relever l'échelle. Quand il se vit en liberté, il demanda d'un air assez expressif s'ils avaient remarqué dans quelle direction l'étranger en redingote verte avait opéré sa retraite.

— Voulez-vous dire l'individu en bottes, qui, sans être hélé, voulait toujours faire voile de conserve dans la conversation, sur le petit bout de quai, là-bas, au-delà de cette maison, en droite ligne de la cheminé nord-est avec le mât d'artimon de ce vaisseau qu'on toue dans le havre d'entrée?

— Précisément.

— Il a pris vent oblique jusqu'à ce qu'il eût doublé cette grange, et alors il a viré de bord et s'est mis à cingler vers le sud-est, se tenant à la largue, et ayant, je crois, lacé toutes ses bonnettes, car il allait diablement sur le nez.

— Suivez-moi, s'écria Wilder en s'élançant dans la direction indiquée, sans écouter plus long-temps les explications techniques du matelot.

Mais leurs efforts furent vains. Ils eurent beau continuer leurs recherches jusque après le coucher du soleil, et interroger tous ceux qu'ils rencontraient, personne ne put leur apprendre ce qu'était devenu l'étranger en redingote verte. Quelques personnes l'avaient bien vu, et avaient même remarqué son singulier costume et son regard fier et scrutateur; mais d'après tous les indices il avait disparu de la ville aussi étrangement, aussi mystérieusement qu'il y était entré.

CHAPITRE V.

« Êtes-vous si brave? J'aurai besoin de causer de nouveau avec vous. »
SHAKSPEARE. *Coriolan.*

Les bons habitans de la ville de Newport se retiraient de bonne heure. Ils poussaient très loin la tempérance et la régularité, vertus qui distinguent encore aujourd'hui les habitans de la Nouvelle-

Angleterre. A dix heures il ne restait pas dans la ville une seule maison dont la porte fût ouverte, et il est infiniment probable que, moins d'une heure après, le sommeil avait fermé tous les yeux qui avaient été aux aguets pendant toute la journée, non-seulement pour veiller aux intérêts personnels de chaque habitant, mais encore pour s'occuper charitablement, dans les momens perdus, des affaires du reste du voisinage.

L'aubergiste de *l'Ancre Dérapée* (c'est ainsi qu'on nommait l'auberge où Fid et Nightingale avaient été si près d'en venir aux coups) fermait scrupuleusement sa porte à huit heures, sorte d'expiation par laquelle il s'efforçait de réparer en dormant les petites peccadilles morales qu'il pouvait avoir commises pendant le jour. On pouvait du reste observer, comme règle générale, que ceux qui avaient le plus de peine à conserver une bonne réputation, sous le rapport de la sobriété et de la tempérance, étaient les plus exacts à se retirer en temps convenable du tumulte et des affaires de ce monde. La veuve de l'amiral n'avait pas donné peu de scandale dans son temps, parce que l'on voyait toujours de la lumière dans sa maison long-temps après l'heure fixée par l'usage pour l'éteindre. Il y avait bien encore quelques autres points sur lesquels la bonne dame s'était exposée aux caquets de plusieurs de ses voisines. Appartenant au culte épiscopal, elle ne manquait jamais de prendre son aiguille le samedi soir, quoique les autres jours elle ne travaillât presque jamais. C'était une manière de manifester sa conviction que la soirée du dimanche était la soirée orthodoxe du sabbat. Il se livrait même de temps en temps à ce sujet de petites escarmouches entre elle et la femme du principal ecclésiastique de la ville. Heureusement les hostilités n'étaient jamais poussées bien loin. Cette dernière se contentait de protester en venant le dimanche soir chez la douairière avec son ouvrage, et en interrompant de temps en temps la conversation pour faire jouer activement son aiguille pendant cinq à six minutes. Mrs de Lacey, pour se préserver du danger de la contagion, ne prenait d'autre précaution que de jouer de son côté avec les feuilles d'un livre de prières, exactement d'après le principe qui fait employer de l'eau bénite pour tenir le diable à la distance que l'Église juge la plus sûre pour ses prosélytes [1].

---

[1] Les puritains croient que le sabbat commence au soleil couchant le samedi, et finit à la même heure le dimanche. Aussi la soirée du dimanche, dans toute la Nouvelle-Angleterre, est-elle plutôt observée comme une fête, tandis que celle du samedi

Quoi qu'il en soit, le soir du jour où commence notre histoire, la ville de Newport était, à dix heures, aussi tranquille que si elle n'eût pas renfermé une ame vivante. Il n'y avait point de watchmen, par l'excellente raison qu'il n'y avait point de voleurs; car le vagabondage n'était pas encore connu dans les provinces. Lors donc que Wilder et ses deux compagnons se mirent à cette heure à parcourir les rues désertes, ils les trouvèrent ensevelies dans le même silence que si jamais homme n'y avait passé. On ne voyait plus une seule lumière, ni rien qui indiquât une ville habitée. Au lieu de s'arrêter à frapper à la porte des auberges pour se faire ouvrir par les garçons assoupis, nos aventuriers se dirigèrent en droite ligne vers le bord de la mer; Wilder marchait le premier, Fid venait ensuite, et Scipion, suivant l'usage, formait l'arrière-garde avec son air habituel d'humilité.

Arrivés près de l'eau, ils trouvèrent plusieurs petites barques amarrées à l'abri d'un quai voisin. Wilder donna ses ordres à ses compagnons, et se rendit à l'endroit où il devait s'embarquer. Après avoir attendu le temps nécessaire, il vit deux barques arriver en même temps, l'une était conduite par le nègre et l'autre par Fid.

— Qu'est-ce que cela veut dire? demanda Wilder; n'était-ce pas assez d'une? Il y a eu quelque méprise entre vous deux.

— Il n'y a pas eu de méprise, répondit Fid en laissant pendre sa rame et en passant ses doigts entre ses cheveux, comme s'il était content du coup qu'il avait fait; pas plus de méprise qu'il ne peut y en avoir lorsqu'on prend la hauteur du soleil par un jour clair et sur une mer unie. Guinée est dans la barque que vous avez louée; mais c'est un mauvais marché que vous avez fait là, comme je vous l'ai dit dans le temps; et ainsi, d'après mon principe, qu'il vaut mieux tard que jamais, je viens de jeter un coup d'œil sur toute la kyrielle d'embarcations. Si je ne vous amène pas le meilleur voilier de toute la troupe, alors je veux bien qu'on dise que je ne m'y connais pas; et cependant le prêtre de la pa-

---

est soumise aux plus rigides observances. L'auteur eut un jour une discussion sur ce point avec un théologien de la Nouvelle-Angleterre. Ce dernier ne pouvait pas s'appuyer sur d'importans exemples de la Bible, mais il remarquait avec justesse qu'il y avait quelque chose de consolant et de solennel dans l'idée que toute la chrétienté observait le saint sabbat, exactement dans le même temps. Il est inutile d'ajouter qu'on aurait pu lui objecter qu'outre que cet usage n'est particulier qu'à certaines sectes, on ne peut aller ni à l'orient ni à l'occident sans qu'une différence sensible dans les heures vienne détruire ce calcul.

roisse pourrait vous dire, s'il était ici, que mon père était un constructeur de barques, oui, et en jurer aussi,—c'est-à-dire, si vous le payez bien pour cela.

— Drôle, reprit Wilder avec emportement, vous me forcerez un jour ou l'autre à vous jeter à terre. Ramenez la barque à l'endroit où vous l'avez prise, et ayez soin de l'amarrer comme elle l'était.

— Me jeter à terre! répéta Fid d'un ton ferme; ce serait couper tous vos cordages d'un seul coup, maître Harry. Que feriez-vous, je vous le demande, Scipion et vous, si je démarrais? Pas grand'chose de bon, sur ma parole. Et puis avez-vous bien réfléchi combien voilà de temps que nous faisons voile de conserve?

— Oui; mais il est possible de rompre même une amitié de vingt ans.

— Sauf votre respect, maître Harry, je veux être damné si j'en crois rien. Voilà Guinée, qui n'est qu'un nègre, et qui, par conséquent, est loin d'être un compagnon convenable pour un blanc; mais voilà vingt-quatre ans que je suis habitué à voir sa face noire, voyez-vous, et maintenant, que je suis fait à sa couleur, elle me plaît tout autant qu'une autre; et puis, en mer, lorsque la nuit est sombre, il n'est pas facile de voir la différence. Non, non, je ne suis pas encore las de vous, maître Harry, et ce ne sera pas pour une misère que nous nous séparerons.

— Alors abandonnez votre habitude de vous approprier sans façon ce qui appartient à d'autres.

— Je n'abandonne rien. M'a-t-on jamais vu quitter le tillac tant qu'une planche tenait aux baux? Et faudra-t-il que j'abandonne, comme vous le dites, ce qui est mon droit? Après tout, qu'y a-t-il donc de si grave pour qu'il faille appeler tout l'équipage pour voir punir un vieux matelot? Vous avez donné à un lourdaud de pêcheur, un fainéant qui n'a jamais été sur une eau plus profonde que celle dont sa ligne peut toucher le fond, vous lui avez donné, dis-je, une belle pièce d'argent, et cela pour qu'il vous prête un petit bout d'esquif pour la nuit, ou peut-être encore pour quelques heures demain matin. Eh bien! que fait Dick? Il se dit à part lui, — car du diable s'il va crier tout haut, de bâbord à tribord, contre son officier; — ainsi donc, il se dit tout simplement à part lui : — C'est par trop ; et il va voir de côté et d'autre s'il ne trouvera pas le reste de monnaie de la pièce chez quelques-uns des voisins du pêcheur. L'argent peut se manger, et, ce qui est mieux, il peut se boire; il ne faut donc pas le jeter par-dessus bord avec les cendres du cuisinier. Je parierais, si la vérité pouvait être découverte, que vous verriez que, pour ce qui est des propriétaires de cette chaloupe ici, et de cet esquif là-bas, que leurs mères sont cousines, et que le dollar s'en ira en tabac et en liqueurs fortes pour toute la famille; ainsi, on ne fait de tort à personne, après tout.

Wilder fit un signe d'impatience pour lui ordonner d'obéir, et il se promena sur la rive pour lui en laisser le temps. Fid ne discutait jamais un ordre clair et positif, quoiqu'il se permît souvent une extrême latitude en exécutant ceux qui étaient moins précis. Il n'hésita donc pas à restituer la barque; mais sa soumission n'alla pas jusqu'à le faire sans murmure. Lorsque cet acte de justice fut accompli, Wilder entra dans l'esquif, et voyant que ses compagnons étaient à leur poste, il leur dit de gagner le havre à la rame, leur recommandant en même temps de faire aussi peu de bruit que possible.

— La nuit où je conduisis votre barque dans Louisbourg pour faire une reconnaissance, dit Fid en passant sa main gauche dans son gilet, tandis que, de la droite, il imprimait assez de force à la rame légère pour faire glisser rapidement l'esquif sur l'eau, cette nuit-là nous ferlâmes tout, jusqu'à nos langues. Lorsqu'il est nécessaire de mettre les bosses sur les bouches des gens de l'équipage, je ne suis pas homme, voyez-vous, à souffler le mot; mais comme je suis du nombre de ceux qui pensent que les langues furent faites pour parler tout comme la mer fut faite pour y vivre, je soutiens une conversation raisonnable dans une société bien composée. Eh bien! Scipion, Guinée que vous êtes, où conduisez-vous la barque? L'île est par ici, et vous vous dirigez vers cette espèce d'église.

— Appuyez sur les rames, interrompit Wilder; laissez dériver la barque vers ce vaisseau.

Il passaient alors devant le bâtiment qui avait quitté le bord du quai pour venir jeter l'ancre dans cet endroit, et où le jeune marin avait appris si clandestinement que Mrs Wyllys et la séduisante Gertrude devaient s'embarquer le lendemain matin, pour la province éloignée de la Caroline. Tant que l'esquif en fut près, Wilder examina le navire, à la faible lueur des astres, avec les yeux d'un marin. Vergues, mâts, espars[1], cordages, rien n'échappa à son observation; et quand l'éloignement eut confondu toutes les parties pour n'en faire qu'une seule masse sombre et informe, il resta long-temps la tête penchée hors de sa petite barque, et parut faire de profondes réflexions. Pour cette fois, Fid n'eut pas même la pensée de l'interrompre; il le croyait absorbé par les devoirs de sa profession, et tout ce qui était relatif à ces devoirs avait quelque chose de sacré à ses yeux. Scipion était silencieux par habitude. Après être resté plusieurs minutes dans cette position, Wilder releva tout à coup la tête, et dit brusquement :

— C'est un grand vaisseau, et un vaisseau qui soutiendrait long-temps chasse!

— C'est selon, répondit Fid empressé. S'il avait l'avantage du vent, et qu'il mît toutes voiles dehors, un croiseur du roi pourrait avoir de la peine à s'approcher assez pour jeter le grappin sur ses ponts, mais qu'il soit obligé de carguer, et je vous réponds alors de le prendre d'arrière, et...

— Camarades, dit Wilder en l'interrompant, il est maintenant à propos que je vous instruise de mes projets. Voilà plus de vingt ans que nous sommes ensemble, toujours sur le même vaisseau, je pourrais presque dire à la même table. Je n'étais qu'un enfant, Fid, lorsque vous m'apportâtes dans vos bras au commandant de votre vaisseau, et que non-seulement je vous dus la vie, mais que je me trouvai encore par vos soins sur la route de l'avancement.

— Ah! c'est vrai, maître Harry, que vous ne teniez pas beaucoup de place dans ce temps-là, et qu'il ne vous fallait pas un bien grand hamac.

— Je vous dois beaucoup, Fid, beaucoup en vérité pour cet acte généreux, et aussi, je puis le dire, pour votre attachement inébranlable à ma personne depuis cette époque.

— C'est encore vrai, maître Harry, que j'ai été assez inébranlable dans ma conduite, attendu que je n'ai jamais lâché prise, quoique vous ayez juré si souvent de me jeter à terre. Quant à Guinée que voici, qu'il ait le vent debout ou arrière, le temps est toujours beau pour lui auprès de vous, tandis qu'à tous momens il faut que, pour une misère, il s'élève quelque bourrasque entre nous deux, témoin cette petite affaire au sujet de la barque...

(¹) *Espars.* Ce mot qui revient souvent est un mot générique qui peut suffire pour exprimer les *mâts* et les *vergues.*—Ed.

— N'en parlons plus, interrompit Wilder avec une émotion visible, produite par les souvenirs tout à la fois doux et pénibles que les discours de Fid venaient d'éveiller dans son ame ; — vous savez qu'il n'y a guère que la mort qui puisse nous séparer, à moins cependant que vous ne préfériez me quitter à présent. Il est juste que vous appreniez que je suis engagé dans une entreprise désespérée, qui peut aisément amener ma perte et celle de tous ceux qui m'accompagnent. J'aurais beaucoup de peine à me séparer de vous, mes amis, car cette séparation pourrait être éternelle ; mais en même temps vous devez connaître toute l'étendue du danger.

— Y a-t-il beaucoup de chemin à faire par terre ? demanda brusquement Fid.

— Non, le service, quel qu'il soit, se fera tout entier sur mer.

— Alors présentez le rôle de votre vaisseau, et montrez-moi la place où je puis faire une marque, comme une paire d'ancres croisées, qui tiennent lieu d'autant de lettres qu'il y en a dans le nom de Richard Fid.

— Mais peut-être quand vous saurez...

— Qu'ai-je besoin de rien savoir, maître Harry ? Ai-je donc navigué si souvent avec vous sans savoir d'où venait le vent, pour que je refuse aujourd'hui de vous confier encore ma vieille carcasse, et de rester fidèle à mon devoir ? Qu'en dites vous, Guinée ? Voulez-vous vous embarquer, ou vous déposerons-nous sur cette petite langue de terre, pour voir ce que vous y deviendrez ?

— Moi suivre maître partout, dit le nègre toujours prêt à tout.

— Oui ; oui, Guinée est comme la chaloupe d'un bâtiment côtier, toujours suivant votre sillage, maître Harry, tandis que moi je vais souvent au lof par le travers de vos écubiers, ou je vous aborde de franc-étable sans savoir comment. Quoi qu'il en soit, nous voilà l'un et l'autre prêts, comme vous voyez, à nous embarquer pour cette expédition, sur laquelle nous en savons autant qu'il nous en faut. Ainsi donc, dites-nous à présent ce qu'il nous reste à faire ; et brisons là.

— Rappelez-vous les recommandations que je vous ai déjà faites, dit Wilder qui voyait que le dévouement des deux matelots était trop vif pour qu'il fût nécessaire de le mettre à une plus longue épreuve, et qui savait par expérience qu'il pouvait compter en toute assurance sur leur fidélité, malgré quelques petites faiblesses, qui étaient peut-être involontaires ; rappelez-vous bien toutes mes instructions, et maintenant faites force de rames dans la direction de ce vaisseau qui est dans le havre extérieur.

Fid et le nègre obéirent à l'instant, et la barque glissa rapidement sur l'eau entre la petite île et ce qui, comparativement, pouvait être appelé la pleine mer. En approchant du navire, ils modérèrent le bruit de leurs rames, et finirent par les laisser pendre tout-à-fait, Wilder préférant laisser l'esquif descendre avec la marée sur le bâtiment qu'il voulait examiner en détail avant de s'aventurer à bord.

— Ce vaisseau n'a-t-il pas ses filets d'abordage hissés à ses agrès ? demanda-t-il d'une voix assez basse pour ne pas éveiller l'attention, et avec un accent qui indiquait en même temps l'intérêt qu'il prenait à la réponse.

— Oui, vraiment, si j'ai la vue bonne, répondit Fid ; vos négriers ont de petites démangeaisons de conscience, et ils ne sont pas d'une grande hardiesse, si ce n'est lorsqu'ils donnent la chasse à un jeune nègre sur la côte de Congo. Car, pour le moment, il y a autant de danger qu'un bâtiment français vienne s'aventurer ici cette nuit par cette brise de terre et ce temps clair, qu'il y en a que je sois fait grand-amiral d'Angleterre, chose qui n'est pas infiniment probable, attendu que le roi n'est pas encore bien au fait de mon mérite.

— Ils sont vraiment sur leurs gardes et prêts à recevoir chaudement ceux qui voudraient les aborder, reprit Wilder qui faisait rarement beaucoup d'attention aux périphrases dont Fid croyait devoir embellir si souvent ses discours. Il ne serait pas facile d'emporter un vaisseau ainsi préparé, si son équipage se montrait comme il faut.

— Je vous réponds qu'il y a une bonne partie de l'équipage qui dort dans ce moment au milieu des batteries, et que le quart est fait exactement, sans parler de ceux qui sont en vigie aux bossoirs et sur la poupe. Une fois que j'étais au haut du grand mât de *l'Hébé*, je signalai au sud-est une voile qui venait droit sur nous...

— Chut ! on fait du bruit sur le tillac.

— Sans doute, on y fait du bruit; c'est le cuisinier qui fend une bûche, et le capitaine qui demande son *bonnet de nuit*[1].

La voix de Fid fut étouffée par un cri terrible qui partit du vaisseau. On eût dit le rugissement de quelque monstre marin qui avait élevé tout à coup sa tête au-dessus de l'eau. L'oreille exercée de nos aventuriers reconnut aussitôt que c'était la manière dont il n'était pas inusité de héler une barque; sans prendre le temps de s'assurer qu'on entendait un bruit de rames à quelque distance, Wilder se leva aussitôt sur l'esquif et répondit.

— Comment diable! s'écria la même voix, nous n'avons personne dans l'équipage qui parle de cette manière. Par où êtes-vous, vous qui répondez?

— Un peu sur le bossoir de bâbord, par ici, à l'ombre du vaisseau.

— Et que faites-vous si près de mon avant?

— Je fends les vagues avec ma poupe, répondit Wilder après un moment d'hésitation.

— Quel est ce fou qui vient se jeter ainsi sur nous? murmura celui qui l'interrogeait. — Passez-moi une espingole, que je voie si l'on ne peut tirer une réponse honnête de ce drôle.

— Arrêtez! dit une voix calme, mais impérieuse, qui partait de la partie la plus éloignée du vaisseau, tout est comme il faut, laissez-les approcher.

L'homme qui était sur le tillac du vaisseau leur dit de venir bord à bord, et la conversation cessa. Wilder eut alors occasion de reconnaître que c'était une autre barque, qui était encore à quelque distance, qu'on avait hélée, et qu'il s'était trop pressé de répondre; mais voyant qu'il était trop tard pour pouvoir se retirer sans danger, ou n'agissant peut-être que d'après sa première détermination, il dit à ses compagnons d'obéir.

— Je fends les vagues avec ma poupe! ce n'est pas non plus la réponse la plus honnête qu'un homme puisse faire quand il est hélé, murmura Fid en plongeant sa rame dans l'eau, et ce n'est pas une chose à coucher sur le journal comme un fait extraordinaire qu'ils s'en soient offensés. Quoi qu'il en soit, maître Harry, s'il leur prend fantaisie de vous chercher querelle au sujet de la chose, je vous conseille de leur river bien leur clou, et vous pouvez compter sur de vigoureux croupiers.

---

[1] Expression familière aux marins anglais pour dire *le coup du soir*. — Ed.

Aucune réponse ne fut faite à cette assurance encourageante, car alors l'esquif n'était qu'à quelques pieds du vaisseau. Wilder monta sur le bâtiment au milieu d'un profond silence qui lui parut avoir quelque chose de sinistre. La nuit était sombre, quoique les astres qui se montraient de distance en distance répandissent une lueur suffisante pour que l'œil exercé d'un marin pût distinguer les objets. Lorsque notre jeune aventurier se vit sur le pont, il jeta un regard rapide et scrutateur autour de lui, comme si ce premier coup d'œil devait résoudre des doutes qu'il entretenait depuis long-temps.

Un ignorant, étranger à la marine, aurait été frappé de l'ordre et de la symétrie avec laquelle les mâts s'élevaient vers les cieux, et les agrès croisaient et entouraient dans tous les sens leurs lignes sombres pour en former un labyrinthe qui semblait inextricable ; mais ce spectacle n'était pas nouveau pour Wilder. Comme tous les marins, il ne put s'empêcher, il est vrai, de commencer par jeter les yeux en haut ; mais il les abaissa bientôt pour commencer un examen plus important pour lui dans ce moment. A l'exception d'un homme, qui, quoiqu'il fût enveloppé d'un grand manteau, semblait être un officier, il ne se trouvait pas une ame vivante sur le tillac. De chaque côté était une batterie sombre et menaçante, disposée dans l'ordre imposant de l'architecture navale ; mais nulle part on n'apercevait aucune trace de cette foule de matelots et de soldats qui se pressent ordinairement sur les ponts d'un vaisseau armé, et qui sont nécessaires pour servir les pièces. Peut-être étaient-ils dans leurs hamacs, comme l'heure avancée le rendait présumable ; mais néanmoins il était d'usage de laisser une partie de l'équipage pour faire le quart et veiller à la sûreté du vaisseau. Se trouvant ainsi inopinément face à face avec un seul individu, notre aventurier commença à sentir la singularité de sa position et la nécessité d'entrer en explication.

— Vous êtes sans doute surpris, monsieur, dit-il, que j'aie choisi une heure aussi avancée pour ma visite ?

— Il est certain qu'on vous attendait plus tôt, fut la réponse laconique qui lui fut adressée.

— Qu'on m'attendait ?

— Oui, qu'on vous attendait ; ne vous ai-je pas vu, vous et vos deux compagnons qui sont dans la barque, nous reconnaître pendant la moitié de la journée, tantôt des bords des quais de la ville, et tantôt du haut de la vieille tour? Que pouvait annoncer toute cette curiosité, si ce n'est l'intention de venir à bord?

— Voilà qui est étrange; je dois l'avouer, s'écria Wilder prenant malgré lui l'alarme. Ainsi donc, vous étiez au fait de mes intentions!

— Écoutez, camarade, interrompit l'autre en riant un instant, mais tout bas et sans bruit, car, d'après votre costume et vos manières, je crois ne pas me tromper en vous prenant pour un marin, pensez-vous qu'on ait oublié les lunettes d'approche dans le mobilier de ce vaisseau, ou vous imaginez-vous que nous ne sachions pas nous en servir?

— Vous devez avoir des raisons bien fortes pour examiner avec tant d'attention ce que font des étrangers qui sont sur la terre ferme.

— Hem! peut-être attendons-nous notre cargaison de l'intérieur; mais je suppose que vous n'êtes pas venu jusqu'ici dans l'obscurité pour regarder notre chargement. Vous désirez voir le capitaine?

— N'est-ce pas lui que je vois?

— Où? demanda l'autre en faisant un mouvement involontaire qui annonçait la crainte mêlée de respect que lui inspirait son supérieur.

— En votre personne.

— En ma personne? non, non, je ne suis pas encore couché aussi honorablement sur le rôle du vaisseau, quoique mon temps puisse encore venir l'un de ces beaux jours. Dites-moi, camarade, vous êtes passé sous la poupe de ce vaisseau qu'on vient de remettre à flot, en venant à nous?

— Assurément; il était, comme vous voyez, en droite ligne sur mon passage.

— C'est un bâtiment qui paraît en bon état, et qui est ce qu'il paraît être, je vous assure. Il est tout prêt à partir, à ce qu'on m'a dit.

— Oui, les voiles sont averguées, et il flotte comme un vaisseau qui est plein.

— Plein de quoi? demanda brusquement l'autre.

— D'objets mentionnés sur son journal, sans doute; mais vous-mêmes, vous semblez n'avoir pas fait encore votre chargement. Si vous devez le prendre à ce port, il se passera quelques jours avant que vous puissiez mettre à la voile.

— Hem ! je ne crois pas que nous restions long-temps après notre voisin, reprit l'autre un peu sèchement. Puis, comme s'il craignait d'en avoir trop dit, il ajouta vivement : — Nous autres négriers nous n'avons guère à bord, voyez-vous, que des menottes et quelques barriques de riz de réserve, et, pour compléter le lest, nous avons nos canons et les boulets pour les charger.

— Est-il ordinaire que l'armement des vaisseaux employés à la traite soit aussi considérable ?

— Peut-être oui, peut-être non ; à parler franchement, la loi n'est pas très-respectée sur la côte, et le bras le plus fort est généralement celui qui a raison. Les armateurs de notre bâtiment ont donc cru vraisemblablement qu'il serait tout aussi bien qu'on ne manquât à bord ni de canons ni de munitions.

— Ils auraient dû vous donner aussi des gens pour les manœuvrer.

— Voilà à quoi ils n'ont pas songé, certainement.

Sa voix fut presque couverte par celle qui avait retenti jusqu'à l'esquif de Wilder, et qui se fit entendre de nouveau comme si elle hélait une autre barque.

La réponse fut prompte, courte, expressive, mais elle fut faite à voix basse et avec précaution. Cette interruption soudaine parut embarrasser l'individu avec lequel Wilder avait eu une conversation si équivoque, comme s'il ne savait pas quelle conduite il devait tenir dans cette circonstance. Il avait déjà fait un mouvement pour conduire son nouvel hôte à la chambre du capitaine, lorsque le bruit des rames, qui fendaient l'eau tout près du bâtiment, lui annonça qu'il était trop tard. Faisant signe à Wilder de rester où il était, il courut à l'embelle pour recevoir ceux qui venaient d'arriver.

Grace à cet abandon, Wilder resta seul en possession de la partie du vaisseau où il se trouvait, ce qui lui fournit l'occasion de recommencer son examen, et d'observer en même temps les nouveaux arrivés.

Cinq à six matelots aux formes athlétiques sortirent de la barque et montèrent à bord dans un profond silence. Une courte conférence eut lieu à voix basse entre eux et un officier, qui semblait recevoir un rapport et transmettre un ordre. Lorsque ces préliminaires furent terminés, une corde fut descendue d'un palan de la grande vergue, et le bout alla tomber dans la barque récemment arrivée. L'instant d'après, le fardeau qu'elle était destinée à transporter parut au milieu de l'air, à peu près à égale distance de l'eau et du mât; il descendit alors lentement, incliné vers le bord, jusqu'à ce qu'il fût déposé en sûreté sur le tillac du vaisseau.

Pendant tout le temps de cette opération, qui n'avait rien d'extraordinaire en elle-même, et qui n'était que ce que l'on voyait tous les jours à bord des grands bâtimens dans le port, Wilder avait ouvert de si grands yeux qu'ils semblaient prêts à sortir de leurs orbites. La masse noire qui avait été enlevée de la barque semblait, au moment où elle s'était dessinée dans le ciel, avoir les formes d'un corps humain. Les matelots se groupèrent à l'entour, après beaucoup de bruit et d'assez longs entretiens à voix basse; le corps ou fardeau, quel qu'il fût, fut emporté par les matelots, qui disparurent derrière les mâts, les chaloupes et les canons qui couvraient l'avant du vaisseau.

Tout cet incident était de nature à exciter l'attention de Wilder; cependant ses regards n'étaient pas tellement absorbés par ce qui se passait à l'embelle, qu'ils ne pussent apercevoir une douzaine d'objets noirs qui semblaient sortir tout à coup de derrière les espars. Ce pouvait être des masses inertes qu'on balançait dans l'air, mais ils avaient aussi une ressemblance frappante avec des têtes humaines. La manière simultanée dont ils parurent et disparurent servit à confirmer ce soupçon; et, à dire la vérité, notre aventurier ne douta pas un instant que la curiosité n'eût fait sortir toutes ces têtes de leurs cachettes respectives. Néanmoins il n'avait guère eu le temps de réfléchir à toutes ces circonstances, lorsqu'il fut rejoint par son premier compagnon, qui semblait avoir été laissé de nouveau seul avec lui sur le tillac.

— Vous savez ce que c'est que de tirer les matelots de terre quand un vaisseau est près de mettre à la voile? dit l'officier.

— Vous semblez avoir une méthode expéditive de les hisser à bord.

— Ah! vous voulez parler du drôle qui est à la grande vergue. Vous avez la vue bonne, camarade, pour distinguer les choses à cette distance; mais le drôle a fait le mutin; quand je dis qu'il a fait le mutin, je veux dire qu'il a fait ribotte, car pour mutin, il ne l'est qu'autant qu'on peut l'être, quand on ne peut ni parler, ni s'asseoir, ni rester debout.

Puis, comme s'il était content de l'explication qu'il avait donnée, il se mit à rire d'un air de satisfaction pour se féliciter de son esprit.

— Mais, ajouta-t-il bientôt, voilà long-temps que vous êtes à bord, et le capitaine vous attend dans sa cabine. Suivez-moi, je vous servirai de pilote.

— Arrêtez, dit Wilder; ne serait-il pas à propos de lui annoncer ma visite?

— Il en est déjà informé. Il ne se passe rien à bord, ici, qui ne parvienne à son oreille avant d'être mis sur le journal.

Wilder ne fit pas d'autre objection, mais se montra prêt à suivre son guide. Celui-ci le conduisit jusqu'à l'endroit qui séparait la chambre principale du reste du vaisseau, et, lui montrant du doigt une porte, il dit à demi-voix :

— Frappez deux fois; si l'on répond, entrez.

Wilder suivit ses instructions. Il frappa une première fois; mais, ou l'on n'entendit point, ou l'on ne voulut pas répondre. Il recommença, et on lui dit d'entrer. Le jeune marin ouvrit la porte, en proie à une foule de sensations qui trouveront leur explication dans la suite de notre histoire, et à la clarté d'une lampe brillante, il reconnut l'étranger à la redingote verte.

CHAPITRE VI.

« D'après le bon et vieux principe qui dit :
Prenne celui qui a la force, et garde celui qui peut (¹). »
WORDSWORTH. *Le Tombeau de Rob-Roy.*

L'appartement où notre aventurier se trouvait alors ne peignait pas mal le caractère de celui qui l'occupait. Pour la forme et pour les proportions, il n'avait rien qui le distinguât des chambres de vaisseau ordinaires; mais l'ameublement offrait un singulier mé-

---

(¹) C'est l'épigraphe choisie par Walter Scott pour son *Rob-Roy*.—Éd.

lange de luxe et d'apprêts militaires. La lampe, suspendue au plafond, était d'argent massif, et, malgré les changemens qu'on y avait faits pour l'adapter à la place, il y avait encore dans la coupe et dans les ornemens quelque chose qui trahissait qu'elle avait dû éclairer autrefois un sanctuaire plus auguste et plus sacré. D'énormes chandeliers du même métal, et qui avaient dû évidemment aussi figurer dans une église, étaient posés sur une table vénérable, dont l'acajou brillait encore du vernis d'un demi-siècle, et dont les griffes dorées et les pieds ciselés annonçaient une destination première bien différente du service ordinaire d'un vaisseau. Un canapé couvert de velours épinglé était du côté de la barre d'arcasse, tandis qu'on voyait en face un divan de soie bleue, dont la forme, l'étoffe et les piles de coussins prouvaient que l'Asie elle-même avait été mise à contribution par le riche possesseur de cet appartement. Après ces meubles qui frappaient les premiers la vue, on remarquait encore des glaces, des miroirs, de l'argenterie, et même des tentures; mais il n'était pas une seule pièce de l'ameublement qui n'eût dans sa forme ou dans sa disposition quelque chose de particulier qui assignait à chacune d'elles une origine différente. En un mot, la recherche et l'élégance semblaient avoir été consultées beaucoup plus que le goût et l'harmonie, pour le choix de la plupart de ces objets, qui paraissaient avoir été rassemblés indistinctement, à mesure qu'ils flattaient un caprice, ou qu'ils attiraient les regards du maître somptueux.

Au milieu de ce mélange de luxe et de richesse se montraient les sinistres instrumens de la guerre. La cabine renfermait quatre de ces sombres canons dont le poids et le nombre avaient attiré les premiers l'attention de Wilder. Quoiqu'ils fussent placés si près des objets de luxe que nous venons de décrire, il n'était pas difficile de s'apercevoir qu'ils étaient disposés de manière à pouvoir servir au premier moment, et que cinq minutes suffiraient pour dépouiller la place de tout l'attirail du luxe, pour en faire une batterie terrible et bien protégée. Des pistolets, des sabres, des demi-piques, des haches, en un mot toutes les armes du marin, étaient arrangées autour de la chambre, de manière à servir en quelque sorte de décoration guerrière, et à se trouver en même temps à portée de la main.

Autour du mât était un amas de mousquets, et de grosses barres de bois, évidemment faites pour pouvoir être posées en courbâtons des deux côtés de la porte, montraient assez qu'on pouvait en un instant établir une barrière en cet endroit.

L'ensemble de ces arrangemens annonçait que la cabine était regardée comme la citadelle du vaisseau. Ce qui confirmait cette dernière opinion, c'était un escalier qui commnniquait évidemment aux chambres des officiers subalternes, et qui ouvrait un passage direct jusqu'au magasin. Ces dispositions, un peu différentes de ce qu'il était habitué de voir, frappèrent sur-le-champ Wilder, quoiqu'il n'eût pas alors le loisir de se demander quelle pouvait en être la cause ou l'utilité.

Il y avait une expression secrète de satisfaction, tempérée peut-être par une légère teinte d'ironie, sur la physionomie de l'étranger en redingote verte, — car il avait encore le costume sous lequel nous l'avons présenté la première fois au lecteur, — lorsqu'il se leva en voyant entrer Wilder. L'un et l'autre restèrent quelques instans sans parler; le prétendu avocat fut le premier à rompre enfin le silence.

— A quelle heureuse circonstance ce vaisseau doit-il l'honneur de votre visite? demanda-t-il.

— Je crois pouvoir répondre à l'invitation de son capitaine, dit Wilder avec une assurance égale à celle que montrait l'autre.

— Vous a-t-il fait voir son brevet en prenant ce titre? On dit, je crois, sur mer, qu'aucun croiseur ne doit être sans brevet.

— Et que dit-on aux universités sur ce point important?

— Je vois que je ferai mieux de déposer la robe pour reprendre l'uniforme de marine, reprit l'autre en souriant. Il y a dans notre métier... dans notre *profession*, devais-je dire, puisque c'est votre expression favorite, quelque chose qui nous révèle malgré nous l'un à l'autre. Oui, monsieur Wilder, ajouta-t-il avec dignité en faisant signe à son hôte d'imiter son exemple et de prendre un siége, je suis un marin comme vous, et je suis heureux de pouvoir ajouter, le commandant de ce noble vaisseau.

— Alors, vous devez convenir que je ne me suis pas présenté sans une autorisation suffisante.

— Je l'avoue. Mon vaisseau a paru fixer agréablement vos regards, et je dois m'empresser de dire de mon côté que votre air, vos manières, tout en vous m'a fait désirer de faire avec vous une plus ample connaissance. Vous cherchez du service?

— On doit rougir de rester dans l'inaction dans ces temps d'agitation et d'activité.

— Très bien. C'est un monde singulièrement bâti que celui où nous vivons, monsieur Wilder. Les uns se croient en danger en ayant sous leurs pieds un plancher non moins solide que la terre ferme, tandis que d'autres sont contens de confier leur sort à l'Océan. Il en est ensuite qui pensent que prier est l'unique affaire de l'homme; puis d'autres au contraire sont avares de leur souffle, et s'arrogent eux-mêmes ce qu'ils n'ont point toujours le loisir ou l'inclination de demander. Sans doute vous avez jugé prudent de prendre des informations sur la nature de nos relations, avant de venir ici chercher de l'emploi?

— On dit dans Newport que ce bâtiment est un vaisseau négrier.

— On dit cela dans Newport! Elles ne se trompent jamais, ces bonnes langues de village! Si la sorcellerie a jamais existé sur la terre, le premier de la bande malicieuse a dû être un aubergiste de village, le second le docteur, et le troisième le prêtre. Quant à la quatrième place, le tailleur et le barbier peuvent se la disputer. — Roderick!

Le capitaine accompagna ce mot par lequel il venait de s'interrompre avec si peu de cérémonie, en frappant un léger coup sur un *gong* chinois [1], qui, entre autres curiosités, était suspendu à l'une des solives à portée de sa main.

— Eh bien! Roderick, dormez-vous?

Un garçon vif et léger s'élança de l'une des deux petites cabines construites sur les hanches du vaisseau, et répondit à l'appel en annonçant sa présence.

— La barque est-elle de retour?

La réponse fut affirmative.

— Et a-t-elle réussi?

— Le général est dans sa chambre, monsieur; et il pourrait vous répondre d'une manière plus satisfaisante que moi.

— Eh bien, que le général vienne me rendre compte du résultat de sa campagne.

L'intérêt de Wilder était excité à un tel point, qu'il retint même son haleine, de peur de troubler la rêverie soudaine dans

---

[1] Le *gong* chinois, appelé aussi *loo*, est un instrument de métal composé d'un alliage de vingt parties d'étain et de soixante-dix-huit parties de cuivre. Si on frappait dessus avec un corps dur il se briserait; mais en enveloppant la baguette d'un cuir, le son qui résulte de son contact est d'abord faible, mais se prolonge et grossit de vibration en vibration jusqu'à produire un bruit terrible. — Ed.

laquelle son compagnon était alors évidemment tombé. Le jeune garçon descendit par l'escalier, comme un serpent qui se glisse dans son trou, ou plutôt comme un renard qui s'élance dans son terrier, et alors un profond silence régna dans sa chambre. Le commandant du vaisseau appuya sa tête sur sa main, et parut oublier entièrement qu'il y avait un étranger auprès de lui. Le silence aurait duré beaucoup plus long-temps, s'il n'eût pas été interrompu par l'arrivée d'un tiers. Un corps raide et immobile s'éleva lentement par le petit escalier, de la manière à peu près que les spectres font leur apparition au théâtre. Lorsque la moitié de la personne fut visible, le corps cessa de monter, et tourna une tête impassible du côté du capitaine.

— J'attends des ordres, dit une voix sourde qui sortait de lèvres qu'on voyait à peine remuer.

Wilder tressaillit à cette apparition inattendue, et celui qui causait sa surprise avait en effet un aspect assez remarquable pour frapper quiconque ne l'avait jamais vu. La figure était celle d'un homme de cinquante ans; le temps en avait plutôt durci qu'altéré les traits. Les joues étaient uniformément rouges, à l'exception d'une de ces petites bulbes expressives de chaque côté, qui ont tant de rapport avec les bourgeons de la vigne, ce qui fait donner l'épithète de bourgeonnés à ces sortes de visages. Le sommet de la tête était chauve; mais autour de chaque oreille était une masse de cheveux grisâtres, couverts de pommade et réunis en une seule tresse bien lissée et bien unie. Le cou était long, et un énorme col noir semblait l'allonger encore; les épaules, les bras et le buste annonçaient un homme fort grand, et le tout était enveloppé d'une sorte de pelisse d'une forme bizarre, qui ressemblait assez à un domino. Le capitaine, dès qu'il entendit la voix, leva la tête en s'écriant :

— Ah! général, vous êtes à votre poste; avez-vous trouvé la terre?

— Oui.

— Et l'endroit? — et l'homme?

— L'un et l'autre.

— Et qu'avez-vous fait?

— Exécuté mes ordres.

— Très bien. Vous êtes un trésor pour l'exécution, général, et sous ce rapport je vous porte dans mon cœur. Le drôle s'est-il plaint?

— Il était bâillonné.

— Excellente méthode pour prévenir les remontrances! Tout est à merveille, général; vous avez mérité, comme toujours, mon approbation.

— Alors récompensez-moi.

— De quelle manière? Vous avez déjà le plus haut rang auquel je puisse vous élever. A moins de vous faire chevalier....

— Bah! mes hommes ne sont pas mieux traités que les soldats de la milice. Ils manquent d'habits.

— Ils en auront. Les gardes de sa majesté ne seront pas la moitié si bien équipés. Général, je vous souhaite une bonne nuit.

La figure descendit de la manière subite, inattendue, on pourrait presque dire infernale, dont elle était montée, laissant de nouveau Wilder seul avec le capitaine du vaisseau. Celui-ci parut tout à coup frappé de l'idée que cette bizarre entrevue avait eu lieu en présence d'un étranger, et que, pour lui du moins, elle semblait demander quelque explication.

— Mon ami, dit-il d'un air toujours un peu hautain, quoique assez expressif pour montrer qu'il voulait bien descendre à une explication, — mon ami commande ce que, sur un bâtiment plus régulier, on appellerait les soldats de marine. Il s'est élevé de grade en grade, par ses services, du rang le plus subalterne au poste distingué qu'il occupe à présent. Vous avez pu remarquer qu'il y a autour de sa personne une odeur de camp.....

— Plus que de vaisseau, je dois l'avouer. Est-il d'usage que les bâtimens négriers aient un arsenal aussi bien monté? je vous trouve armés jusqu'aux dents.

— Vous désirez sans doute nous connaître mieux avant de conclure notre marché, répondit le capitaine en souriant. Il ouvrit alors une petite cassette qui était sur la table, et en tira un parchemin qu'il présenta tranquillement à Wilder en disant, tandis que ses regards perçans semblaient vouloir lire jusqu'au fond de son ame : Vous verrez par là que nous avons des lettres de marque, et que nous sommes dûment autorisés à nous battre, comme les vaisseaux du roi, tout en faisant paisiblement nos propres affaires.

— Ceci est la commission d'un brick.

— Il est vrai, il est vrai. Je me suis trompé de papier. Je crois que vous trouverez celui-ci plus exact.

— Voilà bien une commission pour le vaisseau *les Sept-Sœurs*, mais certes vous portez plus de dix canons; et puis ceux qui sont dans votre cabine sont des pièces de neuf au lieu de quatre.

— Ah! vous êtes aussi pointilleux que si vous eussiez été l'avocat, et moi le marin étourdi! Je suis sûr que vous savez ce que c'est que d'aider à la lettre en pareil cas, dit sèchement le capitaine en rejetant le parchemin d'un air d'insouciance au milieu d'une pile de papiers semblables. Alors se levant de sa chaise, il se mit à arpenter rapidement la chambre en ajoutant : — Je n'ai pas besoin de vous dire, monsieur Wilder, que notre métier a ses dangers. Il en est qui l'appellent inégal. Mais comme je n'ai pas beaucoup de goût pour les disputes théologiques, nous ne traiterons pas cette question. Vous n'êtes pas venu ici sans avoir vos idées?

— Je cherche du service.

— Sans doute vous avez fait toutes vos réflexions, et vous vous êtes mûrement consulté sur l'entreprise dans laquelle vous voulez vous embarquer. Pour ne pas perdre le temps en paroles, et pour qu'il règne entre nous la franchise qui convient à deux honnêtes marins, je vous avouerai sans détour que j'ai besoin de vous. Un brave et habile homme, plus âgé, sans valoir cependant mieux que vous, occupait cette cabine de bâbord il n'y a pas un mois. Mais le pauvre diable a servi de pâture aux poissons depuis lors.

— Il s'est noyé?

— Lui? non. Il est mort dans un combat contre un vaisseau du roi.

— Contre un vaisseau du roi! Avez-vous donc tellement prêté à la lettre de votre commission que vous vous soyez cru autorisé à combattre les croiseurs de sa majesté?

— N'y a-t-il de roi que George II? Peut-être le vaisseau portait-il le pavillon blanc, peut-être celui du Danemarck. Mais, comme je vous disais, c'était vraiment un brave garçon, et voici sa place vide comme le jour où il la quitta pour être jeté dans la mer. C'était un homme en état de me succéder dans le commandement, si une mauvaise étoile venait à luire sur ma tête. Je crois que je mourrais plus tranquille, si j'avais l'assurance que ce noble vaisseau passerait entre les mains de quelqu'un qui sût en faire un usage convenable.

— Sans doute les armateurs du bâtiment vous choisiraient un successeur, si un pareil malheur venait à arriver.

— Mes armateurs sont des gens très raisonnables, reprit l'autre avec un sourire expressif, tandis qu'il fixait de nouveau sur son hôte un regard étincelant qui força Wilder à baisser les yeux; il est rare qu'ils m'importunent de leurs ordres ou de leurs recommandations.

— Ils sont commodes. Je vois qu'ils n'ont pas oublié les pavillons en équipant votre vaisseau. Vous permettent-ils aussi d'arborer celui qui vous plaît le mieux ?

Au moment où cette question fut faite, les regards expressifs des deux marins se rencontrèrent. Le capitaine tira un pavillon du tiroir entr'ouvert où Wilder les avait aperçus, et le déroulant tout entier, il répondit :

— Voilà les lis de France, comme vous voyez, assez juste emblème de vos Français sans tache; écu de prétention pur de toute souillure, mais un peu flétri pour avoir trop servi[1]. Voici le Hollandais calculateur, simple, substantiel et peu cher. C'est un pavillon qui est peu de mon goût. Si le bâtiment a de la valeur, il est rare que les propriétaires veuillent le céder à moins d'un bon prix. Voici votre bourgeois fanfaron de Hambourg. Il n'a qu'une ville, et il l'étale au milieu de ses tours. Quant au reste de ses vastes possessions, il a la sagesse de n'en point parler dans son allégorie. Voici le croissant de la Turquie, nation lunatique qui se croit l'héritière du ciel : qu'ils jouissent en paix de leur droit de naissance; il est rare qu'ils cherchent à en jouir sur les mers. Et ceux-ci, ce sont les petits satellites qui voltigent autour de la puissante lune, vos barbaresques d'Afrique. Je n'ai que peu de relations avec ces messieurs; car ils ne font guère de trafic qui offre quelque profit. Et cependant, ajouta-t-il en jetant les yeux sur le divan de soie devant lequel Wilder était assis, nous nous sommes rencontrés quelquefois, et nous ne nous sommes pas quittés sans nous faire visite. — Ah ! voici l'homme que j'aime, le somptueux, le magnifique Espagnol ! Ce champ jaune rappelle la richesse de ses mines ; et cette couronne ! on serait tenté de la croire d'or massif, et d'avancer la main pour la saisir. Quel bel écu pour un galion[2] ! Voyez maintenant le Portugais

---

[1] *Escutcheon of pretence* : on appelle *armes de prétention* celles des domaines et des juridictions sur lesquelles le seigneur légitime a droit et qu'il ajoute aux siennes, sans pourtant en être le maître, restant entre les mains d'un prince étranger: Tout ce que dit ici le Corsaire du pavillon de France ne s'applique à ce pavillon que très-indirectement. —Ed.

[2] Les galions servaient généralement pour le transport de l'or du Mexique et du Pérou, qui depuis... mais alors ces pays étaient à l'Espagne.—Ed.

plus humble, et qui cependant n'est pas sans avoir aussi un air d'opulence. Je me suis souvent imaginé qu'il y avait de véritables diamans du Brésil dans ce colifichet royal. Ce crucifix que vous voyez pieusement suspendu près de la porte de mon salon en est un assez bel échantillon.

Wilder tourna la tête pour jeter un coup d'œil sur l'emblème précieux qui était en effet placé tout près de la chambre qui lui avait été indiquée. Après avoir satisfait sa curiosité, il allait se livrer de nouveau à l'examen des pavillons, lorsqu'il surprit un autre de ces regards pénétrans, mais furtifs, par lesquels son compagnon cherchait si souvent à lire sur la figure de ceux avec lesquels il se trouvait. Il se pouvait que le capitaine voulût voir l'effet que cet étalage de richesse avait produit sur l'esprit de son hôte. Quel qu'en fût le motif, Wilder sourit; car dans ce moment l'idée se présenta pour la première fois à son esprit que tous ces ornemens n'avaient été disposés dans la cabine avec tant de soin que parce que son arrivée était attendue et dans le désir de faire sur ses sens une impression favorable. L'autre aperçut ce sourire, et se méprenant peut-être, il crut y voir un encouragement à poursuivre sa bizarre analyse des pavillons, avec encore plus d'enjouement et de vivacité qu'auparavant.

— Ces monstres à deux têtes sont des oiseaux de terre, et il est rare qu'ils se hasardent à voler sur l'Océan. Ici, votre brave et vaillant Danois; là votre Suédois infatigable. Passons ce tas de petits fretins qui se permettent d'avoir leurs armes comme de grands empires, ajouta-t-il en passant rapidement la main sur une douzaine de petits pavillons : voilà votre voluptueux Napolitain.

— Ah! voici les chefs du ciel. C'est là un pavillon sous lequel on peut mourir! Je me trouvai un jour vergue à vergue sous cette bannière, avec un pesant corsaire d'Alger.

— Quoi! ce fut sous les bannières de l'église qu'il vous plut de l'attaquer?

— Oui, par pure dévotion. Je me peignis la surprise dont serait saisi le barbare, quand il verrait que nous ne nous mettions pas en prières. A peine lui avions-nous envoyé une ou deux bordées, qu'il jura qu'Allah avait décrété qu'il se rendrait. Au moment où je m'élançai sur son bord, il pensa, je crois, qu'il avait tout le saint conclave à ses trousses, et que la chute de Mahomet et de ses enfans était ordonnée. J'engageai le combat, je dois l'avouer, en lui montrant ces clefs paisibles qu'il a la sottise de croire en état d'ouvrir la moitié des coffres-forts de la chrétienté.

— Lorsqu'il eut confessé son erreur, vous le laissâtes aller?

— Hem! avec ma bénédiction. Il y eut quelque échange de marchandises entre nous, et alors nous nous séparâmes. Je le laissai fumant sa pipe, par une mer grosse, son petit perroquet renversé sur ses flancs, son mât de misaine sous sa grande voûte, et six à sept trous dans sa quille qui laissaient entrer l'eau tout aussi vite que les matelots la pompaient. Vous voyez qu'il était en beau chemin pour aller recueillir sa part d'héritage. Mais c'était le Ciel qui l'avait ordonné, et il était content.

— Et quels sont ces pavillons que vous avez passés? Ils sont riches et en grand nombre.

— Ce sont ceux de l'Angleterre. Voyez comme ils respirent l'aristocratie et l'esprit de parti! Dieu merci! en voilà pour tous les rangs et pour toutes les conditions, comme si les hommes n'étaient pas faits de la même chair, et que les habitans du même royaume ne pussent pas naviguer honnêtement sous les mêmes emblêmes! Voici le lord grand-amiral, votre Saint-George, votre champ rouge et bleu, suivant le chef que le hasard vous donne ou suivant le caprice du moment, les banderolles de l'Inde et l'étendard royal lui-même.

— L'étendard royal!

— Pourquoi pas? Un capitaine n'est-il pas roi absolu sur son vaisseau? Oui, voici l'étendard de sa majesté, et, qui plus est, il a été arboré en présence d'un amiral!

— Voici qui demande explication! s'écria le jeune marin avec cette espèce d'horreur qu'un prêtre manifesterait en apprenant un sacrilége. Arborer l'étendard royal en présence d'un vaisseau amiral! Nous savons tous combien il est difficile, et même dangereux, de s'amuser à déployer, ne fût-ce qu'une simple banderolle, en présence d'un croiseur du roi, et...

— J'aime à braver les drôles, interrompit l'autre avec un sourire amer. Il y a du plaisir à cela! Pour punir, il faut qu'ils aient la force; épreuve souvent tentée, mais toujours sans succès jusqu'à présent. Vous savez la manière de régler un compte avec la loi, en lui montrant toutes ses voiles dehors? Je n'ai pas besoin d'en dire davantage.

— Et lequel de tous ces pavillons employez-vous le plus? demanda Wilder après une minute de profonde réflexion.

6

— Pour naviguer simplement, je suis aussi fantasque qu'une fille de quinze ans dans le choix de ses rubans. J'en change souvent douze fois par jour. Combien de dignes vaisseaux marchands sont entrés dans le port en racontant qu'ils venaient de rencontrer, l'un un bâtiment hollandais, l'autre un danois, auquel ils avaient parlé à l'entrée, et tous deux avaient raison! Quand il s'agit de se battre, c'est autre chose; et quoique parfois aussi je me laisse aller à un caprice, cependant il est une bannière que j'affectionne particulièrement.

— Et c'est...?

Le capitaine resta un moment la main posée sur le pavillon qu'il avait touché, et qui était encore roulé dans le tiroir, et on eût dit qu'il lisait jusqu'au fond de l'ame du jeune marin, tant le regard qu'il lançait sur lui était vif et perçant. Alors, prenant le rouleau fatal, il le déplia tout à coup, et montrant un champ rouge sans aucune espèce d'ornement ou de bordure, il répondit avec emphase :

— Le voici !

— C'est la couleur d'un corsaire !

— Oui, il est *rouge* ! Je l'aime mieux que vos sombres champs tout noirs, avec des têtes de mort, et autres sottises bonnes pour effrayer les enfans. Il ne menace point, seulement il dit: Voilà le prix auquel on peut m'acheter ! Monsieur Wilder, ajouta-t-il en perdant cette expression ironique et plaisante que sa figure avait conservée jusqu'alors pour prendre un air de dignité, nous nous entendons l'un l'autre. Il est temps que chacun de nous navigue sous les couleurs qui lui sont propres. Je n'ai pas besoin de vous dire qui je suis.

— Je crois en effet que cela est inutile, dit Wilder; à ces signes palpables, je ne puis douter que je ne sois en présence du... du...

— Du Corsaire Rouge, dit le capitaine en remarquant qu'il hésitait à prononcer ce nom terrible; il est vrai, et j'espère que cette entrevue sera le commencement d'une amitié solide et durable. Je ne puis m'en expliquer la cause; mais du moment où je vous ai vu, un sentiment aussi vif qu'indéfinissable m'a attiré vers vous. J'ai senti peut-être le vide que ma position a formé autour de moi; quoi qu'il en soit, je vous reçois à cœur et à bras ouverts.

Quoiqu'il fût très évident, d'après ce qui avait précédé cette reconnaissance ouverte, que Wilder n'ignorait pas quel était le vaisseau à bord duquel il venait de s'aventurer, cependant cet aveu ne laissa pas de l'embarrasser. La réputation de ce célèbre flibustier, son audace, ses actes de générosité ou de débauche si singulièrement mêlés, se présentaient sans doute ensemble à la mémoire de notre jeune aventurier, et causaient cette espèce d'hésitation involontaire à laquelle nous sommes tous plus ou moins sujets, lorsqu'il se présente un incident grave, quelque prévu qu'il ait pu être d'ailleurs.

— Vous ne vous trompez ni sur mes intentions, ni sur mes conjectures, répondit-il enfin, car j'avoue que c'était bien ce même vaisseau que j'étais venu chercher. J'accepte vos offres, et dès ce moment vous pouvez disposer de moi et me mettre au poste, quel qu'il soit, que vous me croirez le plus propre à remplir avec honneur.

— Vous serez le premier après moi. Demain matin, je le proclamerai sur le pont, et, à ma mort, si je ne me suis pas trompé dans mon choix, vous serez mon successeur. Cette confiance vous paraît peut-être bien subite; elle l'est en effet, du moins en partie, je dois en convenir; mais nos listes de recrutement ne peuvent pas être promenées, comme celles du roi, au son du tambour, dans les rues de la capitale; et ensuite, je ne connais pas le cœur humain, si la manière franche et ouverte dont je me fie à votre foi ne suffit pas elle-même pour m'assurer votre attachement.

— N'en doutez pas! s'écria Wilder dans un mouvement soudain, mais marqué, d'enthousiasme.

Le Corsaire sourit avec calme en ajoutant :

— Les jeunes gens de votre âge ont assez d'ordinaire le cœur sur la main. Mais malgré cette sympathie apparente qui semble se manifester tout à coup entre nous, je dois vous dire, pour que vous n'ayez pas une trop faible idée de la prudence de votre chef, que nous nous sommes déjà vus. Je savais que vous étiez dans l'intention de me chercher, et de venir m'offrir vos services.

— Impossible! s'écria Wilder; jamais personne...

— Ne peut être sûr que ses secrets sont en sûreté, interrompit l'autre, lorsqu'on a une figure aussi ouverte que la vôtre. Il n'y a que vingt-quatre heures vous étiez dans la bonne ville de Boston.

— J'en conviens, mais...

— Vous conviendrez bientôt du reste. Vous montriez trop de curiosité, trop d'empressement à interroger l'imbécile qui dit que nous lui avions volé ses voiles et ses provisions. Menteur impertinent! Il fera bien de ne pas venir croiser sur ma route, ou je pourrais bien lui donner une leçon qui lui apprendrait à être mieux avisé une autre fois. Beau gibier vraiment pour qu'il vaille la peine que je déploie pour lui une seule voile, ou que je mette même une barque à la mer!

— Son rapport n'est donc pas vrai? demanda Wilder avec une surprise qu'il ne chercha pas à cacher.

— Vrai! Suis-je ce que la renommée m'a fait? regardez bien le monstre, afin que rien ne vous échappe, reprit le Corsaire avec un sourire amer, comme si le mépris s'efforçait d'apaiser les sentimens de l'orgueil blessé. — Où sont les cornes et le pied fourchu? Humez l'air : est-il imprégné de soufre? Mais c'est assez de toutes ces fadaises. Je soupçonnai vos projets, et votre air me convint. Je résolus de vous étudier, et quoique je misse quelque réserve dans mes démarches, cependant je vous vis d'assez près pour être content. Vous me plûtes, Wilder, et j'espère que cette satisfaction sera mutuelle.

Le nouveau flibustier inclina la tête à ce compliment de son chef, et il parut assez embarrassé de répondre. Comme pour éloigner ce sujet et mettre fin à la conversation, il dit précipitamment :

— Maintenant que tout est d'accord, je ne vous dérangerai pas plus long-temps. Je vais me retirer, et je reviendrai prendre mes fonctions demain matin.

— Vous retirer! répéta le Corsaire en s'arrêtant tout à coup dans sa marche, et en regardant fixement le jeune homme. — Il n'est pas d'usage que mes officiers me quittent à cette heure. Un marin doit aimer son vaisseau, et il doit toujours coucher à bord, à moins qu'il ne soit retenu de force à terre.

— Entendons-nous, dit Wilder avec feu; si c'est pour être esclave, et pour être cloué comme l'une de ces ferrures à votre vaisseau, que vous me prenez, il n'y a rien de fait entre nous.

— Hem! J'admire votre vivacité, monsieur, beaucoup plus que votre prudence. Vous trouverez en moi un ami dévoué, qui n'aime guère les séparations, quelque courtes qu'elles puissent être. N'y a-t-il pas ici de quoi vous contenter? Je ne vous parlerai pas de ces considérations viles et subalternes qu'il faut faire briller à des yeux tout matériels; mais vous avez de l'esprit, voici des livres pour le cultiver; — vous avez du goût, tout ici respire l'élégance; — vous êtes pauvre, ici est la fortune.

—Tout cela n'est rien sans la liberté, reprit froidement le jeune aventurier.

— Et quelle est cette liberté que vous demandez? j'espère, jeune homme, que vous ne voudriez pas trahir si vite la confiance qui vous a été accordée? Notre connaissance date de bien peu de temps, et je me suis trop pressé peut-être de vous parler à cœur ouvert.

— Il faut que je retourne à terre, dit Wilder d'un ton ferme, ne fût-ce que pour savoir si l'on se fie à moi et si je ne suis pas prisonnier.

— Il y a dans tout ceci des sentimens généreux ou une profonde scélératesse, reprit le Corsaire après avoir mûrement réfléchi; j'aime mieux croire aux premiers. Promettez-moi que, tant que vous serez dans la ville de Newport, vous n'apprendrez à âme qui vive quel est véritablement ce vaisseau.

— Je suis prêt à le jurer, interrompit Wilder avec empressement.

— Sur cette croix, reprit le Corsaire avec un sourire ironique, sur cette croix montée en diamans! Non monsieur; ajouta-t-il en fronçant fièrement le sourcil, tandis qu'il rejetait avec dédain sur la table ce précieux emblème, les sermens sont faits pour les hommes qui ont besoin de lois qui les forcent à garder leurs promesses; il ne me faut que la parole franche et sincère d'un homme d'honneur.

— Eh bien! c'est avec autant de sincérité que de franchise que je vous promets que, tant que je serai à Newport, je ne dirai à personne quel est ce vaisseau, à moins que vous ne m'ordonniez le contraire. Bien plus...

— Non, rien de plus. Il est prudent d'être avare de sa parole, et de ne pas la prodiguer inutilement. Il peut venir un temps où il vous serait avantageux, sans inconvéniens pour moi, de ne pas être lié par une promesse. Dans une heure, vous irez à terre, cet intervalle est nécessaire pour que vous ayez le temps de prendre connaissance des conditions de votre engagement, et de le signer. — Roderick! ajouta-t-il en touchant de nouveau le gong, on a besoin de vous, enfant.

Le même garçon jeune et actif qui avait déjà paru au premier appel accourut de la cabine de dessous, et annonça sa présence comme la première fois.

— Roderick, continua le Corsaire, voici mon futur lieutenant, et par conséquent votre officier et mon ami. Voulez-vous prendre quelque chose, monsieur? Il n'est presque rien qu'on puisse désirer, que Roderick ne soit à même de fournir.

— Je vous remercie, je n'ai besoin de rien.

— Alors, ayez la bonté de le suivre en bas. Il vous conduira dans la grande salle, et vous donnera notre code écrit. Dans une heure vous en aurez achevé la lecture, et alors je vous rejoindrai. — Éclairez mieux l'échelle, Roderick, quoique vous sachiez très-bien descendre *sans* échelle, monsieur Wilder, à ce qu'il paraît, ou je n'aurais pas en ce moment le plaisir de vous voir.

Le Corsaire sourit d'un air d'intelligence; mais Wilder ne parut pas se rappeler avec la même satisfaction la position embarrassante où il avait été laissé dans la tour, et loin de répondre à ce sourire, sa physionomie s'était singulièrement rembrunie au moment où il se préparait à suivre son guide, qui était déjà au milieu de l'escalier, une lumière à la main. Le premier s'en aperçut, et, s'avançant d'un pas, il dit aussitôt avec autant de grace que de dignité :

— Monsieur Wilder, je vous dois des excuses pour la manière un peu cavalière dont je me suis séparé de vous sur la colline. Quoique je vous crusse à moi, je n'étais pourtant pas sûr de mon acquisition; vous comprenez sans peine combien il était essentiel pour un homme dans ma position de se débarrasser d'un compagnon dans un pareil moment.

Wilder se retourna vers lui, et, avec un air d'où toute trace de déplaisir était effacée, il lui fit signe de n'en pas dire davantage.

— Il était assez désagréable, sans doute, de se trouver ainsi emprisonné; mais je sens la justesse de ce que vous dites, et j'en aurais fait autant moi-même en pareil cas, si j'avais eu la même présence d'esprit.

— Le bonhomme qui moud du blé dans ces ruines doit faire mal ses affaires, puisque tous les rats abandonnent son moulin, s'écria gaîment le Corsaire, tandis que son compagnon descendait l'escalier. Pour cette fois, Wilder lui rendit son sourire franc et cordial, et il laissa, en se retirant, son nouveau maître seul en possession de la cabine.

CHAPITRE VII.

> « Est-il quelque loi qui puisse t'enrichir ? Non. Eh bien ! romps avec elle, et prends ceci. — Ma pauvreté y consent, mais non ma volonté. »
> SHAKSPEARE. *Roméo et Juliette.*

Le Corsaire s'arrêta au moment où Wilder disparut, et il resta plus d'une minute dans l'attitude du triomphe. Il était évident qu'il se félicitait de son succès ; mais, quoique sa figure expressive peignît la satisfaction de l'homme intérieur, ce n'étaient pas les élans d'une joie vulgaire ; on y voyait plutôt le plaisir d'être délivré tout à coup d'une mortelle inquiétude, que celui de s'être assuré les services d'un brave jeune homme. Peut-être même un observateur attentif aurait-il pu découvrir une ombre de regret au milieu de son sourire triomphant et des brillans éclairs que lançaient ses regards. Mais ces sensations ne furent que passagères, et il reprit bientôt l'air libre et dégagé qui lui était ordinaire.

Après avoir laissé à Roderick le temps nécessaire pour conduire Wilder à l'endroit qui lui avait été désigné, et pour le mettre en possession des réglemens qui concernaient la police du vaisseau, le capitaine toucha de nouveau le gong et appela pour la troisième fois son jeune serviteur ; celui-ci dut pourtant s'approcher contre son maître et parler trois fois avant que le Corsaire parût s'apercevoir de sa présence.

—Roderick, dit-il enfin après une longue pause, êtes-vous là ?

— Oui, répondit une voix basse et qui avait une expression de tristesse.

— Ah! vous lui avez donné les réglemens?
— Je les lui ai donnés.
— Et il les lit?
— Oui, il les lit.
— C'est bien. Je voudrais parler au général. Roderick, vous devez avoir besoin de repos, bonsoir. Que le général soit appelé au conseil, et... bonsoir, Roderick.

L'enfant fit une réponse affirmative; mais, au lieu de courir avec sa vivacité ordinaire pour aller exécuter l'ordre de son maître, il resta un instant près de sa chaise. N'ayant pu cependant réussir à attirer son attention, il s'éloigna à pas lents et d'un air de répugnance, descendit l'escalier qui conduisait à l'étage inférieur, et on ne le vit plus.

Il est inutile de décrire la manière dont le général fit sa seconde entrée. Ce fut absolument la répétition de la première, si ce n'est que cette fois il se montra tout entier. Sa taille était haute et droite; il était bien fait, et il s'en fallait de beaucoup que la nature se fût montrée marâtre à son égard, même sous le rapport de la grace; mais tous ses mouvemens avaient été réglés avec une symétrie si rigoureuse, qu'il ne pouvait remuer un membre sans que tous les autres fissent quelque démonstration analogue, et l'on eût dit une marionnette bien organisée. Ce personnage raide et guindé, après avoir fait un salut militaire à son supérieur, alla prendre lui-même une chaise sur laquelle, après quelques instans perdus en apprêts, il s'assit en silence. Le Corsaire parut s'apercevoir de sa présence, car il lui rendit son salut en inclinant légèrement la tête; mais il ne crut pas nécessaire de suspendre pour cela ses méditations. A la fin, cependant, il se tourna brusquement de son côté et lui dit :

— Général, la campagne n'est point finie.

— Que reste-t-il à faire? La bataille est gagnée et l'ennemi prisonnier.

— Oui, vous avez bien joué votre rôle, mais le mien n'est pas à beaucoup près terminé. Avez-vous vu le jeune homme qui est en bas dans la cabine?

— Oui.

— Et quel air lui trouvez-vous?

— L'air d'un marin.

— C'est-à-dire que vous ne l'aimez pas.

— J'aime la discipline.

— Je me trompe fort si vous ne le trouvez pas à votre goût sur le tillac. Quoi qu'il en puisse être, j'ai encore une faveur à vous demander.

— Une faveur! il se fait tard.

— Une faveur, ai-je dit? c'est un devoir qu'il reste encore à remplir.

— J'attends vos ordres.

— Il faut que nous agissions avec beaucoup de prudence; car vous savez...

— J'attends vos ordres, répéta laconiquement le général.

Le Corsaire serra les dents, et un sourire de dédain sembla vouloir se montrer sur sa lèvre inférieure; mais il se changea en un air moitié doux, moitié impérieux, quand il reprit en ces termes :

— Vous trouverez deux matelots dans un esquif qui est près du vaisseau. L'un est un blanc, l'autre un nègre. Vous amènerez ces deux hommes à bord, dans une des cabines de l'avant, et vous aurez soin de les enivrer complétement.

— Il suffit, répondit celui qu'on appelait le général en se levant et s'avançant en allongeant le pas vers la porte de la cabine.

— Arrêtez, un instant! s'écria le Corsaire : quel agent emploierez-vous?

— Nightingale est la meilleure tête du vaisseau, hormis une.

— Il a déjà été trop loin; je l'ai envoyé à terre pour voir si quelque matelot désœuvré n'aurait pas envie de servir avec nous, et je l'ai trouvé dans une taverne, donnant toute liberté à sa langue, et déclamant comme un homme de loi qui s'est laissé graisser la pate par les deux parties adverses. D'ailleurs il a eu une querelle avec un de ces mêmes hommes, et il est probable qu'ils jetteraient bientôt le verre pour en venir aux coups.

— Je m'en chargerai moi-même. Mon *bonnet de nuit* m'attend, et il suffira de le serrer un peu plus qu'à l'ordinaire.

Le Corsaire parut satisfait de cette assurance; et il l'exprima par un signe de tête familier. Le soldat était sur le point de partir, quand il fut arrêté de nouveau.

— Encore un mot, général. Votre prisonnier est là?

— Faut-il l'enivrer aussi?

— Nullement. Qu'on l'amène ici.

Le général fit un signe d'assentiment et quitta la cabine. — Ce serait une faiblesse, pensa le Corsaire en se promenant de nouveau en long et en large dans l'appartement, de trop se fier à un air de franchise et à un enthousiasme de jeune homme. Je me trompe fort si le brave garçon n'a pas de bonnes raisons pour se trouver dégoûté du monde et pour s'embarquer dans la première entreprise qui lui semble romanesque. Mais néanmoins la moindre trahison serait fatale; aussi serai-je prudent, et même jusqu'à l'excès. Il est singulièrement attaché à ces deux matelots. Je voudrais savoir son histoire. Mais tout cela viendra en temps et lieu. Il faut que ces gens restent en otage, et me répondent de son retour et de sa fidélité. S'il arrive qu'il m'ait trompé, eh bien! ce sont des matelots, et l'on a besoin de beaucoup d'hommes dans la vie aventureuse que nous menons. Tout est bien réglé, et aucun soupçon d'un complot de notre part ne blessera l'amour-propre irritable du brave garçon, s'il est, comme j'aime à le croire, un homme d'honneur.

Telles étaient en grande partie les pensées auxquelles se livra le Corsaire Rouge pendant quelques minutes, quand le général l'eut quitté. Ses lèvres remuaient; des sourires de satisfaction et de sombres nuages se succédaient tour à tour sur sa physionomie expressive, où se peignaient tous les changemens soudains et violens qui annoncent le travail d'un esprit intérieurement occupé. Tandis qu'il était ainsi enfoncé dans ses réflexions, son pas devenait plus rapide, et de temps en temps il gesticulait d'une manière presque folle, quand tout à coup il se trouva, au moment où il s'y attendait le moins, en face d'un objet qui apparut à ses yeux comme une vision.

Tandis qu'il était plongé le plus profondément dans ses méditations, deux forts marins étaient entrés dans la cabine sans qu'il s'en aperçût, et, après avoir déposé silencieusement un être humain sur un siége, ils étaient sortis sans proférer une parole. C'était devant cette personne que se trouvait alors le Corsaire. Ils se regardèrent quelque temps l'un l'autre sans dire un seul mot. La surprise et l'indécision rendait le Corsaire muet, tandis que l'étonnement et l'effroi semblaient avoir littéralement glacé les facultés de l'autre. A la fin le premier laissant percer un instant sur ses lèvres un sourire fin et moqueur, dit brusquement :

— Soyez le bien-venu, sir Hector Homespun.

Les yeux du tailleur éperdu, car c'était précisément ce pauvre diable qui était tombé dans les filets du Corsaire, roulaient de droite à gauche, parcourant d'un regard mal assuré le mélange d'élégance et d'appareil guerrier qu'il rencontrait partout, et ne manquant jamais de revenir, après chacun de ces coups d'œil avides, pour dévorer la figure qu'il avait en face de lui.

— Je le répète, sir Hector Homespun, soyez le bien-venu.

— Que le Seigneur ait pitié du malheureux père de sept petits enfans! s'écria le tailleur. Il y a peu à gagner, vaillant pirate, avec un laborieux et honnête artisan qui est penché sur son ouvrage depuis le lever jusqu'au coucher du soleil.

— Voilà des expressions indignes de la chevalerie, sir Hector, interrompit le Corsaire en mettant la main sur la petite badine qu'il avait jetée négligemment sur la table, et en touchant légèrement l'épaule du tailleur, comme s'il était sorcier, et que cet attouchement dût détruire le charme qui semblait avoir été jeté sur le tailleur;—prenez courage, honnête et loyal sujet; la fortune a enfin cessé de vous être contraire. Vous vous plaigniez, il n'y a que quelques heures, qu'il ne vous était venu aucune pratique de ce vaisseau; eh bien, maintenant vous êtes en passe de travailler pour tout l'équipage.

— Ah! honorable et magnanime Corsaire, reprit Homespun à qui la parole commençait à revenir, je suis un homme perdu, plongé jusqu'au cou dans la misère. Ma vie a été une suite d'épreuves et de tribulations. Cinq longues et sanglantes guerres...

— C'est assez; je vous ai dit que la fortune commençait à vous sourire : des habits sont tout aussi nécessaires aux gens de notre état qu'au prêtre de la paroisse. Vous ne ferez pas une seule couture qu'elle ne vous soit bien payée. Regardez! ajouta-t-il en poussant le ressort d'un tiroir secret qui s'ouvrit aussitôt et laissa voir un monceau de pièces d'or dans lesquelles des monnaies de presque tous les états de la chrétienté étaient singulièrement mêlées, nous avons les moyens de payer ceux qui nous servent fidèlement.

La vue de ce monceau d'or, qui surpassait de beaucoup non seulement tout ce qu'il avait jamais vu dans sa vie, mais même les idées que son imagination rétrécie avait pu concevoir de trésors immenses, ne laissa pas que de produire son effet sur les sens du brave homme; après avoir rassasié ses yeux de ce spectacle pendant le peu d'instants que le capitaine voulut bien le laisser en jouir, il se tourna du côté de l'heureux possesseur de tant de richesses, et demanda d'une voix qui avait repris graduellement de l'assurance, à mesure que la vue du tiroir avait opéré sur ses sens :

—Et que dois-je faire, haut et puissant marin, pour avoir part à ces richesses ?

— Ce que vous faites tous les jours sur la terre,—couper, bâtir et coudre. Peut-être pourra-t-on essayer de temps en temps vos talens pour quelques costumes de fantaisie ou de mascarade.

— Ah ! ce sont des inventions perfides et diaboliques de l'ennemi, pour entraîner les hommes dans le péché et dans les abominations mondaines ! Mais, digne commandant, je pense à Désirée, ma femme inconsolable; quoique vieille et assez difficile à vivre, cependant c'est la compagne légitime de mon cœur et la mère d'une nombreuse famille.

— Elle ne manquera de rien. Nous avons ouvert ici un asile pour les maris en détresse; ceux qui n'ont pas assez de force pour être les maîtres chez eux, viennent ici comme dans un lieu de refuge. Nous pourvoyons aux besoins de leurs familles par des moyens qui nous sont connus, et tout le monde est content. Ce n'est pas le moindre de mes actes de charité.

— C'est une conduite juste et méritoire, honorable capitaine, et j'espère que Désirée et ses enfans ne seront pas oubliés. Assurément l'artisan mérite son salaire, et si je travaille pour vous, forcé et contraint, j'espère que la bonne femme et ses petits ressentiront les effets de votre libéralité.

— Vous avez ma parole; on aura soin d'eux.

— Peut-être, équitable gentilhomme, si quelque avance était faite sur ces fonds immenses que je vois rassemblés, l'esprit de ma pauvre moitié serait singulièrement tranquillisé, et ses recherches pour savoir ce que je suis devenu seraient infiniment moins actives. Je connais parfaitement le caractère de Désirée; j'ai d'excellentes raisons pour cela, et je suis *identiquement* convaincu que, tant qu'elle aura la misère en perspective, elle jettera les hauts cris dans Newport. Maintenant que le Seigneur a bien voulu m'accorder un répit, il ne peut y avoir de mal à désirer en jouir en paix.

Quoique le Corsaire fût loin de croire, comme son prisonnier, que la langue de Désirée pût troubler l'harmonie de son vaisseau, il était dans un jour d'indulgence. Poussant de nouveau le ressort, il prit une poignée d'or, et la présentant à Homespun, il lui dit :

—Voulez-vous vous engager et prêter le serment d'usage ? aussitôt cet argent est à vous.

—Le Seigneur me soit en aide et me délivre de toute tentation ! marmotta le tailleur ébahi ; héroïque Corsaire, je crains terriblement la justice. S'il venait à vous arriver malheur, soit de la part d'un croiseur du roi, soit par suite de quelque bonne tempête qui vous jetât à terre, il pourrait y avoir du danger à être *contaminé* trop intimement avec votre équipage. Tous les petits services que je pourrai rendre, contraint et forcé, seront en ce cas passés sous silence, à ce que j'espère humblement ; et je compte trop sur votre magnanimité, honnête et honorable commandant, pour ne pas être sûr que ces mêmes services ne seront pas oubliés dans la répartition de vos justes et légitimes bénéfices.

— Voilà bien l'esprit de l'état ! et il me semble le voir rogner en toute conscience l'habit de sa pratique pour en affubler un de ses sept enfans, dit le Corsaire entre ses dents, en tournant sur ses talons ; et il frappa sur le gong avec une force qui ébranla toute la charpente du vaisseau. Quatre ou cinq têtes se montrèrent en même temps aux différentes portes de la cabine, et une voix se fit entendre pour demander ce que leur chef avait à leur commander.

— Qu'on l'emmène dans son hamac ! fut l'ordre aussi prompt que subit qui leur fut donné.

Le pauvre Homespun, qui, soit par frayeur, soit par politique, semblait hors d'état de faire le moindre mouvement, fut enlevé aussitôt de dessus sa chaise et porté jusqu'à la porte qui communiquait avec le tillac.

—Arrêtez ! cria-t-il aux porteurs peu cérémonieux, au moment où ils s'apprêtaient à le transporter à l'endroit qui leur avait été désigné par leur capitaine, j'ai encore un mot à dire. Honnête et loyal rebelle, quoique je n'accepte pas d'entrer à votre service, cependant je ne le refuse pas non plus d'une manière déplacée et irrévérencieuse. C'est une cruelle tentation, et elle me démange jusqu'au bout du doigt ; mais nous pourrions faire un traité par lequel nous ne perdrions ni l'un ni l'autre, et auquel la justice ne pourrait trouver rien à redire. Je voudrais, voyez-vous, puissant commodore, emporter un nom honnête au tombeau, et d'un autre côté, je ne serais pas fâché de vivre jusqu'à la fin de mes jours ; car après avoir passé sain et sauf, et avec honneur, par cinq longues et sanglantes guerres....

— Qu'on l'emmène ! furent les mots terribles et retentissans qui l'empêchèrent d'en dire davantage.

Homespun disparut comme d'un coup de baguette, et le Corsaire resta de nouveau seul. Pendant long-temps rien ne troubla ses méditations. Ce calme profond, qu'une discipline ferme et soutenue peut seule commander, régnait dans le vaisseau; un étranger assis dans la cabine, quoique entouré d'un équipage d'hommes violens et sans frein, aurait pu se croire dans la solitude d'une église déserte, tant les sons mêmes qui étaient absolument nécessaires étaient sourds et comprimés. On entendait parfois, il est vrai, la voix dure et rauque de quelque matelot en goguette qui entonnait quelque chanson de mer, et ces accens, sortant des profondeurs du vaisseau, et n'ayant rien de bien harmonieux en eux-mêmes, ressemblaient assez aux premiers sons discordans qu'un novice tire d'un cor de chasse; mais ces interruptions même devinrent de moins en moins fréquentes et finirent par cesser tout-à-fait. Enfin le Corsaire entendit une main qui cherchait en tâtonnant la clé de la porte de la cabine, et alors le militaire reparut encore une fois.

Il y avait dans la démarche, dans l'air, dans toute la personne du général quelque chose qui annonçait que si l'entreprise qu'il venait d'exécuter avait été couronnée de succès, ce n'était pas du moins sans qu'il eût été obligé de payer de sa personne. Le Corsaire, qui s'était levé précipitamment dès qu'il l'avait vu entrer, lui demanda aussitôt son rapport.

—Le blanc est tellement ivre qu'il ne peut rester couché sans se tenir au mât; mais le nègre est sorcier, ou il a une tête de fer.

— J'espère que vous ne vous êtes pas découragé trop vite?

—La retraite n'a pas été effectuée une minute trop tôt. J'aimerais autant tenir tête à une montagne.

Le Corsaire fixa les yeux sur le général, pour s'assurer de l'état exact où il se trouvait avant de répondre :

—C'est bien! nous allons maintenant nous séparer jusqu'à demain.

Le général se redressa avec soin et tourna sa figure du côté de l'escalier dont nous avons eu si souvent occasion de parler. Alors, faisant en quelque sorte un effort désespéré, il essaya de marcher jusque là, la tête haute et en marquant la mesure avec ses pieds. Il fit bien un ou deux mouvemens de travers, et ses jambes se croisèrent plus d'une fois dans la traversée; cependant, comme le capitaine ne parut pas s'en apercevoir, le digne officier s'imagina qu'il descendait l'escalier avec la dignité convenable, l'homme moral n'étant pas dans l'état le plus propre à découvrir les petits écarts qui pouvaient échapper à son coadjuteur physique. Le Corsaire regarda à sa montre, et, après avoir laissé au général tout le temps d'opérer sa retraite, il prit aussi le chemin de l'escalier et descendit à son tour.

Les chambres d'en bas du vaisseau, sans offrir la même élégance que la cabine du capitaine, étaient arrangées avec beaucoup d'ordre et de soin. Quelques cabinets servant d'offices, et réservés aux domestiques, occupaient l'extrémité de l'arrière du vaisseau, et communiquaient à la salle à manger des officiers en second, ou, comme on l'appelait en termes techniques, la *Ward-Room*. De chaque côté étaient les chambres de parade, nom imposant dont on décore toujours les chambres à coucher de ceux qui ont droit aux honneurs du tillac. En avant de la *Ward-Room* venaient les appartemens des officiers subalternes; puis, immédiatement après, était logé le corps commandé par le général, et qui, par la manière dont il était dressé, formait une barrière entre les matelots plus indisciplinés et leurs supérieurs.

Il n'y avait dans cet arrangement rien qui s'éloignât de beaucoup de la distribution ordinaire des vaisseaux de guerre de la même force et de la même grandeur que le Corsaire; mais Wilder n'avait pas manqué de remarquer que la cloison qui séparait les cabines de la partie du vaisseau occupée par le reste de l'équipage était beaucoup plus solide qu'elle ne l'est d'ordinaire, et qu'un petit obus était sous la main, prêt à être employé, comme dirait un médecin, *intérieurement* si l'occasion le demandait. Les portes étaient d'une force extraordinaire, et les moyens préparés pour les barricader ressemblaient plus à des apprêts de bataille qu'à de simples précautions prises pour se mettre à l'abri de légers larcins. Des mousquets, des espingoles, des pistolets, des sabres, des demi-piques étaient attachés aux carlingues ou disposés le long des portes en telle quantité, qu'il était évident qu'ils n'avaient pas été mis là simplement pour la parade. En un mot, aux yeux d'un marin, tout révélait un état de choses dans lequel les chefs sentaient que, pour être à l'abri de la violence et de l'insubordination de leurs inférieurs, il fallait qu'ils joignissent à l'influence de l'autorité les moyens efficaces de la faire respecter, et que par conséquent ils ne devaient négliger aucune des précautions qui pouvaient compenser efficacement l'inégalité du nombre.

Dans la principale des cabines du bas, le Corsaire trouva son nouveau lieutenant qui semblait occupé à étudier les réglemens du service dans lequel il venait de s'embarquer. Approchant du coin où le jeune aventurier s'était assis, il lui dit d'un ton de franchise, de confiance et même d'amitié :

— J'espère que nos lois vous paraissent assez sévères, monsieur Wilder?

— Assez sévères! Certes, ce n'est pas la sévérité qui leur manque, répondit le lieutenant en se levant pour saluer son chef. S'il est toujours facile de les faire respecter, tout est pour le mieux. Je n'ai jamais vu de réglemens aussi rigides, même dans....

— Même dans quoi, monsieur? demanda le Corsaire s'apercevant que son compagnon hésitait.

— J'allais dire même dans la marine royale, reprit Wilder en rougissant un peu. Je ne sais si c'est un défaut ou bien une recommandation d'avoir servi à bord d'un vaisseau du roi.

— C'est une recommandation ; du moins ce doit en être une à mes yeux, puisque j'ai fait mon apprentissage au même service.

— Sur quel vaisseau? demanda vivement Wilder.

— Sur plusieurs, répondit froidement le Corsaire; mais, à propos de réglemens rigides, vous vous apercevrez bientôt que, dans un service où il n'y a pas de cours de justice à terre pour nous protéger, ni de croiseurs amis qui puissent s'entendre pour s'aider réciproquement, il est nécessaire que le commandant soit investi d'une assez grande part de pouvoir. Vous trouvez mon autorité passablement étendue?

— Mais oui, assez illimitée, dit Wilder avec un sourire qui pouvait passer pour ironique.

— J'espère que vous n'aurez pas occasion de dire qu'elle s'exerce arbitrairement, répondit le Corsaire, sans remarquer, ou peut-être sans paraître remarquer l'expression de la figure de son compagnon. Mais l'heure de vous retirer est venue, et vous pouvez partir.

Le jeune homme le remercia en inclinant légèrement la tête, et tous deux remontèrent dans la cabine du capitaine. Celui-ci lui exprima ses regrets de ce que l'heure avancée et la crainte de trahir l'incognito de son bâtiment ne lui permettaient pas de l'envoyer à terre de la manière qui convenait à un officier de son rang.

— Mais, ajouta-t-il, l'esquif sur lequel vous êtes venu est encore là, et les deux matelots qui vous ont amené vous auront bientôt reconduit à l'endroit où vous vous êtes embarqué. A propos, ces deux hommes sont-ils compris dans notre arrangement?

— Ils ne m'ont jamais quitté depuis mon enfance, et je suis sûr qu'il leur en coûterait de se séparer de moi à présent.

— C'est un singulier lien que celui qui unit deux êtres si bizarrement constitués à un homme qui diffère d'eux si complètement sous le rapport de l'éducation et des manières, reprit le Corsaire en fixant un œil pénétrant sur son compagnon, et en le baissant du moment qu'il put craindre de faire remarquer l'intérêt qu'il prenait à la réponse.

— Il est vrai, dit Wilder avec calme; mais comme nous sommes tous marins, la différence n'est pas aussi grande qu'on pourrait le croire au premier moment. Je vais maintenant aller les rejoindre, et je leur dirai qu'à l'avenir ils serviront sous vos ordres.

Le Corsaire le suivit de loin et sans être vu, sur le tillac, d'un air aussi tranquille que s'il ne sortait de sa cabine que pour respirer librement l'air du soir.

Le temps n'était pas changé; il était doux, mais obscur; le même silence régnait toujours sur les ponts, et, au milieu de tous les sombres objets qui s'élevaient de tous côtés, et que Wilder reconnaissait sur la place qu'ils occupaient, il ne distingua qu'une seule figure humaine. C'était un homme qui l'avait reçu à son arrivée, et qui se promenait encore sur le tillac, enveloppé, comme la première fois, dans un grand manteau. Le jeune aventurier adressa la parole à ce personnage, pour lui annoncer son intention de quitter momentanément le vaisseau. Il fut écouté avec un respect qui le convainquit que son nouveau grade était déjà connu, quoique ce grade ne pût faire oublier l'autorité supérieure du Corsaire.

— Vous savez, monsieur, que personne, de quelque rang qu'il soit, ne peut quitter le vaisseau à cette heure sans un ordre du capitaine, fut la réponse civile, mais ferme, qui lui fut faite.

— Je le présume; mais j'ai reçu cette permission et je vous la transmets. Je me rendrai à terre dans ma barque.

L'autre, apercevant quelqu'un qui était à portée de la voix, et qu'il savait bien être le commandant, attendit un instant pour s'assurer si ce qu'il entendait était vrai. Voyant qu'aucune objection n'était faite, qu'aucun signe ne lui était adressé, il se contenta de montrer l'endroit où était l'esquif.

— Mes hommes l'ont quitté! s'écria Wilder en reculant de surprise, au moment où il allait descendre du vaisseau.

— Les drôles se sont-ils enfuis?

— Non, monsieur, ils ne se sont pas enfuis, et ce ne sont pas des drôles. Ils sont dans ce vaisseau, et il faut qu'ils se retrouvent.

L'autre attendit encore, pour voir l'effet que produiraient ces mots, prononcés d'un ton impérieux, sur l'individu qui était toujours sur le tillac, à l'ombre d'un mât. A la fin, n'entendant rien répondre, il sentit la nécessité d'obéir. Après avoir dit qu'il allait chercher après eux, il se dirigea vers l'avant du vaisseau, laissant Wilder seul, à ce que celui-ci croyait, en possession du tillac; mais il fut bientôt détrompé. Le Corsaire, s'avançant d'un air libre de son côté, lui fit remarquer l'état de son vaisseau, pour faire diversion aux pensées de son nouveau lieutenant, qui, comme il le voyait à la manière précipitée dont il arpentait le vaisseau, commençait à se livrer à des réflexions désagréables.

— Voilà un charmant navire, monsieur Wilder, dit-il, facile à manœuvrer et vif en pleine mer. Je l'appelle *le Dauphin*, à cause de la manière dont il fend l'eau, et peut-être aussi, direz-vous, parce qu'il déploie autant de *couleurs* que ce poisson. D'ailleurs, il faut bien lui donner un nom, et je déteste vos sobriquets sanguinaires, vos *Crache-Feu* et vos *Meurtriers*.

— Vous êtes heureux d'avoir un pareil bâtiment. A-t-il été construit par votre ordre?

— Il est peu de vaisseaux au-dessous de six cents tonneaux, lancés de ces colonies, qui n'aient été construits pour servir à mes fins, reprit le Corsaire en souriant, comme s'il voulait ranimer son compagnon en étalant sous ses yeux la mine inépuisable de richesses qu'il venait de s'ouvrir en se rangeant sous son pavillon. Ce vaisseau a été construit dans le principe pour sa majesté très-fidèle, et il était destiné, je crois, en présent aux Algériens, ou bien peut-être à les combattre; mais... mais il a changé de maîtres, comme vous voyez, et sa fortune a subi quelque altération; comment ou pourquoi, c'est une misère dont nous ne nous troublerons pas l'esprit dans ce moment. Il a pris port, et grace à quelques améliorations que j'y ai fait faire, il est disposé à merveille pour la course.

— Vous vous hasardez donc quelquefois en dedans des ports?

— Lorsque vous aurez quelque loisir, mon journal secret pourra vous intéresser, répondit le Corsaire en éludant la question. J'espère, monsieur Wilder, que ce vaisseau vous paraît dans un état dont un marin n'a pas à rougir.

— Sa beauté, le soin et l'ordre qui en distinguent toutes les parties, m'avaient frappé dès le premier coup-d'œil, et c'est ce qui m'a fait chercher à savoir à qui il appartenait.

— Vous n'eûtes pas de peine à voir qu'il n'était porté que sur une seule ancre, reprit le capitaine en riant. Mais je ne hasarde jamais rien sans raison. Il ne me serait pas bien difficile, avec une artillerie telle que celle que j'ai à bord, de faire taire la batterie de ce simulacre de fort; mais en le faisant, nous pourrions recevoir quelque mauvais coup, et ainsi je me tiens prêt à partir au premier instant.

— Il doit être assez embarrassant de soutenir une guerre dans laquelle on ne peut jamais baisser pavillon, quelle que soit la position où l'on se trouve, dit Wilder plutôt du ton d'un homme qui réfléchit en lui-même, que de quelqu'un qui veut exprimer tout haut son opinion.

— La mer est toujours sous nos pieds, fut la réponse laconique du Corsaire. Mais à vous je puis dire que, par principe, je prends le plus grand soin de mes espars. Je les ménage comme le cheval que l'on destine à disputer le prix de la course; car il arrive souvent qu'il faut que notre valeur soit tempérée par la prudence.

— Et où, comment vous radoubez-vous, lorsque vous avez souffert dans une tempête ou dans un combat?

— Hem! nous venons à bout de nous radouber, monsieur, et de tenir la mer en assez bon état.

Il s'arrêta, et Wilder, s'apercevant qu'il n'était pas encore jugé digne d'une confiance entière, garda le silence. L'officier ne tarda pas à revenir, suivi du nègre seul. Quelques mots suffirent pour faire connaître l'état où se trouvait Fid. Notre jeune aventurier en éprouva une sensible mortification. L'air de franchise et de bonne foi avec lequel il se retourna du côté du Corsaire pour le prier de pardonner à son matelot d'avoir pu s'oublier de la sorte convainquit celui-ci qu'il ne soupçonnait pas le petit complot dont Fid avait été la victime.

— Vous connaissez trop bien les matelots, monsieur, lui dit-il, pour faire un crime au pauvre diable de ce moment d'oubli. Mettez-le sur une vergue ou après un cordage, jamais vous n'aurez vu un meilleur matelot que Dick Fid; mais je dois convenir qu'il est si bon camarade, qu'il est toujours prêt à tenir tête à tout le monde le verre à la main.

— Il est heureux qu'il vous reste un homme pour conduire la barque, reprit le capitaine d'un air insouciant.

— Je la conduirai très bien moi-même, et je préfère ne pas séparer ces deux matelots. Si vous le permettez, le nègre couchera dès ce soir à bord du vaisseau.

— Comme vous voudrez. Les hamacs vides ne manquent pas ici depuis la dernière escarmouche.

Wilder ordonna alors à Scipion de retourner auprès de son compagnon, et de prendre soin de lui jusqu'à ce que Fid fût en état de prendre soin de lui-même. Le nègre, qui était loin d'avoir les idées aussi nettes que de coutume, obéit volontiers. Le jeune lieutenant prit ensuite congé de ses nouveaux amis, et descendit dans la barque. D'un bras vigoureux il la poussa loin du vaisseau, et alors ses yeux se portèrent avec un plaisir toujours nouveau sur les agrès et les cordages disposés avec un ordre si parfait; puis ils s'abaissèrent sur le tillac. Une forme humaine se dessinait au pied du beaupré, et semblait suivre la barque sur les eaux; et, malgré l'obscurité de la nuit, il crut reconnaître, dans celui qui prenait tant d'intérêt à ses moindres mouvemens, le Corsaire Rouge.

CHAPITRE VIII.

> JULIETTE. — Quel est ce gentilhomme ?
> LA NOURRICE. — Le fils et l'héritier du vieux Tibério.
> JULIETTE. — Et celui qui le suit, qui n'a pas voulu danser ?
> LA NOURRICE. — Sur ma foi ! Je n'en sais rien.
> SHAKSPEARE. *Roméo et Juliette.*

Le soleil commençait à sortir du sein des eaux dans lesquelles sont situées les îles bleues de Massachussets, quand on vit les habitans de Newport ouvrir leurs portes et leurs fenêtres, et se préparer aux divers travaux de la journée, avec la fraîcheur et l'activité de gens qui avaient sagement suivi la distribution naturelle du temps pour jouir du repos ou se livrer au plaisir. Ils se souhaitaient le bonjour les uns aux autres avec enjouement tout en ouvrant les légères fermetures de leurs boutiques, avec les questions et les réponses de civilité d'usage sur la fièvre d'une jeune fille ou le rhumatisme d'une vieille femme. Le maître de la taverne à l'enseigne de *l'Ancre Dérapée*, qui était si empressé de garantir sa maison de l'imputation de favoriser les orgies nocturnes, était de même un des premiers à ouvrir sa porte, pour attirer chez lui tout passant qui pourrait sentir le besoin de chasser l'humidité de la nuit précédente par le moyen de quelque stomachique fortifiant. Ce cordial se prenait très généralement dans les colonies anglaises, sous les noms divers de juleps, — d'amers, — de coup du matin, — de chasse-brouillards, etc., suivant que la situation de chaque district semblait exiger quelque précaution particulière. Cette coutume, à la vérité, tombe un peu en désuétude, mais elle conserve encore beaucoup de ce caractère sacré qui semble attaché à tout ce qui tient à l'antiquité.

Il n'est pas peu étonnant que ce louable et vénérable usage de chasser les impuretés malsaines qui s'engendrent dans le système du corps humain pendant un temps où, se trouvant sans rien qui le protége au moral, il est exposé aux attaques de tous les maux auxquels la chair est sujette, ait exposé les Américains aux sarcasmes de leurs frères d'Europe. Nous ne sommes pas de ceux qui ont le moins de reconnaissance pour ces philantropes étrangers qui prennent à nous un si vif intérêt, qu'ils laissent rarement passer la moindre faiblesse républicaine, sans y appliquer le caustique de leur plume purifiante. Nous sommes peut-être d'autant plus sensibles à cette générosité, que nous avons eu beaucoup d'occasions de remarquer qu'ils ont tant de zèle pour nos États dans l'enfance, — robustes pourtant, et peut-être un peu difficiles à conduire, mais néanmoins encore dans l'enfance, — que, dans leur ardeur pour corriger les fautes d'une nation cisatlantique, ils ont coutume de négliger un assez grand nombre de leurs propres erreurs. Par exemple, la mère-patrie nous a envoyé des missionnaires moraux sans nombre, dans ce motif plein de bienveillance et de piété, et nous ne pouvons que regretter que leurs efforts aient été couronnés de si peu de succès. Le hasard nous a mis en relation avec un de ces dignes personnages qui ne perdait jamais l'occasion de déclamer par-dessus tout contre l'infâme coutume dont nous venons de parler. Il portait si loin ses principes à cet égard, qu'il regardait non seulement comme immoral, mais, ce qui est encore bien pire, comme bas et grossier, de prendre quelque breuvage plus fort que de la petite bière avant l'heure fixée pour le dîner. Ce moment important étant arrivé, non seulement il permettait qu'on dédommageât la chair des mortifications préalables qu'elle avait éprouvées, mais il se montrait lui-même si libéral dans cette indulgence orthodoxe, qu'il fallait régulièrement le porter dans son lit à minuit, et il s'en levait aussi régulièrement le lendemain matin pour discourir sur l'énormité de la faute que commettaient ceux qui buvaient trop tôt dans la matinée. Et ici qu'il nous soit permis de saisir cette occasion pour déclarer, qu'en ce qui concerne notre insignifiante personne, nous fuyons complétement cette abomination; nous regrettons seulement que les individus des deux nations qui trouvent quelque plaisir à la mettre en pratique ne puissent en venir à quelque arrangement amiable pour fixer l'époque précise des vingt-quatre heures où il est permis aux bons chrétiens qui parlent anglais de s'enivrer. Que les négociateurs qui ont rédigé le dernier traité d'amitié aient oublié ce point moral important, c'est une nouvelle preuve que les deux partis étaient si fatigués d'une guerre sans utilité, qu'ils voulurent plâtrer une paix à la hâte. Il n'est pas encore trop tard pour nommer une commission à ce sujet; et pour qu'elle puisse traiter convenablement du mérite de cette question, nous nous permettrons de suggérer au pouvoir exécutif des États-Unis qu'il serait à propos de nommer pour notre commissaire quelque partisan bien prononcé du système des *juleps*. Nous présumons que notre digne et indulgente mère ne peut faire aucune difficulté de lui opposer un adversaire convenable, choisi dans les rangs nombreux et bien exercés de son corps diplomatique.

Après avoir ainsi manifesté nos sentimens libéraux personnels, unis à tant d'intérêt pour voir régler convenablement, et, à ce que nous espérons, définitivement, cette question importante, il peut nous être permis de reprendre le fil de notre narration, sans qu'on nous accuse d'être les avocats des stimulans du matin ou de l'ivresse du soir, ce qui est une juste division du sujet, comme nous le croyons d'après des observations assez étendues.

L'aubergiste dont nous venons de parler était donc sur pied de grand matin, pour gagner honnêtement quelque argent des partisans de l'ancien système qui voudraient choisir sa maison pour y offrir à Bacchus leurs libations du matin, de préférence à celle de son voisin, qui s'efforçait d'attirer des pratiques en étalant une belle enseigne représentant un homme à figure enluminée et en habit écarlate, et ayant pour légende *La Tête de George II*. Il paraît que l'activité louable de l'aubergiste alerte ne devait pas manquer d'être récompensée. Pendant la première demi-heure, le flux des pratiques se dirigea avec force vers le havre de sa porte hospitalière, et il ne parut pas abandonner l'espoir de le voir continuer, même quand l'époque ordinaire de cette marée commença à se passer. Voyant pourtant que ses pratiques le quittaient successivement pour se livrer à leurs occupations ordinaires, il abandonna le poste qu'il avait pris pour les servir, et se mit à sa porte, une main dans chacun de ses goussets, comme s'il eût trouvé un secret plaisir dans le son joyeux produit par les nouveaux habitans qu'ils contenaient. Un étranger qui n'était pas entré avec les autres, et qui par conséquent n'avait pas pris sa part des libations d'usage, était debout à peu de distance, une main passée dans sa veste, et semblant principalement occupé de ses propres réflexions. Cet individu attira l'œil clairvoyant de notre hôte, qui conclut sur-le-champ qu'un homme qui aurait eu recours aux stimulans ordinaires du matin n'aurait pu avoir une figure si réfléchie à une époque où allaient seulement commencer les soucis de la journée, et que par conséquent il pouvait encore y avoir quelque chose à gagner en ouvrant avec lui un chemin direct de communication.

— Voilà un bon air pour chasser les brouillards de la nuit, monsieur, dit-il en respirant avec force l'air vraiment délicieux et fortifiant d'une belle matinée d'octobre. C'est cet air purifiant qui fait la réputation de notre île, et qui la rend peut-être l'endroit le plus salubre de toute la création, comme il est reconnu universellement pour en être le plus beau. Vous êtes étranger, probablement?

— Tout nouvellement arrivé, monsieur.

— Marin, d'après votre costume, et cherchant un bâtiment, comme je serais prêt à en faire serment, continua l'aubergiste en souriant, comme s'il s'applaudissait lui-même de sa pénétration. Nous en voyons venir ici beaucoup dans le même dessein; mais parce que Newport est une ville florissante, il ne faut pas s'imaginer qu'il n'y a qu'à demander un navire pour en trouver. Avez-vous déjà tenté fortune dans la capitale de la province de la Baie?

— Ce n'est qu'avant-hier que j'ai quitté Boston.

— Quoi! les fiers habitans de cette ville[1] n'ont-ils pas pu vous trouver un bâtiment? Oui! ce sont de grands parleurs, et il n'arrive pas souvent qu'ils cachent leur chandelle sous le boisseau. Et cependant il y a ce que j'appelle de bons juges qui pensent que la baie de Narragansett est en bon chemin pour compter bientôt autant de navires que celle de Massachussets. Voilà un beau brick qui doit partir dans le cours de la semaine pour changer ses chevaux en rum et en sucre; et voici un vaisseau qui est entré dans le canal pas plus tard qu'hier soir. C'est un noble bâtiment, et qui a des cabines dignes d'un prince. Il doit partir dès que le vent changera, et j'ose dire qu'il ne serait pas trop tard à présent pour qu'un bon marin pût demander à y être employé. Et voilà là-bas un négrier, au-delà du fort, si vous voulez changer votre argent pour une cargaison de têtes à laine.

— Et croit-on que le navire qui est dans le port intérieur mettra à la voile au premier vent?

([1]) Boston était appelée la ville (*town*) de Boston, n'ayant été incorporée comme *cité* (*city*) que dernièrement. Le gouvernement fut celui d'une ville jusqu'à ce qu'elle eût plus de cinquante mille habitans.

—C'est bien certain. Ma femme est cousine de l'épouse du collecteur, et je sais que les papiers sont prêts, et que ce n'est que le vent qui le retient. Il faut que vous sachiez que j'ai quelques comptes courans avec les jaquettes bleues[1], et il faut qu'un honnête homme veille à ses intérêts par des temps difficiles comme ceux-ci. Oui, le voilà: c'est un bâtiment bien connu, *la Royale Caroline.* Il fait régulièrement un voyage tous les ans entre les colonies et Bristol, et touche ici en venant et en s'en allant, pour nous fournir certaines denrées et y prendre du bois et de l'eau; et alors il s'en retourne en Angleterre ou va à la Caroline, suivant les circonstances.

— Et je vous prie, monsieur, est-ce un bâtiment bien armé? demanda l'étranger qui commençait à perdre son air pensif, par suite de l'intérêt manifeste qu'il prenait à cette conversation.

— Oui, oui; il n'est pas sans quelques boule-dogues en état d'aboyer pour défendre ses droits, comme aussi de dire un mot à l'appui de l'honneur de sa majesté.—Judy! Judy! cria-t-il à haute voix à une jeune négresse qui ramassait des copeaux de bois dans un chantier, courez chez le voisin Homespun, et frappez comme il faut à la fenêtre de sa chambre à coucher. Le brave homme a dormi plus que de coutume. Il n'est pas ordinaire d'entendre sonner sept heures avant que le tailleur ait fait passer quelques gouttes d'amers par son gosier desséché.

Le dialogue fut interrompu quelques instans pendant que la négresse exécutait les ordres de son maître. Mais les coups frappés à la croisée ne produisirent d'autre effet que d'attirer une réponse aigre de Désirée, dont la voix pénétra à travers les planches minces qui couvraient le bâtiment, aussi facilement que si c'eût été un tamis. Un moment après la fenêtre s'ouvrit, et Désirée exposa son visage mécontent à l'air frais du matin.

— A quoi faut-il encore m'attendre? s'écria l'épouse offensée, qui s'imaginait que c'était son mari qui, après avoir passé toute la nuit dehors, se permettait de troubler ainsi le sommeil de sa femme pour rentrer dans ses pénates. — A quoi faut-il encore m'attendre? N'est-ce pas assez que vous ayez abandonné ma table et mon lit pendant une longue nuit? Faut-il encore que vous veniez interrompre le repos naturel de toute une famille, sept bienheureux enfans, sans compter leur mère? O Hector! Hector!

---

[1] Les marins.—Ed.

vous donnez un bel exemple aux têtes légères de notre jeunesse, et vous servirez de leçon aux gens inconsidérés !

— Apportez-moi le registre noir, dit l'aubergiste à sa femme, que les lamentations de Désirée avaient attiré à une fenêtre; je crois que cette femme a dit quelque chose d'un voyage d'une couple de jours; et si telle est la philosophie du brave homme, c'est un avis pour les gens honnêtes de regarder à leurs comptes.—Justement ! Sur ma vie ! Késiah, vous avez fait crédit à ce mendiant boiteux de dix-sept shillings six pences, et cela pour des bagatelles, comme des coups du matin et des *bonnets de nuit* !

— Vous vous emportez sans raison, dit Késiah ; le tailleur a fait un habit pour l'enfant qui est à l'école, et il a fourni...

— Chut ! femme, chut ! dit notre hôte en fermant le registre, qu'il lui rendit en lui faisant signe de se retirer ; j'ose dire que tout cela s'arrangera en temps convenable, et moins nous ferons de bruit pour les fautes d'un voisin, moins on jasera de nos propres transgressions. — C'est un digne ouvrier, monsieur, un bon travailleur, continua-t-il en s'adressant à l'étranger; mais, malgré tout cela, il n'a jamais pu faire briller le soleil à travers ses croisées, quoique le ciel sache que le verre n'en est pas assez épais pour empêcher cette bénédiction.

— Et croyez-vous, sur des preuves aussi légères que ce que nous venons d'entendre, que cet homme soit réellement en fuite ?

— Ma foi ! c'est un malheur qui est arrivé à des gens valant mieux que lui, répondit l'aubergiste en joignant les mains sur sa rotondité abdominale, avec un air de grave méditation ; nous autres aubergistes, qui vivons en quelque sorte en pleine vue des secrets des autres, — car c'est après une visite chez nous qu'on est vraiment disposé à ouvrir son cœur, — nous devons savoir quelque chose des affaires du voisinage. Si le brave homme Homespun savait rabattre le caquet de sa femme aussi bien qu'il rabat ses coutures, les choses pourraient aller mieux ; mais.... buvez-vous quelque chose ce matin, monsieur?

— Une goutte de ce que vous avez de meilleur.

— Comme je disais, continua notre hôte tout en servant sa nouvelle pratique, si l'oie d'un tailleur[1] pouvait aplanir les rides du caractère acariâtre d'une femme, et qu'il pût ensuite la manger comme si c'était cet oiseau que vous voyez suspendu à ce croc....

---

[1] Voyez la note de la page 31.—Éd.

Peut-être trouverez-vous bon aussi de dîner avec nous, monsieur?

— Je ne dis pas non, répondit l'étranger en payant le petit verre dans lequel il n'avait fait que se mouiller les lèvres; cela dépend en grande partie des informations que je vais prendre sur les divers bâtimens qui sont dans le port.

— En ce cas, monsieur, quoique je n'y aie aucun intérêt, comme vous le savez, je vous conseillerais de faire votre demeure en ce logis tant que vous resterez dans cette ville. Ma maison est le rendez-vous de la plupart des marins, et je puis dire de moi-même, sans me vanter, que personne ne peut vous apprendre tout ce que vous désirez savoir mieux que le maître de la taverne à l'enseigne de *l'Ancre Dérapée*.

— Vous me conseillez de m'adresser au commandant du navire qui est dans le canal du port intérieur, pour lui demander de l'emploi: croyez-vous qu'il lève l'ancre aussitôt que vous me l'avez dit?

— Au premier coup de vent. Je connais toute l'histoire de ce bâtiment, depuis le jour où l'on a pris la première planche pour en faire la quille. La riche héritière du midi, la jolie fille du général Grayson, doit passer à la Caroline sur son bord, — elle et sa bonne, — sa gouvernante, je crois qu'on la nomme, — une mistress Willys. Elles attendent le signal ici plus haut, dans la maison de madame de Lacey, veuve du contre-amiral qui portait ce nom, et sœur du général, par conséquent tante de la jeune personne, suivant mon calcul. Bien des gens croient que ces deux fortunes ne seront pas séparées, et, en ce cas, celui qui aura pour femme miss Getty[1] Grayson sera non seulement un heureux mortel, mais, qui plus est, un mortel riche.

L'étranger, qui avait conservé un air d'indifférence pendant la dernière partie de cette conversation, parut alors disposé à y prendre un degré d'intérêt convenable au sexe et à la condition de la personne qui faisait le principal sujet de l'entretien. Après avoir écouté avec attention jusqu'à la dernière syllabe qu'il plut à l'aubergiste de prononcer, il lui demanda un peu brusquement:

— Et vous dites que la maison qui est près de nous, sur le penchant de cette colline, est la demeure de Mrs de Lacey?

— Si j'ai dit cela, je n'y entends rien. Par ces mots « ici plus

---

[1] Abréviation de Gertrude.—Ed.

haut, » j'entends à un demi-mille de distance. C'est une demeure convenable pour une dame de son rang, et non une de ces maisons où l'on ne peut étendre les coudes, comme celles qui sont tout autour d'ici. On peut la reconnaître aisément à ses beaux stores et à ses ombres. Je réponds que, dans toute l'Europe, il n'y a pas d'aussi belles ombres que les arbres qui sont devant la porte de madame de Lacey.

— Cela est fort probable, murmura l'étranger qui ne paraissait pas aussi prononcé que l'aubergiste dans son admiration, et qui avait déjà repris son air pensif. Au lieu de continuer cet entretien sur le même sujet, il détourna sur le champ la conversation par quelque lieu commun, et répétant ensuite qu'il reviendrait probablement, il se retira en prenant le chemin de la demeure de Mrs de Lacey. Notre hôte vit de quel côté se dirigeait l'étranger, et il aurait probablement trouvé matière à observation dans cette manière de terminer brusquement l'entretien, si Désirée, précisément en cet instant, n'eût détourné son attention en se précipitant hors de sa maison, et en venant lui tracer, de la manière la plus piquante, le caractère de son mari délinquant.

Le lecteur a sans doute déjà soupçonné que l'étranger qui avait cette conférence avec l'aubergiste ne lui était pas inconnu. Dans le fait, c'était Wilder; mais pour accomplir ses secrets desseins, il laissa en arrière la guerre de mots, et, remontant la colline sur la pente de laquelle la ville est bâtie, il s'avança vers les faubourgs.

Il n'était pas difficile de distinguer la maison qu'il cherchait parmi une douzaine d'autres habitations à peu près semblables, à ses « ombres, » comme l'aubergiste, d'après le sens particulier donné à ce mot dans cette province, avait appelé quelques ormes vraiment majestueux, croissant dans une petite cour en face de la porte. Cependant, pour s'assurer qu'il ne se trompait pas, il changea ses conjectures en certitude par le moyen de quelques questions, et continua ensuite son chemin d'un air pensif.

Le matin brillait alors de tout son éclat, et promettait un autre de ces doux et beaux jours d'automne qui distinguent ou qui devraient distinguer ce climat. Le peu d'air qu'il faisait venait du sud, et éventait le visage de notre aventurier, qui, tout en montant, s'arrêtait de temps en temps pour considérer les divers navires qui se trouvaient dans le port. On aurait cru sentir une douce brise de juin. En un mot, c'était un temps que saisit avec transport quiconque aime à parcourir les champs, et que le marin couche sur son journal comme une journée perdue.

Wilder fut tiré de ses réflexions par les voix de plusieurs personnes qui s'entretenaient ensemble et qui s'approchaient évidemment. Il y avait surtout une voix qui le fit tressaillir sans qu'il sût pourquoi, et qui, d'une manière inconcevable même pour lui, semblait mettre en mouvement tous les ressorts secrets de son système. Profitant de la conformation du terrain, il sauta, sans être vu, sur une petite élévation, et s'approchant d'un angle formé par un mur très-bas, il se trouva tout près des interlocuteurs.

Ce mur entourait le jardin et les bosquets d'une maison qu'il reconnut alors pour celle de Mrs de Lacey. Un pavillon d'été champêtre qui, quelques semaines auparavant, avait été presque enseveli sous les feuilles et les fleurs, s'élevait à peu de distance de la route. Par son élévation et sa position, il avait, à l'ouest, la vue de la ville, du port et des îles de Massachussets; à l'est, celle des îles des Plantations de la Providence; et au sud, il dominait sur une étendue sans bornes de l'océan. Comme il avait alors perdu sa couverture de feuillage, l'œil pouvait sans difficulté pénétrer jusqu'au centre, à travers les piliers rustiques qui en soutenaient le petit dôme. Wilder y reconnut précisément les mêmes personnes qu'il avait entendues la veille, tandis qu'il était comme dans une cage, avec le Corsaire, au haut de la ruine. Quoique la veuve de l'amiral et Mrs Wyllys fussent le plus en avant, et qu'elles parlassent évidemment à quelqu'un qui était comme lui sur le grand chemin, l'œil vif du jeune marin découvrit bientôt la figure plus fraîche et plus attrayante de Gertrude, placée derrière elles. Son examen fut pourtant interrompu par une réponse que fit l'individu qu'il n'avait pas encore aperçu. Ses regards s'étant dirigés d'après le son de sa voix, il vit alors un vieillard encore vert, qui, assis sur une pierre sur le bord de la route, semblait reposer ses membres fatigués, tout en répondant à quelques questions qu'on lui faisait du pavillon d'été. Quoique sa tête fût couverte de cheveux blancs, et que la main qui tenait une longue canne tremblât quelquefois lorsqu'elle y cherchait un nouvel appui, son costume, son ton et ses manières offraient des preuves suffisantes que c'était un vieux marin.

— Seigneur! madame, disait-il d'une voix un peu tremblante, mais qui conservait pourtant les intonations fortes qui caractérisent sa profession, nous autres vieux chiens de mer nous ne nous amusons jamais à regarder dans l'almanach pour voir de quel côté viendra le vent après le premier dégel, avant de nous mettre en mer! Il nous suffit que l'ordre d'embarquement ait été donné, et que le capitaine ait pris congé de son épouse.

— Ah! c'est précisément ce que disait mon pauvre cher amiral! s'écria Mrs de Lacey qui prenait évidemment grand plaisir à continuer de s'entretenir avec ce vieillard; ainsi donc, mon brave ami, vous pensez que, lorsqu'un bâtiment est prêt, il doit mettre à la voile, soit que le vent....

— Voici un autre marin qui arrive tout à propos pour nous donner son avis, s'écria Gertrude avec un air d'empressement, comme si elle eût voulu distraire l'attention de sa tante, pour l'empêcher de mettre fin d'une manière dogmatique à une discussion qui venait d'avoir lieu entre elle et Mrs Wyllys. Peut-être, ajouta-t-elle, pourra-t-il nous servir d'arbitre.

— Vous avez raison, dit la gouvernante. Que pensez-vous du temps aujourd'hui, monsieur? Croyez-vous qu'il soit favorable pour mettre à la voile?

Ce fut bien à contre-cœur que le jeune marin détourna ses yeux, fixés jusqu'alors exclusivement sur Gertrude, qui, pour mieux le montrer, s'était avancée au premier rang, et qui, rougissant avec timidité, se retirait alors vers le centre du pavillon, comme si elle se fût déjà repentie de sa hardiesse, pour les porter vers celle qui lui avait fait cette question, et ils restèrent attachés sur elle si long-temps et avec tant d'attention qu'elle jugea à propos de la répéter, croyant qu'il n'avait pas bien compris ce qu'elle lui avait dit.

— Il y a peu de confiance à mettre dans le temps, madame, répondit-il enfin. Celui qui est long-temps à faire cette découverte n'a pas retiré grand fruit de ses voyages sur mer.

Il y avait quelque chose de si doux et de si aimable dans la voix de Wilder, quoiqu'elle fût mâle et sonore, que les trois dames en furent également frappées; et ce qui ajouta encore à cette impression fut la propreté de ses vêtemens, qui n'étaient pourtant que ceux de sa profession, mais qu'il portait avec une grâce et même une noblesse qui rendaient difficile de ne pas supposer qu'il était né dans une classe de la société plus élevée que celle à laquelle il paraissait appartenir. Inclinant légèrement la tête d'une manière qui annonçait qu'elle voulait être polie, peut-être plutôt par respect pour elle-même que par considération pour celui à qui elle s'adressait, attendu l'extrême simplicité de son costume, Mrs de Lacey continua la conversation.

—Ces dames, dit-elle, sont sur le point de s'embarquer sur le bâtiment que vous voyez là-bas, pour la province de la Caroline, et nous étions en discussion pour savoir de quel côté il est probable que le vent viendra; mais sur un pareil navire, je crois qu'il importe peu que le vent soit favorable ou contraire.

—Je pense de même, car il me semble qu'on ne doit rien attendre de bon d'un tel bâtiment, de quelque côté que le vent puisse souffler.

— Il a la réputation d'être excellent voilier. Que dis-je, la réputation ! Nous sommes certaines qu'il l'est, car il est venu d'Angleterre aux colonies en sept semaines, traversée presque incroyable tant elle est courte. Mais les marins, je crois, ont leurs idées favorites et leurs préventions, comme nous autres pauvres habitans de la terre ferme. Vous m'excuserez donc si je demande aussi à cet honnête vétéran son opinion sur ce point. —Que pensez-vous de ce bâtiment, l'ami, celui dont les mâts de perroquet sont si hauts et dont les huniers sont si remarquables ?

Les lèvres de Wilder laissèrent échapper un sourire qui luttait contre la gravité de sa physionomie ; mais il garda le silence. D'une autre part, le vieux marin se leva, et parut examiner le navire en homme qui comprenait parfaitement les termes techniques de la veuve du contre-amiral.

—Le bâtiment qui est dans le port intérieur, répondit-il après avoir fini son examen, car je suppose que c'est celui que madame veut dire, est un bâtiment tel que les yeux d'un marin aiment à en voir. C'est un bon navire et sur lequel on peut monter en toute sûreté, comme j'en ferais serment. Et quant à être bon voilier, il est possible qu'il ne soit pas sorcier, mais je réponds qu'il marche bien, ou je ne connais ni l'eau bleue, ni ceux qui vivent sur cet élément.

—Voilà une grande différence d'opinion ! s'écria Mrs de Lacey. Je suis pourtant charmée que vous assuriez qu'on peut y monter sans crainte ; car quoique les marins aiment un navire bon voilier, ces dames en préféreraient un où elles seraient certaines de ne courir aucun danger. Je présume, monsieur, continua-t-elle en s'adressant à Wilder, que vous conviendrez du moins que ce bâtiment offre toute sûreté?

— C'est précisément ce que je nie, répondit Wilder laconiquement.

— Cela est bien étonnant! Ce marin a de l'expérience, monsieur, et il pense tout différemment.

— Il peut, pendant le cours de sa vie, avoir vu plus de choses que moi, madame, mais je doute qu'il lui soit possible, en ce moment, de les voir aussi bien. D'ici à ce navire la distance est bien grande pour qu'on puisse en juger les qualités; je m'en suis approché davantage.

— Ainsi vous croyez réellement qu'il y a du danger à appréhender? dit Gertrude, dont la crainte l'emporta sur sa timidité.

— Je le crois. Si j'avais une mère ou une sœur, répondit Wilder en portant la main à son chapeau et en saluant celle qui l'interrogeait, tandis qu'il appuyait sur ce dernier mot, j'hésiterais à la laisser s'embarquer sur ce navire. Sur mon honneur, mesdames, je crois qu'on courra plus de danger sur ce bâtiment qu'à bord de tout autre qui ait quitté ou qui puisse quitter, cet automne, un port des colonies.

— Cela est fort extraordinaire, dit Mrs Wyllys. Ce n'est pas ce qu'on nous a dit de ce navire. On nous a grandement exagéré les avantages, ou nous devons croire que nous y serons aussi commodément qu'en sûreté. Puis-je vous demander, monsieur, quels sont les motifs de votre opinion?

— Ils sont assez évidens. Ses pièces de quartier sont trop minces, et sa grande voûte trop épaisse pour se bien gouverner. Ensuite, il a les côtés droits comme un mur d'église, et il s'élève trop sur la ligne d'eau. D'ailleurs il ne porte pas de voile d'avant, ce qui fera que toute la pression se portera sur son arrière, ce qui l'assujettira trop au vent et le masquera entièrement. Le jour viendra où ce bâtiment marchera la poupe en avant.

Wilder parlait ainsi d'un ton d'oracle et avec un air très décidé, et les trois dames l'écoutaient avec cette sorte de foi secrète et d'humble confiance que les personnes peu instruites sont portées à accorder à ceux qui sont initiés dans les mystères d'une profession savante. Aucune d'elles n'entendait certainement bien clairement ce qu'il voulait dire; mais ses paroles semblaient annoncer de grands périls, même un danger de mort. Mrs de Lacey pensa que sa qualité de veuve d'un contre-amiral lui faisait un devoir de montrer qu'elle comprenait parfaitement ce sujet.

— Ce sont certainement des inconvéniens très sérieux, s'écria-t-elle, et il est tout-à-fait inconcevable que mon agent ait négligé d'en faire mention. Y a-t-il quelque autre inconvénient, monsieur, qui vous frappe les yeux à cette distance, et que vous regardiez comme devant alarmer?

—Je n'en vois que trop, madame. Vous pouvez remarquer que les clés de ces mâts de perroquet sont passées en arrière, et qu'aucune de ces hautes voiles n'est déployée. Ensuite on a fait dépendre de ses sous-barbes et de ses liures la sûreté d'une partie très importante du navire, le beaupré.

— Cela n'est que trop vrai! s'écria Mrs de Lacey avec une sorte d'horreur, cela n'est que trop vrai! Ces défauts m'avaient échappé; mais à présent que vous m'en parlez, ils me frappent les yeux. C'est une négligence on ne peut plus coupable. Compter sur les sous-barbes et les liures pour la sûreté d'un beaupré! En vérité, Mrs Wyllys, je ne puis consentir que ma nièce s'embarque à bord d'un tel navire.

L'œil calme et perçant de la gouvernante avait été fixé sur les traits de Wilder pendant qu'il parlait, et elle le tourna alors vers la veuve du contre-amiral avec la même sérénité.

Le danger est peut-être un peu exagéré, lui dit-elle. Demandons à cet autre marin ce qu'il en pense.

— Dites-nous, l'ami, croyez-vous que nous ayons à craindre des dangers aussi sérieux en nous confiant à ce bâtiment, à cette époque de l'année, pour passer à la Caroline?

— Seigneur! madame, répondit le marin à tête grise en souriant avec un air de dérision, ce sont des défauts et des inconvéniens de nouvelle invention, si ce sont véritablement des inconvéniens et des défauts. On n'entendait jamais parler de tout cela de mon temps, et j'avoue que je suis assez stupide pour ne pas comprendre la moitié de ce que ce jeune homme vient de dire.

— Je présume, vieillard, qu'il y a quelque temps que vous n'avez été sur mer? dit Wilder froidement.

—Il y a cinq à six ans depuis la dernière fois, répondit le vieux marin, et cinquante depuis la première.

— Ainsi vous ne voyez pas les mêmes motifs de crainte? lui demanda encore Mrs Wyllys.

— Tout vieux et tout usé que je suis, madame, si le capitaine voulait me donner de l'emploi sur son bord, je l'en remercierais comme d'une faveur.

—La misère cherche du soulagement, n'importe de quelle manière, dit Mrs de Lacey en jetant un coup d'œil expressif à ses deux compagnes ; quant à moi, je suis portée à adopter l'opinion du jeune marin, parce qu'il l'appuie sur des raisons solides tirées de sa profession.

— Mrs Wyllys suspendit ses questions aussi long-temps que l'exigeait sa déférence pour la tante de son élève ; enfin elle reprit comme il suit, en s'adressant à Wilder :

— Et comment expliquez-vous cette différence d'opinion entre deux hommes qui, tous deux, doivent être en état de porter une décision sur ce point ?

— Je crois qu'il existe un proverbe bien connu qui répond à cette question, répliqua le jeune homme en souriant ; mais on doit avoir quelque égard aux améliorations qui ont eu lieu dans la construction et le gouvernement des navires, et peut-être aussi à la différence des fonctions dont nous avons été chargés à bord.

— Ces deux observations sont justes. Cependant on serait tenté de croire que les changemens survenus depuis six ans dans une profession qui est si ancienne ne peuvent être bien considérables.

— Je vous demande pardon, madame, il faut une pratique constante pour les connaître. J'ose dire, par exemple, que ce digne vétéran ne connaît pas la manière dont un navire fend les vagues avec sa poupe quand il est pressé par ses voiles.

— Impossible ! s'écria la veuve du contre-amiral ; le marin le plus novice, le dernier des matelots, doivent avoir été frappés de la beauté d'un tel spectacle.

— Sans doute ! sans doute ! répondit, du ton d'un homme offensé, le vieux marin, qui, s'il avait ignoré quelque partie de son métier, n'était probablement pas alors en humeur d'en convenir ; j'ai vu plus d'un magnifique navire faire cette manœuvre, et, comme madame vient de le dire, c'est un grand et beau spectacle.

Wilder parut confondu. Il se mordit les lèvres en homme qui s'était laissé surprendre par une ignorance excessive ou par une astuce supérieure ; mais la confiance de Mrs de Lacey en ses propres lumières le dispensa de faire une réplique.

— Il eût été vraiment extraordinaire, dit-elle, que les cheveux d'un homme eussent blanchi sur la mer, sans qu'il eût jamais été frappé de ce noble spectacle. Mais cependant, honnête vétéran, vous paraissez avoir tort de passer si légèrement sur les défauts très évidens que ce... ce... ce jeune homme vient de nous faire remarquer si justement.

— Je ne vois aucun défaut dans ce bâtiment, madame. C'était ainsi que feu mon digne et brave commandant faisait toujours gréer son vaisseau, et j'ose dire que jamais meilleur marin ou plus honnête homme n'a servi sur les flottes de sa majesté.

— Vous avez donc servi le roi? Et quel était le nom de votre commandant?

— Quel était son nom? Nous autres qui le connaissions bien nous avions coutume de le nommer Beau-Temps; car, sous ses ordres, nous avions toujours belle mer et bon vent; mais à terre on le nommait le brave et victorieux contre-amiral de Lacey.

— Et mon habile et respectable mari faisait gréer ses vaisseaux de cette manière! s'écria la veuve avec un tremblement dans la voix qui annonçait toute la surprise d'un orgueil satisfait.

Le vieux marin leva ses membres fatigués de la pierre sur laquelle il était assis, et répondit en s'inclinant profondément :

— Si j'ai l'honneur de voir l'épouse de mon amiral, c'est une joie pour mes vieux yeux. J'ai servi seize ans à bord de son propre vaisseau, et cinq ans de plus sur la même escadre. J'ose dire que madame peut l'avoir entendu parler du gabier en chef de sa grande hune, de Bob Bunt[1].

— Sans doute! sans doute! il aimait à parler de ceux qui le servaient fidèlement.

— Oui, que Dieu l'en récompense, et qu'il rende sa mémoire glorieuse! c'était un officier plein de bonté, et qui n'oubliait jamais un ami, soit que son devoir l'occupât sur une vergue ou dans la cabine. C'était l'ami du matelot, le contre-amiral de Lacey!

— C'est un homme reconnaissant, dit Mrs de Lacey, et je suis sûre qu'il est fort en état de juger d'un bâtiment. — Et êtes-vous bien certain, mon digne ami, que feu mon respectable mari faisait gréer ses vaisseaux de la même manière que celui dont nous parlons?

— Je dois en être certain, madame, puisque j'y mettais la main.

— Même les sous-barbes?

— Et les liures, madame. Si l'amiral vivait encore, et qu'il fût

[1] Robert Bunt.—Ed.

ici il vous dirait que ce navire est parfaitement équipé et n'offre aucun danger, comme je suis prêt à en faire serment.

Mrs de Lacey se tourna vers Wilder avec dignité et lui dit avec l'air d'une femme qui avait décidément pris son parti :

— Ma mémoire m'a donc fait commettre une légère méprise, ce qui n'est pas surprenant, quand on songe que celui qui m'a donné quelque connaissance de sa profession n'est plus ici pour me continuer ses leçons. Nous vous sommes fort obligées de vos avis, monsieur, mais nous devons croire que vous avez exagéré le danger.

— Sur mon honneur, madame, répondit Wilder en appuyant la main sur son cœur et parlant avec une émotion singulière, je suis sincère en ce que je vous dis, et je vous affirme positivement que je suis convaincu qu'on s'expose au plus grand danger en s'embarquant sur ce bâtiment; et je prends le Ciel à témoin qu'en vous parlant ainsi, je ne le fais point par mauvaise volonté contre le commandant de ce navire, ni contre ses armateurs que je ne connais nullement.

— Nous croyons à votre sincérité, monsieur; nous pensons seulement que vous êtes un peu dans l'erreur, répondit la veuve du contre-amiral avec un sourire de compassion dans lequel elle voulait mettre quelque condescendance. Nous vous sommes obligées de vos bonnes intentions, du moins. — Suivez-nous, mon digne vétéran; il ne faut pas que nous nous séparions ainsi. Allez, frappez à la porte de ma maison, on vous fera entrer, et nous reprendrons cet entretien.

Saluant alors Wilder, elle descendit dans le jardin, suivie de ses deux compagnes. Mrs de Lacey marchait d'un pas fier, en femme qui connaissait tous ses avantages; Mrs Wyllys s'avançait plus lentement, comme si elle eût été absorbée dans ses réflexions, et Gertrude était à côté de sa gouvernante, le visage caché sous un grand chapeau. Wilder crut pourtant remarquer un regard inquiet qu'elle jetait en arrière à la dérobée sur un homme qui avait certainement fait naître une forte émotion dans son cœur susceptible, quoique cette émotion ne fût bien sûrement qu'un sentiment d'alarme. Il resta dans la même position jusqu'à ce qu'il les eût perdues de vue à travers les bosquets. Se retournant alors pour verser le torrent de son mécontentement sur le vieux marin, il vit que celui-ci avait si bien employé le temps qu'il était déjà entré dans la maison, se félicitant sans doute d'une adulation qui lui présentait l'espoir d'une bonne récompense.

CHAPITRE IX.

« Il courut de ce côté et sauta par-dessus le mur du verger. »
SHAKSPEARE.

Wilder quitta le champ de bataille en homme vaincu. Le hasard, ou, comme il était disposé à l'appeler, la flatterie du vieux marin, avait déjoué le petit artifice auquel il avait eu recours lui-même, et il ne lui restait pas la moindre chance d'être assez heureux pour pouvoir trouver une autre occasion aussi favorable de parvenir à son but. Ce n'est pas au point où est arrivée notre histoire que nous entrerons dans le détail des motifs qui portèrent notre aventurier à conspirer contre les intérêts apparens de ceux avec lesquels il s'était si récemment associé; il suffit, quant à présent, que les faits soient placés distinctement sous les yeux du lecteur.

Le jeune marin, trompé dans son espoir, retourna vers la ville d'un pas lent et avec un air d'humeur. Plus d'une fois il s'arrêta en descendant et fixa les yeux, pendant plusieurs minutes, sur les différens navires qui se trouvaient dans le port. Mais, pendant ces haltes fréquentes, il ne lui échappa aucun signe qui indiquât qu'il prît un intérêt particulier à aucun de ces vaisseaux. Peut-être ses regards se fixèrent-ils plus long-temps et avec plus d'attention sur le bâtiment de commerce venant du sud que sur aucun autre, quoique ses yeux, de temps en temps, se promenassent avec curiosité, et même avec inquiétude, sur tous les bâtimens qui se trouvaient dans l'enceinte du havre.

L'heure ordinaire des travaux était alors venue, et les sons qui les annonçaient commençaient à se faire entendre dans toute les parties du port. Les chants des marins s'élevaient sur l'air calme du matin avec leurs intonations particulières et prolongées. Le vaisseau qui était dans le port intérieur fut un des premiers dont l'équipage donna cette preuve d'activité et cette annonce d'un prochain départ. Ce ne fut que lorsque ces mouvemens frappèrent ses yeux que Wilder parut sortir complétement de sa rêverie et continuer ses observations avec une attention non partagée. Il vit les matelots monter sur les manœuvres avec cet air d'indolence qui fait un contraste si frappant avec l'activité qu'ils déploient quand le besoin l'exige, et une figure humaine se montrait çà et là sur les vergues noires et massives. Au bout de quelques instans, la voile du petit hunier se détacha de la vergue autour de laquelle elle était serrée, et forma des festons gracieux et négligés, ce qui, comme l'attentif Wilder le savait fort bien, était, sur tous les bâtimens de commerce, le signal de mettre à la voile. Quelques minutes après, les angles inférieurs de cette voile importante furent tirés vers les extrémités de l'espar qui y correspondait en dessous, et l'on vit alors la lourde vergue monter lentement le long du mât, traînant après elle les replis de cette voile jusqu'à ce qu'elle fût tendue par tous ses bords et qu'elle se déployât en une nappe de toile blanche comme la neige. Les légers courans d'air tombaient sur cette vaste surface et s'en éloignaient ensuite, la voile se gonflant et se détendant de manière à montrer qu'ils étaient encore sans pouvoir. Les préparatifs de départ arrivés à ce point parurent se suspendre, comme si les marins, après avoir invité la brise, attendaient pour voir si leur invocation paraissait devoir obtenir du succès.

Ce n'était peut-être qu'une transition toute naturelle, pour un homme qui avait observé si attentivement ces indices de départ sur le bâtiment dont nous venons de parler, de tourner les yeux vers le vaisseau qui était mouillé au-delà du fort, afin de voir l'effet qu'avait produit sur lui un signal si manifeste. Mais l'examen le plus strict et le plus attentif ne pouvait découvrir aucun signe d'intérêt commun entre ces deux navires. Tandis que le premier faisait les mouvemens que nous venons de décrire, l'autre restait sur ses ancres, sans donner la moindre preuve qu'il existât des hommes sur ses ponts déserts et inanimés. Il était si tranquille, si immobile, qu'un homme qui n'aurait eu aucune instruction sur ce sujet aurait pu croire qu'il était enraciné dans la mer, que c'était quelque excroissance énorme et symétrique que les vagues avaient fait sortir de leur sein avec son labyrinthe de cordages et de mâts, ou quelqu'un de ces monstres fantastiques qu'on croit habiter le fond de l'océan, noirci par les brouillards et les tempêtes des siècles; mais il présentait à l'œil exercé de Wilder un spectacle tout différent. Il distingua aisément, à travers cette tranquillité et cette nonchalance apparentes, ces signes de préparatifs qu'un marin seul pouvait découvrir. Le câble, au lieu de s'étendre en longue ligne descendante vers l'eau, était court, ou presque haut et bas, comme on le dit aussi en termes techniques, n'ayant que la longueur nécessaire pour résister à l'impulsion d'une forte marée qui agissait sur la quille profonde du bâtiment. Toutes ses barques étaient en mer, disposées et préparées de manière à le convaincre qu'elles pouvaient être employées à la remorque en aussi peu de temps qu'il était possible. Pas une voile, pas une vergue n'étaient hors de leur place pour subir cet examen et recevoir ces réparations dont s'occupent si souvent les marins quand ils sont en sûreté dans un bon havre. Au milieu des centaines de cordages qui se dessinaient sur l'azur du firmament, formant l'arrière-plan de ce tableau, il n'en manquait pas un qui pût être nécessaire pour faciliter les moyens de mettre en une minute le navire en mouvement. En un mot, ce vaisseau, quelque peu préparé qu'il semblât à partir, était dans l'état le plus parfait pour mettre à la voile, ou, si les circonstances l'exigeaient, pour employer tous ses moyens d'attaque ou de défense. Il est vrai que ses filets d'abordage étaient hissés à ses agrès comme la veille, mais on trouvait un motif, pour cette mesure d'extrême précaution, dans la guerre, qui l'exposait aux attaques des légers croiseurs français qui, venant des îles des Indes orientales, rangeaient si souvent toute la côte du continent, et dans la position que le vaisseau avait prise au-delà des défenses ordinaires du havre. En cet état, ce navire, pour un homme qui en connaissait le caractère véritable, semblait un animal de proie ou un reptile venimeux qui feignait d'être plongé dans un repos léthargique pour mieux tromper sa victime et l'attirer assez près de lui pour qu'il pût s'élancer sur elle et lui faire sentir ses dents meurtrières.

Wilder secoua la tête d'une manière qui disait assez clairement qu'il comprenait fort bien cette tranquillité, et il continua à s'avancer vers la ville du même pas qu'auparavant. Il avait ainsi marché quelques minutes sans s'en apercevoir, et il en aurait probablement fait autant pendant plusieurs autres si son attention n'eût été attirée tout à coup par un léger coup qu'il reçut sur l'épaule. Tressaillant à cette apparition inattendue, il se retourna et vit que, grace à la lenteur de sa marche, il avait été rejoint par le marin qu'il venait de voir dans une société où il aurait donné tant de choses pour être admis lui-même.

— Vos jeunes jambes devaient vous maintenir en avant, mon maître, dit le vieux marin quand il eut réussi à attirer l'attention de Wilder ; et cependant les miennes, toutes vieilles qu'elles sont, m'ont rapproché de vous de manière à ce que nous puissions encore nous héler.

— Vous jouissez peut-être de l'avantage extraordinaire de fendre les vagues avec votre poupe, répondit Wilder en ricanant ; on ne saurait calculer combien un navire peut prendre d'avance quand il fait voile d'une manière si remarquable.

— Je vois, mon frère, que vous êtes offensé que j'aie suivi vos mouvemens, quoiqu'en cela je n'aie fait qu'obéir à votre propre signal. Vous attendiez-vous qu'un vieux chien de mer comme moi, qui a fait son quart si long-temps à bord d'un vaisseau amiral, avouerait son ignorance en quoi que ce soit qui appartienne de droit à l'eau de la mer? Comment diable pouvais-je savoir si, parmi les milliers de navires qu'on met à la mode, il ne s'en trouve pas quelque espèce qui vogue mieux la poupe en avant? On dit qu'un vaisseau est construit sur le modèle d'un poisson; et si cela est vrai, il ne s'agit que d'en faire un à la manière d'une écrevisse ou d'une huître, pour avoir précisément ce dont vous parliez.

— Fort bien, vieillard. Je suppose que la veuve de l'amiral vous a récompensé par un joli présent, et que par conséquent vous pouvez maintenant mettre en panne pendant quelque temps sans vous inquiéter beaucoup de la manière dont on construira les vaisseaux à l'avenir. Dites-moi, avez-vous dessein de descendre cette colline beaucoup plus loin ?

— Jusqu'à ce que j'en sois au bas.

— J'en suis charmé, l'ami, car mon intention à moi est de la remonter. Ainsi, comme nous le disons en mer en finissant une conversation, je vous souhaite un bon quart.

Le vieux marin rit à sa manière quand il vit le jeune homme tourner brusquement sur le talon et se remettre à gravir la colline dont il venait de descendre.

— Ah! vous n'avez jamais fait voile avec un contre-amiral, dit-il en continuant à s'avancer dans sa première direction et en marchant avec les précautions qu'exigeaient son âge et ses infirmités. Non, on ne peut avoir le fini, même dans la science de la mer, à moins d'avoir fait une croisière ou deux sous un pavillon, et un pavillon de misaine encore !

— Vieil hypocrite insupportable ! murmura Wilder entre ses dents; le drôle a vu des temps plus heureux, et il profite des connaissances qu'il a acquises pour tromper une sotte femme et en tirer parti. Je suis charmé d'être débarrassé de ce drôle, qui, j'en suis sûr, fait son métier du mensonge, maintenant que le travail ne produit rien. Je retournerai sur mes pas; la côte est libre, et qui sait ce qui peut arriver ?

Une partie des mots qui précèdent furent prononcés à demi-voix, comme nous venons de le dire; le reste du soliloque se passa dans son imagination, ce qui valait autant que si notre aventurier se fût servi d'un porte-voix, puisqu'il n'avait pas d'auditeurs. L'attente exprimée si vaguement ne paraissait pourtant pas devoir bientôt se réaliser. Wilder remonta la colline, cherchant à prendre l'air insouciant d'un désœuvré dans le cas où son retour exciterait l'attention; mais tout en se promenant assez long-temps en long et en large, de manière à avoir en vue les croisées de la maison de Mrs de Lacey, il lui fut impossible d'entrevoir aucune de celles qui l'habitaient. Il y avait des signes évidens d'un départ prochain; car des malles et des ballots partaient pour la ville, et le peu de domestiques qu'il aperçut par hasard avaient l'air affairé. Mais il semblait que les principaux personnages s'étaient retirés dans les appartemens intérieurs et secrets, probablement dans le dessein fort naturel de s'entretenir confidentiellement et de se faire de tendres adieux. Après avoir ainsi fait le guet avec autant d'attention que d'inutilité, il allait se retirer avec dépit quand il entendit des voix de femmes de l'autre côté d'un mur de clôture fort peu élevé, contre lequel il était appuyé. Les sons approchaient de lui, et son oreille fine ne fut pas long-temps à reconnaître la voix harmonieuse de Gertrude.

— C'est vouloir nous tourmenter sans raison suffisante, ma chère dame, dit-elle à l'instant où elle arrivait assez près pour être distinctement entendue, que d'attacher la moindre importance à quoi que ce soit qu'ait pu dire un... un pareil individu.

— Je sens la justesse de ce que vous dites; ma chère, répondit la voix mélancolique de sa gouvernante, et cependant je suis assez faible pour ne pouvoir secouer tout-à-fait une sorte de sentiment superstitieux à ce sujet. Gertrude, ne seriez-vous pas charmée de revoir ce jeune homme?

— Moi, madame! s'écria son élève avec une sorte d'alarme; — pourquoi vous et moi désirerions-nous revoir un homme qui nous est tout-à-fait inconnu, un homme d'une condition si basse,—l'expression est peut-être trop forte, — mais du moins un homme dont la compagnie ne paraît certainement pas tout-à-fait convenable à...

— A des dames bien nées, voulez-vous dire. Et quel motif vous porte à vous imaginer que ce jeune homme soit tellement au-dessous de nous?

Lorsque la jeune personne répondit, Wilder trouva dans les intonations de sa voix une mélodie qui lui fit oublier ce qu'il y avait de peu flatteur pour lui dans sa réponse.

— Je ne porte sûrement pas mes idées de naissance et de dignité au même point que ma tante de Lacey, dit-elle en souriant mais j'oublierais une partie de vos propres leçons, ma chère Mrs Wyllys, si je ne sentais pas que l'éducation et les manières établissent une différence marquée dans nos opinions et dans notre caractère, pauvres mortels que nous sommes.

—C'est la vérité, ma chère enfant; mais j'avoue que je n'ai vu ni entendu rien qui me fasse croire que le jeune homme dont nous parlons soit de basse naissance ou sans éducation. Au contraire, son langage et sa prononciation annonçaient un homme bien né, et son air ne démentait pas son langage; il avait l'air de franchise et de simplicité qui appartient à sa profession. Mais vous n'êtes pas à apprendre que les jeunes gens des meilleures familles des provinces, et même du royaume, prennent souvent du service dans la marine.

—Mais ils sont officiers, et ce... cet individu portait le costume d'un marin ordinaire.

— Pas tout-à-fait; l'étoffe en était plus fine, et la coupe annonçait plus de goût.—J'ai connu des amiraux qui en faisaient autant dans leurs momens de loisir. Les marins, même de haut rang, aiment quelquefois à se montrer sous l'habit de leur profession sans aucune des marques qui indiquent leur grade.

— Vous croyez donc que c'est un officier, — peut-être au service du roi?

— Cela est possible, quoique le fait qu'il n'y a pas de croiseur dans le port semble contraire à cette présomption ; mais ce n'est pas une circonstance si frivole qui a excité l'intérêt inconcevable que j'éprouve. Gertrude, ma chère amie, le hasard m'a fait connaître beaucoup de marins dans ma jeunesse, et j'en vois rarement un de cet âge et ayant cet air mâle et animé, sans éprouver quelque émotion.... Mais je vous fatigue, — parlons d'autre chose.

— Pas le moins du monde, ma chère Mrs Wyllys, s'écria Gertrude avec vivacité. Puisque vous croyez que cet étranger est un homme bien né, il ne peut y avoir aucun mal, c'est-à-dire aucun manque de convenance, à ce qu'il me semble, à parler de lui. Quel peut donc être le danger auquel il voulait nous faire croire que nous nous exposerions en montant à bord d'un navire dont on nous a rendu un compte si avantageux?

— Il y avait dans son ton et dans ses manières un mélange singulier, j'allais presque dire fort étrange, d'ironie et d'intérêt qui est inexplicable. Pendant que nous étions avec lui, il a sûrement dit bien des choses qui n'avaient pas de bon sens, mais il paraissait ne pas parler ainsi sans un motif sérieux. Gertrude, vous n'êtes pas aussi familiarisée que moi avec les termes nautiques, et vous ignorez peut-être que votre bonne tante, au milieu de son admiration pour une profession qu'elle a certainement tout le droit possible d'aimer, fait quelquefois....

— Je le sais, je le sais, du moins je le pense souvent, s'écria Gertrude de manière à prouver clairement qu'elle ne trouvait aucun plaisir à s'appesantir sur un sujet désagréable; mais c'était une présomption excessive dans un étranger de s'amuser ainsi, si telle était son intention, aux dépens d'une faiblesse si légère, si pardonnable, si toutefois c'est une faiblesse.

— Sans doute, répondit Mrs Wyllys d'un ton calme, ayant évidemment l'esprit occupé d'idées qui ne lui permettaient pas de faire grande attention à la sensibilité de sa jeune compagne ; et pourtant il ne m'avait pas l'air d'un de ces cerveaux éventés qui se font un plaisir de mettre au grand jour les folies des autres. Vous pouvez vous rappeler, Gertrude, qu'hier, lorsque nous étions à la ruine, Mrs de Lacey fit quelques remarques pour exprimer l'admiration que lui inspirait un bâtiment sous voiles.

— Oui, oui, je m'en souviens, répondit Gertrude avec un peu d'impatience.

Un des termes dont elle se servit était particulièrement incorrect, comme je m'en aperçus d'après la connaissance que j'ai acquise de la langue des marins.

—Je l'ai pensé, d'après l'expression de vos yeux ; mais...

—Écoutez-moi, ma chère. Il n'était sûrement pas très-étonnant qu'une dame commît une légère méprise en parlant un langage si particulier ; mais il est fort singulier qu'un marin ait fait la même faute en employant précisément les mêmes termes : or c'est ce qui est arrivé au jeune homme dont nous parlons ; et ce qui n'est pas moins surprenant, c'est que le vieux marin y ait donné son approbation, comme si cette manière de parler eût été correcte.

— Peut-être, dit Gertrude en baissant la voix, avaient-ils entendu dire que Mrs de Lacey a un faible pour ce genre de conversation ; mais après cela je suis sûre que vous ne pouvez plus regarder cet étranger comme un homme bien élevé.

— Je n'y penserais plus, ma chère, sans un sentiment indéfinissable que je ne puis m'expliquer. Je voudrais pouvoir le revoir.

Elle fut interrompue par un léger cri que poussa sa jeune compagne, et, le moment d'après, l'étranger qui occupait ses pensées sauta par-dessus le mur, en apparence pour chercher son rotin [1], qui était tombé aux pieds de Gertrude, et avait occasionné son mouvement d'alarme. Après avoir demandé excuse de s'être introduit de cette manière dans la demeure de Mrs de Lacey et avoir ramassé sa canne, Wilder se prépara à se retirer, comme s'il ne fût rien arrivé d'extraordinaire. Pendant les premiers instans qui suivirent son apparition, il y avait dans toutes ses manières une douceur et une délicatesse qui avaient probablement pour but de prouver à la plus jeune de ces deux dames qu'il n'était pas tout-à-fait sans avoir quelques droits au titre qu'elle venait si récemment de lui refuser. La physionomie de Mrs Wyllys était pâle et ses lèvres tremblaient, quoique la fermeté de sa voix prouvât que ce n'était pas la frayeur qui en était cause.

—Restez un moment, monsieur, lui dit-elle vivement, à moins que des motifs pressans ne vous appellent ailleurs. Il y a quelque chose de si remarquable dans cette rencontre que je serais charmée d'en profiter.

---

[1] Canne de roseau des Indes.

Wilder la salua et demeura en face des deux dames, qu'il avait été sur le point de quitter, sentant qu'il n'avait pas le droit de rester un moment de plus qu'il ne lui en fallait pour ramasser la canne qu'il avait perdue par sa maladresse prétendue. Quand Mrs Wyllys vit que ses désirs avaient été accomplis d'une manière si inattendue, elle hésita un instant avant de savoir comment elle lui adresserait la parole.

— Ce qui m'a fait prendre cette liberté, monsieur, dit-elle avec quelque embarras, c'est l'opinion que vous avez si récemment manifestée relativement au navire qui est prêt à mettre à la voile dès que le vent sera favorable.

— *La Royale Caroline?* dit Wilder nonchalamment.

— C'est le nom qu'il porte, à ce que je crois.

— J'espère, madame, dit-il avec précipitation, que rien de ce que j'ai dit ne fera naître en vous des préventions fâcheuses contre ce vaisseau. Je puis vous garantir qu'il a été construit avec d'excellens matériaux, et je n'ai pas le moindre doute que le capitaine ne soit un homme très habile.

— Et cependant vous n'avez pas hésité à dire que vous regardiez un passage à bord de ce bâtiment comme plus dangereux qu'à bord de tout autre navire qui pourra sortir d'un port de ces provinces d'ici à plusieurs mois.

— Je l'ai dit! répondit Wilder d'un ton auquel on ne pouvait se méprendre.

— Voulez-vous bien nous dire quels sont les motifs de votre opinion?

— Si je m'en souviens bien, je les ai expliqués à la dame que j'ai eu l'honneur de voir il y a une heure.

— Cette dame n'est plus ici, monsieur, répliqua gravement Mrs Wyllys, et ce n'est pas elle qui doit confier à ce bâtiment la sûreté de sa personne. Cette jeune personne et moi, avec nos domestiques, nous y serons les seuls passagers.

— Je l'avais compris ainsi, répondit Wilder, regardant d'un air pensif les traits parlans de Gertrude qui écoutait cette conversation avec intérêt.

— Et à présent qu'il n'y a pas de méprise à craindre, puis-je vous prier de nous répéter les motifs qui vous font croire qu'il y a quelque danger à s'embarquer sur *la Royale Caroline?*

Wilder tressaillit et alla même jusqu'à rougir en rencontrant le regard calme et attentif de l'œil doux, mais pénétrant, de Mrs Wyllys.

— Vous ne voudriez pas, madame, dit-il en balbutiant, que je répétasse ce que j'ai déjà dit à ce sujet?

— Je vous en dispense, monsieur; mais je suis persuadée que vous avez eu d'autres raisons pour parler comme vous l'avez fait.

— Il est extrêmement difficile à un marin de parler de vaisseaux autrement qu'en termes techniques, et c'est un langage qui doit être presque inintelligible pour une personne de votre sexe et de votre condition. Vous n'avez jamais été sur mer, madame?

— J'y ai été très souvent, monsieur.

— En ce cas, je puis peut-être espérer de me faire comprendre. Vous devez savoir, madame, qu'une grande partie de la sûreté qu'offre un vaisseau dépend du point très important de pouvoir maintenir son côté droit le plus haut, ce que les marins appellent le faire porter. Or je suis sûr que je n'ai pas besoin de dire à une dame douée de votre intelligence, que si *la Caroline* tombe sur son bau, il y aura un grand danger pour tous ceux qui se trouveront à bord.

— Rien ne peut être plus clair; mais ne courrait-on pas le même risque à bord de tout autre navire?

— Sans doute, si tout autre navire dérapait. Mais j'ai suivi ma profession bien des années, et je n'ai vu arriver cet accident qu'une seule fois. Ensuite les attaches du beaupré...

— Sont aussi bonnes qu'il en ait jamais sorti de la main d'un agréeur, dit une voix derrière eux.

Ils se retournèrent tous trois et virent à peu de distance le vieux marin dont il a déjà été parlé, monté sur quelque chose de l'autre côté du mur, sur le haut duquel il était tranquillement appuyé, dominant sur tout l'intérieur du jardin.

— J'ai été au bord de l'eau, dit-il, pour jeter un coup-d'œil sur ce bâtiment, suivant le désir de madame de Lacey, veuve de feu mon noble commandant et amiral. Les autres peuvent en penser ce qu'ils voudront, mais je suis prêt à faire le serment que *la Royale Caroline* a le beaupré aussi bien assuré qu'aucun navire qui vogue sous le pavillon britannique. Oui, et ce n'est pas tout ce que j'ai à dire en sa faveur. Les bois en sont légers et bien tenus, et il ne penche pas plus du côté droit que les murs de cette église. Je suis vieux et arrive à la dernière page de mon journal, et par conséquent je ne prends ni ne puis prendre que peu d'intérêt à tel ou tel brick, à tel ou tel schooner, mais je soutiens que calomnier un navire sain et vigoureux, c'est une méchanceté aussi impardonnable que de mal parler d'un chrétien.

Le vieillard s'exprimait avec énergie et montrait une honnête indignation qui ne manqua pas de faire impression sur les dames, en même temps qu'elle faisait entendre des vérités un peu dures à la conscience de Wilder, qui le comprenait fort bien.

— Vous voyez, monsieur, dit Mrs Wyllys; après avoir inutilement attendu que le jeune marin répondît, qu'il est très possible que deux hommes qui ont les mêmes avantages ne soient pas d'accord sur un point relatif à leur profession. Lequel de vous dois-je croire?

— Celui que votre excellent jugement vous représentera comme paraissant mériter le plus de confiance. Je vous répète, avec une sincérité dont je prends le Ciel à témoin, que ni ma mère, ni ma sœur, ne s'embarqueraient, de mon consentement, sur *la Caroline*.

— Cela est incompréhensible, dit Mrs Wyllys en se tournant vers Gertrude et en lui parlant de manière à être entendue d'elle seule. Ma raison me dit que ce jeune homme cherche à se jouer de notre crédulité, et cependant il fait ses protestations avec un air si sérieux et en apparence si sincère, que l'impression qu'elles ont produite sur moi est ineffaçable. Auquel des deux, ma chère amie, vous sentez-vous portée à accorder votre confiance?

— Vous connaissez mon ignorance à ce sujet, répondit Gertrude en baissant les yeux sur une fleur fanée dont elle arrachait les feuilles; mais ce vieillard me paraît avoir un air de présomption et de malignité.

— Vous croyez donc que le jeune homme a plus de droits à notre confiance?

— Pourquoi non, puisque vous aussi vous le regardez comme un homme bien né?

— Je ne sais si sa situation supérieure dans le monde est un titre pour obtenir plus de confiance. Bien des gens ne profitent souvent d'un pareil avantage que pour en abuser. — Je crains, monsieur, ajouta Mrs Wyllys en se tournant vers Wilder qui attendait qu'elle lui parlât, qu'à moins que vous ne jugiez à propos de vous expliquer avec plus de franchise, nous ne soyons forcées de refuser de vous croire, et de persister dans notre intention de profiter de l'occasion que nous offre *la Royale Caroline* pour nous rendre dans la Caroline.

— C'est du fond de mon cœur, madame, que je regrette cette détermination.

— Il peut encore dépendre de vous de nous en faire changer. Il ne s'agit que de vous expliquer.

Wilder parut réfléchir une ou deux fois; ses lèvres remuèrent comme s'il allait parler. Mrs Willys et Gertrude attendaient avec un profond intérêt qu'il annonçât ses intentions; mais après une longue pause pendant laquelle il semblait hésiter, il trompa leur attente en disant :

— Je suis fâché de ne pas avoir le talent de me faire mieux comprendre. Ce ne peut être que la faute de mon incapacité, car je vous affirme de nouveau que le danger est aussi évident à mes yeux que le soleil en plein midi.

— En ce cas, monsieur, nous devons rester dans notre aveuglement, répliqua Mrs Wyllys en le saluant avec froideur. Je vous remercie de vos bonnes et charitables intentions, mais vous ne pouvez nous blâmer de ne pas vouloir suivre un avis qui est entouré de tant d'obscurité. Quoique uous soyons chez nous, vous nous pardonnerez si nous vous quittons; l'heure fixée pour notre départ est arrivée.

Wilder répondit à la révérence grave de Mrs Wyllys en la saluant avec un air non moins cérémonieux, mais il s'inclina avec plus de grace et de cordialité pour rendre celle plus aimable que lui fit à la hâte Gertrude. Il resta pourtant dans l'endroit où elles l'avaient laissé, jusqu'à ce qu'il les eût vues rentrer dans la maison, et il s'imagina même pouvoir distinguer une expression d'intérêt dans un autre regard timide que la dernière jeta de son côté, avant que sa forme légère disparût à ses yeux. Appuyant une main sur le mur, il sauta alors de l'autre côté. Lorsque ses pieds frappèrent la terre, ce léger choc sembla le tirer de son état d'abstraction, et il s'aperçut qu'il était à six pieds du vieux marin qui était venu deux fois se placer si mal à propos entre lui et l'objet qui intéressait si vivement son cœur. Celui-ci ne lui donna pas le temps d'exprimer son mécontentement, car il fut le premier à rompre le silence.

— Allons, frère, lui dit-il d'un ton amical et confidentiel en secouant la tête en homme qui voulait lui faire voir qu'il avait découvert la ruse dont il avait voulu se servir; — allons, frère, vous avez couru assez de bordées de ce côté, il est temps de virer de bord. J'ai été jeune aussi dans mon temps, et je sais combien il est difficile d'envoyer le diable au large quand on trouve du plaisir à faire voile en sa compagnie. Mais la vieillesse nous conduit à notre estime[1], et quand la vie d'un pauvre diable est réduite à un quart de ration, il commence à devenir plus économe d'espiégleries, comme on ménage l'eau sur un vaisseau quand on est surpris par un calme, tandis que pendant des semaines et des mois on l'avait prodiguée à en laver les ponts, comme si c'eût été de la pluie. La réflexion vient avec les cheveux gris; et l'on ne se trouve pas mal d'en mettre une petite provision dans sa cargaison.

— J'avais espéré, quand je vous ai laissé descendant la colline tandis que je remontais vers le sommet, dit Wilder, sans même daigner jeter un regard sur son compagnon, dont la société lui était peu agréable, que nous nous étions fait nos adieux pour toujours; mais puisque vous paraissez préférer les hauteurs, je vous en laisse jouir à loisir, et je vais descendre dans la ville.

Le vieillard le suivit d'un train qui fit que Wilder, qui marchait alors à grands pas, trouva difficile de le laisser en arrière, sans recourir à l'ignoble expédient de fuir à toutes jambes. Dans un mouvement de dépit qui le rendait mécontent de lui-même et de son persécuteur, il fut tenté d'en venir à quelques voies de fait contre celui-ci; mais, résistant à cette tentation dangereuse et reprenant son sang-froid, il ralentit sa marche et continua sa route avec plus de calme, bien résolu de maîtriser toutes les émotions de son ame.

— Vous aviez mis tant de voiles au vent, mon jeune maître, dit le vieux marin opiniâtre, qui était encore en arrière de deux ou trois pas, qu'il m'a fallu déployer toutes les miennes pour pouvoir marcher de conserve avec vous; mais puisque vous semblez devenir plus raisonnable, nous pouvons rendre la traversée plus courte par un petit entretien profitable. Vous aviez presque fait

---

[1] Cette phrase, en langage de marine, désigne le calcul du chemin qu'a fait un navire. La multiplicité des termes nautiques exigerait tant de notes explicatives que nous nous bornons à signaler ceux qui sont équivoques.—Ed.

croire à la vieille dame que *la Royale Caroline* était *le Voltigeur Hollandais*[1].

— Et pourquoi avez-vous jugé à propos de la détromper? demanda brusquement Wilder.

— Voudriez-vous qu'un homme qui a passé cinquante ans sur mer calomniât le bois et le fer d'une manière aussi scandaleuse? La réputation d'un navire est aussi précieuse pour un vieux chien de mer comme moi que celle de sa femme ou de sa maîtresse.

— Ecoutez, l'ami : je suppose que vous vivez comme les autres, de manger et de boire.

— Un peu du premier, beaucoup du second, répondit le vieux marin avec un gros rire.

— Et comme la plupart des marins, vous gagnez l'un et l'autre par des travaux pénibles, par de grands dangers et en vous exposant à la rigueur du temps?

— Hum! gagnant de l'argent comme des chevaux, et le dépensant comme des ânes,—voilà ce qu'on dit de nous tous tant que nous sommes.

— Eh bien, je vais vous donner l'occasion d'en gagner avec moins de peine, et que vous pourrez dépenser comme il vous conviendra. Voulez-vous entrer à mon service pour quelques heures avec ceci pour gratification, et encore autant ensuite pour vos gages, si vous me servez honnêtement?

Le vieillard avança la main pour prendre une guinée que Wilder lui présentait par-dessus son épaule, sans paraître juger nécessaire de se retourner pour regarder en face sa nouvelle recrue.

—Elle n'est pas fausse? dit le vieux marinien s'arrêtant pour la faire sonner sur une pierre.

— C'est de l'or aussi pur qu'il en est jamais sorti de la Monnaie.

Le vieillard mit la guinée dans sa poche avec beaucoup de sang-froid et lui demanda, d'un ton ferme et décidé, comme s'il eût été prêt à tout entreprendre :

— Quel poulailler faut-il que je vole pour gagner cela?

— Je ne vous demande rien de si bas. Il ne s'agit que de faire

---

[1] On trouve dans le *Rokeby* de Walter Scott une allusion à ce vaisseau-fantôme, et une note qui explique cette tradition. On prétend qu'un pirate hollandais ayant commis des cruautés inouïes pendant ses courses, fut condamné par le ciel à errer perpétuellement sur les mers avec son navire et son équipage, et que sa rencontre est un mauvais présage. —Ed.

ce dont je vous soupçonne fort en état. — Savez-vous tenir un faux loch!?

— Oui, oui, et jurer qu'il est vrai en cas de besoin. Je vous comprends : vous êtes las de tortiller la vérité comme un cordage qu'on roue, et vous désirez me charger de cette besogne.

— C'est à peu près cela. Il faut que vous contredisiez tout ce que vous avez dit relativement à *la Royale Caroline*; et comme vous avez assez d'astuce pour prendre le vent sur Mrs de Lacey, il faut que vous en profitiez pour lui présenter les choses sous un jour encore plus effrayant que je ne l'ai fait. Et maintenant, pour que je puisse juger de vos talens, dites-moi s'il est vrai que vous ayez jamais fait voile avec le digne contre-amiral!

— Foi de bon et honnête chrétien, ce n'est qu'hier que j'ai entendu parler du brave homme pour la première fois. Oh! vous pouvez vous fier à moi sur cela ; ce n'est pas moi qui gâterai une bonne histoire faute de savoir la broder.

— Je le crois sans peine. Maintenant écoutez mon plan.

— Un instant, mon digne camarade. Les murs ont des oreilles, dit-on sur la terre, et nous autres marins nous savons que les pompes en ont à bord d'un navire. Connaissez-vous en ville une certaine taverne à l'enseigne de *l'Ancre Dérapée*?

— J'y ai été quelquefois.

— J'espère que vous ne serez pas fâché d'y retourner. Comme vous êtes le meilleur voilier, vous allez serrer le vent et courir une ou deux bordées entre ces maisons, jusqu'à ce que vous ayez cette église sous le vent. Vous n'aurez alors qu'à voguer en droite ligne chez le brave Joé Joram, où vous trouverez un aussi bon ancrage pour un honnête bâtiment de commerce que dans aucune auberge des colonies. Moi, j'y arriverai par le bas de cette colline, et attendu la différence du nombre de nœuds que chacun de nous aura à filer, nous entrerons dans le port à peu de distance l'un de l'autre.

— Et que gagnerons-nous à cette manœuvre? Ne pouvez-vous rien écouter qui ne soit trempé dans le rum?

— Vous m'offensez en parlant ainsi. Vous verrez ce que c'est que d'employer un messager sobre pour faire vos commissions, quand le moment en sera arrivé. Mais si l'on nous voyait chemi-

---

(¹) On nomme *loch* un registre tenu à bord des navires, sur lequel on inscrit jour par jour la direction du vent, le nombre de nœuds filés, les observations sur le vent, les lieux où l'on touche, et généralement tout ce qui se passe à bord pendant le voyage.—Ed.

ner et causer ensemble sur la grande route, vous êtes en si mauvaise odeur en ce moment auprès de ces dames, que je serais perdu de réputation dans leur esprit.

— Il peut y avoir de la raison à cela. Hâtez-vous donc de me rejoindre, car elles parlent de s'embarquer bientôt. Il n'y a pas une minute à perdre.

— Il n'y a pas de danger qu'elles prennent le large si promptement, dit le vieillard en levant une main au-dessus de sa tête pour juger du vent; il n'y a pas encore assez d'air pour rafraîchir les joues brûlantes de cette jeune beauté, et soyez-en bien sûr, le signal ne leur sera donné que lorsque la brise de mer aura commencé à se faire sentir.

Wilder lui fit ses adieux d'un signe de main et suivit d'un pas léger la route qui venait de lui être indiquée, en réfléchissant à l'expression figurée que les charmes de la jeune et fraîche Gertrude avaient inspirée à un homme aussi vieux et aussi grossier que son nouvel allié. Son compagnon le suivit un instant d'un air satisfait et avec quelque chose d'ironique dans le regard; après quoi il doubla aussi le pas, afin d'arriver au lieu du rendez-vous en temps convenable.

CHAPITRE X.

« Avertissez-le de ne pas employer d'expressions gaillardes. »
SHAKSPEARE. *Conte d'hiver.*

En approchant de la taverne qui avait pour enseigne *l'Ancre Dérapée*, Wilder vit tous les symptômes de quelque forte agitation dans le sein de la ville jusque alors si tranquille. Plus de la moitié des femmes, et environ le quart de tous les hommes qui en demeuraient à une distance raisonnable, étaient rassemblés devant la porte, écoutant un orateur du sexe féminin, qui déclamait d'un ton si aigre et si perçant, que les auditeurs curieux et attentifs qui formaient la partie du cercle la plus éloignée ne pouvaient avoir aucun motif raisonnable pour l'accuser de partialité. Notre aventurier hésita, par suite du sentiment intime qu'éprouvait un homme qui n'était que nouvellement embarqué dans des entreprises du genre de celle pour laquelle il venait si récemment de s'enrôler, lorsqu'il vit ces signes apparens de commotion, et il ne se détermina à avancer que lorsqu'il vit son vieux confédéré faire usage des coudes pour s'ouvrir un chemin à travers cette masse de corps avec une persévérance et une énergie qui promettaient de le placer bientôt en présence de celle qui faisait retentir l'air du bruit de ses plaintes. Encouragé par cet exemple, le jeune homme le suivit, mais il se contenta, pour le moment, de prendre position dans un endroit où il pouvait avoir le libre exercice de ses bras et de ses jambes, et par conséquent la possibilité de battre promptement en retraite, si cette mesure lui paraissait convenable.

—J'en appelle à vous, Earthly Potter [1]; à vous, Preserved Green [2], et à vous, Faithful Wanton [3], s'écriait Désirée lorsque Wilder arriva à portée de l'entendre; et elle s'interrompit un instant pour mordre dans un morceau de pain, avant de continuer son appel touchant à tout le voisinage; j'en appelle à vous aussi, Upright Crook [4]; à vous, Relent Flint [5], et à vous, Wealthy Poor [6], vous pouvez tous rendre témoignage en ma faveur. Vous tous et un chacun de vous, vous pouvez attester, si besoin était, que j'ai toujours été la tendre et laborieuse épouse de cet homme qui m'a abandonnée, à mon âge, me laissant sur les bras un si grand nombre de ses propres enfans à nourrir et à élever. En outre...

—Mais quelle preuve y a-t-il, s'écria l'hôte de l'*Ancre Dérapée*, l'interrompant fort mal à propos, que le brave homme vous ait abandonnée? C'était hier jour de fête, et il est dans la raison de croire que votre mari était, comme quelques autres que je pourrais nommer, chose que je ne suis pas assez peu sage pour faire, que votre mari, dis-je, était un peu ce que j'appellerai dans les vignes, et qu'il a dormi ce matin un peu plus que de coutume. Je

---

[1] Potier de terre.—Ed.
[2] Herbes conservées.—Ed.
[3] Fidèle débauché.—Ed.
[4] Croc droit.—Ed.
[5] Caillou compatissant.—Ed.
[6] Le lecteur pourra penser que cette étrange collection de noms est exagérée, cependant ils sont tous tirés de l'histoire de Rhode-Island.

réponds qu'avant peu nous verrons l'honnête tailleur sortir de quelque grange, aussi frais et aussi prêt à manier les ciseaux que s'il ne s'était mouillé le gosier qu'avec de l'eau claire depuis les dernières réjouissances.

Un rire assez général, sans être bruyant, suivit ce trait d'esprit de taverne, mais il ne put appeler le plus léger sourire sur le visage troublé de Désirée, dont les traits décolorés semblaient abandonnés par tous les muscles destinés à leur donner une expression riante.

— Pas du tout! pas du tout! s'écria l'épouse inconsolable du brave homme. Il n'a pas le cœur de se donner du courage en buvant loyalement dans une occasion comme celle d'hier. Une réjouissance en l'honneur de la gloire de sa majesté! C'était un homme qui ne songeait qu'au travail, et c'est surtout parce qu'il était dur au travail que j'ai sujet de me plaindre. Après avoir été si long-temps accoutumée à compter sur le produit de son ouvrage, n'est-ce pas une croix bien lourde pour une pauvre femme de se voir réduite tout d'un coup à ne pouvoir plus compter que sur elle-même! Mais je m'en vengerai, s'il existe des lois dans Rhode-Island ou dans les Plantations de la Providence. Qu'il ose tenir sa triste figure loin de mes yeux pendant le temps prescrit par la loi, et quand il reviendra, il se verra, comme plus d'un vagabond s'est vu avant lui, sans femme pour le recevoir, et sans toit pour couvrir son indigne tête [1]. Apercevant alors le visage du vieux marin, qui s'était fait jour jusqu'à elle et qui se trouvait en ce moment à son côté, elle interrompit le fil de son discours pour s'écrier : — Voilà un étranger, un homme qui ne fait que d'arriver dans cette ville; dites-moi, l'ami, avez-vous rencontré en chemin un vagabond fugitif?

— J'avais assez de besogne à gouverner ma vieille carcasse sur terre ferme, répondit le vieillard avec beaucoup de sang-froid, sans m'amuser à inscrire sur mon livre de loch le nom et le port de toutes les barques que j'ai rencontrées. Cependant, maintenant que vous m'en parlez, je me souviens de m'être trouvé à

---

[1] Il semblerait, d'après cette déclaration, que certains antiquaires en jurisprudence qui ont prétendu que la société est redevable à Désirée de la manière peu cérémonieuse dont on sait que, même encore aujourd'hui, le nœud nuptial se desserre dans la communauté dont elle était membre, sont entièrement dans l'erreur. Il est évident que ce n'est pas son exemple qui a fait naître cet usage, puisqu'elle y fait clairement allusion comme à une mesure à laquelle avait déjà eu recours l'innocence délaissée de son propre sexe. — NOTE DE L'AUTEUR.

portée de pouvoir héler un pauvre diable, à peu près au commencement du quart du matin, à quelque distance d'ici, dans les buissons qu'on trouve entre cette ville et le bac qui conduit hors de l'île.

— Quelle espèce d'homme était-ce? demandèrent en même temps cinq à six voix empressées, parmi lesquelles celle de Désirée maintenait sa suprématie, s'élevant au-dessus de toutes les autres, à peu près comme les sons produits par un musicien du premier talent s'élèvent d'une croche au-dessus des accens plus modestes du reste de ses confrères.

— Quelle espèce d'homme! Ma foi! c'était un drôle ayant les bras charpentés d'un bord à l'autre, et les jambes fendues comme celles de tous les autres chrétiens, à coup sûr. Mais maintenant que vous m'en parlez, je me souviens qu'il avait un bout de jambe de chien[1] à une de ses jambes, et qu'il avait beaucoup de roulis sur l'avant.

— C'était lui, s'écria le même chœur de voix. Et au même instant cinq ou six auditeurs sortirent adroitement de la foule, dans l'intention louable de courir après le délinquant, pour s'assurer le paiement de certaines balances de compte, par le résultat desquelles il se trouvait que le brave homme était leur redevable. Si nous avions le loisir de détailler la manière dont furent conduits ces efforts dignes d'éloges pour sauver un argent bien gagné, le lecteur pourrait trouver quelque amusement dans la diligence secrète que firent, chacun de leur côté, ces dignes trafiquans, pour gagner de vitesse sur leurs autres voisins. Quant à Désirée, comme elle n'avait ni espoir de faveur à obtenir de son mari déserteur, ni demande légale à lui faire, elle se contenta de continuer, sans changer de place, telles enquêtes sur le fugitif qu'il lui plut de faire. Il est possible que les plaisirs de la liberté, sous la forme du divorce, flottassent déjà devant les yeux de son esprit actif, avec la perspective consolante d'un second mariage, appuyée par l'influence d'un autre tableau que pouvait tracer son imagination d'après les souvenirs de son premier amour, et que tous ces motifs eussent une tendance manifeste à pacifier son esprit courroucé et à rendre plus directes et plus énergiques ses questions subséquentes.

— Avait-il l'air d'un filou? demanda-t-elle sans faire attention

---

([1]) Terme de marine : nœud qu'on fait à l'itague d'un palan.—Ed.

à la manière dont elle venait d'être subitement abandonnée par tous ceux qui avaient paru prendre le plus d'intérêt à son sort; était-ce un homme qui avait l'air d'un vagabond, d'un fugitif?

— Je ne puis rendre compte précisément de ce qu'il portait sur la tête, répondit le vieux marin; mais il avait l'air d'un homme qui a passé une bonne partie de son temps dans les dalots. S'il fallait donner mon opinion, je dirais que le pauvre diable a eu trop...

— Trop de temps dont il ne savait que faire, vous voulez dire, s'écria Désirée. Oui, oui, ç'a été son malheur de n'avoir pas assez d'ouvrage depuis quelque temps, et c'est ce qui lui a fait entrer de mauvaises pensées dans la tête, faute d'avoir à songer à quelque chose de mieux. Oui, vous avez raison, il a eu trop...

— Trop de sa femme, s'écria le vieillard avec emphase. Un rire général aux dépens de Désirée, beaucoup moins équivoque que le premier, suivit ce nouveau sarcasme. Mais, sans se laisser déconcerter par l'approbation universelle donnée à l'opinion du marin caustique, la virago répliqua :

— Ah! vous ne savez guère combien j'ai eu à souffrir et à patienter avec lui pendant tant d'années. Et le vaurien que vous avez rencontré avait-il l'air d'un homme qui a abandonné une malheureuse femme?

— Je ne puis dire que j'aie remarqué en lui rien qui dît en tant de mots si la femme qu'il avait laissée à son mouillage était plus ou moins malheureuse, répondit le marin avec beaucoup de discernement; mais j'en ai vu assez pour prouver qu'en quelque lieu qu'il eût arrimé sa femme, si tant est qu'elle fût sa femme, il n'avait pas jugé à propos de lui laisser son équipement au complet; car il avait autour du cou des affiquets de femme, qui lui plaisaient sans doute plus que si c'eussent été ses bras.

— Quoi! s'écria Désirée avec un air de consternation, a-t-il osé me voler? Que m'a-t-il emporté? Ce n'est pas mon collier à grains d'or, j'espère?

— Je n'oserais jurer que ce n'étaient pas des grains d'or faux.

— Le misérable! s'écria la virago en fureur, reprenant haleine comme une personne qui a été sous l'eau plus long-temps qu'il n'est agréable à la nature humaine, et en se frayant un chemin à travers la foule avec une telle vigueur, qu'elle fut bientôt en état de courir avec rapidité pour aller visiter ses trésors cachés et juger de l'étendue de ses pertes. — Le scélérat! le sacrilége! voler la femme de son sein! la mère de ses propres enfans, et...

— Eh bien! eh bien! dit l'hôte l'interrompant une seconde fois aussi mal à propos; je n'avais jamais entendu dire qu'on soupçonnât le brave homme d'être capable de voler, quoique tout le voisinage l'appelât poule mouillée.

Le vieux marin regarda l'hôte en face en ricanant d'un air expressif.

— Si le brave tailleur n'a jamais volé que cette criailleuse, dit-il, son compte ne sera jamais chargé de beaucoup de péchés de vol, car les grains d'or qu'il avait sur lui n'auraient pas payé son passage sur le bac. Tout l'or qu'il avait autour du cou aurait tenu dans mon œil, et je n'en aurais pas vu moins clair pour cela; mais c'est une honte qu'une pareille folle bouche l'entrée d'une honnête taverne, comme si c'était un port qui fût sous un embargo, et c'est pourquoi j'ai envoyé cette femme en croisière avec ses grains d'or, et tous ces fainéans naviguent dans ses eaux, comme vous le voyez.

Joé Joram regarda l'orateur en homme qui éprouve l'influence de quelque charme mystérieux, et il fut près d'une minute sans lui répondre et sans que ses yeux changeassent de direction. Enfin, partant d'un grand éclat de rire, comme s'il eût été ravi de l'astuce du marin, qui certainement avait produit l'effet d'écarter la foule rassemblée devant la porte et qui courait alors vers la maison du tailleur, il lui tendit la main en signe de bon accueil et s'écria:

— Soyez le bien-venu, Bob Goudron! soyez le bien-venu! De quel nuage êtes-vous tombé, mon vieux? Quel vent vous a amené dans ce port? Par quel hasard êtes-vous encore une fois à Newport?

— C'est trop de questions pour y répondre dans une rade découverte, l'ami Joram, et c'est un sujet trop sec pour une conversation en plein vent. Quand je serai établi dans une de vos cabines, ayant un pot de flip¹ et une tranche de bon bœuf de Rhode-Island à portée du grappin, vous pourrez me faire autant de questions que vous le voudrez, et je vous ferai autant de réponses qu'il conviendra à mon appétit, comme vous le savez.

— Et qui paiera les violons, honnête Bob? Quel est le muni-

(¹) Bière mêlée avec du sucre et quelque liqueur sprituéuse.—ED.

tionnaire qui acquittera votre écot? demanda l'aubergiste tout en faisant entrer le vieux marin avec un empressement qui semblait démentir le doute qu'il venait d'exprimer d'être convenablement récompensé de sa civilité extraordinaire.

— Qui ? répliqua le vieux marin en lui montrant la guinée qu'il venait de recevoir de Wilder, de manière à la laisser entrevoir par le peu d'individus qui restaient encore près de la porte, comme s'il eût voulu leur fournir le moyen de s'expliquer à eux-mêmes l'accueil distingué qu'il recevait. — Qui ! — Voyez-vous ce gentilhomme? Je puis me vanter d'avoir pour répondant la figure de sa très sacrée majesté le roi lui-même, que Dieu le bénisse !

— Que Dieu le bénisse ! répétèrent plusieurs voix de ses sujets loyaux ; et cela dans une ville où l'on entendit ensuite des cris bien différens, et où les mêmes mots exciteraient aujourd'hui autant de surprise, quoique beaucoup moins d'alarme, qu'un tremblement de terre.

— Que Dieu le bénissse ! répéta aussi Joram en ouvrant la porte d'une chambre particulière, et en montrant le chemin à sa pratique ; — et qu'il bénisse aussi tous ceux qui ont le bonheur d'avoir son image ! Entrez, vieux Bob, et vous jetterez bientôt le grappin sur la moitié d'un bœuf.

Wilder, qui s'était approché de la porte de la taverne lorsque la foule s'en était éloignée, les vit s'avancer tous deux dans l'intérieur de la maison, et entra lui-même sur-le-champ dans la salle destinée au public. Tandis qu'il délibérait sur la manière dont il s'y prendrait pour avoir une conférence avec son nouveau confédéré, sans attirer trop d'attention sur une réunion si bizarre, l'hôte vint lui-même le tirer d'embarras. Après avoir jeté un coup d'œil à la hâte autour de l'appartement, ses regards se fixèrent sur notre aventurier, et il s'approcha de lui d'un air moitié incertain, moitié décidé.

— Quel succès avez-vous eu, monsieur, en cherchant un bâtiment? lui demanda-t-il, reconnaissant pour la première fois l'étranger avec lequel il avait conversé le matin. — Il y a maintenant plus de bras que d'occupation pour les employer.

— Cela n'est pas sûr, répondit Wilder. En me promenant sur la colline, j'ai rencontré un vieux marin qui...

— Hem ! dit l'hôte en l'interrompant et en lui faisant signe de le suivre d'une manière fort intelligible, quoiqu'à la dérobée. —

Vous trouverez plus commode, monsieur, de déjeuner dans une autre chambre. — Wilder suivit son conducteur, qui sortit de l'appartement ouvert au public par une porte différente de celle par laquelle il avait conduit le vieux marin dans l'intérieur de sa maison, et il ne fut pas peu surpris de l'air de mystère que l'aubergiste jugeait à propos de prendre en cette occasion. Après avoir traversé un passage tournant, celui-ci fit monter Wilder, avec un profond silence, par un escalier dérobé qui aboutissait à l'étage le plus élevé du bâtiment. Là il frappa doucement à une porte.— Entrez, dit une voix forte et sévère qui fit tressaillir notre aventurier. Cependant, en entrant dans une petite chambre fort basse, il n'y vit personne, si ce n'est le marin que l'aubergiste venait d'accueillir en ancienne connaissance, et à qui il avait donné un nom auquel son costume lui donnait certainement des droits — celui de Bob Goudron. Tandis que Wilder regardait autour de lui, un peu surpris de la situation dans laquelle il se trouvait, l'aubergiste se retira, et il resta seul avec son confédéré. Celui-ci était occupé à faire honneur à une pièce de bœuf placée devant lui, et qu'il arrosait d'une liqueur qui paraissait être à son goût, quoiqu'on n'eût certainement pas eu le temps de lui préparer le breuvage qu'il avait jugé à propos d'ordonner. Sans donner à Wilder le temps de faire plus de réflexions, le vieux marin lui fit signe de prendre la seule chaise qui restât vacante dans la chambre, et il continua à attaquer l'aloyau avec autant d'empressement que s'il n'eût pas été interrompu.

— L'honnête Joé Joram se fait toujours un ami de son boucher, dit-il après avoir bu, sans reprendre haleine, une gorgée qui menaçait de vider le pot ; — son bœuf a une telle saveur qu'on pourrait le prendre pour une queue de morue. Vous avez voyagé en pays étranger, camarade ? — car je puis vous nommer ainsi, puisque nous voilà assis près du même corbillon. — Vous avez sûrement vu les pays étrangers ?

— Très souvent, sans cela je serais un pauvre marin.

— En ce cas, dites-moi si vous connaissez un royaume qui puisse fournir des rations en poisson, en viande de boucherie, en volailles, en fruits, comme cette noble terre d'Amérique, dans laquelle nous sommes maintenant amarrés, et où je suppose que nous sommes nés tous deux ?

— Ce serait porter un peu trop loin l'amour de la patrie, répondit Wilder désirant détourner la conversation de son objet réel, jusqu'à ce qu'il eût eu le temps d'arranger ses idées et de s'assurer qu'il n'avait aucun autre auditeur que son compagnon visible.—Il est généralement reconnu que l'Angleterre l'emporte sur nous pour tous ces objets.

— Par qui cela est-il reconnu ? par nos bavards qui ne savent rien. Mais moi, moi qui ai vu les quatre parties de la terre, et une assez bonne partie de l'eau en outre, je dis à ces fanfarons qu'ils en ont menti. Nous sommes des colonies, camarade, nous sommes des colonies, et il est aussi hardi à une colonie de prétendre avoir l'avantage en ceci ou en cela sur sa mère-patrie, et de le lui dire, qu'il le serait à un mousse de dire à son officier qu'il a tort, quoique ce fût la vérité, et qu'il le sût. Je ne suis qu'un pauvre homme, monsieur.... — Quel nom dois-je donner à votre honneur ?

— A moi ? — mon nom ! — Harris.

— Eh bien ! monsieur Harris, je ne suis qu'un pauvre homme ; mais j'ai eu le commandement d'un quart, de mon temps, tout vieux et tout rouillé que je parais, et je n'ai point passé tant de longues nuits sur le pont sans tenir mes pensées en besogne, quoique je ne sois pas chargé d'une aussi forte cargaison de philosophie qu'un prêtre de paroisse ou un homme de loi, qui sont payés pour cela. Ainsi, permettez-moi de vous dire que c'est une chose décourageante que de n'être rien que l'habitant d'une colonie. Cela rabat la fierté et le courage d'un homme, et cela aide à le rendre ce que ses maîtres voudraient qu'il fût. Je ne dirai rien des fruits, de la viande et des autres comestibles qui viennent du pays dont vous et moi nous avons tant entendu parler, et que nous ne connaissons que trop bien, si ce n'est pour vous montrer le soleil que voilà, et je vous demanderai ensuite si vous croyez que le roi George ait le pouvoir de le faire briller sur la bicoque de l'île où il demeure, comme il brille ici dans ses grandes provinces d'Amérique ?

— Certainement non ; et cependant vous savez que chacun convient que les productions de l'Angleterre sont tellement supérieures à....

— Sans doute, sans doute : une colonie fait toujours voile sous le vent de sa mère-patrie. Mais tout cela, l'ami Harris, ce n'est que bavardage. Un homme peut bavarder au point de se donner la fièvre, ou de mettre aux prises l'équipage d'un navire. Il peut, en bavardant, faire une pêche d'une cerise, et une baleine d'une limande. Or, voici toute cette longue côte d'Amérique, avec ses fleuves, ses rivières et ses lacs, qui contiennent autant de trésors qu'on en puisse désirer pour s'engraisser, et pourtant les serviteurs de sa majesté qui viennent parmi nous parlent de leurs turbots, de leurs soles et de leurs carpes, comme si le Seigneur n'avait fait que ces poissons, et que le diable eût laissé glisser les autres à travers ses doigts sans en demander la permission.

Wilder se retourna et resta les yeux fixés avec surprise sur le vieillard, qui cependant continuait à manger, comme s'il n'eût rien dit que de tout simple.

— Vous êtes plus attaché à votre patrie que loyal, l'ami, dit le jeune marin d'un ton un peu sévère.

— Je ne suis pas loyal[1], quant aux poissons, du moins; mais j'espère qu'on peut parler sans offenser personne, de ce que le Seigneur a fait. Quant au gouvernement, c'est un cordage tordu par la main de l'homme, et...

— Et quoi? demanda Wilder voyant qu'il hésitait.

— Hem! ma foi, je crois que l'homme défera son propre ouvrage quand il ne pourra trouver à mieux s'occuper. Je me flatte qu'il n'y a pas plus de mal à dire cela?

— Au contraire, et c'est pour cela que j'appellerai votre attention sur l'affaire qui nous a réunis ici. Vous n'avez pas sitôt oublié les arrhes que vous avez reçues?

Le vieux marin repoussa l'aloyau, et, croisant ses bras, il regarda fixement son compagnon.

— Quand mon nom est une fois inscrit sur le rôle d'un équipage, dit-il d'un air calme, je suis un homme sur qui l'on peut compter. J'espère que vous faites voile sous le même pavillon, l'ami Harris?

— Ce serait une infamie que d'agir autrement. Mais, avant de vous faire part de mes projets et de mes désirs, vous m'excuserez si je prends une petite précaution. Il faut que je visite ce cabinet pour être sûr que nous sommes seuls.

— Vous n'y trouverez guère que les affiquets appartenant au genre féminin de l'honnête Joé. Comme la porte n'en est pas fermée avec un soin bien extraordinaire, vous pouvez y regarder aisément, puisque voir est croire.

Wilder ne semblait pas disposé à attendre cette permission, car

---

[1] *Loyal* dans le sens de fidèle au roi et au pays.—Ed.

il ouvrit la porte pendant que son compagnon parlait encore ; et n'y trouvant effectivement que des objets à usage de femme, il s'en détourna avec une sorte de surprise.

— Étiez-vous seul quand je suis entré? demanda-t-il après un instant de réflexion.

— L'honnête Joram et vous.

— Personne d'autre?

— Personne que j'aie vu, répondit le vieux marin d'un air qui annonçait une légère inquiétude. Si vous pensez différemment, visitons bien la chambre. Si mon bras tombe sur quelque écouteur aux portes, il ne le trouvera pas léger.

— Un instant! — Répondez à cette question : — Qui a prononcé le mot — entrez?

Bob Goudron, qui s'était levé en montrant beaucoup d'empressement, réfléchit un instant à son tour, et ses réflexions se terminèrent par un éclat de rire peu bruyant.

— Ha! ha! ha! je vois ce que vous voulez dire. On ne peut avoir la même voix, quand on a la bouche pleine, que lorsque la langue est au large comme un navire qui est sorti du port depuis vingt-quatre heures.

— C'est donc vous qui avez parlé?

— J'en ferai serment, répondit Bob en se rasseyant en homme qui venait d'arranger une affaire à son entière satisfaction; et à présent, l'ami Harris, si vous voulez déboutonner vos idées, je suis prêt à vous écouter.

Wilder ne semblait pas également satisfait de cette explication; cependant il se rassit et se prépara à en venir au fait.

— Après ce que vous avez vu et entendu, l'ami, je n'ai pas besoin de vous dire que je ne désire pas très vivement que la jeune dame à qui nous avons parlé tous deux ce matin, et sa compagne, s'embarquent à bord de *la Royale Caroline*. Je suppose qu'il suffit, pour nos projets, que vous soyez informé du fait; les motifs qui me font souhaiter qu'elles restent où elles se trouvent ne pourraient vous être d'aucune utilité pour ce que vous avez à faire.

— Vous n'avez pas besoin de dire à un vieux marin comment il doit pêcher dans l'eau qui court, s'écria Bob en riant d'un air goguenard et en faisant un signe d'intelligence à son compagnon, qui ne paraissait nullement charmé de cette familiarité; je n'ai pas vécu cinquante ans sur la mer pour la confondre avec le firmament.

— Vous vous imaginez donc que mes motifs ne sont pas un secret pour vous?

— Il ne faut pas une lunette à longue-vue pour voir que tandis que les vieilles gens disent : — Partez! les jeunes gens préféreraient rester où ils sont.

— Vous vous trompez, et vous êtes fort injuste envers les jeunes gens, car j'ai vu hier, pour la première fois, la personne dont vous voulez parler.

— En ce cas, je vois ce que c'est. Les armateurs de *la Caroline* n'ont pas été civils comme ils auraient dû l'être, et vous vous acquittez envers eux d'une petite dette de reconnaissance.

— Ce serait peut-être une voie de représailles qui serait de votre goût, dit gravement Wilder; mais elle n'est pas très d'accord avec le mien. Au surplus, je ne connais aucun de ces armateurs.

— Oh! oh! je suppose donc que vous appartenez au navire qui est dans le port extérieur; et, sans haïr vos ennemis, vous aimez vos amis. Il faut que nous persuadions aux deux dames de prendre leur passage à bord du négrier.

— A Dieu ne plaise!

— A Dieu ne plaise? Savez-vous bien, l'ami Harris, que je crois que vous tenez les étais de votre conscience un peu trop serrés? Quoique je ne puisse être d'accord avec vous en tout ce que vous avez dit relativement à *la Royale Caroline*, tout me porte à croire que nous serons de même opinion à l'égard de l'autre navire. Je l'appelle un vaisseau solidement construit, bien proportionné, et sur lequel un roi pourrait faire voile avec toutes ses aises.

— Je ne le nie point, et cependant je ne l'aime pas.

— Eh bien, j'en suis charmé; et puisque nous en sommes sur ce sujet, maître Harris, j'ai un mot ou deux à vous dire concernant ce bâtiment. Je suis un vieux chien de mer, un homme à qui l'on n'en fait point accroire aisément en matière de commerce. Ne trouvez-vous pas quelque chose qui n'annonce pas un honnête vaisseau marchand dans la manière dont il a jeté l'ancre au-delà du fort, et dans l'air d'indolence qui y règne, tandis que chacun peut voir qu'il n'a pas été construit pour aller pêcher des huîtres ou pour transporter du bétail dans les îles?

— Je crois que c'est, comme vous le dites, un bâtiment solide et bien construit; mais en quoi vous donne-t-il des soupçons? — Vous le regardez peut-être comme un navire contrebandier?

— Je ne sais pas trop si un semblable vaisseau serait précisément ce qu'il faut pour faire la contrebande, quoique votre contrebande soit un joyeux commerce, après tout. Il a une assez jolie batterie, autant qu'on peut en juger à la distance où il se trouve.

— J'ose dire que ses armateurs n'en sont pas encore las, et qu'ils ne seraient pas fâchés de l'empêcher de tomber entre les mains des Français.

— Fort bien, fort bien, je puis me tromper, mais toutes choses ne sont pas comme elles devraient être à bord de ce négrier, quand même tous ses papiers seraient en bonne forme, et que ses lettres de marque seraient bien en règle. Qu'en pensez-vous, honnête Joé?

Wilder se retourna avec impatience et vit que l'aubergiste était entré dans la chambre d'un pas si léger, qu'il ne s'en était pas aperçu, son attention étant dirigée vers son compagnon avec une intensité que le lecteur comprendra facilement. L'air de surprise avec lequel Joram regarda le vieux marin n'avait certainement rien d'affecté, car la question lui fut répétée, et en termes encore plus explicites, avant qu'il jugeât à propos d'y répondre.

— Je vous demande, honnête Joé, si vous croyez que le négrier qui est dans le havre extérieur de ce port fait un commerce légal?

— Vous venez si à l'improviste à la traverse des gens, Bob, avec votre brusquerie ordinaire, pour leur faire des questions si étranges et avancer des opinions si surprenantes, répondit l'aubergiste en jetant des regards obliques autour de lui, comme s'il eût voulu être bien sûr du caractère de tous les auditeurs devant lesquels il parlait, que je suis réellement quelquefois embarrassé pour savoir comment rassembler mes idées pour pouvoir vous répondre sans me compromettre.

— Il est en vérité assez drôle de voir l'hôte de l'*Ancre Dérapée* devenir muet, répliqua le vieillard avec un calme parfait dans ses yeux et dans tous ses traits. Je vous demande si vous ne soupçonnez pas que tout ne marche pas droit à bord de ce négrier?

— Ne marche pas droit! juste ciel! maître Bob, songez à ce que vous dites. Je ne voudrais pas, pour la pratique du lord grand-amiral de sa majesté, qu'on prononçât dans ma maison aucune parole scandaleuse contre la réputation d'honnêtes et vertueux marchands d'esclaves. Que le Ciel me préserve de noircir l'honneur d'aucun honnête sujet du roi !

— Ne voyez-vous rien qui aille de travers à bord du navire qui est dans le port extérieur, digne et scrupuleux Joram? répéta maître Bob sans remuer son œil, un membre ou un muscle.

— Eh bien! puisque vous me pressez tellement de vous donner mon opinion, et que vous êtes une pratique qui paie bien ce qu'elle ordonne, je vous dirai que s'il y a quelque chose de déraisonnable et même d'illégal dans la conduite de....

— Vous serrez tellement le vent, l'ami Joram, que vous faites tout remuer à bord, dit le vieillard avec sang-froid. Tâchez de me faire une réponse positive. Avez-vous vu à bord de ce négrier quelque chose qui ne soit pas comme elle devrait être?

— Eh bien donc, rien, sur ma conscience, répondit l'aubergiste en soufflant avec la même force qu'une baleine qui paraît sur la surface de la mer pour respirer; aussi vrai que je suis un indigne pécheur, écoutant les prédications du bon et fidèle docteur Dogma; rien, rien.

— Rien! En ce cas vous avez là vue plus mauvaise que je ne le croyais. Mais ne soupçonnez-vous rien?

— Le Ciel me préserve des soupçons! Le démon assiége notre esprit de doutes, mais il faut être faible et mal disposé pour y céder. Les officiers et les gens de l'équipage de ce navire boivent comme il faut, sont généreux comme des princes, n'oublient jamais de payer leur écot avant de sortir de la maison, et par conséquent je dis que ce sont des gens honnêtes.

— Et moi je dis que sont des pirates.

— Des pirates! répéta Joram les yeux attachés avec une méfiance marquée sur la physionomie de Wilder, qui était tout attention. Pirate est un mot bien dur, maître Bob, et l'on ne doit jamais se permettre une telle imputation contre qui que ce soit, sans avoir de bonnes preuves à alléguer pour se justifier en cas de procès en diffamation, et si une telle affaire était portée devant douze hommes consciencieux et assermentés. Mais je suppose que vous savez ce que vous dites, et devant qui vous parlez.

— Je le sais; et maintenant, puisque votre opinion en cette affaire n'est absolument rien, vous voudrez bien...

— Faire tout ce que vous m'ordonnerez, s'écria Joram évidemment charmé de changer de sujet de conversation.

— Aller voir en bas si vos pratiques n'ont pas le gosier sec, continua le vieux marin en lui faisant signe en même temps de se retirer par le même chemin qu'il était arrivé, avec l'air d'un homme qui se sentait certain d'être obéi. Dès que l'hôte fut parti et que la porte fut fermée, il se tourna vers son compagnon et lui dit : — Vous semblez aussi consterné de ce que vous venez d'entendre, que l'incrédule Joé lui-même.

— Vos soupçons sont graves, vieillard, et vous ferez bien d'avoir de quoi les appuyer avant de vous hasarder à les énoncer une seconde fois. De quel pirate a-t-on entendu parler récemment sur cette côte ?

— Il y a le Corsaire Rouge, qui est assez connu, répondit le vieux marin en baissant la voix, et en jetant un coup d'œil furtif autour de lui, comme s'il eût pensé qu'il fallait des précautions extraordinaires même pour prononcer ce nom redoutable.

— Mais on dit qu'il se tient principalement dans la mer des Caraïbes.

— Il est homme à être partout, partout. Le roi paierait une bonne somme d'argent à celui qui livrerait ce coquin entre les mains de la justice.

— C'est ce qui est plus facile à projeter qu'à exécuter. dit Wilder d'un air pensif.

— Cela est possible ; je ne suis qu'une vieille carcasse, plus propre à indiquer le chemin qu'à marcher en avant, mais vous êtes un vaisseau sortant du chantier, tous vos agrès sont neufs, et il n'y a pas une seule planche déjetée dans votre bordage. Que ne faites-vous votre fortune en vendant ces coquins au roi ? Ce n'est que donner au diable un peu plus tôt ou un peu plus tard ce qui lui est dû.

Wilder tressaillit et se détourna de son compagnon en homme à qui ce qu'il venait d'entendre ne plaisait nullement. Cependant il sentit la nécessité de lui répondre.

— Et quelles raisons avez-vous, lui demanda-t-il, pour croire que vos soupçons soient fondés ? Et dans le cas où ils le seraient, quels moyens auriez-vous pour mettre un tel projet à exécution, en l'absence des croiseurs du roi ?

— Je ne ferais pas serment qu'ils soient fondés ; mais si nous suivons une fausse route, nous en serons quittes pour virer de bord quand nous reconnaîtrons notre méprise. Quant aux moyens, j'avoue qu'il est plus facile d'en parler que d'en trouver.

— Allez, allez, tout cela n'est que bavardage, une vision de votre vieux cerveau, dit Wilder froidement; et moins on en dira, mieux vaudra. Pendant tout ce temps nous oublions notre unique affaire; je suis à demi tenté de croire que vous cherchez ainsi à m'égarer en allumant un faux fanal, pour vous dispenser du service dont vous êtes déjà à demi payé.

Il y avait un air de satisfaction sur la physionomie du vieux marin pendant que Wilder parlait ainsi, et le jeune homme en aurait été frappé, s'il ne s'était levé en parlant pour se promener dans la petite chambre à grands pas et d'un air pensif.

— Eh bien! eh bien! reprit le vieillard, cherchant à déguiser son contentement manifesté sous un air habituel d'égoïsme et de malice, je suis un vieux songeur, et j'ai souvent rêvé que je nageais dans la mer, tandis que j'étais amarré en sûreté sur la terre sèche. Je crois qu'il doit bientôt y avoir un compte à faire avec le diable, pour que chacun prenne sa part de ma pauvre carcasse, et que je reste capitaine de mon propre vaisseau. Maintenant, voyons les ordres de votre honneur.

Wilder revint s'asseoir, et se disposa à donner à son confédéré les instructions nécessaires pour qu'il pût démentir tout ce qu'il avait dit précédemment en faveur du navire prêt à mettre à la voile.

CHAPITRE XI.

« Cet homme est pourtant solvable ; — trois mille ducats, — je crois que je puis prendre son obligation. »
SHAKSPEARE. *Le Marchand de Venise.*

A mesure que le jour avançait, les apparences d'une bonne brise de mer devenaient plus fortes, et à mesure que le vent augmentait, on voyait le bâtiment marchand de Bristol annoncer de plus en plus son intention de quitter le port. Le départ d'un grand navire était un mouvement beaucoup plus important, dans un port américain, qu'il ne l'est aujourd'hui, où l'on en voit fréquemment arriver ou partir une vingtaine en un seul jour. Quoique ayant droit de se dire habitans d'une des principales villes de la colonie, les bonnes gens de Newport ne virent pas les mouvemens qui avaient lieu à bord de *la Caroline* avec cette espèce d'indolence qui est le fruit de la satiété, en fait de spectacle comme en matière plus grave, et avec laquelle on finit, après un certain temps, par regarder même les évolutions d'une flotte. Au contraire, les quais étaient couverts d'enfans et de désœuvrés de toute taille et de tout âge. On y voyait même un grand nombre des citoyens les plus réfléchis et les plus industrieux, de ceux qui ordinairement saisissaient avec avidité toutes les minutes successives du temps qui s'écoule, afin de les mettre à profit, et qui en ce moment les laissaient échapper sans les compter, sinon tout-à-fait sans y faire attention, cédant ainsi à l'ascendant que la curiosité prenait sur l'intérêt, et quittant leurs boutiques et leurs ateliers pour voir le noble spectacle d'un navire mettant à la voile.

La lenteur avec laquelle l'équipage de *la Caroline* faisait ses préparatifs de départ épuisa pourtant la patience de plus d'un citoyen qui connaissait le prix du temps. Parmi les spectateurs d'une classe au-dessus de celle du peuple, une partie avait déjà quitté les quais; cependant le bâtiment n'offrait encore à la brise que la voile solitaire que nous avons déjà désignée. Au lieu de répondre aux désirs de plusieurs centaines d'yeux fatigués, on voyait le noble navire rouler sur son ancre, s'incliner suivant le vent et tourner alternativement sa proue à droite et à gauche, comme un coursier impatient, retenu par la main du palefrenier, ronge son frein et bat la terre de ses pieds à l'aide desquels il doit bientôt s'élancer dans la carrière pour disputer le prix de la course. Après plus d'une heure de délai inexplicable, le bruit se répandit dans la foule qu'il était arrivé un accident, par suite duquel un individu important, faisant partie de l'équipage, avait été dangereusement blessé. Cependant ce bruit ne fut que passager, et on l'avait presque oublié, quand on vit sortir d'un sabord de proue de *la Caroline* une nappe de flamme, chassant devant elle un nuage de fumée qui s'élevait dans les airs, et qui fut suivie au même instant par l'explosion d'une pièce d'artillerie. Une agitation semblable à celle qui précède ordinairement l'annonce immédiate d'un événement long-temps attendu eut lieu alors parmi les spectateurs rassemblés sur les quais et fatigués d'attendre, et personne ne douta plus que, quelque évènement qui fût arrivé, il ne fût décidé que le navire partirait.

Wilder avait observé avec une grave attention les mouvemens qui avaient lieu à bord du bâtiment, le délai qu'il mettait à partir, l'impatience des spectateurs, enfin le signal qui venait d'être donné pour le départ. Le dos appuyé contre la patte droite d'une ancre mise au rebut sur un quai à quelque distance de celui sur lequel se trouvaient la plupart des spectateurs, il était resté une heure dans la même position, ses regards se détournant à peine à droite ou à gauche. Il tressaillit en entendant le coup de canon; mais ce ne fut point par suite de cette impulsion nerveuse qui produisit le même effet sur une centaine d'autres, ce fut pour jeter un regard rapide et inquiet vers toutes les rues qu'il lui était possible d'apercevoir. Après avoir fait cet examen à la hâte, mais avec attention, il reprit sa première attitude; mais ses yeux toujours erraus et l'expression de l'ensemble de ses traits animés auraient appris à un observateur que quelque événement auquel le jeune marin prenait le plus vif intérêt était sur le point d'arriver. Cependant, à mesure que les minutes se succédaient les unes aux autres, il recouvra peu à peu son calme, et un sourire de satisfaction se peignit sur ses joues, tandis que ses lèvres remuaient comme celles d'un homme qui exprime son contentement dans un soliloque. Ce fut au milieu de ces méditations agréables que le son de plusieurs voix arriva à ses oreilles; et, s'étant retourné, il vit une nombreuse compagnie à quelques pas de lui, et il ne lui fallut qu'un instant pour y distinguer Mrs Wyllys et Gertrude, vêtues de manière à ne laisser nul doute qu'elles étaient enfin sur le point de s'embarquer.

Un nuage, venant se placer devant le soleil, ne produit pas dans l'aspect de la terre un changement plus grand que celui qu'opéra dans l'expression de la physionomie de Wilder cette vue inopinée. Il comptait implicitement sur le succès d'une ruse, qui, quoique assez grossière, lui paraissait suffisante pour effrayer la crédulité et la timidité d'une femme, et à l'instant où il se félicitait d'avoir réussi dans son projet, il était réveillé tout à coup par la certitude qu'il avait complétement échoué. Maudissant à demi-voix, mais de bon cœur, la perfidie de son associé, il se cacha le mieux qu'il le put derrière la patte de l'ancre, et fixa ses yeux sur le navire avec un air d'humeur.

Les personnes qui escortaient les voyageuses jusqu'au bord de l'eau étaient silencieuses, mais agitées comme le sont toutes les personnes rassemblées pour prendre congé d'amis bien chers. Ceux qui parlaient mettaient dans leur débit de la rapidité et un ton d'impatience, comme s'ils eussent désiré d'accélérer le moment d'une séparation qu'ils regrettaient, et les traits de ceux qui ne disaient rien n'en étaient pas moins pleins d'expression. Wilder entendit plusieurs jeunes voix faire des souhaits dictés par l'affection et partant du cœur, et exiger des promesses, et il reconnut les sons doux et mélancoliques de celle de Gertrude, qui leur répondait, sans qu'il se permît de jeter un coup d'œil à la dérobée du côté de ceux qui s'entretenaient ainsi.

Enfin, le bruit des pas d'une personne près de passer à côté de lui le détermina à jeter à la hâte un regard furtif dans cette direction, et ses yeux rencontrèrent ceux de Mrs Wyllys. Cette reconnaissance fut mutuelle comme elle était soudaine. La dame tressaillit; notre jeune marin en fit autant; mais, reprenant son empire sur elle-même, Mrs Wyllys lui dit avec un sang-froid admirable :

— Vous voyez, monsieur, que les dangers ordinaires ne suffisent pas pour nous détourner d'une résolution une fois bien prise.

— Je désire, madame, que vous n'ayez pas lieu de vous repentir de votre courage.

Il s'ensuivit un moment de silence pendant lequel Mrs Wyllys parut se livrer à des réflexions pénibles. Jetant un regard derrière elle pour s'assurer qu'on ne pouvait l'entendre, elle s'approcha plus près du jeune homme, et lui dit en baissant la voix :

— Il n'est pas encore trop tard. Donnez-moi l'ombre d'une raison pour justifier ce que vous nous avez dit, et nous attendrons le départ d'un autre bâtiment. J'ai la faiblesse d'avoir du penchant à vous croire, jeune homme, quoique mon jugement me dise qu'il n'est que trop probable que votre seul but est de vous amuser aux dépens des craintes d'une femme.

— M'amuser ! En pareille affaire je ne m'amuserais aux dépens de personne de votre sexe, et de vous moins que de toute autre.

— Cela est extraordinaire, tout-à-fait inexplicable de la part d'un étranger. Avez-vous quelques faits, quelques motifs que je puisse faire valoir auprès des parens de ma jeune élève ?

— Vous les connaissez déjà.

— En ce cas, monsieur, je suis forcée, en dépit de moi-même, de croire que vous avez quelques fortes raisons pour cacher vos motifs, répondit froidement la gouvernante contrariée, et même mortifiée. Je désire pour vous-même qu'elles n'aient rien de blâmable; quant à ce qui nous concerne, si vos intentions étaient bonnes, je vous en remercie, et dans le cas contraire, je vous le pardonne.

Ils se séparèrent avec l'air contraint de gens qui sentent que la méfiance règne entre eux. Wilder s'appuya de nouveau contre la patte d'ancre, prenant un air fier et montrant une gravité qui pouvait même passer pour austère. Sa situation le força pourtant à entendre une conversation qui se tenait à quelques pas.

La personne qui parlait le plus, comme cela devait être en pareille occasion, était Mrs de Lacey, qui élevait souvent la voix pour donner de sages avis et émettre son opinion sur des points techniques de marine, le tout mélangé de manière à exciter l'admiration générale, mais à ne pouvoir être imité par aucune personne de son sexe, si ce n'est par celles qui auraient eu la bonne fortune singulière de partager la confiance intime d'un officier général de la marine.

— Et maintenant, ma chère nièce, dit en terminant la veuve du contre-amiral, après avoir épuisé son haleine et ses approvisionnemens de prudence, en exhortations sans nombre d'avoir soin de sa santé, de lui écrire souvent, de répéter mot pour mot à son frère le général le message particulier qu'elle lui avait donné pour lui, de ne pas rester sur le pont pendant les coups de vent, de lui rendre un compte détaillé de tout ce qu'elle pourrait avoir le bonheur de voir d'extraordinaire pendant la traversée; en un mot, après lui avoir dit tout ce qui peut se présenter à l'esprit dans un pareil moment d'adieu, — et maintenant, ma chère nièce, je vous confie au vaste océan, — et à un être encore plus puissant, — à celui qui l'a créé. Bannissez de votre imagination le souvenir de ce que vous avez entendu dire des prétendus défauts de la *Royale Caroline*. Le vieux marin qui a servi sous mon cher amiral, toujours regretté, m'a assuré que tout cela n'était fondé que sur une méprise.

— Le scélérat! le traître! murmura Wilder.

— Qui a parlé? dit Mrs de Lacey. Mais ne recevant pas de réponse, elle continua : — Certainement c'est une négligence coupable que de faire dépendre la sûreté du beaupré des sous-barbes et des livres; mais c'est une faute à laquelle on peut remédier, comme mon vieil ami vient de me l'expliquer, par le moyen de faux étais et d'aiguillettes. J'ai écrit un mot à ce sujet au maître du navire.—Gertrude, ayez soin d'appeler toujours le maître du bâtiment M. Nicholls; car il n'y a que les officiers porteurs d'une commission de sa majesté qui aient droit au titre de capitaine, titre honorable, et qui mérite toujours le respect, puisqu'il confère le premier rang après celui d'officier général. — Comme je vous le disais, j'ai écrit un mot à ce sujet au maître, et il aura soin de remédier à ce défaut. Ainsi, ma chère, que Dieu veille sur vous; ayez tous les soins possibles de vous-même; profitez de toutes les occasions pour m'écrire; rappelez-moi affectueusement à votre père, et soyez très circonstanciée dans votre description des baleines.

Les yeux de la digne et bonne veuve se remplirent de larmes lorsqu'elle finit de parler, et il y avait dans le tremblement de sa voix une touche de nature qui produisit un sentiment de sympathie en tous ceux qui l'entendaient. Ce fut sous l'impression de ces émotions de tendresse que la séparation définitive s'effectua, et une minute ne s'était pas encore écoulée quand on entendit le bruit que faisaient, en frappant l'eau, les rames de la barque qui conduisait les voyageurs au bâtiment prêt à partir.

Wilder écoutait ces sons bien connus à son oreille, avec un intérêt si vif que peut-être aurait-il trouvé difficile de bien se l'expliquer à lui-même. Quelqu'un, en lui touchant légèrement l'épaule, détourna son attention de ce sujet désagréable. Surpris de cette circonstance, il se retourna pour voir quel était celui qui le traitait avec cette familiarité, et il vit que c'était un jeune homme qui paraissait avoir une quinzaine d'années. Sa préoccupation fit qu'il eut besoin d'un second coup d'œil pour s'assurer qu'il voyait encore l'enfant qui était au service du Corsaire, et qui a déjà paru sous le nom de Roderick.

— Que me voulez-vous? lui demanda-t-il quand il fut un peu remis de la surprise qu'il avait éprouvée en se trouvant si subitement interrompu dans ses réflexions.

— Je suis chargé de vous remettre ces ordres, répondit le jeune émissaire.

— Des ordres! répéta Wilder en fronçant légèrement le sourcil. Il faut respecter l'autorité qui envoie ses mandats par un tel messager!

— C'est une autorité à laquelle il a toujours été dangereux de désobéir, répondit l'enfant d'un ton grave.

— Oui-dà! En ce cas je vais voir ce que contient cet écrit, de peur de tomber dans quelque fatale négligence. — Êtes-vous chargé d'attendre une réponse?

En parlant ainsi il rompait le cachet de la lettre qui venait de lui être remise, et levant les yeux pour écouter ce qu'allait lui répondre le messager, il vit qu'il était déjà disparu. Sentant combien il serait inutile de poursuivre un coureur si léger au milieu des bois de construction qui couvraient le quai et une partie du rivage adjacent, il déplia la lettre et lut ce qui suit :

« Un accident vient de mettre hors d'état d'exercer ses fonc-
» tions le maître du bâtiment nommé *la Royale Caroline*, qui
» est prêt à mettre à la voile; son consignataire ne se soucie
» pas d'en confier le commandement à l'officier en second, et
» cependant il faut que le navire parte. J'apprends qu'il passe
» pour être bon voilier. Si vous avez quelques pièces constatant
» votre bonne conduite et vos connaissances, profitez de cette
» occasion, et méritez la place que vous êtes définitivement des-
» tiné à remplir. Vous avez été désigné à quelques-uns des in-
» téressés, et l'on vous a déjà cherché avec soin. Si cette lettre
» vous arrive à temps, soyez alerte et décidé. Ne montrez aucune
» surprise, quelque appui inattendu que vous puissiez trouver.
» Mes agens sont plus nombreux que vous ne l'aviez cru. La
» raison en est toute simple; l'or est jaune quoique je sois

» Rouge. »

La signature, le sujet et le style de cette épître ne laissèrent dans l'esprit de Wilder aucun doute sur celui qui en était l'auteur. Jetant un regard autour de lui, il sauta dans une barque, et avant que celle des voyageuses eût atteint le navire, il avait déjà franchi la moitié de la distance qui séparait ce bâtiment de la terre. Faisant jouer les rames d'un bras aussi habile que vigoureux, il fut bientôt sur le pont de *la Royale Caroline*. Se frayant un chemin à travers la foule d'inutiles qui encombrent toujours le tillac d'un bâtiment prêt à partir, il arriva bientôt à la partie du navire où un cercle de figures affairées et inquiètes l'assura qu'il trouverait ceux qui prenaient le plus d'intérêt au destin du vaisseau. Jusqu'alors il avait à peine conçu clairement quelle était la nature de son entreprise si soudaine, et il y avait encore moins réfléchi.

Mais il était trop avancé pour reculer, quand même il y eût été disposé; et il ne pouvait renoncer à son dessein sans courir le risque d'exciter de dangereux soupçons.

Il ne prit qu'une minute pour réunir ses pensées, avant de demander : —Vois-je l'armateur de la *Caroline*?

— Notre maison est consignataire de ce bâtiment, répondit un individu calme, tranquille, ayant un air malin, en portant le costume d'un négociant riche, mais en même temps économe.

— J'ai appris que vous aviez besoin d'un officier expérimenté.

— Des officiers expérimentés sont précisément ce que désire un armateur sur un bâtiment dont la cargaison est précieuse, et je me flatte que *la Caroline* n'en est pas dépourvue.

— Mais j'ai appris que vous avez besoin de quelqu'un pour y remplir temporairement la place de commandant.

— Si le commandant de *la Royale Caroline* était hors d'état de remplir ses fonctions, la chose pourrait certainement arriver. Cherchez-vous de l'emploi?

— Je viens demander la place vacante.

— Il aurait été plus sage de vous assurer s'il existait une place vacante à remplir. Mais vous ne venez pas demander le commandement d'un navire comme celui-ci sans apporter des témoignages suffisans de votre aptitude, de vos connaissances?

— J'espère que ces pièces vous paraîtront satisfaisantes.

Et en parlant ainsi Wilder lui remit en mains deux lettres non cachetées.

Pendant que le négociant lisait ces certificats, car telle était la nature des pièces qui venaient de lui être remises, tantôt ses yeux étaient fixés sur le papier, tantôt son rayon visuel passait par-dessus ses lunettes pour se diriger vers l'individu dont il y était parlé, de manière à rendre évident qu'il cherchait à s'assurer, par des observations personnelles, de la vérité de ce qu'il lisait.

— Hem! dit-il enfin; voici certainement d'excellens témoignages en votre faveur, jeune homme; en venant, comme ils viennent, de deux maisons aussi respectables et aussi opulentes que Spriggs, Boggs et Tweed, et Hammer et Hacket, ils ont droit à grande confiance. On ne trouverait pas dans toutes les colonies de sa majesté une maison plus riche et plus solide que la première; et j'ai beaucoup de respect pour la seconde, quoique des envieux prétendent qu'elle fait des spéculations un peu trop fortes.

— Puisque vous en faites tant de cas, j'espère que vous ne me trouverez pas présomptueux de compter sur leur recommandation.

— Pas du tout, pas du tout, monsieur... monsieur... dit le négociant en jetant de nouveau les yeux sur une des lettres, — ah! monsieur Wilder. Il n'y a jamais de présomption à faire une offre en affaires. Sans offres de vendre et sans offres d'acheter, nos marchandises ne changeraient jamais de mains, monsieur, — ah! ah! ah! — ne nous rapporteraient jamais de profit; vous comprenez, jeune homme?

— Je sens la vérité de ce que vous dites, et c'est pourquoi je vous demande la permission de vous réitérer mes offres.

— Parfaitement bien! parfaitement raisonnable! mais vous ne pouvez espérer, monsieur Wilder, que nous fassions vaquer une place à bord de ce navire, tout exprès pour vous la donner, quoique je doive convenir que vos certificats sont excellens; — aussi bons qu'un billet à ordre souscrit par Spriggs, Boggs et Tweed eux-mêmes. Mais nous ne pouvons faire vaquer une place tout exprès.

— On m'avait assuré qu'il était arrivé un accident si sérieux au maître de ce bâtiment...

— Un accident, oui; mais sérieux, non, dit le rusé négociant en jetant un coup d'œil sur quelques individus qui se trouvaient à portée de l'entendre. Il lui est certainement arrivé un accident, mais pas assez sérieux pour l'obliger à quitter son bord. Oui, oui, messieurs, le bon navire *la Royale Caroline* fera son voyage, confié, comme de coutume, aux soins d'un vieux marin, d'un marin expérimenté, de Nicolas Nicholls.

— En ce cas, monsieur, je suis fâché de vous avoir fait perdre des momens précieux, dit Wilder en le saluant d'un air contrarié et en faisant un mouvement pour se retirer.

— Ne vous pressez pas tant, jeune homme, ne vous pressez pas tant. On ne conclut pas un marché si vite qu'on laisse tomber une voile d'une vergue. Il est possible qu'on trouve à vous employer utilement, quoique non pas peut-être en vous chargeant des fonctions et de la responsabilité de maître de navire. Quel prix estimez-vous le titre de capitaine?

— Je m'inquiète fort peu du nom, pourvu que j'obtienne confiance et autorité.

— Un jeune homme fort sensé! murmura le prudent commerçant, un jeune homme qui sait faire une distinction entre l'ombre et la substance! Cependant, avec autant de bon sens et de connaissances que vous en avez, vous devez savoir que le salaire est toujours proportionné au titre. — Si j'agissais pour moi-même en cette affaire, cela changerait matériellement l'état des choses; mais n'étant que l'agent d'un autre, mon devoir est de consulter les intérêts de mon commettant.

— Le salaire n'entre pour rien dans mes calculs, s'écria Wilder avec un empressement qui aurait pu le trahir, si celui à qui il avait affaire n'eût eu l'esprit occupé des moyens de s'assurer ses services au meilleur marché possible, avec une attention dont il permettait rarement à quoi que ce pût être de le distraire, quand il s'agissait d'un objet aussi noble que l'économie. — Je ne demande que de l'emploi, ajouta Wilder.

— Et vous en aurez, et vous ne vous trouverez pas la main trop serrée en traitant avec nous. Vous ne pouvez vous attendre à une avance d'argent pour un voyage qui ne sera que d'un mois, ni à placer une pacotille à votre profit sur le bâtiment, puisqu'il est déjà plein jusqu'aux écoutilles; ni à un salaire très considérable, puisque nous vous prenons principalement pour obliger un si digne jeune homme, et pour faire honneur à la recommandation d'une maison aussi respectable que celle des Spriggs, Boggs et Tweed; mais vous nous trouverez libéraux, excessivement libéraux. Un instant: comment pouvons-nous savoir que vous êtes véritablement l'individu mentionné dans la lettre d'envoi, — je veux dire de recommandation?

— Le fait que je suis porteur de cette lettre n'en est-il pas une preuve?

— Ce pourrait en être une dans un autre temps, si le royaume n'était pas désolé par la guerre. On aurait dû joindre à cette lettre un signalement de votre personne, comme un état des marchandises accompagne une lettre d'avis. Comme nous courons un certain risque à cet égard en vous prenant à notre service, vous ne devez pas être surpris que le taux de votre salaire se ressente un peu de cette circonstance. Nous sommes généreux; je ne crois pas qu'il y ait dans les colonies une maison qui paie plus libéralement; mais nous avons une réputation de prudence que nous ne voudrions pas perdre.

—Je vous ai déjà dit, monsieur, que le taux du salaire ne mettra aucun obstacle à notre marché.

—Fort bien! il y a du plaisir à traiter d'affaires avec un homme dont les vues sont si libérales et si honorables. Cependant j'aurais voulu que le sceau d'un notaire ou une description de votre personne eût accompagné cette lettre. Voilà bien la signature de Robert Tweed; je la connais parfaitement, et je la verrais avec plaisir au bas d'un billet à mon ordre de dix mille livres sterling, c'est-à-dire avec un bon endosseur; mais cette sorte d'incertitude milite contre votre intérêt pécuniaire, jeune homme, vu que nous devenons en quelque sorte garans que vous êtes l'individu mentionné dans cette lettre.

—Pour vous mettre l'esprit à l'aise à ce sujet, monsieur Ball, dit une voix sortant d'un petit groupe d'individus qui suivaient avec un intérêt assez marqué les progrès de cette négociation, je puis vous certifier, et même avec serment, l'identité de monsieur.

Wilder se retourna à la hâte, et non sans surprise, pour voir quelle personne de sa connaissance le hasard avait jetée sur son chemin d'une manière si extraordinaire, et peut-être si désagréable dans une partie du pays où il aimait à se croire complétement inconnu. A son grand étonnement, il vit que celui qui venait de parler ainsi était l'aubergiste de *l'Ancre Dérapée.* L'honnête Joé Joram restait debout avec l'air le plus calme et une physionomie à l'expression de laquelle il aurait pu se fier pour se montrer en face d'un tribunal beaucoup plus imposant, et il attendait le résultat de son témoignage sur l'esprit du commerçant, qui semblait encore hésiter.

— Ah! dit celui-ci, vous avez logé monsieur pendant quelque temps, et vous pouvez certifier qu'il paie ponctuellement et qu'il se conduit avec civilité. Mais il me faudrait quelque pièce probante que je pusse enfiler chez moi avec la correspondance des armateurs.

— Je ne sais quelle sorte de pièce il vous faut pour la mettre en si bonne compagnie, répliqua l'aubergiste d'un ton fort calme en levant la main avec un air d'innocence admirable; mais si la déclaration sous serment d'un maître de maison est ce qu'il vous faut, vous êtes magistrat, et vous n'avez qu'à m'en dicter les termes sur-le-champ.

— Non pas ! non pas ! Quoique je sois magistrat, le serment ne serait ni en forme ni obligatoire aux yeux de la loi; mais que savez-vous de monsieur ?

— Je sais que, pour son âge, c'est un aussi bon marin que vous puissiez en trouver dans toutes les colonies; il peut y en avoir qui aient plus de pratique que d'expérience, j'ose dire qu'on en rencontrerait; mais quant à l'activité, la vigilance, la prudence, la prudence surtout, il serait difficile de trouver son égal.

— Et vous êtes donc bien certain que monsieur est l'individu dont il est question dans les pièces que voici ?

Joram reçut les certificats avec le même sang-froid admirable qu'il avait montré depuis le commencement de cette scène, et se prépara à les lire avec l'attention la plus scrupuleuse. Un préliminaire indispensable à cette opération fut de mettre ses lunettes; car notre hôte commençait à entrer dans le déclin de la vie, et, pendant qu'il faisait cette lecture, Wilder crut avoir sous les yeux un exemple notable de la manière dont le vice peut prendre l'apparence de la vertu quand il est accompagné d'un air vénérable.

— Tout cela est très vrai, monsieur Ball, reprit l'aubergiste en ôtant ses lunettes et en rendant les papiers; mais ils ont oublié de parler de la manière dont il a sauvé *la Vive Nancy* à la hauteur d'Hatteras, et de dire comment il a fait passer *la Peggy* et *Dolly* par-dessus la barre de la Savannah, sans avoir de pilote, et en faisant feu en même temps du nord et de l'est. Moi qui ai été à la mer dans ma jeunesse, comme vous le savez, j'ai entendu bien des marins parler de ces deux circonstances, et je suis en état de juger de leur difficulté. Je prends quelque intérêt à ce navire, voisin Ball; car, quoique vous soyez riche et que je sois pauvre, nous n'en sommes pas moins voisins;—je prends quelque intérêt à ce navire, dis-je, vu que c'est un bâtiment qui quitte rarement Newport sans me laisser quelque chose à faire sonner dans ma poche; et sans cela je ne serais pas ici aujourd'hui pour le voir lever l'ancre.

En terminant ces mots, Joram donna des preuves évidentes que sa visite à bord de *la Royale Caroline* n'avait pas été infructueuse en faisant entendre dans le fond de son gousset une musique qui n'était pas moins agréable aux oreilles du commerçant économe qu'aux siennes mêmes. Les deux dignes compagnons sourirent avec un air d'intelligence et en hommes qui avaient su trouver leur profit particulier dans leurs rapports avec *la Royale Caroline*. Le négociant prit alors Wilder à part, et, après quelques nouveaux discours préliminaires, les conditions de l'engagement du jeune marin furent enfin arrêtées. Le véritable maître du bâtiment devait rester à bord, tant pour la garantie de l'assurance que pour conserver la réputation du navire; mais il fut avoué franchement que l'accident qui lui était arrivé, et qui n'était rien de moins qu'une jambe cassée, que les chirurgiens étaient occupés à remettre en ce moment, l'empêcherait probablement de quitter sa cabine avant un mois, et, pendant tout ce temps, ses fonctions devaient être remplies par notre aventurier. Ces arrangemens prirent une heure de temps, après quoi le consignataire quitta le vaisseau parfaitement satisfait de la manière prudente et économe dont il s'était acquitté de ses devoirs envers ses commettans. Cependant, avant d'entrer dans la barque, voulant être également soigneux de ses propres intérêts, il n'oublia pas de prier l'aubergiste de signer un acte de notoriété, en bonne et due forme, de tout ce qu'il savait sur l'officier qui venait d'être engagé. L'honnête Joram fut libéral de promesses; mais, comme tout était heureusement terminé, il ne vit aucun motif pour s'exposer à un risque inutile, et il réussit à se dispenser de les exécuter, trouvant, sans doute, une excuse pour ce manque de parole dans la circonstance, que lorsque le sujet vint à être considéré de plus près, il reconnut qu'il ne possédait aucune information qui fût littéralement applicable à la question dont il s'agissait.

Il est inutile de décrire le tumulte, les affaires à demi oubliées, et par conséquent négligées, dont il faut s'occuper à la hâte, les créanciers, les souhaits de bonne santé, les commissions pour quelque port étranger, en un mot, tous les devoirs à remplir qui s'accumulent avec une confusion presque interminable pendant les dernières dix minutes qui précèdent le départ d'un bâtiment marchand, surtout s'il est assez heureux, ou pour mieux dire assez malheureux pour avoir des passagers. Il est une certaine classe d'hommes qui quittent un vaisseau prêt à lever l'ancre avec autant de répugnance qu'ils renonceraient à puiser dans une autre source ordinaire de profit, descendant le long de ses flancs comme on voit tomber la sangsue bien remplie du sang qu'elle a sucé. Les matelots, dont l'attention est divisée entre les ordres du pilote et les adieux de leurs connaissances, courent de tous côtés, à l'exception de celui où ils devraient être, et c'est peut-être le seul moment de leur vie où ils semblent ignorer l'usage des cordages qu'ils ont été si long-temps accoutumés à manier. Malgré ces délais impatientans et ces embarras d'usage, tous les étrangers qui se trouvaient à bord de *la Royale Caroline* se retirèrent successivement, un excepté, et Wilder put se livrer au plaisir qu'un marin seul peut apprécier, celui d'avoir un pont libre et un équipage en bon ordre.

CHAPITRE XII.

« Bien ! parlez aux marins ; prenez-vous-y adroitement, ou nous sommes sûrs d'échouer. »
SHAKSPEARE. *La Tempête.*

Une bonne partie de la journée s'était écoulée pendant les scènes que nous venons de rapporter. La brise était arrivée et elle se soutenait, quoique sans être forte. Dès que Wilder se vit débarrassé des désœuvrés qui venaient de retourner sur le rivage et du consignataire affairé et important, il jeta les yeux autour de lui dans l'intention de se mettre sur-le-champ en possession de l'autorité à bord. Faisant venir le pilote, il lui communiqua ses intentions et se retira sur une partie du pont d'où il pût examiner à son aise toutes les parties du navire dont il avait le commandement depuis si peu d'instans, et réfléchir sur la situation extraordinaire et inattendue dans laquelle il se trouvait.

La Royale Caroline n'était pas sans avoir quelques droits au nom élevé qu'elle portait. C'était un bâtiment de cet heureux port qui réunit l'utile à l'agréable. La lettre du Corsaire disait qu'il passait pour être bon voilier, et son jeune et intelligent commandant vit, avec une grande satisfaction intérieure, qu'il ne démentait sous aucun rapport sa réputation. Un équipage vigoureux, actif et expérimenté, des espars bien proportionnés, peu de poids et de volume dans le gréement des hunes, un arrimage parfait et force voiles légères, lui offraient tous les avantages que son expérience pouvait lui suggérer. Son œil s'animait en parcourant rapidement tous les détails du navire qu'il commandait, et ses lèvres remuaient comme celles d'un homme qui se félicitait intérieurement ou qui se livrait à quelques idées inspirées par un peu d'amour-propre et que le sentiment des convenances lui faisait sentir qu'il ne devait pas exprimer hautement.

L'équipage, sous les ordres du pilote, était alors assemblé au cabestan et avait commencé à virer le câble. Ce travail était de nature à montrer, avec le plus grand avantage, la force individuelle et collective de ceux qui s'en occupaient. Leurs mouvemens étaient simultanés, vifs et pleins de vigueur; leur cri était sonore et enjoué. Comme pour éprouver son influence, notre aventurier éleva sa voix au milieu de celle des matelots, et fit entendre une de ces exclamations soudaines et encourageantes par lesquelles un officier de marine a coutume d'animer ceux qui sont sous ses ordres. Son ton était ferme, plein d'ardeur et d'autorité. Les matelots tressaillirent comme de généreux coursiers en entendant le signal, et chacun d'eux jeta un regard en arrière, comme s'il eût voulu juger des talens de son nouveau commandant. Wilder sourit, en homme satisfait du succès qu'il avait obtenu, et se retourna pour se promener sur le gaillard d'arrière, où il rencontra encore une fois l'œil calme, réfléchi, mais certainement étonné, de Mrs Wyllys.

— Après l'opinion qu'il vous a plu d'exprimer sur ce bâtiment, lui dit-elle avec le ton de la plus froide ironie, je ne m'attendais pas à vous voir remplir ici une place qui entraîne tant de responsabilité.

— Vous savez probablement, madame, répondit le jeune marin, qu'un fâcheux accident est arrivé au maître de ce navire?

— Je le savais, et j'avais entendu dire qu'on avait trouvé un autre officier pour remplir momentanément sa place. Mais si vous voulez y réfléchir, je crois que vous ne trouverez rien d'étonnant dans la surprise que j'éprouve en voyant quel est cet officier.

— Nos conversations, madame, vous ont peut-être donné une idée peu favorable de mes talens dans ma profession; mais je vous prie de bannir de votre esprit toute inquiétude à cet égard, car...

— Je ne doute pas que vous ne soyez très expérimenté dans votre art ; il semble du moins qu'il faudrait un danger sérieux pour vous empêcher de chercher l'occasion de déployer vos connaissances. Aurons-nous le plaisir de votre compagnie pendant toute la traversée, ou nous quitterez-vous quand nous serons sortis du port ?

— Je suis chargé de la conduite du bâtiment pendant tout le voyage.

— Nous pouvons donc espérer que le danger que vous avez vu, ou que vous vous êtes imaginé voir, est devenu moindre à vos yeux ; sans quoi vous n'auriez pas été si disposé à vous y exposer avec nous.

— Vous ne me rendez pas justice, madame, répondit Wilder avec chaleur en jetant, sans s'en apercevoir, un coup d'œil sur Gertrude, qui l'écoutait avec une attention grave, mais profonde ; il n'est point de péril auquel je ne sois prêt à m'exposer volontiers pour vous garantir de tout danger, vous et cette jeune dame.

— Cette jeune dame elle-même doit être sensible à cet acte de chevalerie, dit Mrs Wyllys. Quittant alors le ton de contrainte avec lequel elle avait parlé jusque alors, pour en prendre un plus naturel et mieux d'accord avec sa physionomie, ordinairement douce et pensive, elle ajouta : — Vous avez un avocat puissant, jeune homme, dans le désir inexplicable que j'éprouve de pouvoir croire à votre franchise, désir que ma raison me porte à condamner. Comme le bâtiment doit avoir besoin de vos soins, je ne vous retiendrai pas plus long-temps. Nous ne pouvons manquer d'occasions de juger du désir et des moyens que vous avez de nous servir. — Ma chère Gertrude, on trouve ordinairement que les femmes ne font que gêner sur un vaisseau, surtout quand il s'agit d'une manœuvre délicate comme celle dont on s'occupe en ce moment.

Gertrude tressaillit en rougissant, et suivit sa gouvernante de l'autre côté du tillac, accompagnée d'un regard expressif de notre aventurier, qui semblait dire qu'il était bien loin de considérer sa présence comme gênante. Les dames s'étant retireés dans un coin isolé où elles ne pouvaient nuire en rien aux manœuvres, quoiqu'elles pussent les suivre parfaitement des yeux, le jeune marin fut obligé, bien malgré lui, de couper court à une conversation qu'il aurait volontiers continuée jusqu'au moment où il devait reprendre, des mains du pilote, le commandement du navire. L'ancre venait d'être levée, et les matelots s'occupaient déjà de déployer les voiles. Wilder travailla lui-même à cette manœuvre avec une sorte d'agitation fébrile, et répétant les ordres nécessaires que donnait le pilote, il en surveilla lui-même l'exécution immédiate.

A mesure que les voiles tombaient successivement des vergues et se déployaient par un mécanisme compliqué, l'intérêt qu'un marin prend toujours à son navire commença à l'emporter sur tout autre sentiment. Toutes les voiles étaient alors étendues, depuis celles des perroquets jusqu'aux plus basses; le navire avait sa proue tournée vers la sortie du port, et notre aventurier avait probablement oublié, pour un moment à la vérité, qu'il était étranger au milieu de l'équipage dont il avait été nommé commandant d'une manière si extraordinaire, et que de grands intérêts étaient confiés à sa fermeté et à sa résolution. Lorsque tous les agrès furent convenablement disposés de haut en bas, et que le bâtiment fut mis sous le vent, son œil examina toutes les voiles et toutes les vergues, depuis la pomme de girouette jusqu'au pont, et il finit par jeter un regard sur les côtés extérieurs du navire, pour s'assurer qu'il ne restait pas même dans l'eau le moindre cordage qui pût en gêner le mouvement. Une petite barque, montée par un enfant, était à la toue, du côté opposé au vent, et, lorsque le bâtiment commença à se mouvoir, il la vit fendre la surface de l'eau aussi légèrement que si c'eût été une plume. S'apercevant qu'elle ne faisait point partie de celles du vaisseau, Wilder s'avança pour demander à qui elle appartenait: un sous-officier lui montra Joram, qui remontait en ce moment de l'intérieur du navire, où il avait été régler un compte avec ce qu'il appelait un délinquant, c'est-à-dire un débiteur prêt à partir.

La vue de cet homme rappela au souvenir de Wilder tout ce qui s'était passé pendant cette matinée et lui fit sentir combien était délicate la tâche dont il avait entrepris de s'acquitter. Nulle émotion semblable ne parut troubler l'aubergiste, dont les idées semblaient toujours se concentrer sur un seul point, le moyen de gagner de l'argent. Il s'approcha du jeune marin, le salua en lui donnant le titre de capitaine, et lui souhaita un bon voyage avec les expressions usitées entre les marins quand ils sont sur le point de se séparer.

— Vous n'avez pas fait une mauvaise affaire, capitaine Wilder, finit-il par lui dire, et j'espère que votre traversée ne sera pas longue. Vous aurez une bonne brise dans la soirée, et en forçant de voiles au plus près du vent du côté de Montauch, vous serez en état de courir au large, par l'autre bordée, de manière à descendre la côte dans la matinée. Si je suis en état de juger du temps, le vent vous poussera vers l'est peut-être plus que vous ne le voudriez.

— Et combien de temps croyez-vous qu'il soit probable que durera mon voyage? demanda Wilder en baissant la voix, de manière à n'être entendu que de l'aubergiste.

Joram jeta autour de lui un regard à la dérobée, et voyant qu'ils étaient seuls, il permit à une expression d'astuce endurcie de se peindre sur des traits où l'on n'apercevait ordinairement qu'un contentement physique monotone; et il répondit, en s'appuyant un doigt sur le nez :

— N'ai-je pas offert au consignataire un superbe serment, maître Wilder?

— Bien certainement, répondit le jeune marin, vous avez surpassé mon attente par votre promptitude et votre...

— Et mes informations sur votre compte, ajouta l'aubergiste, voyant que Wilder hésitait sur le choix du mot à employer. Oui, je me suis toujours fait remarquer par mon activité d'esprit dans ces petites affaires. Mais quand on connaît une fois une chose parfaitement, c'est une grande folie que d'épuiser son haleine en trop de mots.

— C'est véritablement un grand avantage d'être si bien instruit. Je suppose que vous savez tirer bon parti de vos connaissances?

— Que le Ciel me protége, maître Wilder! que deviendrions-nous tous dans ces temps difficiles, si nous ne savions gagner honnêtement un sou, de quelque manière que l'occasion s'en présente? Ah! je me suis fait honneur en élevant plusieurs beaux enfans, et ce ne sera pas ma faute si je ne leur laisse pas quelque chose outre ma bonne renommée. Eh bien, on dit : six sous qui circulent en valent douze enterrés; mais parlez-moi d'un homme qui ne s'arrête pas à des bagatelles quand un ami a besoin d'un tour de langue ou d'un coup de main ; on sait toujours où trouver un pareil homme, comme disent nos politiques, après qu'ils ont remué ciel et terre pour leur cause, qu'elle soit juste ou injuste.

— Voilà des principes très louables, et ils vous fourniront sûrement les moyens de vous élever dans le monde un peu plus tôt ou un peu plus tard. Mais vous oubliez de répondre à ma question : ma traversée sera-t-elle longue ou courte ?

— Que le Ciel vous bénisse, maître Wilder ! Est-ce à un pauvre aubergiste comme moi à dire au maître de ce noble navire de quel côté le vent pourra souffler ? Voilà le digne et respectable capitaine Nicholls, qui est étendu dans sa cabine ici dessous, il faisait tout ce qu'il voulait de ce bâtiment; et pourquoi croirais-je qu'un homme qui a de si bonnes recommandations que vous en ferait moins ? Je m'attends à apprendre que vous avez fait une fameuse course, et qui fera honneur au bon témoignage que j'ai eu occasion de rendre en votre faveur.

Wilder maudit du fond du cœur la dissimulation astucieuse du drôle avec lequel il était forcé d'être en relation pour le moment; car il vit clairement que sa détermination à ne pas se compromettre en faisant un pas de plus qu'il ne le trouvait absolument indispensable ne servirait probablement qu'à rendre Joram trop circonspect pour s'expliquer aussi clairement qu'il l'aurait désiré.

— Vous voyez, lui dit-il après avoir hésité un instant pour se donner le temps de la réflexion, que ce bâtiment commence à marcher trop vite pour que nous perdions le temps en paroles inutiles. Vous connaissez la lettre que j'ai reçue ce matin ?

— Moi, capitaine Wilder ! Dieu me protége ! me prenez-vous pour le buraliste de la poste aux lettres ? Comment saurais-je quelles lettres arrivent à Newport, et ce qui peut causer un délai sur mer ?

— Le maraud est aussi craintif que coquin, murmura Wilder. Mais vous pouvez du moins me dire si l'on doit me suivre sur-le-champ, ou si l'on attend de moi que je retienne le bâtiment au large sous tel prétexte que je pourrai imaginer.

— Dieu vous protége, jeune homme ! voilà d'étranges questions adressées par quelqu'un qui vient à peine de quitter l'eau, à un homme qui n'a fait que la regarder de la côte depuis vingt-cinq ans. Autant qu'il m'en souvient, monsieur, vous dirigerez votre vaisseau du côté du sud, jusqu'à ce que vous ayez dépassé les îles, et alors vous ferez vos calculs suivant le vent pour ne pas entrer dans le gouffre, où, comme vous le savez, le courant vous porterait d'un côté, tandis que vos ordres sont d'aller de l'autre.

— Lof, monsieur, songez au lof! cria le pilote d'une voix ferme au marin qui tenait le gouvernail. Rien ne vous empêche de lofer. Pour rien au monde, n'allez sous le vent du négrier!

Wilder et l'aubergiste tressaillirent en même temps, comme si le nom seul de ce bâtiment eût eu quelque chose d'alarmant, et le premier dit au second, en lui montrant l'esquif :

— A moins que vous ne vouliez faire le voyage avec nous, monsieur Joram, il est temps de rentrer dans votre barque.

— Oui, oui, je vois que vous voilà en route, et il faut que je vous quitte, quelque plaisir que je trouve en votre compagnie, répondit l'aubergiste en s'avançant vers le bord du bâtiment et en descendant dans sa barque aussi bien qu'il le put; eh bien! je vous souhaite un bon quart, camarades, un bon vent, et tel qu'il vous le faut, une bonne traversée et un prompt retour. Détachez la corde!

On obéit à cet ordre, et le léger esquif, ne suivant plus le mouvement du navire, dévia sur-le-champ de sa course et devint stationnaire après avoir fait un petit circuit, tandis que le bâtiment continuait à s'avancer majestueusement, comme un éléphant du dos duquel un papillon vient de s'envoler. Wilder suivit un instant la barque des yeux; mais son attention en fut bientôt détournée par la voix du pilote, qui s'écria de nouveau de la proue :

— Ralinguez un peu! ralinguez! Ne perdez pas un pouce de terrain, ou vous ne passerez jamais au vent du négrier! Lofez! vous dis-je, lofez!

— Du négrier! murmura notre aventurier en se rendant sur une partie de son bâtiment d'où il pouvait voir complétement ce navire important et qui l'intéressait sous un double rapport; oui, du négrier! il peut être vraiment difficile de gagner le vent sur le négrier.

Sans y faire attention, il s'était placé près de Mrs Wyllys et de Gertrude. Celle-ci, appuyée sur la balustrade du gaillard d'arrière, regardait le navire qui était à l'ancre, avec un plaisir assez naturel à son âge et à son sexe.

— Vous pouvez rire à mes dépens et m'appeler capricieuse et peut-être crédule, ma chère Mrs Wyllys, dit la jeune fille sans méfiance, à l'instant où Wilder venait de se placer près d'elles; mais je voudrais que nous ne fussions pas à bord de cette *Royale Caroline*, et que notre voyage dût se faire sur ce superbe bâtiment.

— Oui, superbe sans doute, répondit Mrs Wyllys; mais je ne sais si nous y serions plus en sûreté et plus commodément que sur celui où nous sommes.

— Avec quel ordre et quelle symétrie les cordages sont arrangés! On le prendrait pour un oiseau de mer flottant sur l'océan.

— Si vous aviez cité le canard, la comparaison aurait été parfaitement nautique, dit la gouvernante avec un sourire mélancolique; vous vous montrez digne d'être un jour la femme d'un marin, ma chère.

Gertrude rougit légèrement, et tournant la tête pour répondre à la plaisanterie de Mrs Wyllys, elle rencontra les yeux de Wilder, qui étaient fixés sur les siens; la rougeur de ses joues devint plus vive, et elle garda le silence, tandis que le grand chapeau de paille qu'elle portait servait à cacher son visage et la confusion qui en rehaussait le coloris.

— Vous ne me répondez pas, ma chère; on dirait que vous réfléchissez aux chances d'un voyage sur mer, dit Mrs Wyllys dont la physionomie pensive et distraite prouvait qu'elle songeait à peine à ce qu'elle disait.

La mer est un élément trop inconstant pour me plaire, répondit froidement Gertrude. — Dites-moi, je vous prie, Mrs Wyllys, le navire dont nous nous approchons est-il un vaisseau de roi? Il a un air belliqueux, pour ne pas dire menaçant.

— Le pilote l'a appelé deux fois un négrier.

— Un négrier! Combien sont donc trompeuses la beauté et a symétrie que j'admirais! Je ne me fierai plus aux apparences, puisqu'un si bel objet peut être destiné à un si vil trafic.

— Oui, trompeuses sans doute! s'écria tout haut Wilder, cédant à une impulsion aussi irrésistible qu'involontaire. Je prendrai sur moi de dire que, malgré les belles proportions et l'équipement admirable de ce navire, on n'en trouverait pas un seul sur toute la surface de l'océan qui fût plus perfide que ce...

— Négrier, dit Mrs Wyllys qui avait eu le temps de se retourner et de montrer tout son étonnement avant que le jeune homme parût disposé à finir sa phrase.

— Négrier, répéta-t-il en appuyant sur ce mot, et en la saluant en même temps comme pour la remercier de le lui avoir fourni.

Un profond silence suivit cette interruption. Mrs Wyllys étudia un instant la physionomie troublée du jeune marin, d'un air qui prouvait qu'elle prenait à lui un intérêt singulier, et ensuite elle porta gravement ses regards vers la mer, paraissant occupée de réflexions profondes, sinon pénibles. La taille légère et bien proportionnée de Gertrude continuait, à la vérité, d'être appuyée sur la balustrade; mais Wilder, dans la position qu'elle occupait, ne put entrevoir une seconde fois ses traits. Cependant des événemens de nature à détourner entièrement son attention d'une contemplation si agréable étaient sur le point d'arriver.

Le bâtiment avait alors passé entre la petite île et la pointe d'où Homespun s'était embarqué, et l'on pouvait dire qu'il était hors du port intérieur. Le négrier était directement sur sa route, et tout l'équipage le regardait avec un profond intérêt, pour voir si l'on pouvait encore espérer de le passer du côté du vent. Cette mesure était désirable, parce qu'un marin se fait gloire de garder le côté honorable de tous les navires qu'il rencontre, mais surtout parce que, dans la position où se trouvait le négrier, c'était le moyen d'éviter la nécessité de virer avant que *la Caroline* eût atteint un endroit plus commode pour cette manœuvre. Le lecteur comprendra pourtant aisément que l'intérêt qu'y prenait le nouveau commandant de ce navire avait sa source dans des sentimens bien différens d'une fierté de profession, ou de la convenance du moment.

Wilder sentait la probabilité que le moment de crise approchait. On se rappellera qu'il ignorait complétement les intentions précises du Corsaire, et le fort n'étant pas en état de service, il n'aurait pas été difficile à celui-ci de fondre sur sa proie, à la vue de tous les habitans de la ville, et de s'en emparer au mépris de leurs faibles moyens de défense. La position des deux navires favorisait une telle entreprise. *La Caroline*, n'ayant fait aucuns préparatifs de défense, ne soupçonnant aucun danger et n'étant, dans aucun cas, en état de lutter contre un ennemi si redoutable, était une victime qui devait succomber aisément; et il n'y avait pas lieu de croire qu'un seul boulet, parti de la batterie de terre, pût l'atteindre avant que le capteur et sa prise fussent à une distance assez grande pour rendre la seconde décharge peu dangereuse, sinon complétement inutile. La nature étrange et audacieuse d'une telle entreprise était parfaitement d'accord avec le caractère du flibustier déterminé, et elle ne semblait alors dépendre uniquement que de son caprice.

Rempli de cette idée et ayant sous les yeux la perspective de voir se terminer si promptement sa nouvelle autorité, il ne doit pas paraître étonnant que notre aventurier attendît le résulat de ce qui allait se passer, avec un intérêt beaucoup plus vif qu'aucun de ceux au milieu desquels il se trouvait. Il s'avança vers le vibord et chercha à deviner quel était le plan de ses confédérés secrets, d'après quelques-uns de ces indices qui sont familiers à un marin. Il ne put pourtant découvrir sur le prétendu négrier aucun signe qui annonçât l'intention de partir, ou même de changer de position. On y voyait régner un repos aussi profond, aussi admirable, mais aussi perfide que celui qu'on y avait remarqué pendant toute cette matinée si fertile en événemens. On ne pouvait apercevoir qu'un seul homme au milieu de ses cordages, de ses mâts et de ses vergues; c'était un marin assis à l'extremité d'une des vergues les plus basses, et qui paraissait occupé à y faire une de ces réparations qui sont si constamment nécessaires dans les agrès d'un grand navire. Ce marin étant placé sur son bâtiment du côté sous le vent, Wilder s'imagina sur-le-champ qu'il y avait été posté pour jeter un grappin dans les agrès de *la Caroline*, si cette mesure devenait nécessaire pour mettre en contact les deux vaisseaux. Voulant prévenir une rencontre si dangereuse, il résolut sur-le-champ de déjouer ce projet. Appelant le pilote, il lui dit que la tentative de passer du côté du vent du négrier était d'un succès très douteux, et que le plus sûr serait de voguer sous le vent.

— Ne craignez rien, capitaine, ne craignez rien, répondit l'opiniâtre conducteur du vaisseau, d'autant plus jaloux de son autorité qu'elle devait être de courte durée, et qui, comme l'usurpateur d'un trône, prenait ombrage du pouvoir plus légitime qu'il avait momentanément dépouillé de ses droits; ne craignez rien, capitaine, j'ai navigué dans ces parages plus souvent que vous n'avez traversé l'Océan, et je connais le nom de chaque rocher qui s'y trouve, aussi bien que le crieur de la ville connaît les rues de Newport.—Lofez! vous dis-je, lofez! serrez le vent de plus près! Rien ne vous empêche de lofer.

— Vous voyez que les voiles fasient déjà, monsieur, dit Wilder d'un ton ferme; si vous faites heurter le négrier, qui paiera les avaries.

— Je suis un assureur général, répondit le pilote entêté; ma femme raccomodera chaque trou que j'occasionerai dans vos voiles, avec une aiguille aussi fine qu'un cheveu, et avec une paumelle comme le dé d'une fée.

— Ce sont de belles paroles, monsieur, mais vous perdez déjà la route du bâtiment, et avant que vous ayez fini vos fanfaronnades, il sera engagé dans les ferrures du négrier, qui le retiendront aussi fermement que les fers que porte un criminel condamné. — Plein la voile, camarade! — Faites porter, monsieur!

— Oui, oui, plein la voile! répéta le pilote, qui voyant la difficulté de passer du côté du vent augmenter de moment en moment, commençait à chanceler dans sa résolution. Près et plein! je vous l'ai déjà dit, près et plein! — Je ne sais pas trop; capitaine, si, attendu que le vent nous a un peu serrés, nous ne serons pas obligés de passer sous le vent; mais vous conviendrez qu'en ce cas nous serons forcés de virer de bord.

Or, le fait était que si le vent, quoique moins fort qu'il n'avait été, avait éprouvé quelque changement, c'était un changement favorable, et Wilder n'avait jamais prétendu, de quelque manière que ce fût, que le bâtiment, en passant sous le vent de l'autre vaisseau, n'aurait pas à virer environ vingt minutes plus tôt que s'il avait réussi dans la tentative délicate de passer du côté le plus honorable. Mais comme les esprits les plus obtus sont toujours les derniers à convenir de leurs bévues, le pilote déconcerté ne voulut céder, comme il s'y voyait obligé, qu'avec quelque réserve qui pût lui conserver parmi ses auditeurs sa réputation de prévoyance.

— Éloignez le bâtiment du négrier! s'écria Wilder qui commençait à quitter le ton de remontrance pour prendre celui de commandant; éloignez-le, monsieur, pendant que vous le pouvez encore, ou de par le ciel...

Ses lèvres devinrent immobiles, car ses yeux tombèrent en ce moment sur la physionomie pâle, inquiète et expressive de Gertrude.

— Je crois qu'il le faut, dit le pilote, vu que le vent nous serre. — Allons, camarade, gouvernez sous la poupe du navire à l'ancre.—Holà! lofez! lofez de nouveau! Serrez le vent de plus près! Levez les petites voiles! Le négrier a un grelin jeté précisément sur notre route. S'il y a de la justice dans les plantations, je traduirai ce capitaine devant les tribunaux.

— Que veux dire ce drôle? se demanda Wilder en sautant à la hâte sur un canon pour mieux juger de l'état des choses.

Son lieutenant lui montra la hanche de l'autre navire, qui était sous le vent, et le jeune marin n'y vit que trop clairement un câble qui fouettait l'eau, comme si l'on eût été occupé à le tendre. La vérité lui sauta aux yeux sur-le-champ. Le Corsaire était secrètement amaré par le moyen d'un câble à ressort, dans la vue d'être plus promptement préparé à faire porter ses canons sur la batterie, s'il lui devenait nécessaire de se défendre; et il profitait alors de cette circonstance pour empêcher le bâtiment marchand de lui passer sous le vent. Cet arrangement causa beaucoup de surprise, accompagné d'un nombre raisonnable de juremens, parmi les officiers de *la Caroline*, quoique aucun d'eux n'eût le moindre soupçon de la véritable cause qui avait fait placer une touée de cette manière, et qui faisait tendre un câble si maladroitement sur leur route. Le pilote fut le seul parmi eux qui trouva dans cet incident un motif de se réjouir, il avait dans le fait placé le navire dans une position qui lui rendait presque aussi difficile de passer d'un côté du négrier que de l'autre, et il trouvait maintenant une excuse suffisante pour se justifier, s'il arrivait quelque accident dans le cours de la manœuvre extrêmement critique dont il n'y avait plus moyen de se dispenser.

— C'est prendre une liberté fort extraordinaire à l'entrée d'un port, murmura Wilder quand ses yeux l'eurent convaincu du fait que nous venons de rapporter. Il faut pousser le navire au vent, pilote, la chose est sans remède.

— Je me lave les mains des suites, et j'en prends à témoin tous ceux qui sont à bord, répondit le pilote avec l'air d'un homme profondément offensé, quoiqu'il fût secrètement charmé d'avoir l'air d'être forcé à la manœuvre qu'il avait mis tant d'opiniâtreté à vouloir exécuter quelques momens auparavant. Il faudra recourir aux lois, si nous avons une planche brisée ou un cordage rompu. —Lofez! camarade, lofez au plus près du vent, et essayez une demi-bordée.

Le marin qui était au gouvernail obéit à cet ordre. Ayant lâché les rais de la roue, elle fit une prompte évolution, et le navire, sentant une nouvelle impulsion du vent, tourna lentement sa proue du côté d'où il soufflait, ses voiles s'agitant avec un bruit semblable à celui que produit une troupe d'oiseaux aquatiques, quand ils prennent leur essor. Mais la force du gouvernail se faisant de nouveau sentir, il fit bientôt son abatée comme auparavant, dérivant par le travers sur le prétendu négrier, poussé par le vent, qui semblait néanmoins avoir perdu une grande partie de sa force, à l'instant critique où elle aurait été le plus nécessaire.

Un marin comprendra aisément la situation dans laquelle se trouvait *la Caroline*. Elle avait tellement poussé en avant, qu'elle se trouvait précisément droit par le travers du négrier, du côté du vent, mais trop près de ce navire pour pouvoir abattre le moins du monde, sans un danger imminent de mettre les deux navires en contact. Le vent était inconstant; tantôt il soufflait par bouffées, tantôt on éprouvait un calme parfait. Lorsque le bâtiment sentait l'influence de la brise, ses grands mâts se courbaient avec grace vers le négrier, comme pour faire le salut d'adieu; mais quand ses voiles n'éprouvaient plus la pression momentanée du vent, il roulait pesamment sans avancer d'un seul pied. L'effet de chaque changement était pourtant de le rapprocher encore davantage de son dangereux voisin, et il devint bientôt évident, même au plus jeune marin qui se trouvât à bord, qu'un changement soudain de vent pouvait seul le mettre en état de passer en avant, d'autant plus que la marée allait changer.

Comme les officiers subalternes de *la Caroline* n'étaient pas très délicats sur le choix de leurs expressions, dans leurs commentaires sur la maladresse qui les avait conduits dans une position si désagréable et si mortifiante, le pilote cherchait à cacher son dépit par la multiplicité des ordres qu'il donnait en même temps et par le bruit qu'il faisait en les donnant. Du fracas, il passa bientôt à la confusion, et enfin les hommes de l'équipage restèrent les bras croisés, ne sachant auquel des ordres, souvent contradictoires, qu'ils recevaient à la fois, ils devaient commencer par obéir. De son côté, Wilder avait aussi croisé les siens avec un air de tranquillité parfaite, et s'était placé près des deux dames qui étaient sur son bord. Mrs Wyllys étudiait tous ses regards, dans l'espoir de pouvoir juger, d'après leur expression, de la nature et de l'étendue du danger que l'on courait, s'il pouvait y avoir quelque danger dans le contact qui paraissait devoir avoir lieu incessamment entre deux navires flottans dans une eau parfaitement calme, dont l'un était immobile, et dont l'autre n'avait qu'un mouvement presque imperceptible. L'air ferme et déterminé qu'elle remarqua sur le front du jeune marin excita en elle une inquiétude qu'elle n'aurait peut-être pas éprouvée sans cela, dans des circonstances qui n'offraient en elles-mêmes rien qui dût paraître bien dangereux.

— Avons-nous quelque chose à craindre, monsieur? lui demanda la gouvernante en tâchant de cacher à sa jeune compagne la nature de sa propre inquiétude.

— Je vous ai dit, madame, répondit Wilder, que *la Caroline* était un navire malencontreux.

Les deux dames regardèrent le sourire amer avec lequel Wilder fit cette réponse, comme de mauvais augure, et Gertrude s'appuya sur le bras de sa compagne, comme sur celui d'une femme sur laquelle elle avait appris depuis long-temps à compter.

— Pourquoi les marins du négrier ne se montrent-ils pas pour nous aider, pour nous empêcher d'en approcher de trop près? demanda Mrs Wyllys avec inquiétude.

— Sans doute, pourquoi ne se montrent-ils pas? Mais nous les verrons, je présume, et avant qu'il soit long-temps.

— Votre ton et votre air, jeune homme, feraient croire que vous pensez que cette entrevue ne sera pas sans danger.

— Tenez-vous près de moi, répondit Wilder d'une voix presque étouffée par la manière dont il serrait les lèvres. En tout événement, tenez-vous aussi près de moi qu'il vous sera possible.

— Levez le gui de baume du côté du vent! s'écriait le pilote. — Mettez barque en mer et faites virer le navire en le touant! — dégagez l'ancre de touée! — bordez le foque! — amurez la grande voile !

Les marins étonnés restaient comme des statues, ne sachant de quel côté tourner, les uns criant aux autres de faire ceci ou cela, tandis que d'autres donnaient en même temps des ordres contraires. Enfin quelqu'un s'écria d'un ton calme, mais ferme et imposant:

— Silence sur le vaisseau!

Ces mots furent prononcés de ce ton qui annonce que celui qui parle conserve tout son sang-froid, et qui ne manque jamais d'inspirer aux subalternes une portion de la confiance de celui qui commande. Chacun se tourna vers le côté du navire d'où partait cette voix, comme si chaque oreille eût été disposée à écouter le moindre ordre qui pourrait être donné. Wilder était monté sur la tête du cabestan, d'où il pouvait voir tout ce qui se passait autour de lui. Un coup-d'œil vif et intelligent lui avait fait connaître parfaitement la position de son bâtiment, et ses yeux étaient fixés avec inquiétude sur le négrier, comme s'il eût voulu percer la tranquillité perfide qui y régnait encore partout, pour savoir jusqu'à quel point il pourrait être permis à ses efforts d'être de quelque utilité. Mais on aurait dit que ce dernier navire flottait sur l'eau comme un vaisseau enchanté, pas un seul marin n'était visible au milieu de ses nombreux agrès, excepté l'individu dont il a déjà été parlé et qui continuait à s'occuper du même ouvrage, comme si *la Caroline* eût été à plus de cent milles de l'endroit où il se trouvait. Les lèvres de Wilder se contractèrent; — ce pouvait être avec amertume, — ce pouvait être avec satisfaction; — car un sourire de la nature la plus équivoque se dessina sur ses traits, tandis qu'il donnait un nouvel ordre du même ton d'autorité.

— Coiffez toutes les voiles, — brassez tout à culer sur l'avant et sur l'arrière.

— Oui, répéta le pilote ; brassez tout à culer.

— Y a-t-il une barque en mer? demanda notre aventurier.

Une douzaine de voix répondirent affirmativement.

— Qu'on y jette ce pilote!

— C'est un ordre illégal, s'écria celui-ci; je défends qu'on obéisse à aucune voix que la mienne.

— Qu'on l'y jette sur-le-champ! répéta Wilder avec fermeté.

Au milieu du tumulte et du mouvement qui régnaient pendant qu'on brassait les voiles, la résistance du pilote ne fit guère de sensation. Il fut bientôt enlevé sur les bras des deux lieutenans, et après s'être tordu les membres en diverses contorsions pendant qu'il était en l'air, il fut jeté dans la barque avec aussi peu de cérémonie que si c'eût été une souche de bois. Le bout de la corde y fut jeté après lui, et le guide déconcerté fut abandonné avec la plus grande indifférence à ses propres réflexions.

Pendant ce temps, l'ordre de Wilder avait été exécuté. Ces vastes toiles qui, un moment auparavant, s'agitaient dans les airs, ou se gonflaient en avant ou en arrière, suivant qu'elles fasiaient ou se remplissaient, comme on le dit en termes techniques, pressaient alors contre leurs mâts respectifs et forçaient le navire à reprendre la route qu'il avait perdue. Cette manœuvre exigeait la plus grande attention et la précision la plus scrupuleuse dans les ordres; mais le jeune commandant se trouva, à tous égards, en état de s'acquitter de sa tâche. Ici une voile était déployée; là une autre présentait au vent une surface plus plate; ailleurs une voile plus légère était étendue. La voix de Wilder ne cessait de se faire entendre, toujours avec calme, toujours avec un ton d'autorité. Le navire lui-même, comme si c'eût été un être animé, semblait sentir que sa destinée était confiée à des mains bien différentes et douées de bien plus d'intelligence qu'auparavant. Obéissant à la nouvelle impulsion qui leur était communiquée, cette immense nuée de voiles et son énorme forêt de mâts, de vergues et d'agrès, roulaient de côté et d'autres, et ayant triomphé de l'état d'inertie comparative auquel il avait été condamné, le bâtiment céda pesamment à la pression et commença à reculer.

Pendant tout le temps qui fut nécessaire pour tirer de danger *la Caroline*, l'attention de Wilder se partagea entre son propre vaisseau et celui dont il était si voisin, et dont la conduite était inexplicable. Pas un son ne s'y faisait entendre, et il y régnait un silence pareil à celui de la mort. On ne pouvait découvrir ni un visage inquiet, ni un œil curieux, à aucune des nombreuses ouvertures par où l'équipage d'un vaisseau armé peut jeter un regard sur la mer. Le marin, placé sur une vergue, continuait son travail en homme qui ne songe à rien qu'à sa propre existence. Il y avait pourtant dans le navire même un mouvement lent, quoique presque imperceptible, qui comme celui d'une baleine endormie, semblait produit par une volonté insouciante, plutôt que par les efforts de la main des hommes.

Pas un seul de ces changemens n'échappa à l'examen qu'en fit Wilder avec autant d'attention que d'intelligence. Il vit qu'à mesure que *la Caroline* se retirait, le négrier lui présentait graduellement le flanc. Les bouches menaçantes de ses canons étaient toujours tournées vers le bâtiment marchand, et pendant tout le temps qu'ils furent à proximité l'un de l'autre, il n'y eut pas un seul instant où le pont de celui-ci n'eût pu être balayé par une décharge générale de l'artillerie du premier. A chaque ordre successif qu'il donnait, notre aventurier tournait les yeux vers le navire voisin, pour voir s'il permettrait qu'on l'exécutât; et il ne se sentit certain que la conduite de *la Caroline* lui était abandonnée, que lorsqu'elle eut cessé d'être dans cette proximité dangereuse, et qu'obéissant à la nouvelle disposition de ses voiles, elle eut fait son abatée dans un endroit où il pouvait en diriger les mouvemens à son gré.

Voyant que la marée devenait défavorable, et qu'il y avait trop peu de vent pour la refouler, il fit attacher les voiles en festons à leurs vergues, et donna ordre de jeter l'ancre.

CHAPITRE XIII.

> « Qu'avons-nous ici ? un homme ou un poisson. »
>
> SHAKSPEARE.

La Caroline était alors à l'ancre à un cable de distance du prétendu négrier. En congédiant le pilote, Wilder s'était chargé d'une responsabilité à laquelle un marin craint en général de s'exposer, car si quelque accident était arrivé en quittant le port, l'assurance du navire eût été perdue, et il aurait lui-même probablement été puni. On verra peut-être, dans la suite de notre histoire, jusqu'à quel point la certitude qu'il était au-delà et au-dessus de l'atteinte des lois, avait contribué à le décider à une démarche si hardie ; le seul effet immédiat de cette mesure fut qu'il consacra au soin de *la Caroline* toute son attention, qu'il avait auparavant partagée entre son navire et les deux dames que se trouvaient sur son bord. Mais dès que son bâtiment fut en sûreté, du moins pour un certain temps, et que son esprit ne fut plus agité par l'attente d'une scène immédiate de violence, notre aventurier trouva le loisir de reprendre sa première occupation, quoiqu'elle fût à peine plus agréable pour un marin si consommé. Le succès de sa manœuvre délicate avait animé sa physionomie de manière à lui donner un air de triomphe; et sa démarche, quand il s'avança vers Mrs. Wyllys et Gertrude, était celle d'un homme heureux du sentiment intime de s'être acquitté de ses fonctions avec honneur dans des circonstances qui n'exigeaient pas peu de talens dans la pratique de sa profession. Du moins ce fut ainsi que la première de ces deux dames interpréta son regard animé et son air de satisfaction, quoique la seconde fût peut-être disposée à juger de ses motifs avec plus d'indulgence. Il est possible que toutes deux ignorassent les raisons secrètes qui faisaient qu'il s'applaudissait d'avoir si bien réussi, et qu'un sentiment beaucoup plus généreux qu'aucune d'elles ne pouvait se l'imaginer eût une bonne part d'influence sur les sensations qu'il éprouvait.

Quoi qu'il en fût, Wilder ne vit pas plutôt que *la Caroline* faisait son abatée sur son ancre, et qu'elle n'avait plus besoin de soins si assidus, qu'il chercha l'occasion de renouer une conversation qui avait été jusqu'alors si vague et si souvent interrompue. Mrs Wyllys avait long-temps regardé le navire voisin d'un œil attentif, et elle ne détourna ses regards de cet objet immobile et silencieux que lorsque le jeune marin fut près d'elle. Elle fut alors la première à parler.

— Ce vaisseau doit avoir un équipage extraordinaire, pour ne pas dire insensible, s'écria-t-elle d'un ton qui approchait de la surprise; s'il existait pareille chose, il ne serait pas difficile de le prendre pour un bâtiment-spectre.

— C'est véritablement un bâtiment de commerce dont les proportions sont admirables et l'équipement magnifique.

— Mes craintes m'ont-elles trompée, ou avons-nous réellement couru le risque de voir les deux navires se heurter?

— Il y a eu certainement quelque raison pour le craindre; mais vous voyez que nous sommes à l'abri de ce danger.

— Ce dont nous avons à rendre graces à vos talens. La manière dont vous venez de nous tirer de ce péril tend à contredire directement tout ce qu'il vous a plu de nous prédire sur les dangers à venir.

— Je sais parfaitement, madame, que ma conduite peut s'interpréter défavorablement, mais...

— Vous n'avez pas cru qu'il y eût grand mal à vous amuser

aux dépens de trois femmes crédules, dit Mrs Wyllys en souriant. Eh bien, à présent que vous avez joui de cet amusement, j'espère que vous serez plus disposé à avoir compassion de ce qu'on dit être une infirmité naturelle à l'esprit des femmes.

En finissant ces mots, elle jeta un regard sur Gertrude, avec une expression qui semblait dire qu'il serait cruel de se jouer plus long-temps des craintes d'une jeune personne si ingénue. Les yeux de Wilder suivirent ceux de la gouvernante, et lorsqu'il répondit ce fut avec un ton de sincérité fait pour porter la conviction dans l'ame de celles qui l'écoutaient.

— Je vous dirai, madame, avec la véracité qu'un homme d'honneur doit à tout votre sexe, que je persiste encore à croire tout ce que je vous ai dit.

Quoi! les liures du beaupré et les mâts de perroquet!

— Non, non, dit le jeune marin souriant légèrement et rougissant beaucoup, ce n'est peut-être pas tout cela. Mais ni ma mère, ni ma femme, ni ma sœur, n'auraient monté, de mon consentement, à bord de *la Royale Caroline*.

— Vos regards, votre ton et votre air de bonne foi sont en contradiction étrange avec vos paroles, jeune homme; car tandis que tout votre extérieur m'invite à vous accorder ma confiance, vos discours n'ont pas une ombre de raison pour les appuyer. Peut-être devrais-je être honteuse d'une telle faiblesse, et cependant j'avouerai que la tranquillité mystérieuse qui semble régner à bord de ce bâtiment encore si près de nous a fait naître en moi une sorte de malaise inexplicable, qui peut avoir quelque rapport avec son négoce. — C'est bien certainement un négrier?

— C'est assurément un beau navire, s'écria Gertrude.

— Très beau, dit Wilder d'un ton grave.

— Il y a sur une de ses vergues un homme qui paraît donner à son travail une grande attention, continua Mrs Wyllys en appuyant une main sur son menton d'un air pensif. Pendant tout le temps que nous étions en si grand danger de voir les deux navires se heurter, il n'a pas une seule fois jeté sur nous un regard, même à la dérobée. Il ressemble à cet individu solitaire qui se trouvait dans la ville dont les habitans avaient été métamorphosés en statues; car il n'y a personne pour lui tenir compagnie, autant que nous puissions en juger.

— Peut-être ses compagnons dorment, dit Gertrude.

— Dorment! Les marins ne dorment pas à une pareille heure. et pendant un jour comme celui-ci. Dites-moi, monsieur Wilder, car vous devez le savoir, vous qui êtes un marin, est-il d'usage que l'équipage d'un navire dorme, quand il est si près d'un autre vaisseau qu'ils sont sur le point de se toucher?

— Non certainement.

— C'est ce que je croyais; car je ne suis pas tout-à-fait novice dans ce qui concerne votre profession si hardie, si brave, si noble, continua la gouvernante en appuyant fortement sur ce dernier mot. Mais si nous avions heurté le négrier, croyez-vous que son équipage serait resté dans la même apathie?

— Je ne le crois pas, madame.

— Il y a dans cette tranquilité prétendue quelque chose qui pourrait inspirer les soupçons les plus désavantageux sur la nature de ce bâtiment. Sait-on que quelque homme de son équipage ait eu des communications avec la ville depuis qu'il est arrivé?

— Oui, madame.

— J'ai entendu dire qu'on a vu sur la côte des pavillons portant de fausses couleurs, que des navires ont été pillés, et leur équipage et leurs passagers maltraités pendant le cours de l'été dernier. On pense même que le fameux Corsaire s'est lassé des déprédations qu'il a commises sur la partie du continent appartenant à l'Espagne, et qu'on a vu, il n'y a pas long-temps, dans la mer des Caraïbes, un vaisseau qu'on croyait être le croiseur de ce pirate déterminé.

Wilder ne fit aucune réponse. Ses yeux, qui avaient été fixés avec une fermeté respectueuse sur ceux de la dame qui lui parlait, se baissèrent vers le tillac, et il parut attendre ce qu'elle pouvait encore avoir à dire. La gouvernante réfléchit un instant, et l'expression de sa physionomie changeant de manière à prouver que le soupçon qu'elle avait eu de la vérité était trop léger pour durer sans de nouvelles et de meilleures preuves, elle ajouta:

— Au surplus, le métier de négrier est assez méprisable en lui-même, et comme il n'est malheureusement que trop probable que telle est la destination de ce bâtiment, il est inutile de lui attribuer des intentions plus criminelles.—Je voudrais bien connaître le motif de vos singulières assertions, monsieur Wilder.

— Je ne puis mieux les expliquer, madame; et si ma manière de le faire ne produit pas son effet, j'échoue complétement dans mes intentions, qui, du moins, sont sincères.

— Le risque n'est-il pas diminué par votre présence ?

— Il est moindre, mais il existe toujours.

Jusqu'alors Gertrude avait écouté cette conversation comme si elle n'avait pu s'en dispenser, et elle semblait à peine faire partie de la même compagnie ; mais en ce moment elle se tourna vivement, et peut-être avec un léger mouvement d'impatience, vers Wilder, et lui demanda en rougissant, avec un sourire qui aurait arraché un aveu à un homme plus endurci :

— Vous est-il défendu de vous expliquer davantage ?

Le jeune commandant hésita, peut-être autant pour contempler les traits ingénus de celle qui parlait que pour réfléchir sur ce qu'il lui répondrait. De vives couleurs couvrirent ses joues un peu brunes, et un rayon de plaisir véritable brilla dans ses yeux. Enfin il parut se souvenir tout à coup qu'il lui devait une réponse.

— Je suis certain, dit-il, qu'en me fiant à votre discrétion je ne cours aucun risque.

— N'en doutez pas, répondit Mrs Wyllys ; quoi qu'il puisse arriver, nous ne vous trahirons jamais.

— Me trahir ! Pour ce qui me concerne, madame, je n'ai que bien peu de craintes. Si vous me soupçonnez de pareils sentimens, vous me faites une grande injustice.

— Nous ne vous soupçonnons de rien qui puisse être indigne de vous, s'écria Gertrude à la hâte ; mais... nous avons beaucoup d'inquiétude pour nous-mêmes.

— En ce cas je vous tirerai d'inquiétude, fût-ce aux dépens de...

Il fut interrompu par quelques mots adressés par son premier lieutenant au second, et son attention se reporta sur l'autre navire.

— L'équipage du négrier vient de découvrir que son bâtiment n'est pas fait pour être mis sous une cloche de verre afin de le montrer aux femmes et aux enfans, s'écriait ce sous-officier assez haut pour que ses paroles arrivassent jusqu'à la hune de misaine, où son compagnon était occupé de quelque devoir de sa profession.

— Oui, oui, répondit celui-ci ; en nous voyant en mouvement ils ont pensé à leur prochain voyage. Ils font le quart à bord de ce navire, comme le soleil au Groënland, six mois sur le pont et six mois en dessous.

Ce trait d'esprit fut suivi, suivant l'usage, des éclats de rire de tous les marins, et chacun d'eux y ajouta son sarcasme, mais d'un ton plus bas, par respect pour les supérieurs.

Cependant les yeux de Wilder étaient attachés sur l'autre bâtiment. L'individu qui avait été si long-temps assis au bout de la grande vergue avait disparu, et un autre marin marchait d'un pas délibéré sur l'autre extrémité de la même vergue, assurant sa marche en tenant d'une main le boute-hors, tandis qu'il avait dans l'autre le bout d'une corde qu'il paraissait sur le point de passer dans l'endroit destiné à la recevoir. Un seul regard suffit pour convaincre Wilder que cet individu était Fid, qui était assez bien remis de son accès d'ivresse pour marcher le long de cette vergue d'un pas aussi sûr, sinon plus ferme, qu'il l'aurait fait sur un grand chemin, si son devoir l'eût appelé sur la terre. La physionomie de notre aventurier, qui un instant auparavant s'était animée, brillait de plaisir et respirait la confiance, changea tout à coup et prit un air sombre et réservé. Mrs Wyllys, qui n'avait perdu aucun des changemens divers qui s'étaient opérés dans ses traits, reprit alors la conversation avec une sorte d'empressement, à l'endroit où il avait jugé à propos de l'interrompre si brusquement.

—Vous disiez que vous nous tireriez d'inquiétude, lui dit-elle, fût-ce aux dépens de...

— De ma vie, madame, mais non de mon honneur.

— Gertrude, nous pouvons maintenant nous retirer dans notre cabine, dit Mrs Wyllys d'un air froid et mécontent, dans lequel beaucoup de désappointement se mêlait au ressentiment que lui inspirait l'idée où elle était que le jeune marin avait voulu s'amuser à ses dépens. Le regard que jeta sur lui Gertrude semblait lui faire un reproche aussi plein de froideur, et le coloris qui animait ses joues, et qui ajoutait à l'expression de ses yeux, était encore plus vif que celui de sa gouvernante, quoiqu'il annonçât peut-être moins de rancune. En passant devant Wilder, qui gardait le silence, elles le saluèrent froidement, et notre aventurier resta seul sur le gaillard d'arrière. Tandis que l'équipage s'occupait à rouer des cordages et à parer le pont, le jeune commandant s'appuya la tête sur le tableau du couronnement de la poupe, cette partie du vaisseau que la bonne veuve du contre-amiral avait si étrangement confondue avec un objet tout différent placé à l'autre extrémité du navire, et il y resta quelques minutes dans une attitude de profonde réflexion. Il fut enfin tiré de cette rêverie par un bruit semblable à celui d'une rame légère qui tombe dans l'eau et qui en sort successivement. Croyant qu'il allait être ennuyé par quelque visite venant de la terre, il avança la tête et jeta un regard de mécontentement par-dessus le bord, pour voir qui s'approchait ainsi.

Une petite barque, telle que celle dont se servent ordinairement les pêcheurs dans les baies et les eaux basses de l'Amérique, était à moins de dix pieds du bâtiment, et dans une position où il fallait se donner quelque peine pour la voir. Il ne s'y trouvait qu'un seul homme, dont le dos était tourné vers Wilder, et qui semblait s'occuper de la besogne ordinaire des propriétaires de semblables esquifs.

— Cherchez-vous à pêcher le poisson-gouvernail, l'ami, pour vous approcher de si près sous ma grande voûte? lui demanda Wilder. On dit que la baie est pleine d'excellentes perches et d'autres messieurs à écailles qui vous paieraient mieux de vos peines.

— On est toujours bien payé quand on prend le poisson qu'on amorce, répondit le pêcheur en tournant la tête et en montrant l'œil malin et les traits ricanans du vieux Bob Bunt, nom que s'était donné le marin, confédéré perfide de Wilder.

— Comment osez-vous bien vous présenter à moi sur cinq brasses d'eau, après le tour indigne que vous m'avez...

— Chut! noble capitaine, chut! dit Bob en levant un doigt pour calmer la chaleur du jeune marin, et en lui faisant signe que leur conférence devait avoir lieu sur un ton plus bas; il n'est pas besoin d'appeler tout l'équipage sur le pont pour nous aider à avoir ensemble une petite conversation. Comment se fait-il que je sois tombé sous le vent de vos bonnes grâces, capitaine?

— Comment cela se fait, drôle? Ne vous ai-je pas payé pour rendre un tel compte de ce bâtiment aux deux dames qui s'y trouvent, qu'elles auraient mieux aimé, comme vous l'avez dit vous-même, passer la nuit dans un cimetière que de mettre un pied sur son bord?

— Il s'est passé quelque chose de la sorte, capitaine; mais vous avez oublié la moitié des conditions, et j'ai négligé l'autre. Or je n'ai pas besoin de dire à un navigateur si expert que deux moitiés font un tout. Il n'est donc pas étonnant que cette affaire nous ait coulé entre les doigts.

— Comment! ajoutez-vous la fausseté à la perfidie? Quelle partie de mon engagement ai-je négligée?

— Quelle partie? répéta le prétendu pêcheur en tirant de l'eau, fort à loisir, une ligne que Wilder vit sur-le-champ être garnie d'un plomb, mais à laquelle il manquait un objet non moins important, un hameçon. Quelle partie, capitaine ? rien de moins que la seconde guinée.

— Elle devait être la récompense du service rendu, et non servir d'arrhes, comme la première, pour vous déterminer à vous en charger.

— Ah ! vous m'aidez à trouver les mots dont j'avais besoin. Je me suis imaginé que ce n'était pas tout de bon, comme la première que j'avais reçue, et ainsi j'ai laissé l'affaire à moitié faite.

— A moitié faite, misérable ! Vous n'avez jamais commencé ce que vous m'aviez si énergiquement juré d'exécuter !

— Maintenant, mon maître, vous êtes sur une aussi fausse route que si vous gouverniez à l'est pour voguer vers le pôle. J'ai accompli religieusement la moitié de ce que j'avais promis, et vous avouerez vous-même que je n'ai été qu'à moitié payé.

— Vous me prouveriez difficilement que vous avez fait même cette moitié.

— Consultons le livre de loch. Je me suis engagé à remonter la colline jusqu'à la demeure de la bonne veuve de l'amiral, et ensuite à faire dans mes opinions certains changemens dont il n'est pas nécessaire de parler entre nous.

— Et c'est ce que vous n'avez pas fait ; car, au contraire, vous avez contrarié mes projets en parlant dans un sens tout-à-fait opposé à ce dont nous étions convenus.

— C'est vrai.

— C'est vrai, pendard ? Si justice vous était rendue, vous feriez connaissance avec le bout d'une corde : c'est le salaire que vous méritez.

— Un coup de vent de mots. — Si vous gouvernez votre navire comme vos idées, capitaine, votre traversée vers le sud ne se fera pas en droite ligne. Ne croyez-vous pas qu'il soit plus facile à un vieillard comme moi de faire quelques mensonges que de gravir une montagne haute et escarpée ? En bonne justice, j'avais accompli plus de la moitié de ce que je devais faire quand j'arrivai en présence de la veuve crédule, et alors je me décidai à renoncer à la moitié de la récompense qui n'était pas payée, et à accepter une gratification de l'autre partie.

— Misérable ! s'écria Wilder un peu aveuglé par le ressenti

ment; votre âge même ne vous mettra pas à l'abri du châtiment que vous méritez.—Holà! en avant! qu'on mette une chaloupe en mer, et qu'on m'amène ce vieux coquin à bord du navire. Ne faites pas attention à ses cris; j'ai un compte à régler avec lui, et cela ne peut se faire sans un peu de bruit.

Le lieutenant, à qui cet ordre s'adressait, et qui avait répondu à l'appel, sauta sur la lisse pour voir la barque qu'il devait chasser. En moins d'une minute il fut sur la chaloupe avec quatre matelots, et il fit ensuite le tour de la proue du bâtiment, pour passer du côté où se trouvait la barque. Bob Bunt, ou celui qui avait pris ce nom, donna seulement deux ou trois coups de rames, et envoya son esquif à vingt ou trente brasses, où il s'arrêta, riant à gorge déployée, en homme qui ne voit que le succès de son astuce, sans paraître en redouter le moins du monde les conséquences. Cepeedant, dès l'instant qu'il aperçut la chaloupe, il se mit sérieusement en besogne, fit jouer deux bras vigoureux, et convainquit bientôt les spectateurs que ce ne serait pas sans difficulté qu'on s'emparerait de sa personne.

Pendant quelques instans on ne sut trop de quel côté le fugitif avait dessein de se diriger, car il tournait sans cesse, en décrivant rapidement des cercles variés, et il déjouait complétement ceux qui le poursuivaient, en les trompant par des évolutions aussi légères qu'habiles; mais bientôt, soit qu'il jugeât qu'il s'était assez amusé à leurs dépens, soit peut-être qu'il craignît d'épuiser ses forces, dont il faisait usage avec autant de dextérité que de vigueur, il suivit une ligne parfaitement droite, en se dirigeant du côté du Corsaire.

La chasse devint alors chaude et sérieuse, et elle excita les cris et les applaudissemens des marins qui en étaient spectateurs. Le résultat en parut douteux pendant quelque temps; cependant la chaloupe, quoique toujours à quelque distance en arrière, commença à gagner du terrain à mesure qu'elle surmontait graduellement la résistance de l'eau; mais au bout de quelques minutes la barque passa rapidement sous la poupe de l'autre navire, et le mettant en droite ligne entre elle et *la Caroline*, elle disparut à tous les yeux. La chaloupe qui la poursuivait ne fut pas long-temps à prendre la même direction, et alors les matelots de ce dernier bâtiment commencèrent à monter, en riant, sur les agrès, pour tâcher de jouir du spectacle de cette chasse par-dessus le corps du navire qui la cachait à leurs yeux.

Ils ne purent pourtant rien voir au-delà, que la mer, l'île encore plus éloignée, et son petit fort. Quelques minutes après, on vit la chaloupe revenir du côté de la Caroline, sa marche ralentie, ce qui annonçait que la chasse n'avait pas réussi. Tout l'équipage se porta sur le même côté du navire, afin d'apprendre comment s'était terminée cette aventure, et le bruit qu'on faisait fit même sortir les deux dames de leur cabine et les amena sur le tillac; mais au lieu de répondre aux questions de leurs camarades avec l'éloquence verbeuse de leur profession, les quatre matelots avaient l'air effaré et presque épouvanté. L'officier sauta sur le pont sans dire un seul mot, et courut près de son commandant.

— La barque était trop légère pour la chaloupe, monsieur Knighthead, dit Wilder d'un ton calme en voyant approcher l'officier, car il n'avait pas quitté la place où il se trouvait au commencement de cette affaire.

— Trop légère, monsieur! — Connaissez-vous l'homme qui ramait.

— Point particulièrement, je sais seulement que c'est un pendard.

— Il doit mériter ce nom, puisqu'il est de la famille du diable.

— Je ne prendrai pas sur moi de dire qu'il soit précisément tel que vous me le dépeignez, mais j'ai de bonnes raisons pour croire qu'il n'a pas une forte cargaison de probité à jeter à la mer. Qu'est-il devenu?

— C'est une question facile à faire, mais il est plus difficile d'y répondre. D'abord, quoique le drôle soit vieux, et que sa tête soit couverte de cheveux gris, il faisait voguer sa barque comme si elle eût flotté dans l'air. Ensuite nous n'étions en arrière que d'une minute, ou de deux tout au plus, et cependant quand nous arrivâmes de l'autre côté du négrier, homme, barque, tout avait disparu.

— Il en a doublé la proue pendant que vous en tourniez la poupe.

— L'avez-vous vu?

— Non, je l'avoue.

— Cela est impossible, monsieur, car nous étions assez avancés pour voir en même temps des deux côtés du négrier; d'ailleurs l'équipage de ce navire ne l'avait pas vu.

— Vous avez vu l'équipage du négrier?

— J'aurais dû dire son matelot, car on ne voit qu'un seul individu sur son bord.

— Et de quoi était-il occupé ?

— Il était assis sur les porte-haubans et paraissait endormi. C'est un navire indolent, monsieur, et je crois qu'il coûte à ses armateurs plus d'argent qu'il ne leur en rapporte.

— Cela est possible. Eh bien ! que le drôle s'échappe. — Monsieur Earing, il y a toute apparence d'une brise venant de la mer, nous déploierons de nouveau nos voiles de hunes afin d'être prêts à la recevoir. Je serais charmé que nous pussions voir le soleil se cacher dans la mer.

Les deux lieutenans et tout l'équipage s'occupèrent avec empressement de leur tâche, et les matelots, curieux et étonnés, tout en étendant les voiles pour inviter la brise, firent force questions à ceux de leurs camarades qui avaient été dans la chaloupe et qui leur répondirent d'un ton grave et solennel. Wilder, pendant ce temps, se tourna vers Mrs Wyllys, qui avait entendu sa courte conversation avec le lieutenant.

— Vous voyez, madame, lui dit-il, que notre voyage ne commence pas sans quelques présages.

— Quand vous me dites avec l'air de singulière sincérité que vous possédez quelquefois, jeune homme inexplicable, lui répondit-elle, que nous commettons une imprudence en nous confiant à l'océan sur ce bâtiment, je suis à demi portée à ajouter foi à vos paroles ; mais quand vous avez recours à l'échafaudage de la sorcellerie pour appuyer vos avis, vous ne faites que me confirmer dans ma détermination de faire ce voyage.

— Du monde au cabestan ! s'écria Wilder d'un ton qui semblait dire à ses compagnes : — Puisque vous êtes si décidées, l'occasion de montrer votre résolution ne vous manquera pas. — Du monde au cabestan ! Il faut tâcher de profiter de la brise qui commence à se faire sentir, et conduire le vaisseau au large pendant qu'il fait encore jour.

Le son des anspects précéda le chant des matelots. Alors commença le travail pénible de lever la lourde ancre du fond de la mer, et, quelques minutes après, le navire se trouva dégagé des fers qui l'enchaînaient à la terre.

Un bon vent ne tarda pas à arriver du côté de l'eau, chargé de l'humidité saline de cet élément. A mesure qu'il se faisait sentir aux voiles étendues et agitées, le navire semblait saluer l'hôte long-temps désiré qu'il recevait, et se relevait avec grace après une inclination parfonde. On entendit siffler la brise à travers le labyrinthe des agrès, musique toujours agréable à l'oreille du marin. Ce son encourageant et la fraîcheur particulière de l'air armèrent les matelots d'une nouvelle énergie pour exécuter leurs manœuvres. L'ancre était à poste, le navire avait fait son abatée, les hautes voiles étaient déployées, les basses voiles étaient tombées, et la proue de *la Caroline* faisait écumer les vagues en les fendant, avant que dix autres minutes se fussent écoulées.

Wilder avait pris sur lui la tâche de faire passer son bâtiment entre les îles de Connecticut et de Rhode. Heureusement pour la responsabilité dont il s'était chargé, le canal n'était pas difficile, et le vent avait tourné du côté de l'est, de manière à lui fournir une occasion favorable pour le traverser en ligne droite, après avoir couru une courte bordée au vent; mais il ne pouvait courir cette bordée sans être dans la nécessité de passer très près du Corsaire, ou il aurait perdu une grande partie de cet avantage. Il n'hésita pas un instant. Quand son bâtiment fut aussi près du rivage sous le vent que la sonde, toujours en activité, lui dit qu'il était prudent d'en approcher, il le fit virer de bord et en tourna la proue directement vers le négrier, toujours immobile, et en apparence inattentif à tout ce qui se passait.

La Caroline s'en approcha beaucoup plus heureusement que la première fois; le vent était bon et l'équipage était maître de son navire, comme un cavalier habile gouverne tous les mouvemens d'un coursier plein de feu et d'impétuosité. Cependant cette manœuvre ne s'exécuta point sans exciter un vif intérêt dans le cœur de tous ceux qui se trouvaient à bord du bâtiment marchand de Bristol; chaque individu avait sa cause secrète de curiosité. Le vaisseau dont on s'approchait commençait à être un sujet d'étonnement pour tous les marins; la gouvernante et sa pupille pouvaient à peine se rendre compte de la cause de leur émotion, et Wilder ne connaissait que trop la nature du danger auquel tous, excepté lui, étaient exposés. De même que la première fois, le marin qui était au gouvernail allait satisfaire son orgueil naval en passant du côté du vent; mais, quoique cette manœuvre eût pu se faire alors sans beaucoup de risques, il reçut ordre de gouverner différemment.

— Passez sous le vent du négrier, monsieur, lui dit Wilder d'un ton d'autorité; et alors le jeune capitaine alla s'appuyer sur la lisse du vent comme tous ceux qui n'avaient rien à faire à bord en ce moment, pour examiner l'objet dont ils approchaient si rapidement. Tandis que *la Caroline* avançait hardiment, semblant chasser la brise devant elle, les soupirs du vent, qui murmurait parmi les agrès du négrier, étaient le seul bruit qu'on entendît sur ce navire. Pas une figure humaine, pas un œil curieux, ne se faisaient apercevoir sur son bord. Le passage, comme on peut le croire, fut rapide, et pendant le court instant où les proues et les poupes des deux bâtimens se trouvaient presque en ligne parallèle, Wilder pensa qu'il s'effectuerait sans que le prétendu négrier y donnât la plus légère marque d'attention. Il se trompait pourtant. Un homme léger et actif, portant le petit uniforme d'officier de marine, s'élança sur le couronnement de la poupe, et agita en l'air un bonnet de marin, comme pour saluer. A l'instant où le vent fit flotter la chevelure de cet individu, Wilder reconnut l'œil vif et perçant et les traits du Corsaire.

— Croyez-vous que le vent se maintienne de ce côté, monsieur? dit celui-ci en parlant très haut.

— Il est assez vif pour être constant.

— Un marin prudent se hâterait d'avancer vers l'est autant qu'il en aurait besoin, car il me semble qu'il sent un peu les Indes occidentales.

— Vous croyez qu'il tournera plus au sud?

— Je le crois. Mais une bouline tendue pendant la nuit vous suffira.

La Caroline était déjà passée, et elle lofait alors en face de la proue du négrier pour reprendre sa route. Le marin qui était sur le couronnement de la poupe de ce dernier navire agita encore son bonnet en signe d'adieu, et disparut.

— Est-il possible qu'un tel homme fasse un trafic d'êtres humains! s'écria Gertrude quand les deux interlocuteurs eurent cessé de parler.

Ne recevant pas de réponse, elle se retourna avec vivacité pour regarder sa compagne. La gouvernante était plongée dans une sorte d'abstraction, ses yeux fixés sur le vide, car ils n'avaient pas changé de direction depuis que la marche du navire l'avait emmenée au-delà de l'endroit où se trouvait cet étranger. Gertrude lui ayant pris la main en lui répétant sa question, Mrs Wyllys revint à elle, et passant la main sur son front, elle lui répondit d'un air égaré et avec un sourire forcé :

— La rencontre d'un navire, ou la vue de quelque manœuvre navale, ma chère, ne manque jamais de me rappeler d'anciens souvenirs. Mais, bien certainement, cet individu qui s'est enfin montré à bord du négrier est un être extraordinaire.

— Pour un marchand d'esclaves, fort extraordinaire! dit Gertrude.

Mrs Wyllys appuya un instant sa tête sur sa main, et se retourna ensuite pour chercher Wilder. Le jeune marin était près d'elle, étudiant l'expression de sa physionomie avec un intérêt qui n'était guère moins remarquable que l'air pensif de la gouvernante.

— Dites-moi, jeune homme, lui dit-elle, cet individu est-il le commandant du négrier?

— Oui, madame.

— Vous le connaissez?

— Nous nous sommes rencontrés.

— Et quel est son nom?

— Le maître de ce navire. Je ne lui en connais pas d'autre.

— Gertrude, nous rentrerons dans notre cabine. Quand nous perdrons la terre de vue, monsieur Wilder aura la bonté de nous le faire savoir.

Wilder s'inclina pour le lui promettre, et les dames quittèrent le tillac. *La Caroline* avait alors la perspective de se trouver bientôt en pleine mer. Pour y parvenir et accélérer la marche du navire, le jeune capitaine fit les dispositions les plus habiles. Cependant, cent fois au moins, il retourna la tête pour jeter un regard à la dérobée sur le vaisseau qu'il avait laissé derrière lui. Il était toujours comme il l'avait vu, lorsqu'il en était passé à côté dans la baie, — un navire bien construit, magnifique, mais immobile. Après chacun de ces examens furtifs, il ne manquait jamais de lever les yeux avec un air impatient sur les voiles de son propre vaisseau, ordonnant tantôt que celle-ci fût serrée davantage contre sa vergue, tantôt que celle-là fût plus étendue le long de son mât.

L'effet de tant de soins, unis à tant de talent, fut de faire marcher *la Caroline* à travers l'océan avec une rapidité qu'elle n'avait jamais ou que bien rarement égalée. Il ne se passa pas long-temps avant qu'on cessât de voir la terre des deux côtés, et on ne pouvait plus l'apercevoir qu'en arrière, où l'on voyait encore les îles présenter une couleur bleuâtre, et dans un long horizon obscur au nord et à l'ouest, où les côtes de ce vaste continent s'étendent sur un nombre de milles prodigieux. Les deux dames furent alors averties de venir faire leurs adieux à la terre, et elles virent les officiers prendre note de leur point de départ. A l'instant où le jour allait disparaître, et où les îles étaient sur le point de s'enfoncer sous les ondes, Wilder monta sur une des vergues les plus élevées, tenant en main un télescope. Ses regards se dirigèrent long-temps avec attention et inquiétude vers le havre qu'il venait de quitter. Mais quand il en descendit, il avait l'œil plus tranquille et l'air plus calme. Le sourire du succès effleurait ses lèvres, et il donna ses ordres avec précision, et d'un ton enjoué et encourageant. Ils furent exécutés avec promptitude. Les plus vieux matelots, montrant les vagues qu'ils fendaient, juraient qu'ils n'avaient jamais vu *la Caroline* marcher avec tant de rapidité. Les lieutenans consultèrent le loch, et firent un signe de satisfaction lorsque l'un d'eux annonça à l'autre la vitesse extraordinaire du bâtiment. En un mot, le contentement et la gaîté régnaient à bord, car on jugeait qu'une traversée commencée sous de tels auspices se terminerait promptement et heureusement. Au milieu de ces présages favorables, le soleil descendit dans la mer, illuminant dans sa chute une vaste étendue de ce froid et sombre élément. Enfin les ombres de la nuit commencèrent à couvrir l'immense surface de l'abîme sans limites.

CHAPITRE XIV.

« Je n'ai pas encore vu un jour si beau et si détestable ! »
SHAKSPEARE. *Macbeth.*

Le premier quart de la nuit ne fut marqué par aucun nouvel événement. Wilder était allé rejoindre les deux dames avec cet air de satisfaction et de gaîté que tout officier de marine est plus ou moins accoutumé à montrer quand il a dégagé son navire des dangers qu'occasionne le voisinage de la terre, et qu'il le voit lancé sur l'abîme sans fond et sans chemin tracé de l'océan. Il ne fit plus aucune allusion aux périls de la traversée, mais il s'efforça, au contraire, par mille soins assidus, que sa situation lui permettait, d'effacer de leur esprit tout souvenir de ce qui s'était passé. Mrs Wyllys se prêta aux efforts qu'il faisait pour dissiper leurs craintes, et quiconque aurait ignoré les conversations qui avaient eu lieu précédement entre eux, aurait cru voir, dans la petite compagnie rassemblée pour le repas du soir, un groupe de voyageurs satisfaits et pleins de confiance, qui s'étaient mis en route sous les plus heureux augures.

Cependant la gouvernante fixait encore de temps en temps des yeux inquiets et presque égarés sur notre aventurier. Elle écoutait les saillies du jeune marin, dont la gaîté avait quelque chose de particulier parce qu'elle se ressentait de sa profession, avec un sourire d'indulgence, mais en même temps mélancolique, comme si l'enjouement du jeune homme, empreint d'une touche véritablement nautique, eût retracé à son imagination des images qui lui étaient familières, mais qui y répandaient la tristesse. Gertrude goûtait un plaisir plus pur : elle retournait dans ses foyers, près d'un père chéri et indulgent; et à mesure que le navire cédait à une nouvelle impulsion du vent, il lui semblait qu'un de ces longs milles qui l'en avaient séparé si long-temps venait encore d'être franchi.

Pendant ces instans aussi courts qu'agréables, l'aventurier qui avait été appelé d'une manière si singulière au commandement de *la Caroline* se montra sous un jour tout différent qu'il ne l'avait encore fait. Quoique sa conversation fût caractérisée par la franchise mâle d'un marin, cette franchise était adoucie par toute la délicatesse du savoir-vivre le plus exquis. La jolie bouche de Gertrude faisait souvent de vains efforts pour cacher les sourires qui jouaient sur ses lèvres, et creusaient des fossettes sur ses joues, comme un doux zéphir trace de légers sillons sur la surface d'une eau limpide : mais une fois ou deux, une saillie de Wilder frappant inopinément son imagination, elle fut forcée de céder à l'impulsion d'une gaîté irrésistible.

Une heure de conversation familière sur un navire fait quelquefois plus, pour fondre la glace extérieure dont le monde entoure les plus doux sentimens de la nature humaine, que des semaines entières passées au milieu du cérémonial insignifiant auquel on est assujéti sur la terre ferme. Celui qui n'a pas senti cette vérité ferait bien de se méfier de ses qualités sociables. Lorsque l'homme se trouve livré à la solitude de l'océan, on dirait qu'il sent mieux combien son bonheur dépend des autres. C'est alors qu'il cède aux sentimens dont il se faisait un jouet au milieu des occasions multipliées qu'il aurait eues de s'y livrer, et qu'il est charmé de s'unir aux autres par les liens de la sympathie. Une communauté de risques produit une communauté d'intérêts; soit qu'il s'agisse des biens du monde, ou de la sûreté individuelle. Peut-être en employant un raisonnement métaphysique et trop littéral, pourrait-on ajouter que, dans une semblable situation, chacun sait que le sort de son voisin est le sien, qu'ils courent les mêmes hasards, et qu'il en résulte une affinité avec lui-même qui en rehausse le prix à ses yeux. Si cette conclusion est juste, la Providence a heureusement constitué la plus parfaite des espèces d'êtres qu'elle a créées, de manière à dissimuler tout principe sordide. Du moins aucun des trois individus qui passèrent ensemble les premières heures de la nuit, à table dans la cabine de *la Caroline*, ne méritait d'être compris dans cette classe d'égoïstes. La nature des relations qui avaient rendu si singulièrement équivoques les premières heures de leur connaissance parut complétement oubliée, grace à la franche liberté à laquelle ils s'abandonnaient en ce moment; ou, si on se la rappelait encore, ce souvenir ne pouvait être qu'avantageux au jeune marin auprès des deux dames, tant à cause de l'intérêt manifeste qu'il leur avait témoigné, que des circonstances mystérieuses qui l'avaient accompagné.

Huit heures venaient de sonner, et la voix rauque qui appelait les dormeurs sur le pont avait fait entendre son cri prolongé avant qu'aucun des convives se fût aperçu qu'il était si tard.

— C'est le quart de quatre, dit Wilder en souriant, en remarquant que ces sons étrangers avaient fait tressaillir Gertrude, qui les écoutait comme une biche timide qui entend les accens du cor du chasseur. Nous autres marins nous n'avons pas toujours une musique harmonieuse, comme vous pouvez en juger par la voix que vous entendez en ce moment. Mais, quelque discordante qu'elle puisse vous paraître, il y a sur ce navire des oreilles qui la trouvent encore moins mélodieuse.

— Vous voulez parler de dormeurs? dit Mrs Wyllys.

— Je parle de ceux qui vont être de quart. Rien n'est plus doux pour le marin que le sommeil, car c'est la plus précaire de toutes ses jouissances. D'une autre part, c'est peut-être le compagnon le plus perfide que puisse avoir le commandant d'un vaisseau.

— Et pourquoi le repos d'un capitaine est-il moins agréable que celui du matelot?

— Parce qu'il a pour oreiller la responsabilité.

— Vous êtes bien jeune, monsieur Wilder, pour remplir les fonctions dont vous êtes chargé?

— C'est un service qui nous vaut à tous une vieillesse prématurée.

— Et pourquoi donc ne le quittez-vous pas? dit Gertrude avec quelque vivacité.

— Le quitter, répéta-t-il en s'interrompant un instant tandis qu'il la regardait avec des yeux pleins d'ardeur, ce serait pour moi comme si je renonçais à l'air que nous respirons.

— Y a-t-il donc si long-temps que vous y êtes entré? demanda Mrs Wyllys détournant ses yeux pensifs, qui étaient attachés sur la physionomie ingénue de son élève, pour les porter de nouveau sur les traits de celui à qui elle parlait.

— J'ai lieu de croire que je suis né sur la mer.

— De croire? Vous connaissez sûrement le lieu de votre naissance?

— Tous, tant que nous sommes, dit Wilder en souriant, nous n'avons que le témoignage des autres pour nous rendre compte de cet événement important. Mes premiers souvenirs se rattachent à la vue de l'océan, et je puis à peine dire que je suis une créature appartenant à la terre.

— Vous avez du moins été heureux dans le choix de ceux qui ont été chargés de veiller sur votre enfance et sur votre éducation?

— Oui sans doute, répondit-il avec force. S'étant alors couvert un instant le visage des deux mains, il ajouta avec un sourire mélancolique : — Et maintenant il faut aller m'acquitter de mon dernier devoir de la journée. Voulez-vous venir voir si la nuit promet de nous être favorable? Une dame qui a tant de goût et de dispositions pour la marine ne doit pas se mettre au lit sans avoir donné son opinion sur le temps.

La gouvernante accepta le bras qu'il lui offrait, et ils montèrent l'escalier en silence, chacun d'eux paraissait suffisamment occupé de ses réflexions. Ils étaient suivis par Gertrude, plus jeune, et par conséquent plus active; et, en arrivant sur le pont, ils se placèrent, du côté du vent, sur le gaillard d'arrière.

La nuit était couverte de vapeurs plutôt qu'obscure. La lune venait de se lever dans son plein et avec tout son éclat, mais elle suivait sa route dans les cieux derrière une masse de sombres nuages qui étaient trop épais pour que ses rayons empruntés pussent les pénétrer. Çà et là, cependant, une faible lueur semblait se frayer un passage à travers des vapeurs moins denses, et tombait sur les eaux qu'elle éclairait comme une bougie allumée dans le lointain!. Le vent était vif et venait de l'est, la mer semblait faire rejaillir de sa surface agitée plus de lumière qu'elle n'en recevait; de longues lignes blanches d'écume étincelante se succédaient l'une à l'autre, et prêtaient par momens à la superficie des eaux une clarté distincte dont manquait le ciel même. Le navire était penché sur le côté; et lorsqu'il fendait chaque vague qui s'élevait sur l'océan, sa proue chassait devant elle un large croissant d'écume, comme si les eaux eussent folâtré sur sa route. Mais, quoique le moment fût propice, que le vent ne fût pas absolument contraire, et que le firmament parût sombre plutôt que menaçant, une lueur douteuse, qui aurait paru contre nature à tout autre qu'à un marin, donnait à ce spectacle un caractère de solitude sauvage.

Gertrude tressaillit en arrivant sur le pont, et murmura en même temps une expression d'étrange plaisir. Mrs Wyllys elle-même regardait les vagues noires qui montaient et descendaient à l'horizon, et autour desquelles se répandait une partie de cette lueur qui aurait pu paraître surnaturelle, avec la conviction profonde qu'elle était alors entre les mains de l'Être qui a créé les eaux de la terre. Quant à Wilder, il considérait cette scène comme un homme qui fixe les yeux sur un ciel serein ; cette vue n'avait pour lui ni nouveauté ni charme, et ne lui inspirait nulle émotion. Il n'en était pas de même de sa jeune compagne. Lorsque son premier mouvement d'enthousiasme se fut un peu calmé, elle s'écria avec toute l'ardeur de l'admiration :

(*) L'auteur ne prétend pas donner la raison philosophique de ce phénomène, mais il pense que tous les marins ont dû observer que la mer offre plus de ces lumières par une brise d'est que par une brise d'ouest, particulièrement dans les limites de l'Atlantique.

— Un tel spectacle dédommagerait d'un mois d'emprisonnement dans un vaisseau. Vous devez trouver de vives jouissances dans de telles scènes, monsieur Wilder, et elles doivent vous être familières.

— Sans doute, sans doute; on y trouve certainement du plaisir. Je voudrais que le vent eût varié d'un point ou deux. — Je n'aime pas ce ciel couvert de vapeurs, ni cette brise si paresseuse du côté de l'est.

— Le vaisseau fait des progrès rapides, dit Mrs Wyllys d'un ton calme, remarquant que le jeune homme parlait d'un air distrait, et craignant l'effet que ses paroles pouvaient produire sur l'esprit de sa pupille. Si nous continuons à marcher ainsi, il y a toute apparence que nous aurons une traversée courte et prospère.

— Sans doute, s'écria Wilder comme s'il ne se fût aperçu qu'en ce moment qu'il était avec ces deux dames; cela est très probable, cela est fort vrai.—Monsieur Earing, l'air devient trop pesant pour cette voile. Ferlez les voiles de perroquet, et troussez les autres de plus près. Si le vent se maintient à l'est en tirant vers le sud, nous pouvons avoir besoin d'avoir nos coudées franches en pleine mer.

Le lieutenant répondit de la manière franche et soumise dont les marins parlent à leurs chefs, et après avoir examiné un instant les indices du temps, il fit exécuter sur-le-champ l'ordre qu'il venait de recevoir. Tandis que les matelots étaient sur les vergues, occupés à ferler les petites voiles, les deux dames se retirèrent à part pour laisser le jeune commandant libre de s'acquitter de son devoir sans interruption. Mais bien loin de juger nécessaire de donner son attention à une manœuvre si ordinaire, Wilder, un moment après avoir parlé, ne semblait plus songer à l'ordre qui venait de sortir de sa bouche. Il était précisément à l'endroit où l'océan et les cieux avaient frappé ses regards pour la première fois, et ses regards continuaient à être attachés sur l'air et sur l'eau. Ses yeux suivaient toujours la direction du vent, qui, sans être un ouragan, frappait souvent les voiles de bouffées fortes et violentes. Après un examen long et attentif, le jeune marin se communiqua ses pensées à lui-même à voix basse, et se mit à marcher sur le pont à grands pas. De temps en temps il faisait une pause courte et soudaine, et fixait encore ses yeux vers le point d'où le vent arrivait après avoir traversé l'immensité des mers, comme s'il eût craint un mauvais temps, comme s'il eût désiré que ses regards perçans pussent pénétrer dans l'obscurité de la nuit pour le tirer de quelque doute pénible. Enfin il s'arrêta à un de ces tours rapides qu'il faisait chaque fois qu'il arrivait à un des bouts de sa courte promenade. Mrs Wyllys et Gertrude étaient alors près de lui, et elles purent remarquer sur ses traits quelque chose qui annonçait de l'inquiétude, tandis que ses yeux se fixaient tout à coup sur un point éloigné de l'océan, quoique d'un côté diamétralement opposé à celui vers lequel il avait dirigé ses regards jusque alors.

— Le temps vous inspire-t-il tant de méfiance? lui demanda la gouvernante quand elle pensa que l'examen qu'il faisait avait duré assez long-temps pour devenir de mauvais augure.

— Ce n'est pas sous le vent qu'on cherche des indices du temps par une brise semblable, répondit-il.

— Sur quoi donc vos yeux sont-ils attachés avec tant d'attention.

Wilder leva le bras lentement, et il allait montrer du doigt quelque objet, quand son bras retomba tout à coup.

— C'était une illusion, dit-il en tournant rapidement sur le talon, et en marchant sur le pont avec encore plus de rapidité qu'auparavant.

Ses deux compagnes suivirent des yeux les mouvemens extraordinaires et presque involontaires du jeune commandant, avec une surprise qui n'était pas sans quelque mélange d'inquiétude secrète. Elles laissèrent errer leurs propres yeux sur toute l'étendue de l'eau du côté sous le vent; mais elles ne purent voir que les vagues, surmontées par des sillons d'écume brillante, qui ne servaient qu'à rendre plus sombre et plus imposante la vue de cette plaine liquide.

— Nous ne voyons rien, dit Gertrude lorsque Wilder s'arrêta de nouveau près d'elles, et fixa encore les yeux, à ce qu'il paraissait, sur le vide.

— Regardez! répondit-il en guidant leurs regards avec son doigt, ne voyez-vous rien, là?

— Rien.

— Vous regardez dans la mer. Là, précisément à l'endroit où l'eau et le ciel se touchent; le long de cette raie lumineuse, quoique chargée de vapeurs, dans laquelle les vagues s'élèvent comme de petites montagnes sur la terre. Tenez! les voilà qui s'abaissent; mes yeux ne m'ont pas trompé. De par le Ciel, c'est un vaisseau !

— Une voile, ho ! cria du haut d'un mât une voix qui retentit aux oreilles de notre aventurier comme le croassement de quelque esprit sinistre traversant l'immensité des mers.

— De quel côté ? s'écria-t-il vivement.

— Sous le vent, monsieur, répondit le marin en criant de toutes ses forces. Je le prends pour un vaisseau orienté au plus près; mais depuis une heure il ressemblait à un brouillard plutôt qu'à un navire.

— Oui, il a raison, murmura Wilder; et cependant il est fort étrange qu'il se trouve un vaisseau justement dans ces parages.

— Et pourquoi cela est-il plus étrange que de nous voir ici?

— Pourquoi? répéta le jeune commandant en regardant, presque sans la voir, Mrs Wyllys qui lui avait fait cette question. Je dis qu'il est étrange que ce bâtiment se trouve là. Je voudrais qu'il fît route vers le nord.

— Mais vous ne nous donnez pas de motifs. Sommes-nous destinées à vous entendre toujours énoncer vos opinions sans que vous en expliquiez les causes? nous croyez-vous si complètement indignes d'entendre vos raisons? Nous jugez-vous incapables d'avoir une idée juste sur tout ce qui a rapport à la mer? Vous n'en avez pas encore fait l'épreuve, et vous décidez trop promptement. Essayez en ce moment; nous tromperons peut-être votre attente.

Wilder sourit, et salua Mrs Wyllys comme s'il fût revenu à lui-même. Cependant il n'entra dans aucune explication, et tourna encore ses regards du côté de l'horizon où l'on disait qu'était cette voile. Les deux dames suivirent son exemple, mais sans plus de succès qu'auparavant. Comme Gertrude exprimait tout haut son désappointement, le doux son de sa voix parvint aux oreilles de notre aventurier.

— Vous voyez ce rayon de lumière obscure, dit-il en allongeant le bras une seconde fois du côté dont il s'agissait; les nuages s'y sont un peu élevés ; mais le rejaillissement de l'eau de la mer produit une vapeur qui flotte entre nous et leur ouverture. Les agrès de ce navire, en se dessinant sur le ciel, ressemblent d'ici à la toile délicate d'une araignée; et cependant vous pouvez y distinguer toutes les proportions et même les trois mâts d'un noble vaisseau.

Aidée par cette description détaillée, Gertrude entrevit enfin cet objet presque imperceptible, et elle réussit bientôt à donner aux regards de sa gouvernante la direction convenable. On n'apercevait qu'un point obscur, que Wilder avait assez bien décrit en le comparant à une toile d'araignée.

— Il faut que ce soit un vaisseau, dit Mrs Wyllys, mais il est à une bien grande distance.

— Hum ! je voudrais qu'il fût encore plus loin. Je voudrais que ce navire fût partout ailleurs.

— Et pourquoi ? Avez-vous quelque raison de croire qu'un ennemi nous attend en cet endroit particulier?

— Non, mais la position m'en déplaît. Plût au Ciel qu'il voguât vers le nord !

— C'est quelque navire du port de New-York, se rendant dans les îles de sa majesté, dans la mer des Caraïbes.

— Non, dit Wilder en secouant la tête; aucun bâtiment parti de dessous les hauteurs de Neversin n'aurait pu s'avancer ainsi en pleine mer, avec un vent comme celui-ci.

— C'est donc quelque bâtiment qui va dans le même lieu, ou peut-être qui est frété pour quelqu'une des baies des colonies du milieu.

— Sa route serait trop claire pour qu'on pût s'y méprendre. Voyez, ce vaisseau tient le lit du vent.

— Ce peut être un bâtiment marchand, ou un croiseur venant de quelqu'un des endroits que je viens de nommer.

— Ni l'un ni l'autre. Le vent a soufflé du nord ces deux derniers jours trop constamment pour cela.

— C'est donc un navire que nous avons rejoint et qui sort des eaux de Long-Island-Sound.

— Nous pouvons sans doute encore l'espérer, murmura Wilder d'une voix étouffée.

La gouvernante, qui avait fait les suppositions précédentes pour tirer du commandant de *la Caroline* les informations qu'il refusait avec tant d'opiniâtreté, avait alors épuisé toutes ses connaissances sur ce sujet, et elle n'eut plus d'autre alternative que d'attendre à cet égard le bon plaisir du jeune marin, ou de recourir au moyen moins équivoque de lui faire des questions directes. Mais Wilder semblait trop affairé pour qu'elle pût en ce moment continuer cet entretien, car il appela l'officier de quart, et tint conseil à part avec lui pendant quelque temps. Le marin qui occupait le second rang sur le bâtiment, brave officier, mais dont l'esprit n'était pas très subtil, ne vit rien de bien remarquable dans la présence d'une voile à l'endroit où le navire inconnu présentait encore une image confuse et presque aérienne. Il n'hésita pas à prononcer que ce devait être quelque bâtiment marchand faisant, comme *la Caroline*, un commerce licite. Il parut pourtant que son commandant pensait tout autrement, comme on en jugera par le court dialogue qui eut lieu entre eux.

— N'est-il pas extraordinaire qu'il soit précisément en cet endroit? demanda Wilder après qu'ils eurent tour à tour examiné avec attention cet objet presque imperceptible, à l'aide d'une excellente lunette de nuit.

— Il serait mieux plus au large, répondit le lieutenant qui jugeait des choses à la lettre, et dont les yeux ne voyaient que la situation nautique du navire inconnu;—et nous n'en serions pas plus mal nous-mêmes, si nous étions une douzaine de lieues plus à l'est. Si le vent se maintient est-quart-sud-est, nous n'aurons pas trop de tout cet espace de mer. Je me suis trouvé une fois serré entre Hatteras et le Gouffre, et...

Wilder interrompit.—Mais ne voyez-vous pas qu'il est où nul vaisseau ne serait ni ne pourrait être s'il n'avait suivi précisément la même route que nous? Aucun bâtiment sorti d'un port au sud de New-York ne pourrait s'être ainsi avancé au nord par le vent qu'il a fait. Aucun bâtiment venant de la colonie d'York ne courrait cette bordée, s'il marchait à l'est, et ne se trouverait en cet endroit, s'il se dirigeait vers le sud.

L'honnête lieutenant comprit sur-le-champ un raisonnement que le lecteur peut trouver obscur, car son esprit contenait une sorte de carte de l'océan, à laquelle il pouvait avoir recours en tout temps, en établissant convenablement la distinction des différens vents et des divers points du compas. Son imagination ayant reçu la direction requise, il ne fut pas long-temps à reconnaître, comme marin, la justesse des observations de son commandant, et alors l'étonnement commença à son tour à s'emparer de ses facultés plus obtuses.

—C'est véritablement une chose surnaturelle que de voir là ce navire, s'écria-t-il en secouant la tête, mais voulant dire seulement que cela était hors de toutes les convenances nautiques. — Je vois la philosophie de ce que vous dites, capitaine Wilder, et je ne sais trop comment expliquer ce fait.—C'est un vaisseau, rien n'est plus certain.

— Il ne peut y en avoir le moindre doute, mais c'est un navire étrangement placé.

— Je doublai le cap de Bonne-Espérance en l'année 1746, et j'y vis un bâtiment qui était au vent du nôtre, — précisément le contraire de celui-ci, puisque nous le voyons sous le vent.—Mais j'y vis un bâtiment qui resta une heure entière en travers de notre brion, et pendant tout ce temps,—nous en jugeâmes par l'azimuth,—il ne bougea pas d'un seul degré à bâbord ou à tribord, ce qui, vu qu'il faisait gros temps, était, pour ne rien dire de trop, un peu hors de l'ordre ordinaire des choses.

— Cela était remarquable, dit Wilder d'un air distrait qui prouvait qu'il était plus occupé de ses propres idées que de ce que lui disait son compagnon.

— Il y a des marins qui disent que *le Voltigeur Hollandais* croise à la hauteur de ce cap, et qu'il se montre quelquefois au vent d'un autre navire, et qu'il avance sur lui comme un vaisseau qui voudrait l'aborder. Il y a plus d'un croiseur du roi, dit-on, qui a tiré tout son équipage d'un doux sommeil, quand les vigies annonçaient qu'ils voyaient un bâtiment à deux ponts arriver pendant la nuit, les canonnières ouvertes, et les batteries éclairées. Mais ce bâtiment ne peut être un vaisseau comme *le Hollandais*, puisqu'il ne paraît tout au plus qu'un grand sloop de guerre, si toutefois même c'est un croiseur.

— Non, non, dit Wilder, ce ne peut être *le Hollandais*.

— Ce navire là-bas n'a pas une lumière, et il se confond si bien avec les vapeurs qui s'élèvent de la mer, qu'il serait permis de douter que ce soit un bâtiment. Ensuite *le Hollandais* se montre toujours au vent, et le navire que nous voyons là est directement sous notre vent.

— Ce n'est pas *le Hollandais*, répéta Wilder en respirant longuement comme un homme qui sort d'un profond sommeil. — Ho! des barres traversières de la grande hune!

Le matelot qui était stationné au haut du mât répondit à cet appel de la manière accoutumée; et la courte conversation qui suivit se composa de cris plutôt que de discours.

— Y a-t-il long-temps que vous avez vu cette voile ? demanda Wilder.

— Je ne viens que de monter ici, monsieur; mais celui que j'ai relevé m'a dit qu'il l'avait vue il y a plus d'une heure.

— Et celui que vous avez relevé est-il descendu, ou est-ce lui que je vois assis sous le vent de la vigie ?

— C'est lui, monsieur, c'est Bob Brace, qui dit qu'il ne saurait dormir, et il est resté sur la vergue pour me tenir compagnie.

— Dites-lui qu'il descende; je veux lui parler.

Tandis que le marin qui ne pouvait dormir descendait le long des agrès, les deux officiers gardèrent le silence, chacun d'eux semblant suffisamment occupé à réfléchir sur ce qui s'était déjà passé.

— Pourquoi n'êtes-vous pas dans votre hamac ? demanda Wilder avec un peu de sévérité au matelot qui, obéissant à ses ordres, venait d'arriver sur le gaillard d'arrière.

— Je n'ai pas envie de dormir, votre honneur, et je me proposais de passer encore une heure là-haut.

— Et vous qui avez déjà deux quarts à faire cette nuit, comment arrive-t-il que vous soyez si disposé à en faire un troisième?

— Pour vous dire la vérité, monsieur, j'ai eu quelques fâcheux pressentimens sur ce voyage depuis l'instant que nous avons levé l'ancre.

Mrs Wyllys et Gertrude, qui entendaient ce dialogue, s'approchèrent insensiblement pour mieux l'écouter, avec un intérêt qui se manifestait par le tressaillement de leurs nerfs et le battement accéléré de leur pouls.

— Et vous avez vos doutes, monsieur ! s'écria le capitaine d'un ton un peu méprisant. Puis-je vous demander ce que vous avez vu à bord qui ait pu vous inspirer quelque méfiance de ce navire ?

— Il n'y a pas de mal à le demander, votre honneur, répondit le matelot en tordant son chapeau entre deux mains qui le serraient comme des tenailles; et j'espère qu'il n'y en aura pas plus à vous répondre. Je maniais une rame ce matin dans la chaloupe qui a donné la chasse à ce vieux coquin, et je ne puis dire que j'aime la manière dont il nous a échappé. Ensuite il y a dans ce bâtiment qui est là-bas sous le vent quelque chose qui me passe à travers l'imagination comme une drague, et j'avouerai à votre honneur que je ne ferais pas grand chemin d'avant dans le sommeil, quand j'essaierais de me faire bercer dans un hamac.

— Combien y a-t-il de temps que vous avez vu ce navire sous le vent? demanda gravement Wilder.

— Je ne jurerais pas que ce soit véritablement un navire vivant, monsieur; j'ai bien vu quelque chose un instant avant que la cloche sonnât sept heures, et ce que j'ai vu, ceux qui ont de bons yeux peuvent encore le voir aussi clair ou aussi obscur.

— Et comment nous restait-il, quand vous l'avez vu pour la première fois?

— Deux ou trois points de plus vers le beau qu'à présent.

— En ce cas, nous le passons! s'écria Wilder avec un plaisir trop manifeste pour pouvoir le cacher.

— Non, votre honneur, non. Vous oubliez que nous avons pincé le vent de plus près depuis le commencement du quart de quatre.

— Vous avez raison, répliqua son jeune commandant avec un ton de désappointement; cela est vrai, très vrai. — Et sa position relative n'a pas changé depuis que vous l'avez aperçu?

— Non, d'après le compas, monsieur; il faut qu'il soit bon voilier, sans quoi il ne pourrait tenir compagnie comme il le fait à *la Royale Caroline*, surtout quand elle a une bouline bien raide, ce qui, comme chacun le sait, est le vrai boute-en-train de ce bâtiment.

— Allez, allez retrouver votre hamac; au lever du soleil nous aurons une meilleure vue de ce vaisseau.

— Et vous m'entendez, monsieur, ajouta le prudent lieutenant, n'allez pas tenir ouverts les yeux de vos camarades en leur faisant un conte aussi long qu'un câble. Prenez le repos dont vous avez besoin, et laissez ceux qui ont la conscience nette en faire autant.

— Monsieur Earing, dit Wilder quand le matelot se fut retiré fort à contre-cœur pour gagner son hamac, nous ferons courir au navire une autre bordée, et nous avancerons du côté de l'est, tandis que la terre est si loin de nous. Cette manœuvre nous portera vers Hatteras. D'ailleurs.

— Oui, monsieur, répondit le lieutenant, remarquant que son commandant hésitait, comme vous le disiez, — d'ailleurs personne ne peut prévoir combien durera un ouragan, ni dequel côté il peut arriver.

—Précisément. Personne ne peut répondre du temps. Nos gens sont à peine dans leurs hamacs; faites-les lever sur-le-champ, monsieur, avant que leurs yeux se soient appesantis, et nous tournerons la proue du bâtiment de l'autre côté.

Le lieutenant fit entendre à l'instant le cri bien connu qui appelait le quart sous le pont pour venir aider leurs camarades. Aucun délai n'eut lieu, et pas un mot ne fut prononcé autre que les ordres que Wilder jugea à propos de donner lui-même brièvement et d'un ton d'autorité. N'étant plus pressé contre le vent, le navire, obéissant au gouvernail, commença à détourner sa proue des vagues, et à porter le vent en travers. Alors, au lieu d'avoir à gravir et à vaincre des montagnes sans fin, il tomba en travers à la lame, et se releva comme un coursier qui, étant parvenu sur le sommet d'une colline, continue sa marche avec un redoublement de vitesse. Pendant un instant le vent parut s'être endormi; mais le large sillon d'écume qui roulait de chaque côté du bâtiment annonçait assez qu'il fendait les vagues devant la brise. Un moment après les grands mâts commencèrent à s'incliner de nouveau vers l'ouest, et le vaisseau venant au vent renouvela ses efforts, et soutint le choc des vagues avec autant de force qu'auparavant.

Lorsque toutes les vergues et toutes les voiles furent arrangées comme l'exigeait la nouvelle position du navire, Wilder se retourna avec empressement pour chercher à voir l'autre vaisseau; il perdit une minute à s'assurer de l'endroit précis où il devait le trouver, car dans un tel chaos d'eau, et sans autre guide que le jugement, l'œil pouvait aisément se tromper en consultant les objets plus voisins et plus familiers dont il était environné.

—Le vaisseau a disparu, dit Earing d'une voix dans l'accent de laquelle le courage et la méfiance se manifestaient d'une manière singulière en même temps.

— Il devrait être de ce côté; mais j'avoue que je ne le vois pas.

— Oui, oui, monsieur; c'est ainsi, dit-on, que le croiseur nocturne du cap de Bonne-Espérance paraît et disparaît. Il y a des gens qui ont vu ce vaisseau entouré d'un brouillard, par une belle nuit aussi étoilée qu'on en ait jamais vu dans les latitudes méridionales. Cependant ce navire ne peut être *le Hollandais*; il y a trop loin du cap de Bonne-Espérance aux côtes septentrionales de l'Amérique.

— Le voici ! s'écria Wilder ; et, de par le Ciel ! il a déjà viré de bord !

La vérité de ce que disait notre jeune aventurier était certainement alors évidente aux yeux de tout marin. De même qu'auparavant, on voyait se dessiner sur l'arrière-plan de l'horizon menaçant ces mêmes lignes déliées qui paraissaient une vapeur légère, et qui ressemblaient assez aux ombres les plus faibles que jette sur une surface plus brillante l'illusion de la fantasmagorie. Mais pour des marins qui savaient si bien distinguer la ligne toute différente que formaient alors les mâts de ce vaisseau, il était manifeste qu'il avait tout à coup changé de route avec beaucoup de dextérité, et qu'il ne gouvernait plus au sud-ouest, mais que, de même que *la Caroline*, il marchait au nord-est. Ce fait parut produire une forte impression sur tout l'équipage, quoique, si l'on eût approfondi les raisons sur lesquelles chacun fondait son opinion, on les eût probablement trouvées entièrement différentes les unes des autres.

— Ce vaisseau a réellement viré de bord ! s'écria Earing après une longue pause donnée aux réflexions, et d'une voix sur laquelle la méfiance, ou plutôt une crainte superstitieuse, commençait à prendre l'ascendant ; j'ai vogué long-temps sur la mer, mais je n'ai jamais vu un navire virer ainsi contre une mer qui le bat en proue. Il faut qu'il ait tremblé au vent pendant que nous le cherchions il y a quelques instants ; sans quoi nous ne l'aurions pas perdue de vue.

— Un navire léger et prompt à la manœuvre peut virer ainsi, dit Wilder, surtout s'il a à bord un grand nombre de bras.

— Belzébuth ne manque jamais de bras ; et il lui en coûterait peu pour faire voler comme une flèche le plus lourd et le plus paresseux des vaisseaux.

— Monsieur Earing, dit Wilder, nous déploierons toutes les voiles de *la Caroline*, et nous lutterons de vitesse avec ce navire insolent. Amurez la grande voile et déployez celles de perroquet.

Le lieutenant, dont l'esprit ne marchait qu'à pas lents, aurait fait des représentations sur cet ordre s'il avait osé ; mais il y avait dans le ton ferme, quoique calme et mesuré, de son jeune commandant, quelque chose qui l'intimida. Il n'avait pourtant pas tort en jugeant que l'ordre qu'il devait faire exécuter pouvait entraîner quelques risques. *La Caroline* marchait déjà sous autant de voiles qu'il jugeait prudent de lui en faire porter à une pareille heure, et tandis que l'horizon présentait des signes menaçans de gros temps. Cependant il répéta les ordres nécessaires aussi promptement qu'ils lui avaient été donnés. Les matelots, qui avaient déjà commencé à regarder le navire inconnu, et à causer entre eux de sa position et de ses manœuvres, obéirent avec un empressement qu'on pouvait peut-être attribuer à un désir secret, mais général, de s'en éloigner. Les voiles furent successivement et promptement déployées, et ensuite chacun croisa les bras et resta les yeux fixés avec attention sur l'objet, ou plutôt sur l'ombre qu'on apercevait sous le vent, pour voir quel effet produirait la manœuvre qui venait d'avoir lieu.

La Royale Caroline semblait, comme son équipage, reconnaître la nécessité de redoubler de vitesse. Dès qu'elle sentit la pression des grandes voiles qui venaient d'être déployées, elle se pencha davantage, et sembla s'incliner sur le lit d'eau qui s'élevait, du côté au vent, presque jusqu'à ses dalots. De l'autre côté, plusieurs pieds de ses planches noires et de son cuivre poli étaient à découvert, quoique souvent baignés par les vagues vertes et courroucées qui roulaient dans toute sa longueur, et qui étaient toujours surmontées d'une crête d'écume brillante. Tandis qu'elle luttait ainsi contre les flots, les chocs devenaient à chaque instant plus violens, et à chaque rencontre, l'eau, en rejaillissant, formait un nuage de vapeurs étincelantes qui retombait sur le pont, et qui était porté à travers les ondes, comme un brouillard, bien loin sous le vent.

Wilder suivit long-temps les mouvemens du navire avec un air d'agitation, mais avec toute l'intelligence d'un marin. Une ou deux fois, quand il le vit trembler après un choc violent contre une vague, et paraître s'arrêter aussi subitement que s'il eût touché contre un rocher, ses lèvres s'entr'ouvrirent, comme pour donner l'ordre de diminuer le nombre de voiles; mais un regard jeté sur l'objet presque imperceptible qu'il voyait toujours vers l'horizon occidental le fit revenir à sa première détermination. Comme un aventurier déterminé qui a jeté toute sa fortune dans une entreprise hasardeuse, il semblait attendre le résultat de sa manœuvre avec une résolution aussi fière qu'inébranlable.

— Ce mât de hune plie comme une houssine, dit d'un ton inquiet Earing, qui était à côté de son commandant.

— Qu'importe? nous avons des mâts de rechange pour le remplacer.

— J'ai toujours vu *la Caroline* faire des voies d'eau, quand elle fatigue en allant contre la marée.

— Nous avons des pompes.

— Sans doute, monsieur; mais, suivant mon humble jugement, il est inutile de vouloir gagner de vitesse sur un vaisseau que le diable commande, s'il n'en fait pas lui-même toute la manœuvre.

— C'est ce qu'on ne peut savoir qu'après l'avoir essayé, monsieur Earing.

— Nous avons fait une épreuve du même genre avec *le Hollandais*, et je dois dire que non-seulement nous voguions à toutes voiles, mais que nous avions même l'avantage du vent. Et quel en fut le résultat? Il était toujours là sous ses trois voiles de huniers, son paille-en-cul et son foc, et nous, avec toutes nos bonnettes hautes et basses, nous ne pûmes changer d'un seul pied sa position relative.

— On ne voit jamais *le Hollandais* dans les latitudes septentrionales.

— Je ne puis dire qu'on l'y ait vu, répliqua Earing avec une sorte de résignation forcée; — mais celui qui a placé *le Voltigeur Hollandais* à la hauteur du cap de Bonne-Espérance peut avoir trouvé sa croisière assez profitable pour envoyer un autre navire de même espèce dans ces parages-ci.

Wilder ne répondit rien. Ou il avait assez flatté les craintes superstitieuses de son lieutenant, ou son esprit était trop occupé de son principal objet pour s'appesantir plus long-temps sur un sujet qui y était étranger.

Quoique les vagues que *la Caroline* avait à rompre successivement retardassent considérablement sa marche, elle eut bientôt fait une lieue au milieu de l'élément furieux. Chaque fois qu'elle plongeait, sa proue divisait une masse d'eau qui, à chaque instant, devenait plus considérable, et se précipitait contre elle avec plus de violence; et dans plus d'une de ces luttes, le bâtiment en s'avançant était presque enseveli dans quelque vague qu'il lui était également difficile de surmonter ou de pénétrer.

Les marins surveillaient de près les moindres mouvemens de leur navire; pas un seul homme n'en quitta le pont pendant des heures entières. La crainte superstitieuse qui s'était tellement emparée de l'esprit borné du premier lieutenant n'avait pas tardé à faire sentir son influence jusque sur le dernier mousse de l'équipage. Même l'accident qui était arrivé à leur ancien commandant, et la manière soudaine et mystérieuse dont était survenu au milieu d'eux le jeune officier qui se promenait alors sur le gaillard d'arrière avec tant de calme et de fermeté dans des circonstances regardées comme si imposantes, contribuaient à faire sur eux une impression étrange. La témérité impunie avec laquelle *la Caroline* portait toutes ses voiles, dans la situation où elle se trouvait, ajoutait à leur surprise; et avant que Wilder eût pu résoudre dans son esprit le problème de savoir quelle était la vitesse de son bâtiment, comparativement à celle du navire qu'on voyait toujours si singulièrement placé à l'horizon, il devenait lui-même pour son équipage un objet de soupçons révoltans et contre nature.

CHAPITRE XV.

> « Au nom de la vérité, êtes-vous des êtres d'imagination, ou êtes-vous réellement ce que vous paraissez ? »
>
> SHAKSPEARE.

La division des métiers en Europe, d'où il résulte que les idées se trouvent limitées dans un cercle particulier qui y correspond, n'a jamais existé dans notre pays. En conséquence, si nos artisans ont été moins parfaits dans leurs divers métiers, ils se sont toujours fait remarquer par une intelligence d'un caractère plus général. Cependant la superstition est une qualité qui semble indigène sur l'océan. Parmi la classe ordinaire des gens de mer, on en voit peu qui n'en éprouvent plus ou moins l'influence, quoiqu'elle existe parmi les marins des différentes nations sous des formes modifiées par leurs habitudes nationales respectives, et par leurs opinions particulières. Le matelot de la Baltique a ses rites secrets et sa manière de se rendre propices les dieux des vents. Le marinier de la Méditerranée s'arrache les cheveux, et se prosterne devant la châsse de quelque saint, quand sa propre main pourrait mieux lui rendre le service qu'il en attend. L'Anglais, plus habile, voit les esprits des morts dans la tempête, et entend les cris d'un camarade naufragé dans l'ouragan qui traverse les mers sur le sein desquelles il navigue. L'Américain lui-même, quoique plus instruit et raisonnant mieux, n'a pu se soustraire entièrement à l'influence secrète d'un sentiment qui semble inhérent à sa profession.

Il y a dans l'immensité des mers une majesté qui tend à tenir ouvertes les portes de cette crédulité facile qui assiége plus ou moins l'esprit de tous les hommes, de quelque manière que la réflexion ait pu fortifier leur intelligence. Avec le firmament sur sa tête, tandis qu'il est errant sur une étendue de mer qui semble sans bornes, le marin moins instruit est tenté, à chaque pas de son voyage, de chercher à se soulager l'esprit par quelque présage favorable. Les augures soutenus par des causes scientifiques en protégent à leur tour un plus grand nombre, qui n'ont leur origine que dans une imagination exaltée et inquiète. Le dauphin qui saute dans l'eau, le marsouin passant rapidement près du navire, l'énorme baleine soulevant pesamment une partie de sa masse noire, les cris des oiseaux de mer, ont, suivant lui, comme les signes des anciens aruspices, leurs conséquences heureuses ou funestes. La confusion entre les choses qui sont inexplicables et les choses qui n'existent pas, place graduellement l'esprit du marin dans un état qui fait qu'il se livre avec plaisir à tout sentiment exalté et outre nature, quand ce ne serait que par la seule raison que, de même que le vaste élément sur lequel il passe sa vie, toute chose incompréhensible pour lui lui paraît par cela même surnaturelle.

L'équipage de *la Royale Caroline* n'avait pas l'avantage d'être composé d'hommes nés dans un pays où l'habitude et la nécessité se sont réunies pour mettre en exercice toutes les facultés de l'homme, au moins jusqu'à un certain degré. Tous avaient reçu le jour dans cette île éloignée qui a été, et qui continue encore à être, une ruche de nations, qui sont probablement destinées à faire connaître son nom dans un temps où l'on voudra voir, comme une curiosité, l'emplacement de sa puissance déchue, de même que les ruines d'une cité dans un désert.

Tous les événemens de la journée dont nous parlons en ce moment tendaient à donner l'éveil aux sentimens de superstition secrète de ces marins. Nous avons déjà dit que l'accident arrivé à leur ancien commandant, et la manière dont un étranger avait succédé à son autorité, avaient eu quelque influence pour augmenter leurs dispositions à la méfiance. La voile sous le vent parut fort mal à propos pour la réputation de notre aventurier qui n'avait pas encore eu assez d'occasions pour s'assurer la confiance de son équipage, avant que cette dernière circonstance fût venue malheureusement menacer de l'en priver pour toujours.

Nous n'avons eu qu'une occasion de présenter à nos lecteurs le marin qui remplissait les fonctions de second lieutenant sur *la Royale Caroline*. Il se nommait Knighthead nom qui indiquait assez bien un certain brouillard obscur qui entourait toujours la partie supérieure de son corps. On peut apprécier les facultés de son esprit par quelques réflexions qu'il jugea à propos de faire à Wilder relativement à la disparition subite du vieux marin sur lequel notre aventurier voulait faire tomber une partie de son indignation. Cet individu n'étant que d'un degré au-dessus des matelots composant l'équipage, semblait fait à tous égards pour entretenir ces relations qui, jusqu'à un certain point, étaient nécessaires entre eux. Son influence était proportionnée aux occasions qu'il avait de se trouver en leur compagnie, et ses opinions étaient écoutées en général avec une partie de ce respect qu'on croit devoir aux paroles prononcées par un oracle.

Lorsque le bâtiment eut été mis sous toutes ses voiles, et pendant que Wilder, dans le dessein de perdre de vue le vaisseau trop voisin qui l'inquiétait, employait tous les moyens possibles pour en accélérer la marche à travers les vagues, ce marin ignorant et entêté était sur l'embelle du navire, entouré de quelques-uns des matelots les plus vieux et les plus expérimentés, causant avec eux de l'étrange apparition qui se montrait sous le vent, et de la manière extraordinaire dont le commandant inconnu jugeait à propos d'éprouver ce que leur propre bâtiment était en état de supporter. Nous commencerons la relation de cet entretien à l'instant où Knighthead crut pouvoir abandonner les insinuations indirectes pour marcher en ligne droite vers le point dont il s'agissait dans cette discussion.

— J'ai entendu dire par de plus vieux marins qu'il ne s'en trouve dans ce vaisseau, dit-il, qu'on a vu le diable envoyer un de ses lieutenans à bord d'un navire qui s'occupait d'un commerce licite pour le conduire sur des écueils et des bancs de sable, afin de causer son naufrage, et de gagner sa part du salvage parmi les ames des noyés. Qui peut dire qui entre dans la cabine, quand un nom inconnu est en tête du rôle de l'équipage?

— Le navire sous le vent est entouré d'un nuage ! s'écria un des matelots, qui, tout en écoutant les observations philosophiques de son officier, avait toujours un œil fixé sur cet objet mystérieux.

— Oui, oui, et je ne serais pas surpris de le voir gouverner vers la lune. On dit que les habits rouges [1] ont eu leur tour de fortune à terre, il est bien temps que nous autres, honnêtes marins, nous ayons une bonne bourrasque. J'ai doublé le cap Horn, camarade, sur un vaisseau de roi, et j'ai vu ce nuage brillant qui ne se couche jamais, et j'ai tenu un corposant [2] dans ma propre main. Mais ce sont de ces choses que peut voir quiconque se mettra sur une vergue pendant un coup de vent, ou montera à bord d'un bâtiment frété pour la mer du Sud. Néanmoins je déclare qu'il est fort extraordinaire pour un vaisseau de voir son ombre dans un brouillard, comme nous voyons la nôtre là-bas en ce moment, car la voilà qui reparaît, — là, entre le hauban d'arrière et le galhauban. — Et il ne l'est pas moins pour un bâtiment marchand de porter des voiles d'une manière qui ferait remuer tous les genoux qui se trouveraient dans une bombarde, comme une brosse à dents se trémoussant dans la bouche d'un passager qui aurait été bien secoué par le mal de mer.

— Et cependant notre jeune officier tient le vaisseau dans sa main, dit le plus vieux de tous les matelots, qui avait eu les yeux fixés avec attention sur tout ce qu'avait fait Wilder. Il le conduit d'une manière extravagante, j'en conviendrai, mais pourtant il n'a pas encore cassé un seul fil de caret.

— Fil de caret! répéta le second lieutenant du ton le plus méprisant, qu'importe le fil de caret, quand c'est le câble qui se rompra, et de manière à ne nous laisser d'espoir pour l'ancre que

---

[1] Les soldats anglais, ainsi nommés à cause de la couleur de leur uniforme.—ÉD.

[2] Les marins anglais nomment ainsi ce météore connu sous le nom de *feu Saint-Elme*. C'est une corruption de *corpo santo*, italien.—ÉD.

dans l'orin! Écoutez-moi, vieux Bill, le diable ne laisse jamais une affaire à moitié faite. Ce qui doit arriver arrivera par le travers; et il ne s'agira pas de larguer en douceur, comme si vous descendiez l'épouse du capitaine dans une barque, et qu'il fût sur le pont pour voir si tout se passe dans l'ordre.

—M. Knighthead sait comment tenir l'estime d'une navire par tous les temps, dit un autre matelot dont la manière annonçait la confiance qu'il accordait à la capacité du second lieutenant.

—Et ce n'est pas un grand mérite pour moi. J'ai vu tous les services, et j'ai tâté de tous les bâtimens, depuis un lougre jusqu'à un vaisseau à deux ponts. Peu de gens en peuvent dire plus que moi en leur faveur; car le peu que je sais, je l'ai appris à force de travail, et non en allant à l'école. Mais que peut faire la science, même la science en marine, contre la sorcellerie, ou contre les œuvres d'un être que je ne veux pas nommer, vu qu'il ne faut offenser personne sans nécessité? Je dis donc, camarades, que ce vaisseau est sous ses voiles d'une manière qu'aucun marin prudent ne voudrait ni ne devrait souffrir.

Un murmure général annonça que la plupart de ses auditeurs, sinon tous, partageaient son opinion.

—Examinons la question avec calme et raison, et d'une manière convenable à des Anglais éclairés, continua Knighthead en jetant un coup d'œil à la dérobée par dessus son épaule, peut-être pour s'assurer que l'individu dont il avait une crainte salutaire d'encourir le déplaisir n'était pas derrière lui. Nous sommes tous, jusqu'au dernier, nés en Angleterre; nous n'avons pas une goutte de sang étranger parmi nous; il n'y a même sur ce vaisseau ni un Ecossais ni un Irlandais. Examinons donc cette affaire philosophiquement, avec cette sorte de jugement qui convient à des hommes comme nous. En premier lieu, voici l'honnête Nicolas Nichols qui glisse de dessus cette boute, et qui se casse une jambe! Or, camarades, j'ai vu des gens tomber du haut des mâts et des vergues et se faire moins de mal. Mais qu'importe à un certain être de quelle hauteur il jette son homme, puisqu'il n'a qu'à lever le doigt pour nous faire pendre tous? Ensuite voilà qu'il nous arrive à bord un étranger, un homme qui a la physionomie d'un colon, qui n'a pas une de nos figures anglaises, franche, loyale, sans malice, à pouvoir couvrir du plat de la main...

—Le jeune officier est assez bien, interrompit le vieux marin.

—Oui, et c'est là que gît toute la diablerie de l'affaire; il a bonne mine, j'en conviens; mais ce n'est pas une de ces bonnes mines qui plaisent à un Anglais; il y a en lui un air de réflexion qui me déplaît, car je n'ai jamais aimé trop de réflexion sur la figure d'un homme, vu qu'il n'est pas toujours facile de savoir ce qu'il a dans l'ame. Ensuite cet étranger parvient à se faire nommer maître de ce vaisseau, ou ce qui est la même chose, le second du maître, tandis que celui qui devrait être sur le pont à donner ses ordres, dans un moment comme celui-ci, est étendu là-bas, hors d'état de virer de bord lui-même, et encore moins de faire faire pareille manœuvre au navire; et cependant personne ne sait comment cela est arrivé.

—Il a fait un marché avec le consignataire pour cette place, et le rusé commerçant a paru assez content de trouver un jeune homme si entendu pour conduire *la Caroline*.

— Ah! un commerçant est ce que nous sommes tous ; il n'est fait de rien de mieux que d'argile, et ce qui est encore pire, il est rare que pour la pétrir on l'ait détrempée avec de l'eau salée. Il y a plus d'un commerçant qui a ôté ses lunettes et fermé ses régistres de comptes pour faire une marche de côté afin de devancer et tromper son voisin, et qui, en revenant, a trouvé qu'il s'était trompé lui-même. M. Ball a sans doute cru faire une bonne chose pour ses armateurs en mettant à bord ce M. Wilder; mais il ne savait peut-être pas que le vaisseau était vendu au... Mais il convient à un franc marin de respecter tous ceux sous les ordres desquels il fait voile; ainsi je ne nommerai pas celui qui, à ce que je crois, a acquis sur ce vaisseau des droits qui ne sont pas minces, soit par un marché légal, soit autrement.

—Mais comment a-t-il manié *la Caroline* ce matin même! je n'ai jamais vu de navire tiré d'affaire plus promptement.

Knighthead se mit à rire dans sa barbe, ce qui parut à ses auditeurs vouloir dire beaucoup de choses.

— Quand un vaisseau a une certaine sorte de capitaine, on ne doit s'étonner de rien, dit-il après s'être suffisamment livré à son rire significatif. Quant à moi, j'ai monté ce navire pour aller de Bristol à la Caroline et à la Jamaïque, touchant à Newport en allant et en revenant, et je dirai hardiment que je n'ai nulle envie d'aller ailleurs. Quant à faire reculer *la Royale Caroline* de sa mauvaise position près du négrier, la manœuvre a été bien faite, beaucoup trop bien pour un si jeune marin. Quand je l'aurais commandée moi-même, je n'aurais pu faire beaucoup mieux; mais que pensez-vous du vieux pêcheur dans la barque, camarades? Je crois qu'il y a bien peu de vieux chiens de mer qui aient jamais pu échapper à une pareille chasse. J'ai entendu parler d'un contrebandier qui a été chassé cent fois par les cutter de sa majesté, dans la gorge même de la Manche, et qui avait toujours un brouillard tout prêt pour le recevoir, mais d'où personne ne peut dire avec vérité qu'il l'ait jamais vu sortir. Cet esquif peut avoir filé entre la côte et ce bâtiment de Guernesey, je n'y vois rien d'impossible; mais ce n'en est pas moins une barque dans laquelle je ne me soucierais pas de manier la rame.

— Il s'est échappé d'une manière remarquable! dit le vieux marin dont la confiance en notre aventurier commençait à fléchir sous l'accumulation de tant de circonstances.

— C'est ce que je dis, quoique d'autres puissent peut-être en juger mieux que moi, qui n'ai passé que trente-cinq ans sur la mer. Ensuite voilà les vagues qui enflent d'une manière inconcevable! Et regardez ces nuages qui obscurcissent le Ciel, et cependant il vient encore de l'océan assez de lumière pour qu'un homme bien appris pût lire!

— J'ai vu souvent le temps comme il est à présent.

— Sans doute, qui ne l'a pas vu? Il est rare qu'un homme, n'importe de quel pays il vienne, fasse son premier voyage comme capitaine. N'importe qui sera sur l'eau cette nuit, je garantis qu'il y a été auparavant. J'ai vu le firmament avoir l'air pire et la mer même avoir plus mauvaise mine qu'aujourd'hui; mais je n'ai jamais vu qu'il résultât aucun bien de l'un ou de l'autre. La nuit que je fis naufrage dans la baie de...

— Ho! de l'embelle! s'écria Wilder d'un ton calme, mais impératif.

Si une voix soudaine se fût élevée du fond de l'océan agité, elle n'aurait pas pu paraître aux oreilles des marins inquiets plus alarmante que cet appel inattendu. Le jeune commandant se trouva même dans la nécessité de le répéter avant que Knighthead, qui, d'après son rang, devait naturellement y répondre, eût pu s'armer d'assez de résolution pour le faire.

— Faites déployer la voile de petit perroquet, monsieur, dit Wilder quand la réponse d'usage lui apprit enfin qu'on l'avait entendu.

Le lieutenant et ses compagnons se regardèrent un instant les uns les autres avec un air d'étonnement stupide, et ils secouèrent plus d'une fois la tête avec une expression mélancolique avant que l'un d'eux, se jetant dans les agrès, commençât à y monter pour exécuter l'ordre qui venait d'être donné.

Il y avait certainement dans la manière désespérée avec laquelle Wilder faisait exposer successivement au vent toutes ses voiles de quoi faire naître de la méfiance, soit sur ses intentions, soit sur son jugement, dans l'esprit de gens moins superstitieux que ceux que le hasard voulait qu'il commandât, alors. Depuis long-temps Earing et son camarade, le second lieutenant, plus ignorant, et par conséquent plus entêté, avaient remarqué que leur jeune commandant désirait aussi sincèrement qu'eux-mêmes d'échapper au vaisseau, semblable à un spectre, qui suivait si étrangement tous leurs mouvemens. Ils ne différaient que sur le mode d'agir; mais cette différence était si matérielle, que les deux lieutenans tinrent conseil à part, et Earing, un peu stimulé par les opinions prononcées de son coadjuteur, s'approcha de son officier supérieur pour lui communiquer le résultat de leurs délibérations avec cette promptitude et cette franchise qu'il croyait que les circonstances exigeaient; mais il y avait dans l'œil ferme et dans la contenance imposante de Wilder quelque chose qui fit qu'il ne toucha à ce sujet délicat qu'avec une discrétion et des circonlocutions un peu remarquables dans un homme de son caractère; il attendit plusieurs minutes pour voir quel effet produirait la voile qui venait d'être déployée, avant de pouvoir se résoudre à ouvrir la bouche; mais une rencontre terrible entre le vaisseau et une vague qui paraissait élever sa crête courroucée à une douzaine de pieds au-dessus de la proue qui s'en approchait, lui donna le courage de parler, en l'avertissant de nouveau du danger d'un silence prolongé.

— Je ne vois pas que nous nous éloignions du navire inconnu, monsieur, quoique le bâtiment roule si pesamment à travers les vagues, dit-il, bien déterminé à n'avancer qu'avec toute la circonspection possible.

Wilder fixa de nouveau ses regards vers le point obscur qui se montrait toujours à l'horizon, et fronçant le sourcil, tourna ensuite les yeux du côté d'où venait le vent, comme s'il eût voulu défier le souffle le plus redoutable; mais il ne répondit rien.

— Nous avons toujours trouvé que l'équipage n'aimait pas à

travailler aux pompes, monsieur, continua Earing après un intervalle suffisant pour la réponse qu'il attendait; je n'ai pas besoin de dire à un officier qui connaît si bien sa profession que les marins aiment rarement ce travail.

— Toutes les fois que je trouverai nécessaire de donner un ordre, monsieur Earing, l'équipage de ce bâtiment trouvera nécessaire de l'exécuter.

Il y avait dans la manière dont il fit cette réponse un peu tardive un air d'autorité si prononcé, qu'il ne manqua pas de faire impression sur le lieutenant. Earing recula d'un pas avec un air de soumission, et affecta de ne songer qu'à examiner les masses de nuages que le vent poussait. Alors appelant à son aide toute sa résolution, il essaya de revenir à la charge d'un autre côté.

— Êtes-vous d'avis bien décidé, capitaine Wilder, dit-il, lui donnant le titre auquel les droits de notre aventurier pouvaient être révoqués en doute; êtes-vous d'avis bien décidé que *la Royale Caroline* puisse, par aucuns moyens humains, s'éloigner de cet autre vaisseau?

— Je crains le contraire, répondit le jeune marin, en respirant avec un effort si prolongé que ses secrètes pensées semblaient lutter dans son sein pour s'en échapper.

— Et moi, monsieur, avec toute la soumission que je dois à votre éducation plus cultivée, et au rang que vous occupez sur ce navire, je suis convaincu du contraire. J'ai vu de mon temps, plus d'une de ces luttes de vitesse, et je sais parfaitement qu'on ne gagne rien à fatiguer un bâtiment dans l'espoir de s'éloigner d'un de ces *Voltigeurs*.

— Prenez la lunette, Earing, et dites-moi sous quelles voiles marche ce vaisseau, et à quelle distance il peut être, dit Wilder d'un air pensif, sans paraître faire la moindre attention à ce que le lieutenant venait de lui dire.

L'honnête lieutenant, dont les intentions étaient bonnes, déposa son chapeau sur le gaillard d'arrière, et fit, avec l'air le plus respectueux, ce qui venait de lui être ordonné. Cependant après avoir été long-temps gravement et sérieusement occupé de cet examen, il ferma la lunette d'un coup de la paume de sa large main, et répondit en homme dont l'opinion est suffisamment formée :

— Si ce bâtiment avait été construit et équipé comme les autres navires mortels, je n'hésiterais pas à prononcer que c'est un vaisseau garni de tous ses agrès, et portant trois voiles de hune ayant un ris pris, les basses voiles, la voile de foque et celle de gui de baume.

— Et rien de plus ?

— J'en ferais serment, si j'avais les moyens de m'assurer que ce navire est, à tous égards, semblable aux autres vaisseaux.

— Et cependant, Earing, malgré toutes ces voiles déployées, nous ne nous en sommes pas éloignés d'un pied d'après le compas.

— Seigneur ! monsieur, répondit le lieutenant en secouant les épaules en homme bien convaincu de la folie d'une pareille tentative, quand vous feriez fendre et déchirer la grande voile par le vent en continuant à faire marcher ce bâtiment comme il va, vous ne changeriez pas d'un pouce la position relative de cet autre navire avant le lever du soleil ! Alors ceux qui ont d'assez bons yeux pourront peut-être le voir faire voile dans les nuages, quoiqu'il ne me soit jamais arrivé, que ce soit un bonheur ou un malheur, de rencontrer un de ces croiseurs une fois que le jour avait paru.

— Et la distance ? demanda Wilder. Vous ne m'avez encore rien dit de la distance.

— C'est suivant qu'on veut la calculer. Il peut être ici assez près de nous pour nous jeter un biscuit dans nos agrès, ou il peut être là où il paraît être, le corps caché sous l'horizon.

— Mais dans le cas où il serait où il paraît être ?

— En ce cas, il paraît être un bâtiment d'environ six cents tonneaux, et en n'en jugeant que d'après les apparences, on serait tenté de dire qu'il est à une couple de lieues de nous sous le vent, un peu plus ou un peu moins.

— C'est précisément ce que j'avais calculé. Six milles au vent ne sont pas un faible avantage dans une chasse bien suivie. Earing, je ferai voler *la Caroline* hors de l'eau s'il le faut, mais je m'éloignerai de cet autre navire.

— Cela serait bon si *la Caroline* avait des ailes comme un courlieu ou une mouette ; mais construite comme elle l'est, je crois plus probable qu'elle s'enfoncerait dessous.

— Elle porte fort bien ses voiles jusqu'à présent. Vous ne savez pas ce dont elle est capable quand on la presse.

— Je l'ai vue marcher par tous les temps, capitaine Wilder, mais...

Sa bouche se ferma tout à coup. Une énorme vague noire s'éleva entre le bâtiment et l'horizon oriental, et s'avança en roulant, semblant menacer de tout engouffrer devant elle. Wilder lui-même attendit le choc avec une inquiétude qui lui permettait à peine de respirer, sentant, pour le moment, qu'il avait excédé les bornes de la discrétion en poussant son vaisseau avec une si puissante impulsion contre une pareille masse d'eau. Elle se brisa à quelques toises de la poupe de *la Caroline*, et en inonda le pont d'un déluge d'écume. Pendant une demi-minute l'avant du navire disparut, comme s'il eût été hors d'état de remonter sur la vague qu'il s'efforçait de traverser ; et alors il sortit du sein des eaux, couvert d'un million des insectes brillans de l'océan. Le bâtiment s'était arrêté, tremblant dans tous les joints de sa masse solidement assemblée, semblable à un coursier saisi d'effroi ; et quand il reprit sa marche, ce fut avec une modération qui semblait avertir de leur indiscrétion ceux qui en gouvernaient les mouvemens.

Earing regarda son commandant en silence, sachant parfaitement que rien de ce qu'il pourrait dire ne contiendrait un argument aussi puissant que ce regard. Les matelots n'hésitèrent plus à énoncer tout haut leur mécontentement, et l'on entendit s'élever parmi eux plus d'une voix prophétique pour prédire les conséquences dont serait suivie la folie de courir de pareils risques. Wilder opposa à leurs murmures une oreille sourde ou insensible. Ferme dans ses desseins secrets, il aurait bravé les plus grands dangers pour y réussir. Mais un cri bien distinct, quoique étouffé, parti de la poupe du navire, lui rappela les craintes d'autres individus. Tournant rapidement sur le talon, il s'approcha de Gertrude encore toute tremblante et de Mrs Wyllys, qui toutes deux, pendant plusieurs heures longues et pénibles, sans oser l'interrompre dans ses devoirs, avaient suivi ses moindres mouvemens avec le plus vif intérêt.

— Le bâtiment a si bien soutenu ce choc, que j'ai grande confiance en ce qu'il peut faire, leur dit-il d'un ton encourageant et en employant des expressions propres à inspirer une aveugle sécurité. — Avec un navire si excellent, un bon marin n'est jamais embarrassé.

— Monsieur Wilder, répondit la gouvernante, j'ai vu souvent l'élément terrible sur lequel vous vivez, il est donc inutile de chercher à me tromper. Je sais que vous pressez la marche de ce bâtiment au-delà de ce qui est ordinaire. Avez-vous des motifs suffisans pour justifier cette témérité.

— Madame, j'en ai.

— Et doivent-ils, comme tant d'autres de vos motifs, rester à jamais ensevelis dans votre sein; ou ne pouvons-nous pas en partager la connaissance, nous qui devons en partager également les suites?

— Puisque vous connaissez si bien ma profession, madame, répondit le jeune marin en souriant légèrement, mais d'un ton que rendait peut-être encore plus alarmant l'effort surnaturel qu'il faisait sur lui-même, je n'ai pas besoin de vous dire que, pour faire marcher un navire contre le vent, il est nécessaire d'en déployer les voiles.

— Vous pouvez du moins répondre plus directement à une autre question. Ce vent est-il assez favorable pour passer les dangereux écueils d'Hatteras?

— J'en doute.

— En ce cas, pourquoi ne pas retourner à l'endroit d'où nous sommes partis?

— Y consentiriez-vous? demanda le jeune marin avec la vitesse de la pensée.

— Je voudrais aller retrouver mon père! s'écria Gertrude avec une vivacité si semblable à celle de Wilder, que la chaleur avec laquelle elle s'exprimait fit que l'haleine sembla lui manquer en prononçant ce peu de mots.

— Je suis disposée, monsieur Wilder, dit la gouvernante d'un ton calme, à quitter ce bâtiment. Je ne vous demande pas l'explication de tous vos avis mystérieux; rendez-nous à nos amis de Newport, et je ne vous ferai plus aucune question.

— Cela pourrait se faire, murmura notre aventurier. — Cela serait possible; — il ne faudrait que quelques heures bien employées avec un pareil vent. — Monsieur Earing!

Le lieutenant fut à l'instant près de lui. Wilder lui montra le point obscur qui était toujours sous le vent, et lui donnant sa lunette, le pria de l'examiner encore une fois. Chacun d'eux en fit tour à tour un examen long et attentif.

— Il ne porte pas un plus grand nombre de voiles! s'écria le commandant avec impatience, lorsqu'il eut assez long-temps fatigué ses yeux.

— Pas une seule de plus, monsieur. Mais qu'importe à un tel vaisseau le nombre de voiles qu'il porte, ou le point de l'horizon d'où souffle le vent?

— Earing, je crois que cette brise vient trop du sud, et il se brasse quelque chose de plus dans cette bande de sombres nuages droit par le travers du vaisseau. Faites abattre le navire d'une couple de points, ou même plus, et soulagez les agrès en levant les bras sous le vent.

Le lieutenant, dont l'esprit ne pouvait suivre deux idées à la fois, entendit cet ordre avec un étonnement qu'il ne chercha point à cacher. Il n'avait besoin d'aucune explication; son expérience suffisait pour lui apprendre que le résultat de cette manœuvre serait de reprendre la route par laquelle ils avaient passé, et que c'était, dans le fait, renoncer à l'objet du voyage. Il se permit donc de différer un instant l'exécution de cet ordre pour faire des représentations à Wilder.

— J'espère qu'un ancien marin comme moi ne vous offensera pas, capitaine, lui dit-il, en se hasardant à vous donner son opinion sur le temps. Quand il y va de l'intérêt de la poche de mes armateurs, je n'ai pas d'objection à virer de bord, car je n'ai pas assez de goût pour la terre pour désirer que le vent y porte au lieu d'en venir. Mais en lofant un peu à la lame par le moyen d'une couple de ris, le vaisseau avancerait en pleine mer, et tout ce que nous gagnerions de ce côté serait un gain clair, attendu que nous sommes tout-à-fait à la hauteur d'Hatteras. D'ailleurs, qui peut dire que demain ou le jour d'ensuite nous n'aurons pas une bonne bouffée de vent venant d'Amérique, là, au nord-ouest?

— Abattez d'une couple de points, et levez les bras sous le vent! répéta Wilder avec une vivacité impétueuse.

Le caractère de l'honnête Earing était trop paisible et trop soumis pour qu'il tardât plus long-temps à obéir. Il donna sur-le-champ les ordres nécessaires, et ils furent exécutés; mais ce ne fut pas sans qu'on eût pu entendre Knighthead et les plus vieux matelots murmurer presque à haute voix, et d'une manière sinistre, contre les changemens subits et en apparence déraisonnables qui s'opéraient dans l'esprit de leur capitaine.

Wilder resta aussi indifférent qu'auparavant à tous ces symptômes de mécontentement. S'il entendit ces murmures, il dédaigna d'y faire attention, ou, guidé par une politique qui voulait temporiser, il préféra avoir l'air de ne pas les entendre. Cependant le navire, comme un oiseau qui avait fatigué ses ailes en luttant contre un ouragan, et qui, cessant de résister au vent, prend un vol plus facile, voguait rapidement en fendant les vagues, ou en descendant avec grace dans les creux qu'elles formaient, tandis qu'il cédait à l'impulsion du vent que la manœuvre qu'on venait de faire avait rendu favorable. La mer continuait à rouler, mais dans une direction qui n'était plus contraire à la marche du bâtiment, et comme il n'avait plus à lutter contre la brise il était plus en état de porter la quantité de voiles qu'on avait déployées. Cependant l'opinion de tout l'équipage était qu'il en portait encore trop pendant une nuit dont l'aspect était si menaçant. Mais l'étranger qui était chargé d'en gouverner le cours ne partageait pas cet avis. D'une voix qui semblait avertir ses inférieurs du danger de la désobéissance, il donna ordre qu'on déployât encore tour à tour plusieurs bonnettes. Recevant ainsi une nouvelle impulsion, *la Caroline* semblait voler sur les ondes, et laissait derrière elle une longue traînée d'écume dont le volume et l'éclat égalaient celle qui couronnait les plus hautes vagues.

Lorsqu'on eut étendu voile sur voile, au point que Wilder fut obligé de s'avouer à lui-même que *la Royale Caroline* ne pouvait en porter davantage, notre aventurier recommença à se promener sur le pont, et jeta les yeux autour de lui pour voir ce qu'il avait gagné à cette nouvelle épreuve. Le changement de marche du bâtiment marchand de Bristol en avait produit une semblable dans la direction apparente du navire inconnu, qui flottait encore à l'horizon comme une ombre faible et presque indistincte. L'infaillible compas disait encore au vigilant marin que ce vaisseau continuait à maintenir la même position relative que lorsqu'on l'avait vu pour la première fois, et tous les efforts de Wilder semblaient ne pouvoir la changer d'un seul pouce[1]. Une autre heure se passa bientôt, et pendant ce temps, comme le loch l'en assura, *la Caro-*

---

[1] Le lecteur fera attention que la direction *apparente* d'un vaisseau en mer, vue du pont d'un autre vaisseau, change avec le changement de course, mais que la direction *véritable* ne varie que par un changement de position relative.

line avait fait plus de trois lieues. Cependant la voile inconnue se montrait toujours à l'ouest, comme si c'eût été une ombre jetée par le premier navire sur les nuages sombres et éloignés. Le changement de marche de ce vaisseau presque imperceptible faisait qu'une plus large surface de ses voiles était exposée aux yeux des spectateurs; mais du reste aucun autre changement visible ne s'y faisait remarquer. Si les voiles en avaient été matériellement augmentées, la distance et l'obscurité empêchaient même l'intelligent Earing de s'en assurer. Peut-être l'esprit exalté du digne lieutenant était-il trop disposé à croire aux pouvoirs surnaturels de ce voisin inexplicable, pour pouvoir exercer pleinement ses facultés ordinaires et profiter de son expérience; mais Wilder, après s'être fatigué les yeux à force d'examens répétés à chaque instant, fut obligé de s'avouer à lui-même que cet étrange navire semblait glisser sur l'immensité de l'océan, plutôt comme un corps flottant dans les airs que comme un vaisseau conduit par les moyens ordinairement employés par les marins.

Mrs Wyllys et son élève s'étaient alors retirées dans leur cabine; la première se félicitant en secret de la perspective de quitter bientôt un navire qui avait commencé son voyage avec des circonstances assez sinistres pour déranger l'équilibre d'un esprit aussi cultivé et aussi bien gouverné que le sien. Gertrude fut laissée dans l'ignorance du changement de marche du bâtiment. A ses yeux sans expérience tout offrait les mêmes apparences sur la solitude de l'océan; et Wilder pouvait changer aussi souvent qu'il lui plaisait la direction de son navire, sans que la plus jeune et la plus belle des deux dames qu'il avait à bord s'en aperçût.

Il n'en était pas ainsi de l'intelligent commandant de *la Caroline*. La route qu'il suivait au milieu des ténèbres n'avait pour lui ni doute ni obscurité. Ses yeux s'étaient rendus familiers depuis long-temps avec tous les astres qui se lèvent du sein agité des mers pour se coucher dans une autre partie de ce sombre élément; et un souffle de vent, traversant les ondes, ne frappait pas ses joues brûlantes, sans qu'il pût dire de quel point de l'horizon il partait. Il connaissait chaque mouvement que faisait la proue de son vaisseau, et savait quel en serait l'effet. Son esprit marchait d'un pas égal à la course de son navire au milieu de tous ses détours sur une plage où nul chemin n'est tracé; et il n'avait guère besoin d'employer les moyens accessoires de son art pour savoir de quel côté il devait se diriger, et de quelle manière il devait guider les mouvemens de la machine qu'il gouvernait. Cependant il ne pouvait s'expliquer les évolutions extraordinaire du navire inconnu, qui semblait prévenir ses moindres changemens de manœuvre, plutôt que les suivre; et ses espérances d'échapper à une surveillance si active étaient déjouées par une facilité dans les manœuvres, et une supériorité de voiles qui commençaient réellement à prendre, même à ses yeux éclairés, l'apparence d'une opération surnaturelle et inexplicable.

Tandis que notre aventurier était occupé des sombres réflexions que de telles impressions faisaient assez naturellement naître dans son esprit, le ciel et la mer commencèrent à présenter un autre aspect. La raie de lumière qui s'était montrée si long-temps le long de l'horizon oriental, comme si le rideau du firmament eût été entr'ouvert pour livrer passage aux vents, disparut tout à coup; de lourdes masses d'épais nuages se ressemblèrent de ce côté, tandis que d'immenses volumes de vapeurs s'accumulaient sur les eaux, et semblaient confondre les deux élémens. De l'autre côté, un dais noir couvrait tout l'occident, et la vue se perdait dans une longue ceinture de sombre lumière. Le navire étranger flottait encore au milieu de ce brouillard brillant, mais de mauvais augure, quoiqu'il y eût des momens où l'ombre légère qu'il offrait aux yeux semblât se dissiper dans les airs.

CHAPITRE XVI.

« Encore une fois, que faites-vous ici ? nous laisserons-nous submerger ? Avez-vous envie de faire un plongeon ? »
SHAKSPEARE. *La Tempête.*

Notre aventurier vigilant ne ferma point les yeux à ces sinistres présages qu'il ne reconnaissait que trop bien. A peine l'atmosphère de vapeurs dont s'entoura soudain l'image mystérieuse qu'il avait souvent examinée eut-elle frappé sa vue, qu'on entendit sa voix faire retentir les accens puissans et animés du commandement.

—Debout ! s'écria-t-il, debout ! carguez toutes les voiles ! carguez-les toutes, ajouta-t-il, laissant à peine à ses premières paroles le temps de parvenir aux oreilles de ses subordonnés. Qu'on en cargue jusqu'au dernier lambeau, depuis la proue jusqu'à la poupe ! Du monde aux cargues-points des huniers, monsieur Earing, qu'on mette les huniers sur les cargues. A l'ouvrage partout ! de l'ardeur, mes amis, à l'ouvrage !

C'était un langage auquel l'équipage de *la Caroline* n'était point étranger, et qui fut doublement bien accueilli, car il n'était pas un seul matelot qui ne s'imaginât depuis long-temps que le commandant inconnu se jouait de la sûreté du vaisseau en voyant l'assurance avec laquelle il contemplait les funestes symptômes de l'atmosphère ; mais ils ne savaient point apprécier la vigilance clairvoyante de Wilder. Il avait, il est vrai, donné au vaisseau marchand de Bristol une impulsion tout-à-fait nouvelle pour ce bâtiment; mais jusqu'alors les faits mêmes prouvaient en sa faveur, puisque aucun malheur n'avait suivi ce qu'ils appelaient sa témérité. Cependant à l'ordre prompt et soudain qu'il venait de donner, tout fut un instant en tumulte sur le vaisseau. Une douzaine de matelots s'appelaient les uns les autres des différentes parties du bâtiment, chacun s'efforçant de faire entendre sa voix au-dessus du mugissement des vagues, et il y avait toute l'apparence d'une confusion générale et complète. Mais la même autorité qui leur avait donné d'une manière aussi inattendue cette impulsion d'activité, fit sortir l'ordre de leurs efforts vigoureux, quoique mal dirigés.

Wilder avait parlé d'abord pour réveiller les endormis et ranimer les nonchalans. Dès qu'il vit tout le monde sur pied, il se remit à donner ses ordres avec un calme qui réglait la direction de toutes les forces, mais toujours avec l'énergie qu'il savait que les circonstances exigeaient. Cette énorme quantité de voiles, qui paraissaient comme autant de légers nuages au milieu d'un ciel sombre et menaçant, flottèrent bientôt au hasard, en descendant de leurs positions élevées; et le vaisseau fut réduit à l'action de ses agrès plus sûrs et plus pesans. Pour effectuer cette manœuvre, chaque matelot avait déployé toute sa force sous la direction des ordres fermes et rapides du commandant. Il y eut alors un moment de pause pendant lequel tout l'équipage semblait respirer à peine, comme s'il était frappé de stupeur. Tous les yeux étaient tournés vers la partie de l'horizon où l'on avait découvert les indices sinistres, et chacun s'efforçait d'y lire l'avenir avec une intelligence proportionnée au degré d'instruction qu'il pouvait avoir acquise pendant son temps de service sur le perfide élément qui était alors sa patrie. La trace obscure du vaisseau inconnu avait été effacée par une clarté douteuse qui, en ce moment, s'étendait sur la mer comme une vapeur flottante, surnaturelle, et en apparence accessible au toucher. L'océan lui-même semblait averti qu'un changement prompt et violent s'approchait. Les vagues avaient cessé de se briser en lames brillantes et écumeuses ; on voyait de noires masses d'eau élever leurs pointes menaçantes vers l'horizon oriental, non plus en lançant comme de brillantes étincelles, ou en s'entourant d'une atmosphère transparente. La brise qui avait été si fraîche, et qui avait même soufflé avec une force presque égale à celle d'un léger tourbillon, devenait incertaine et semblait enchaînée par la force plus puissante qui s'amassait sur les rivages de la mer du côté du continent voisin. A tout moment le souffle du vent d'est perdait de son intensité, et devenait de plus en plus faible, jusqu'à ce qu'après un intervalle extrêmement court, on entendit les voiles pesantes frapper contre les mâts : un calme effrayant et sinistre s'ensuivit. En ce moment une lumière soudaine, sillonnant la mer, éclaira l'affreuse obscurité de l'océan et un bruit semblable à un éclat de tonnerre retentit au loin sur les eaux. Les matelots tournèrent les uns vers les autres leurs regards interdits, et restèrent dans la stupeur comme s'ils avaient reçu du ciel même un avertissement de ce qui allait arriver. Mais leur commandant, calme et plus pénétrant, donna un sens différent à ce signal. Il serra les lèvres avec tout l'orgueil de sa profession, et les mouvemens de sa bouche étaient rapides, tandis qu'il se disait avec une sorte de dédain : — Croit-il que nous dormons ?—Oui, il y a été pris lui-même, et il voudrait à présent nous ouvrir les yeux sur ce qui se prépare. A quoi pense-t-il donc que nous ayons été occupés depuis qu'on a relevé le dernier quart ?

Alors Wilder fit un ou deux tours sur le tillac, sans cesser de porter les yeux d'une extrémité du ciel à l'autre, les promenant tantôt sur les eaux noires et endormies sur lesquelles voguait le navire, et tantôt sur ses voiles ; tantôt sur l'équipage silencieux et dans une attente profonde, et tantôt sur les sombres cordages flottant au-dessus de sa tête, comme autant de pinceaux qui traçaient leurs contours fantastiques sur les nuages épais qui pesaient au-dessus.

— Placez en carré les vergues d'arrière, dit-il d'une voix qui fut entendue de tous ceux qui étaient sur le tillac, quoiqu'il l'élevât à peine au-dessus du diapason ordinaire. Le craquement même du bois, tandis que les antennes s'avançaient lentement et avec pesanteur vers la position indiquée, ajoutait au caractère imposant de cette scène, et retentissait aux oreilles des matelots comme de lugubres pronostics. — Mettez les basses voiles sur les cargues! ajouta Wilder après un court intervalle de réflexion, et avec ce même calme qui était si propre à faire impression. Alors, jetant un autre coup d'œil sur l'horizon menaçant, il ajouta avec force: Ferlez-les!

— Ferlez-les, ferlez-les toutes les deux à la fois; allons, montez, main avant, continua-t-il en élevant de plus en plus la voix; ferlez-les! Allons, courage, enfans, courage!

Les marins dociles se laissaient diriger par la voix de leur commandant. En un instant on vit une vingtaine de matelots s'élancer aux agrès, s'y cramponner comme autant de singes, et, la minute d'après, annuler l'action des vastes et énormes volumes de toile en les attachant en rouleaux serrés à leurs antennes respectives. Les marins descendirent aussi rapidement qu'ils étaient montés, et il y eut de nouveau un intervalle de morne silence. En ce moment la flamme d'une lumière serait montée perpendiculairement jusqu'aux cieux. Le vaisseau, n'étant plus secondé par l'utile influence du vent, roulait lourdement en travers des lames qui commençaient cependant à s'abaisser davantage de moment en moment, comme si l'élément étonné rappelait dans l'asile tranquille de son vaste sein celles de ses parties auxquelles il venait de permettre de se répandre avec tant de fureur sur sa surface. L'eau baignait tristement le flanc du vaisseau, ou, lorsque le navire se relevait avec peine après s'être enfoncé dans les profondeurs des vagues, elle retombait du tillac sur l'océan en formant une foule de petites cascades brillantes. La teinte toujours changeante des cieux, le bruit toujours renouvelé des eaux, l'expression d'inquiétude et d'anxiété de toutes les figures qu'on apercevait, tout concourait à faire sentir dans quelle crise on se trouvait. Ce fut dans ce court intervalle d'attente et d'inaction que les lieutenans s'approchèrent de leur chef.

— C'est une terrible nuit, capitaine Wilder, dit Earing s'arrogeant, en vertu de son rang, le droit de parler le premier.

— J'ai vu des changemens de vent annoncés par bien moins de pronostics, répondit Wilder d'une voix assurée.

— Nous avons eu le temps de faire notre paquet, monsieur, il est vrai; mais ce changement est accompagné de signes et de présages auxquels le plus vieux marin ne serait pas insensible.

— Oui, continua Knighthead d'une voix rauque qui retentissait avec force, même au milieu des accessoires terribles de cette scène, oui, ce n'est pas une bagatelle qui engage des gens, que je ne nommerai pas, à tenir la mer pendant une pareille nuit. Ce fut précisément par un temps semblable que je vis *le Vésuve* s'enfoncer dans un abîme si profond, que son mortier n'aurait pu lancer une bombe en plein air, quand même il aurait eu des mains et du feu pour la faire partir.

— Oui, et ce fut par un temps comme celui-ci que *le Groenlandais* fut jeté sur les Orcades par un calme aussi plat qu'on en vit jamais sur la mer.

— Messieurs, dit Wilder en appuyant sur ce mot avec une emphase particulière et peut-être ironique, que voulez-vous donc ? Il n'y a pas un souffle d'air, et le vaisseau est dégarni jusqu'à la voile de perroquet.

Il aurait été difficile à l'un ou à l'autre des deux mécontens de répondre d'une manière satisfaisante à cette question; tous deux étaient secrètement en proie à des appréhensions surnaturelles et superstitieuses qui étaient puissamment fortifiées par l'aspect plus réel et plus sensible de la nuit; mais ils tenaient encore trop l'un et l'autre à leur réputation, et comme hommes et comme marins, pour mettre à découvert toute l'étendue de leur faiblesse, au moment où ils pouvaient être appelés à déployer des qualités positives et une énergie marquée. Cependant le sentiment qui dominait dans leur ame se montra, quoique indirectement et à couvert, dans la réponse d'Earing.

— Oui, le vaisseau ne va pas mal à présent, dit-il, quoique nous ayons tous vu de nos propres yeux qu'il n'est pas facile qu'un bâtiment chargé aille sur l'eau du même train qu'un de vos *Voltigeurs* qui courent sans que personne puisse dire qui tient le gouvernail, par quelle boussole il se dirige, ni ce qu'il tire d'eau.

— Oui, reprit Knighthead, je trouve aussi que *la Caroline* ne va pas mal pour un honnête vaisseau marchand, et il y a peu de bâtimens mâtés à carré, qui ne portent point le pavillon du roi, qui puissent lui gagner le vent ou la reléguer dans leurs eaux, lorsqu'elle a toutes ses bonnettes; mais c'est un temps et une heure qui doivent faire réfléchir un marin. Voyez là-bas cette lumière grisâtre qui avance si rapidement sur nous, et dites-moi si elle vient de la côte d'Amérique ou bien du navire inconnu qui nous est resté si long-temps sous le vent, mais qui maintenant l'a pris sur nous, ou du moins est bien prêt à le prendre, sans que personne ici puisse dire comment ni pourquoi. Pour moi, voilà tout ce que j'ai à vous dire : — Donnez-moi pour compagnie un bâtiment dont je connaisse le capitaine, ou ne m'en donnez point.

— C'est là votre goût, monsieur Knighthead? dit froidement Wilder; le mien pourrait quelquefois être différent.

— Oui, oui, dit Earing plus circonspect et plus prudent; en temps de guerre et avec des lettres de marque à bord, on peut légitimement souhaiter que la voile qu'on a sous les yeux ait pour maître un étranger, ou autrement on ne rencontrerait jamais en mer un ennemi; mais, quoique je sois moi-même Anglais de naissance, je serais assez tenté de laisser la mer libre au vaisseau qui est entouré de ce brouillard, attendu que je ne connais ni sa nation ni ses projets. — Ah! capitaine Wilder! voilà un spectacle terrible pour le quart du matin. Souvent, bien souvent, j'ai vu le soleil se lever à l'est sans qu'il arrivât aucun mal; mais il n'y a rien de bon à attendre d'un jour où la lumière perce d'abord à l'ouest. Je donnerais bien volontiers aux armateurs ma part du mois dernier, quoique je ne l'aie gagnée qu'à la sueur de mon front, pour savoir seulement sous quel pavillon vogue ce vaisseau inconnu.

— Français, espagnol ou diable, le voilà qui vient! s'écria Wilder. Alors se tournant vers l'équipage silencieux et attentif, il cria d'une voix effrayante de force et d'énergie : — Halez la vergue d'avant! halez, mes amis, fort et ferme!

C'étaient là des cris qui ne pouvaient manquer d'être entendus de l'équipage. Tous les efforts des nerfs et des muscles furent déployés pour exécuter ces ordres, afin d'être en mesure de recevoir la tempête qui approchait. Personne ne disait mot; mais chacun employait toutes ses forces, toute son énergie, comme à l'envi l'un de l'autre. Et il n'y avait pas en effet un moment à perdre, il n'y avait pas un bras qui ne fût strictement nécessaire, qui n'eût un service direct à accomplir. Le brouillard transparent et d'un aspect sinistre qui, depuis un quart d'heure, s'était amassé au nord-ouest, s'abaissait maintenant vers eux avec la rapidité d'un cheval qui s'élance dans l'arène. L'air avait déjà perdu cette température humide qui accompagne une brise de l'est, et de petits resolins commençaient à souffler à travers les mâts, précurseurs de l'ouragan qui approchait. Alors on entendit un bruit violent et terrible gronder sur l'océan, dont la surface, d'abord agitée, se rida ensuite et finit par se couvrir d'une brillante écume d'une blancheur parfaite. L'instant d'après, la fureur du vent tout entière se déchaîna contre la masse pesante et inerte du vaisseau marchand. A l'approche de la bourrasque, Wilder avait saisi la faible occasion que lui offraient les variations de l'air, pour mettre autant que possible son vaisseau devant le vent. Mais le navire paresseux ne répondit ni aux vœux de son impatience, ni aux besoins du moment. Sa proue avait quitté lentement et pesamment la direction du nord, le laissant placé précisément de manière à recevoir le premier choc sur son flanc découvert. Heureusement pour tous ceux qui avaient hasardé leur vie sur ce vaisseau sans défense, il n'était pas destiné à recevoir d'un seul coup toute la violence de la tempête. Les voiles tremblèrent sur leurs vergues massives, se gonflant et tombant tour à tour pendant une minute, et alors l'ouragan fondit sur elles avec une impétuosité terrible. *La Caroline* reçut bravement le choc; elle parut céder un instant à sa violence, au point qu'elle était presque couchée sur le flanc sur l'élément furieux; puis, comme si elle sentait le danger qu'elle courait, elle releva ses mâts inclinés, s'efforçant de se frayer un chemin à travers les eaux.

— La barre au vent, la barre au vent pour tout au monde! s'écria Wilder au milieu du fracas de la tempête. Le vieux marin qui était au gouvernail obéit à cet ordre avec assurance; mais en vain il tenait les yeux fixés sur la voile de l'avant, pour voir la manière dont le vaisseau se prêterait à ses efforts. Deux fois les grands mâts se baissèrent vers l'horizon, et deux fois ils se relevèrent gracieusement dans les airs, puis ils cédèrent à l'irrésistible impulsion du vent, et le bâtiment resta couché sur l'eau — Attention! dit Wilder en saisissant par le bras Earing éperdu, qui se précipitait à l'extrémité du tillac, c'est le moment de montrer du sang-froid, courez chercher une hache. Aussi prompt que la pensée qui avait donné cet ordre, le lieutenant obéit, et s'élança sur le mât d'artimon pour exécuter de ses propres mains le commandement qu'il savait devoir suivre. — Faut-il couper? demanda-t-il le bras levé et d'une voix ferme et assurée qui rachetait bien le moment de faiblesse qu'il avait montré.

— Attendez! Le vaisseau est-il sensible au gouvernail?
— Pas le moins du monde.
— Alors coupez, ajouta Wilder d'une voix calme et sonore.

Un simple coup suffit pour effectuer l'opération. Tendue autant qu'il était possible par le vaste poids qu'elle maintenait, la ride, frappée par Earing, ne fut pas plutôt coupée, que toutes les autres cédèrent successivement, laissant le mât supporter lui seul tout le poids et tout l'attirail de ses agrès. Le bois craqua ensuite, et alors les agrès tombant avec fracas, comme un arbre qu'on coupe à sa racine, franchirent la faible distance qui les séparait encore de la mer.

— Se relève-t-il? cria aussitôt Wilder au marin qui tenait le gouvernail.

— Il a fait un léger mouvement, monsieur, mais cette nouvelle bourrasque le met de nouveau sur le côté.

— Faut-il couper? demanda Earing du grand mât sur lequel il s'était précipité avec l'ardeur du tigre qui fond sur sa proie.

— Coupez, fut la réponse.

Un craquement terrible et imposant succéda bientôt à cet ordre, quoique seulement après plusieurs coups vigoureusement déchargés sur le mât lui-même. Bois, cordage, voiles, tout s'abîma de nouveau dans la mer, et le vaisseau se relevant au même instant se mit à rouler pesamment dans la direction du vent.

— Il se relève! il se relève! s'écrièrent vingt voix jusqu'alors muettes, suspendues entre la mort et la vie.

— Débarrassez-le; que rien ne gêne ses mouvemens, ajouta la voix toujours calme, mais imposante du jeune capitaine. Soyez prêts à ferler le grand hunier. Laissez-le pendre un moment pour tirer le vaisseau de ce mauvais pas. — Coupez! coupez! du courage, mes amis! — Couteaux, haches, coupez avec tout! coupez tout!

Comme les marins travaillaient alors avec le courage que donne un espoir renaissant, les cordes qui attachaient encore au vaisseau les espars tombés furent coupées en un instant, et *la Caroline* semblait ne faire qu'effleurer l'écume qui couvrait la mer, comme un oiseau dont la plume légère raserait la surface de l'eau. Le vent grondait avec une force qui ressemblait au bruit lointain du tonnerre, et qui semblait menacer d'enlever le vaisseau et ce qu'il contenait de son élément naturel, pour le livrer à un autre plus variable encore et plus perfide. Comme un sage et prudent matelot avait laissé flotter les rides de la seule voile qui restât, au moment où la bourrasque approchait, la voile du perroquet déployée, mais baissée, était gonflée alors de manière à enlever avec elle le seul mât qui était encore debout. Wilder vit à l'instant la nécessité de se débarrasser de cette voile et l'impossibilité totale de l'assujettir. Appelant Earing à ses côtés, il lui montra le danger, et donna les ordres nécessaires.

— Ce mât ne peut résister bien long-temps à de pareilles secousses, dit-il en finissant, et s'il tombait sur l'avant du vaisseau, au train dont celui-ci est emporté, il pourrait lui porter un coup fatal. Il faut faire monter là-haut un homme ou deux pour couper la voile des vergues.

— Ce bois plie comme un fouet de saule, répondit le lieutenant, et déjà même il est fendu par le bas. Il y aurait grand danger à y monter, quand des vents aussi furieux grondent autour de nous.

— Vous pouvez avoir raison, dit Wilder soudainement convaincu de la vérité de ce que l'autre avait dit; tenez-vous donc ici, et si quelque malheur m'arrive, essayez de faire entrer le vaisseau dans quelque port aussi loin vers le nord que les caps de Virginie au moins. N'allez pas surtout essayer Hatteras dans l'état présent du...

— Que voulez-vous donc faire? capitaine Wilder, interrompit le lieutenant appuyant fortement la main sur l'épaule de son commandant, qui avait déjà jeté son bonnet de marin sur le tillac et qui se préparait à ôter son habit.

— Je vais monter pour couper cette voile de perroquet, sans quoi nous perdons le mât, et peut-être le vaisseau.

— Oui, oui, je le vois assez clairement. Mais sera-t-il dit qu'un autre aura fait le devoir d'Édouard Earing? Votre affaire à vous c'est de faire aborder le vaisseau aux caps de Virginie; la mienne à moi c'est de couper cette voile. S'il m'arrive quelque chose, eh bien! faites-en mention sur le livre de loch, avec un ou deux mots sur la manière dont je me suis acquitté de mon rôle. C'est là l'épitaphe la meilleure et la plus convenable pour un marin.

Wilder ne fit aucune résistance, mais il reprit son attitude de vigilance et de réflexion, avec la tranquillité d'un homme accoutumé lui-même depuis trop long-temps à ne jamais marchander avec son devoir pour s'étonner qu'un autre en fît autant que lui.

Cependant Earing se mit promptement à exécuter ce qu'il venait de promettre. Passant au milieu du vaisseau, il se munit d'une hache convenable, et alors, sans dire un mot à aucun des matelots muets et attentifs, il s'élança aux agrès de misaine, dont chaque toron, chaque fil de caret était serré par l'ouragan de manière presque à se rompre. Les yeux intelligens de ceux qui l'observaient comprirent son intention, et précisément avec ce même orgueil de profession qui l'avait poussé à cette dangereuse entreprise, quatre ou cinq des plus vieux marins se jetèrent sur les enfléchures pour monter avec lui vers un ciel gros de tempêtes.

—Descendez de ces agrès! leur cria Wilder à travers un porte-voix; descendez tous, excepté le lieutenant! descendez! Ses paroles arrivèrent aux oreilles des compagnons d'Earing aussi animés que mortifiés; mais elles ne produisirent aucun effet. Chacun était trop occupé de l'objet qu'il poursuivait avec ardeur pour obéir à la voix qui le rappelait. En moins d'une minute, tous se furent répandus sur les vergues, préparés à agir au premier signal de leur officier. Le lieutenant jeta un regard autour de lui, et voyant le temps comparativement favorable, il frappa un coup sur la large corde qui attachait à la vergue inférieure un des coins de la voile enflée et prête à rompre. L'effet fut à peu près celui qu'on produirait en faisant sauter la pierre fondamentale d'une voûte peu solide. La toile brisa tous ses liens avec fracas, et on la vit un instant flotter en l'air en avant du vaisseau, comme si elle était soutenue sur les ailes d'un aigle. Le vaisseau s'éleva sur une lame pesante, et retomba lourdement par-dessus la vague, enfoncé à la fois par son propre poids et par la violence de l'ouragan. En ce moment critique, tandis que les marins grimpés sur les agrès regardaient encore du côté où la voile venait de disparaître, une ride des agrès inférieurs se brisa avec un bruit qui retentit jusqu'aux oreilles de Wilder.

—Descendez! cria-t-il d'une voix terrible à travers un porte-voix, descendez par les étais! descendez! Il y va de votre vie, tous tant que vous êtes! descendez!

Un seul d'entre eux profita de l'avis, et se laissa glisser jusque sur le tillac avec la rapidité du vent. Mais les cordes se brisaient successivement, et bientôt le bois lui-même craqua avec fracas. Pendant un moment le mât élevé chancela et sembla s'incliner tour à tour vers tous les points de l'horizon ; puis cédant au mouvement du corps du vaisseau, tout tomba dans la mer avec un bruit horrible. Cordes, vergues, étais, tout se brisa comme du fil, laissant la carcasse nue et dépouillée du navire s'élancer en avant et braver la tempête comme si rien ne s'était jamais opposé à sa marche. Un silence éloquent suivit ce désastre. Il semblait que les élémens eux-mêmes s'arrêtassent satisfaits de leur ouvrage. Un repos temporaire paraissait avoir enchaîné la fureur de la tempête. Wilder s'élança sur le bord du vaisseau et vit distinctement les malheureuses victimes encore attachées à leur frêle appui. Il vit même Earing agitant le bras en signe d'adieu, avec le courage d'un homme qui non seulement sentait combien sa position était désespérée, mais qui savait encore supporter son sort avec résignation. Puis tous ces débris de mâts, d'agrès, avec tous ceux qui s'y tenaient attachés, disparurent au milieu du brouillard terrible et surnaturel qui s'étendait de chaque côté du vaisseau depuis la mer jusqu'aux nuages.

Préparez vite une chaloupe ! à la mer ! cria Wilder sans s'arrêter à examiner combien il était impossible qu'ils se sauvassent à la nage, ou qu'on leur donnât le moindre secours au milieu d'une pareille tourmente.

Mais les marins confus et stupéfaits qui restaient encore ne l'entendaient point; aucun d'eux ne remua ni ne donna le plus léger signe d'obéissance. Ils promenaient autour d'eux des regards égarés, chacun s'efforçant de lire sur le visage sombre de son camarade ce qu'il pensait de l'étendue du mal. Mais pas une seule bouche ne s'ouvrit pour faire la moindre observation.

— Il est trop tard ! il est trop tard ! se dit Wilder au désespoir; aucun effort, aucune puissance humaine ne peuvent les sauver.

— N'aperçois-je pas une voile ? dit tout bas Knighthead qui était à côté de lui, d'une voix qui exprimait une sorte de terreur superstitieuse.

— Qu'elle vienne, répondit avec amertume le jeune commandant; le mal est déjà arrivé à son comble.

— Fût-ce un vaisseau de mort, nous devons aux passagers, et nous devons aux armateurs, de lui parler, si un homme peut faire entendre sa voix au milieu de cette tempête, reprit le second lieutenant montrant à travers le brouillard l'objet obscur qui était certainement en vue, et qui approchait de plus en plus.

— Lui parler! les passagers! murmura Wilder répétant involontairement ses paroles. Non, tout au monde vaut mieux que de lui parler. Voyez-vous le vaisseau qui arrive sur nous si rapidement? demanda-t-il d'une voix ferme au matelot vigilant qui, resté fidèle à son poste, tenait toujours le gouvernail de *la Caroline*.

— Oui, oui, monsieur, fut la courte réponse du marin.

— Cédez-lui le passage, embardez, barre du gouvernail tout à bord! Peut-être nous passera-t-il dans l'obscurité, maintenant que nous n'avons rien de plus élevé que nos ponts. Embardez, monsieur, m'entendez-vous?

Le matelot répondit tout aussi laconiquement que la première fois, et pendant quelques instans le vaisseau de Bristol dériva un peu de la direction dans laquelle l'autre approchait. Mais un second coup d'œil convainquit Wilder que cette tentative était inutile. Le bâtiment mystérieux, car chacun à bord était persuadé que c'était le même qu'on avait vu si long-temps flotter à l'horizon au nord-ouest, avançait à travers le brouillard avec une promptitude qui égalait presque la rapidité des vents eux-mêmes. On n'y voyait pas une seule voile déployée. Tous les espars, tous, jusqu'aux légers mâts de perroquet, étaient à leur place, garantissant la beauté et la symétrie du bâtiment tout entier, mais pas le moindre morceau de toile n'était ouvert à l'ouragan. En avant du vaisseau roulait une énorme masse d'écume qu'on pouvait distinguer au milieu même de l'agitation générale de l'Océan, et lorsqu'il fut assez près pour qu'on pût en entendre le bruit, le triste frémissement des eaux aurait pu se comparer au fracas d'une cascade. D'abord les spectateurs, placés sur le tillac de *la Caroline*, pensèrent qu'ils n'étaient point aperçus, et quelques-uns demandaient à grands cris qu'on allumât des lumières, de peur qu'un choc terrible ne vînt mettre fin aux désastres de la nuit.

— Non, s'écria Wilder, ils ne nous voient déjà que trop.

— Non, non, murmura Knighthead, ne craignez rien, nous sommes vus, et par des yeux tels qu'on n'en vit jamais sortir d'un visage mortel.

Les marins se turent. En un instant le vaisseau mystérieux n'était plus qu'à une centaine de pieds de *la Caroline*. Cette même force du vent qui avait soulevé les vagues avec tant de fureur refoulait maintenant l'élément dans son lit, et l'y tenait captif comme sous le poids d'une montagne. La mer était partout couverte d'écume, mais aucune vague ne s'élevait au-dessus du niveau de sa surface. Si une lame paraissait vouloir sortir un instant de son sein, l'ouragan la balayait aussitôt, et il ne restait d'elle qu'une trace blanchâtre et vaporeuse. Le vaisseau inconnu s'avançait sur cette surface écumante, mais comparativement calme, avec la même grandeur et la même majesté qu'un épais nuage qui court sur le ciel devant l'ouragan. On n'apercevait à bord aucun signe de vie. Si quelques matelots regardaient les tristes débris du vaisseau de Bristol, c'était sans se montrer, et tout était sur le tillac aussi sombre que la tempête devant laquelle ils couraient.

Wilder retint sa respiration au moment où le navire inconnu passa le plus près d'eux. Son angoisse était à son comble; mais lorsqu'il n'aperçut aucune figure, qu'il ne vit faire aucun signal, aucun effort pour arrêter la marche fougueuse de ce bâtiment, un sourire de satisfaction brilla sur son visage, et ses lèvres remuèrent avec vivacité, comme s'il s'estimait heureux d'être abandonné à son sort. L'autre vaisseau passa comme une vision ténébreuse, et bientôt on l'apercevait à peine à travers l'écume qui se formait sur sa route.

—Il se perd dans le brouillard, s'écria Wilder en respirant après la terrible anxiété qu'il venait d'éprouver.

—Dans le brouillard ou dans les nuages, répondit Knighthead qui se tenait opiniâtrement à ses côtés, observant avec la plus jalouse défiance le moindre mouvement de son commandant inconnu.

— Dans les cieux ou dans la mer, peu m'importe, pourvu qu'il ait disparu.

— Bien des marins se seraient réjouis d'apercevoir une voile étrangère, de la carcasse d'un bâtiment rasé jusqu'au tillac comme celui-ci.

—Les hommes courent souvent à leur perte pour ignorer leurs propres intérêts. Qu'il s'éloigne, vous dis-je, et c'est le plus ardent de mes vœux. Il avance de quatre pieds contre nous un seul, et maintenant toute la faveur que je demande, c'est que cet ouragan dure jusqu'au lever du soleil.

Knighthead tressaillit, et jeta sur son compagnon un regard oblique qui ressemblait à une imprécation tacite. Pour son esprit lourd et superstitieux c'était une impiété d'invoquer ainsi la tempête, au moment où les vents semblaient déployer toute leur fureur.

— C'est une tempête terrible, il est vrai, dit-il, et telle que beaucoup de marins passent leur vie entière sans en voir de semblable; mais ce serait peu connaître la mer que de croire qu'il n'y a point encore plus de vents en provision du côté d'où elle part.

— Qu'elle souffle, s'écria Wilder en se frappant les mains dans une sorte de frénésie, je ne demande que du vent.

Tous les doutes de Knighthead, s'il lui en restait encore, sur le caractère du jeune étranger qui avait pris si étrangèrement possession du poste de Nicolas Nichols, se trouvèrent pour le coup éclaircis; il retourna au milieu de l'équipage silencieux et pensif de l'air d'un homme dont l'opinion est fixée. Wilder ne parut faire aucune attention à lui, mais il continua à arpenter le tillac pendant des heures entières, tantôt jetant les yeux sur le ciel, tantôt lançant des regards fréquens et inquiets sur l'horizon borné, tandis que *la Royale Caroline* continuait à flotter devant le vent, débris impuissant et mutilé.

CHAPITRE XVII.

« Ecoutez, et vous entendrez le dernier de nos malheurs sur mer. »
SHAKSPEARE.

La violence de la tempête s'était fait sentir au moment où Earing et ses infortunés compagnons avaient été précipités avec le mât dans la mer. Quoique le vent continuât à souffler longtemps après ce fatal événement, c'était avec une force toujours décroissante. A mesure que l'ouragan tombait, les flots commençaient à s'élever, et le vaisseau à fatiguer en proportion. Il y eut alors deux heures de vigilance inquiète pour Wilder, pendant lesquelles il eut besoin de toutes ses connaissances maritimes pour empêcher que les restes de son bâtiment ne devinssent la proie d'une mer avide. Cependant son habilité consommée réussit à remplir la tâche qui lui était imposée, et précisément au moment où l'on commençait à distinguer à l'est les premiers rayons du jour, les vents et les flots s'apaisèrent à la fois. Durant toute cette période de pénible inquiétude, notre aventurier ne reçut pas le moindre secours de personne de l'équipage, à l'exception de deux marins expérimentés qu'il avait eu soin de mettre au gouvernail. Mais il fit peu d'attention à cette négligence, parce que les circonstances ne demandaient guère rien de plus que son propre jugement, secondé fidèlement, comme il l'était, par les efforts des deux matelots placés plus immédiatement sous ses yeux.

Le jour se leva sur une scène bien différente de celle qui avait signalé l'affreuse horreur de la nuit. Les vents semblaient avoir épuisé leur fureur. Il ne se faisait plus sentir qu'une brise incertaine, et avant que le soleil fût levé, l'agitation de la mer avait fait place à un calme plat. La mer s'affaissa aussi vite que la force qui l'avait soulevée s'évanouit, et lorsque les rayons dorés de l'astre étincelant tombèrent en plein sur l'élément inconstant, il n'offrait plus qu'une surface calme et unie, qui pourtant s'élevait encore doucement par intervalle comme le sein paisible d'un enfant qui sommeille.

Il était encore de bonne heure, et la sérénité du ciel et de l'océan promettait un jour qui permît d'aviser aux moyens de remettre en quelque sorte le vaisseau sous les ordres de l'équipage.

— Préparez les pompes, dit Wilder voyant les marins sortir successivement des différentes positions où ils avaient été cacher leurs inquiétudes pendant les dernières heures de la nuit.

— M'entendez-vous, monsieur? ajouta-t-il d'une voix sévère, s'apercevant que personne ne remuait pour obéir à son ordre. — Sondez la profondeur de l'eau, et qu'on n'en laisse point un pouce dans le bâtiment.

Knighthead, à qui Wilder venait de s'adresser personnellement, jeta sur son commandant un regard oblique de mauvais augure, et échangea avec ses camarades de singuliers coups d'œil d'intelligence, avant de juger convenable de se disposer le moins du monde à l'obéissance; mais le ton décidé de son chef produisit enfin son effet. Les matelots se mirent lentement à exécuter l'ordre qui avait été donné, et l'on se convainquit que l'eau avait déjà fait de terribles envahissemens. La manœuvre fut répétée avec une plus grande activité et beaucoup plus de précision.

— S'il est des sortiléges qui puissent vider le fond de cale d'un bâtiment déjà à demi plein d'eau, dit Knighthead regardant toujours de mauvais œil Wilder attentif, le plus tôt sera le mieux; car il faudra toute l'habileté de quelque chose de plus qu'une *mazette* pour faire jouer les pompes de *la Royale Caroline*.

— Le vaisseau fait-il eau? demanda son supérieur avec un empressement qui montrait assez quelle importance il attachait à cette question.

— Hier j'aurais mis hardiment mon nom sur le rôle de tout bâtiment qui flotte sur les mers, et si le capitaine m'avait demandé si j'en connaissais la nature et le caractère, aussi sûr que je me nomme Francis Knighthead, je lui aurais répondu sans hésiter : — Oui; mais je m'aperçois aujourd'hui que le plus vieux marin peut encore apprendre quelque chose, n'importe de quelle manière il prend une leçon.

— Que voulez-vous dire, monsieur? demanda Wilder, qui, pour la première fois, commençait à s'apercevoir des airs d'insubordination que se donnait le second lieutenant, et de la manière menaçante dont il était appuyé par l'équipage. — Préparez les pompes sans délai, et qu'on se mette à l'ouvrage.

Knighthead obéit lentement à la première partie de cet ordre, en peu d'instans tout fut préparé pour commencer le travail nécessaire, et même, à ce qu'il semblait, urgent, de faire jouer les pompes. Mais aucun homme ne prêta les mains à cette pénible manœuvre. L'œil pénétrant de Wilder, qui avait pris l'alarme, ne tarda pas à découvrir cette résistance; il répéta l'ordre d'un ton plus sévère, en appelant nommément deux matelots à donner l'exemple de l'obéissance. Ceux-ci hésitèrent, donnant ainsi à Knighthead le temps de les confirmer par sa voix dans leurs intentions séditieuses.

— Qu'est-il besoin de bras pour faire jouer les pompes dans un vaisseau comme celui-ci? dit-il avec un sourire grossier, mais où une secrète terreur luttait d'une manière étrange avec une malveillance prononcée. — Après tout ce que nous avons vu cette nuit, aucun de nous ne serait étonné quand nous verrions le vaisseau vomir l'eau de la mer, comme la baleine lorsqu'elle respire.

— Que veulent dire cette hésitation et ce langage? dit Wilder en s'approchant de Knighthead d'un pas ferme et d'un œil trop fier pour se laisser abattre par les signes d'insubordination les plus évidens. — Est-ce vous, monsieur, vous qui devriez être le premier à vous montrer dans un cas comme celui-ci, qui osez donner l'exemple de la désobéissance ?

Le lieutenant recula d'un pas, ses lèvres s'entr'ouvrirent; mais il n'articula aucune réponse intelligible. Wilder lui répéta de nouveau d'un ton calme et sévère de se mettre lui-même à la brimbale. Knighthead retrouva alors la voix pour articuler un refus net; mais à l'instant même il roula aux pieds de son commandant indigné, atteint d'un coup qu'il n'avait eu ni l'adresse ni le temps de parer.

A cet acte décisif succéda un moment de silence profond et d'incertitude parmi les marins: puis poussant tous ensemble des vociférations terribles, comme pour se constituer en état de révolte ouverte, ils s'élancèrent contre notre aventurier seul et sans défense. Au moment où une douzaine de bras venaient de saisir fortement Wilder, un cri aigu retentit du milieu du tillac, et suspendit un moment leur fureur. C'était Gertrude dont la voix déchirante avait eu assez d'influence pour arrêter les projets barbares d'un assemblage d'êtres aussi rudes et aussi grossiers que ceux dont les passions venaient d'être éveillées d'une manière si terrible. Wilder fut relâché, et tous les yeux se portèrent par une impulsion soudaine du côté où la voix s'était fait entendre.

Pendant les heures les plus critiques de la nuit qui venait de s'écouler, l'existence même des passagers descendus dans les cabines avait été oubliée par ceux que leur devoir retenait sur le tillac. S'ils s'étaient présentés au souvenir de quelqu'un, c'était dans les momens où l'esprit du jeune aventurier qui dirigeait les mouvemens du vaisseau avait trouvé le temps de jeter un coup d'œil furtif sur des scènes plus douces que la lutte terrible des élémens qui s'était engagée si violemment sous ses yeux. Knighthead les avait nommés quand il avait voulu insister sur la nécessité de parler au vaisseau inconnu; mais ce n'avait pas été par intérêt pour leur sort.

Mrs Wyllys et sa pupille étaient donc restées pendant tout ce temps dans une ignorance complète des désastres qui avaient eu lieu. Enfermées dans leur chambre, elles avaient entendu le mugissement des vents et le brisement perpétuel des vagues ; mais ce fracas même les avait empêchées d'entendre le craquement des mâts et les cris rauques des matelots. Dans ces momens d'incertitude terrible, où le vaisseau était couché sur le côté, la gouvernante, plus expérimentée, eut, il est vrai, quelque terrible pressentiment de la vérité ; mais sentant qu'elle ne pouvait être d'aucune utilité, et ne voulant pas alarmer sa compagne, elle eut assez d'empire sur elle-même pour se taire. Le silence et le calme relatif qui suivirent la portèrent à croire qu'elle s'était trompée dans ses appréhensions ; et long-temps avant que le jour parût, Gertrude et elle s'étaient laissé aller aux douceurs d'un paisible sommeil. Elles s'étaient levées et étaient montées ensemble sur le tillac, et elles n'étaient pas encore revenues de la stupeur où les plongea le spectacle de désolation qui frappa leurs yeux, quand la révolte méditée depuis long-temps éclata contre Wilder.

— Que signifie cet affreux changement? demanda Mrs Wyllys, dont les lèvres tremblaient, et dont le visage, malgré l'empire extraordinaire qu'elle exerçait sur ses sens, était couvert d'une pâleur mortelle.

L'œil de Wilder était étincelant, et son front aussi sombre que la tempête à laquelle ils venaient si heureusement d'échapper, lorsqu'il répondit, tout en faisant aux mutins un geste menaçant :

— Ce que cela signifie, madame ? c'est une sédition, une basse, une lâche sédition.

— Une sédition ! a-t-elle pu aller jusqu'à dépouiller ce vaisseau de tous ses mâts, et à le laisser ainsi nu et sans défense sur la mer ?

— Écoutez, madame, interrompit brusquement le lieutenant, je puis vous parler franchement à vous, car on sait qui vous êtes, et pour quel motif vous vous êtes embarquée sur *la Caroline*. J'ai vu cette nuit le ciel et l'océan se conduire comme ils ne s'étaient jamais conduits auparavant. Des vaisseaux couraient devant le vent, légers comme le liége, élevant en l'air tous leurs mâts, qui ne bronchaient pas plus que s'ils eussent été dans le port, tandis que d'autres ont été rasés en une minute aussi complètement que la barbe sous le rasoir d'un barbier. On rencontre des croiseurs voguant sans être dirigés par des mains humaines, et enfin, à tout prendre, personne n'a jamais passé un quart comme celui qui vient de s'écouler.

— Et qu'a cela de commun avec les actes de violence dont je viens d'être témoin? Le vaisseau est-il destiné à souffrir tant de maux? Est-ce une chose que vous puissiez m'expliquer, monsieur Wilder?

— Vous ne sauriez dire au moins que vous n'ayez pas été avertie du danger, répondit Wilder avec un sourire amer.

— Oui, le diable est obligé d'être honnête quand on l'y force, reprit le lieutenant. Chacune de ses créatures est assujettie à ses ordres; et, grace au ciel, quelque envie qu'elles pourraient avoir de les transgresser, elles n'ont ni le courage ni le pouvoir de le faire. Autrement, un voyage paisible serait si rare, dans ces temps de trouble, que peu d'hommes auraient la hardiesse de se hasarder sur les eaux. — Avertis! oui, oui, nous en convenons; vous nous avez avertis, et à plusieurs reprises. C'était un avertissement que le consignataire n'aurait pas dû mépriser, lorsque Nicolas Nichols se cassa la jambe au moment où on levait l'ancre. Je n'ai jamais vu pareil accident arriver à un tel moment, sans qu'il s'ensuivît quelque malheur. Et puis, n'était-ce pas un avertissement que ce vieillard avec sa barque? sans compter combien c'est une chose qui porte malheur que de chasser violemment le pilote du vaisseau. Comme si tout cela n'était pas assez, au lieu d'ouvrir enfin les yeux et de nous tenir paisiblement à l'ancre, nous mettons à la voile, et quel jour choisissons-nous pour quitter un port sûr et tranquille, un vendredi [1]! Loin d'être surpris de ce qui est arrivé, tout ce dont je m'étonne, c'est de me trouver encore en vie, et je le dois simplement à ce que je n'ai obéi qu'à ceux à qui je devais obéissance, et non à des marins inconnus et à des commandans étrangers. Si Edward Earing en avait fait autant, il y aurait encore un plancher solide entre lui et l'abîme. Mais quoiqu'il fût à demi tenté de croire à l'évidente vérité, il se laissa aller après tout à la superstition et à la crédulité.

Cette profession de foi caractéristique et étudiée du lieutenant,

---

[1] La croyance superstitieuse que le vendredi est un jour funeste n'était point particulière à Knighthead; elle s'est conservée plus ou moins parmi les marins jusqu'à nos jours. Un négociant éclairé du Connecticut voulut s'efforcer, pour sa part, de déraciner un préjugé quelquefois nuisible. Il fit commencer la construction d'un vaisseau un vendredi, le lança un vendredi à la mer, lui donna le nom de *Vendredi*, enfin ce fut un vendredi que le vaisseau partit pour son premier voyage. Malheureusement pour le succès de cette tentative bien intentionnée, jamais on n'eut de nouvelles ni du bâtiment ni de l'équipage.

quoique assez claire pour Wilder, était une énigme complète pour les deux femmes; mais Knighthead n'avait pas pris son parti à demi, et il n'avait pas été si loin pour s'arrêter court au moment d'accomplir son dessein. Il expliqua en deux mots à Mrs Wyllys la situation désespérée du bâtiment, et l'impossibilité absolue qu'il pût encore rester sur l'eau quelques heures, puisque des expériences réitérées venaient de le convaincre que le fond de cale était déjà à moitié rempli d'eau.

— Et qu'y a-t-il donc à faire? demanda la gouvernante en jetant un regard de détresse sur la pâle et attentive Gertrude. N'y a-t-il aucun vaisseau en vue pour nous sauver du naufrage? ou faut-il périr ainsi sans ressource?

— Dieu nous garde de rencontrer davantage des vaisseaux inconnus! s'écria l'opiniâtre Knighthead. Nous avons la pinasse qui est suspendue à la poupe, et la terre doit être à une quarantaine de lieues d'ici au nord-ouest. L'eau et les vivres sont en abondance, et douze bras vigoureux peuvent bientôt conduire une chaloupe jusqu'au continent américain, pourvu toutefois qu'on ait laissé l'Amérique où nous l'avons vue, pas plus tard qu'hier au coucher du soleil.

— Vous proposez donc d'abandonner le vaisseau?

— Oui, l'intérêt des armateurs est cher à tout bon marin, mais la vie est plus précieuse que l'or.

— La volonté du Ciel soit faite! mais sûrement vous ne méditez aucun acte de violence contre monsieur, qui, j'en suis certaine, a gouverné le vaisseau, dans des circonstances aussi critiques, avec une prudence bien au-dessus de son âge.

Knightehad murmura quelques mots tout bas, comme s'il se faisait part à lui-même de ses intentions, quelles qu'elles fussent, et il se retira alors pour conférer avec les matelots, qui ne semblaient déjà que trop disposés à seconder toutes ses vues, quelque fausses, quelque injustes qu'elles pussent être. Pendant les courts momens d'incertitude qui suivirent, Wilder garda le silence, toujours calme et maître de lui, laissant percer sur ses lèvres une expression de dédain, et conservant plutôt l'attitude d'un homme qui avait le pouvoir de décider du sort de ses semblables, que celui de quelqu'un dont, sans doute, le propre sort se décidait au moment même.

Quand les matelots se furent arrêtés à un parti définitif, le lieutenant vint proclamer le résultat de la délibération. Toutefois les paroles n'étaient point nécessaires pour faire connaître une partie essentielle de leur décision, car quelques marins s'occupèrent sans retard à mettre à la mer la pinasse de la poupe, tandis que d'autres travaillaient à y transporter les provisions nécessaires.

— Tous les chrétiens qui sont à bord du vaisseau trouveront place dans cette pinasse, dit Knighthead, et quant à ceux qui placent leur confiance en de certaines personnes, eh bien, qu'ils appellent à leur aide ceux qui ont coutume de les seconder.

— Je dois donc conclure de là, dit Wilder avec calme, que vous êtes dans l'intention d'abandonner ce vaisseau ainsi que votre devoir?

Le lieutenant à demi intimidé, mais toujours plein de ressentiment, lui jeta un regard dans l'expression duquel la crainte le disputait à l'orgueil du triomphe ; enfin il répondit ;

— Vous qui savez faire voguer un vaisseau sans l'aide de l'équipage, qu'avez-vous donc besoin de barque? Au reste, vous ne pourrez jamais dire à vos amis, quels qu'ils soient, que nous vous laissons sans moyens de gagner la terre, si, au bout du compte, c'est de la terre que vous êtes habitant ; il vous reste la chaloupe.

— La chaloupe!... mais vous savez bien que sans mât tous vos efforts réunis ne pourraient la soulever du tillac, autrement on ne l'y laisserait pas.

— Ceux qui ont enlevé les mâts de *la Caroline* pourront bien les replacer, répondit un matelot en grimaçant. Nous ne vous aurons pas quitté d'une heure, qu'une main invisible redressera vos espars, et vous ne manquerez pas alors de compagnons de voyage.

Wilder parut dédaigner de répondre. Il se mit à se promener à pas lents sur le tillac, pensif, il est vrai, mais toujours calme et de sang-froid. Pendant ce temps, comme tous les matelots brûlaient du même désir de quitter au plus tôt le bâtiment, les préparatifs avancèrent avec une activité incroyable. Les deux femmes surprises et alarmées avaient eu à peine le temps de bien envisager la situation extraordinaire dans laquelle elles se trouvaient, quand elles virent transporter sur la pinasse le maître qui s'était si malheureusement blessé ; l'instant d'après on les appela pour qu'elles vinssent prendre place à côté de lui.

L'instant critique était arrivé, et elles commencèrent à sentir la nécessité de prendre un parti. Les remontrances, elles ne le craignaient que trop, seraient inutiles, car les regards de haine et de malveillance qu'on lançait de temps en temps contre Wilder montraient combien il eût été dangereux d'exciter des esprits aussi opiniâtres et aussi ignorans à de nouveaux actes de violence. La gouvernante eut l'idée de s'adresser au blessé; mais l'air d'inquiétude désespérée avec lequel il avait regardé autour de lui en se voyant porté sur le tillac, et l'expression de souffrances physiques et morales qui perçait sur sa figure au moment où il la cacha dans les couvertures dont il était enveloppé, n'annonçait que trop clairement combien peu de secours on pouvait espérer de lui dans son état actuel.

— Que nous reste-t-il à faire? demanda-t-elle enfin à l'objet en apparence insensible de sa sollicitude.

— Je voudrais le savoir, répondit-il sur-le-champ en jetant un regard perçant et rapide sur tout l'horizon. Il n'est pas invraisemblable qu'ils atteignent le rivage; vingt-quatre heures de calme suffisent pour cela.

— Autrement?

— Un coup de vent du nord-ouest ou de tout autre point de la terre entraînera leur ruine.

— Et le vaisseau?

— S'il est abandonné, il doit couler à fond.

— Alors il faut que je parle en votre faveur à ces cœurs de pierre. Je ne sais d'où vient l'intérêt si puissant que vous m'inspirez, inexplicable jeune homme, mais j'aimerais mieux m'exposer à tout que de vous savoir livré à un pareil danger.

— Arrêtez, ma chère dame, dit Wilder en la retenant avec respect par la main, je ne puis quitter ce vaisseau.

— C'est ce que nous ne savons pas encore; on peut dompter les caractères les plus opiniâtres. Il est possible que je réussisse.

— Il y a un caractère à dompter, une raison à convaincre, des préjugés à surmonter sur lesquels vous n'avez aucun droit.

— Les préjugés de qui?

— Les miens.

— Que voulez-vous dire, monsieur? Pensez que ce serait faiblesse de souffrir que le ressentiment contre de tels êtres vous entraînât à un acte de folie.

— Ai-je l'air d'un fou? demanda Wilder. Le sentiment qui me

dirige peut être faux, mais tel qu'il est il est inhérent à mes habitudes, à mes opinions, et, je puis le dire, à mes principes. L'honneur me défend de quitter un vaisseau que je commande, tant qu'il en reste une planche à flot.

— Et de quelle utilité peut être un bras isolé dans une circonstance aussi critique ?

— D'aucune, répondit-il avec un sourire mélancolique. Je dois mourir, afin que d'autres, quand ils seront à ma place, fassent leur devoir.

Mrs Wyllys et Gertrude restèrent immobiles. Toutes deux examinèrent son œil étincelant et le calme qui régnait sur tout le reste de sa physionomie ; mais il y avait un sentiment de terreur qui se mêlait à leur intérêt. Mrs Wyllys lisait dans l'expression même de ses traits un caractère de résolution inébranlable, tandis que Gertrude, tout en frémissant à la seule pensée du sort affreux qui l'attendait, sentait dans son jeune cœur un enthousiasme généreux qui l'entraînait presque malgré elle à admirer son dévouement héroïque. Mais la gouvernante vit de nouveaux motifs de crainte dans la détermination de Wilder. Si elle avait jusqu'alors senti de la répugnance à se confier, ainsi que son élève, à un ramas d'hommes tels que ceux qui possédaient alors toute l'autorité, cette répugnance fut plus que doublée par les injonctions rudes et bruyantes qu'on lui faisait de se hâter et de venir prendre place au milieu d'eux.

— Plût au Ciel que je susse ce que je dois faire ! s'écria-t-elle ; parlez-nous, jeune homme ; donnez-nous les conseils que vous donneriez à une mère et à une sœur.

— Si j'étais assez heureux pour avoir des parens qui me fussent aussi proches et aussi chers, répondit-il avec chaleur, rien ne pourrait nous séparer dans un pareil moment.

— Y a-t-il quelque espoir pour ceux qui restent sur ces débris ?

— Très peu.

— Et sur la chaloupe ?

Il s'écoula plus d'une minute avant que Wilder répondît. Il tourna de nouveau les yeux vers le vaste et brillant horizon, et parut étudier le ciel dans la direction du continent lointain, avec un soin infini. Aucun signe qui pût faire présager le temps n'échappa à sa vigilance, tandis que les émotions variées qu'il éprouvait en regardant se peignaient sur sa figure.

— Sur mon honneur, madame, sur cet honneur qui me fait un

devoir non-seulement de conseiller, mais de protéger votre sexe, je me défie du temps! Je pense qu'il y a autant de chances pour que nous soyons vus par quelque vaisseau, qu'il y a de probabilités que ceux qui se hasardent dans la pinasse atteignent jamais la terre.

— Restons donc ici, dit Gertrude, tandis que, pour la première fois depuis qu'elle avait reparu sur le tillac, le sang reparaissait snr ses joues décolorées, au point qu'elles furent bientôt couvertes d'une vive rougeur. Je ne puis souffrir les misérables qui seraient nos compagnons dans cette barque.

— Descendez! descendez! cria Nighthead d'un ton d'impatience. Chaque minute de jour est une semaine, chaque moment de calme est une année de vie pour nous tous. Descendez! descendez, ou nous vous laissons.

Mrs Wyllys ne répondit point, mais elle offrait l'image d'une entière et pénible indécision. Alors on entendit retentir sur l'eau le bruit des rames, et l'instant d'après on vit la pinasse glisser sur la plaine liquide poussée par les bras vigoureux de six forts rameurs.

— Arrêtez! s'écria la gouvernante n'hésitant pas davantage, recevez mon enfant, et abandonnez-moi.

— Un signe de la main et quelques mots inarticulés que grommela le contre-maître furent les seules réponses qui furent faites à cet appel. Il fut suivi d'un long et pénible silence. Bientôt les sombres traits des matelots montés sur la pinasse se confondirent dans l'éloignement, puis la barque elle-même parut diminuer à vue d'œil, jusqu'à ce qu'elle ne semblât plus qu'une tache noire qui s'élevait et s'abaissait avec le flux et le reflux des ondes azurées. Pendant tout ce temps pas un seul mot ne fut prononcé. Chacun semblait dévorer des yeux la barque qui s'éloignait, et ce ne fut que lorsqu'il devint absolument impossible de la distinguer, que Wilder lui-même put sortir de l'espèce de stupeur dans laquelle il était tombé. Ses yeux se portèrent sur ses compagnes, et il appuya la main sur son front, comme si la tête lui tournait à l'idée de la haute responsabilité qu'il avait prise sur lui en leur conseillant de rester; mais ce moment de faiblesse se passa bientôt, et il reprit cette fermeté, ce sang-froid qui avait été mis trop souvent à l'épreuve pour se laisser ébranler facilement.

— Ils sont partis! s'écria-t-il en poussant un soupir long et pénible comme quelqu'un dont la respiration avait été forcément suspendue.

— Ils sont partis! dit à son tour la gouvernante en jetant un coup d'œil où se peignait toute sa sollicitude sur l'immobile Gertrude; il n'y a plus d'espoir.

Le coup d'œil que Wilder jeta à son tour sur la statue muette, mais charmante, était à peine moins expressif que le regard de celle qui avait formé la jeune intelligence de la riche héritière. Son front devint pensif, ses lèvres se serrèrent, tandis qu'il rassemblait dans son esprit toutes les ressources de son imagination fertile et de sa longue expérience, en se livrant à de profondes et importantes réflexions.

— Y a-t-il quelque espoir? demanda la gouvernante qui observait avec une attention soutenue le moindre changement de physionomie de celui qui était alors leur unique appui.

Le nuage qui obscurcissait le front de Wilder se dissipa, et le sourire qui brilla sur son visage ressemblait aux rayons du soleil, quand il perce les plus épaisses vapeurs du tourbillon qui le dérobe aux yeux.

— Il y en a, dit-il avec assurance; notre position est loin d'être désespérée.

— Alors puisse celui qui gouverne le ciel et la mer recevoir mes actions de graces! s'écria la pieuse gouvernante en soulageant par un torrent de larmes une agonie de douleur concentrée depuis long-temps.

Gertrude se jeta au cou de Mrs Wyllys, et pendant quelques instans les deux amies se tinrent étroitement embrassées.

— Et maintenant, ma chère dame, dit Gertrude en s'arrachant des bras de sa gouvernante, confions-nous à l'habileté de M. Wilder. Il a prévu et prédit ce danger; pourquoi ne le croirions-nous pas, maintenant qu'il prédit notre délivrance?

— Prédit et prévu! reprit Mrs Wyllys de manière à montrer que sa confiance dans la prescience de Wilder n'était pas tout-à-fait aussi illimitée que celle de sa jeune et ardente compagne. Aucun mortel n'eût pu prévoir ce terrible malheur, et jamais, certes, s'il l'eût prévu, il n'aurait eu la pensée de s'y exposer volontairement. Monsieur Wilder, je ne veux pas vous importuner en vous demandant des explications qui maintenant pourraient être inutiles. Mais vous ne me refuserez pas de me communiquer vos motifs d'espérance.

Wilder se hâta de satisfaire une curiosité qu'il sentait bien devoir être aussi pénible qu'elle était naturelle. Les révoltés avaient laissé la plus grande et la plus sûre des deux chaloupes appartenant à *la Caroline*, dans leur impatience de profiter du calme, sachant bien qu'il faudrait des heures d'un rude travail pour la tirer de la place qu'elle occupait entre les deux grands mâts, et la lancer dans l'océan. Cette opération, qu'on eût pu exécuter en peu de minutes avec les ressources ordinaires du vaisseau, eût demandé alors toutes leurs forces réunies, et de plus une prudence et une attention qui auraient consumé une trop grande partie des instans qu'ils jugeaient avec raison si précieux dans une saison de l'année aussi variable et aussi contraire. Ce fut dans cette petite arche que Wilder proposa de réunir les objets utiles ou nécessaires qu'il pourrait ramasser à la hâte sur le vaisseau abandonné. Il y entrerait ensuite avec ses compagnes pour attendre le moment critique où le vaisseau s'enfoncerait sous leurs pieds.

— Appelez-vous cela de l'espoir? s'écria Mrs Wyllys quand cette courte explication fut terminée; et la pâleur qui se répandit de nouveau sur ses joues exprima l'excès de son désappointement. J'ai ouï dire que le gouffre que forment les vaisseaux en s'abîmant engloutit tous les objets de moindre dimension qui flottent auprès.

— Cela arrive quelquefois. Pour rien au monde je ne voudrais vous tromper, et je vous dirai maintenant que les chances que nous avons pour nous sauver sont au moins égales à celles que nous courrons d'être engloutis avec le vaisseau.

— C'est terrible, dit la gouvernante, mais que la volonté de Dieu soit faite! L'adresse ne saurait-elle suppléer à la force, et n'y a-t-il aucun moyen de lancer la chaloupe à la mer avant le moment fatal?

Wilder fit un signe de tête qui n'était pas équivoque.

— Nous ne sommes pas aussi faibles que vous le pensez, dit Gertrude; dirigez nos efforts, et voyons ce qu'il est encore possible de faire. Voici Cassandre, ajouta-t-elle en se tournant vers la jeune négresse déjà connue du lecteur, qui se tenait derrière sa jeune et ardente maîtresse, portant son manteau et son schall comme si elle s'apprêtait à la suivre dans une de ses promenades du matin; voici Cassandre, qui à elle seule a presque la force d'un homme.

— Eût-elle la force de vingt hommes, je désespérerais encore de pouvoir lancer la chaloupe sans l'aide d'aucune machine. Mais nous perdons le temps en paroles. Je vais descendre pour juger du temps probable que durera notre incertitude, et alors nous nous occuperons des apprêts du départ. Pour cela vous pourrez m'aider, toutes faibles et toutes délicates que vous êtes.

Il leur montra alors les objets légers qui pouvaient leur devenir nécessaires s'ils étaient assez heureux pour se sauver du naufrage, et il leur conseilla de les porter sans délai dans la chaloupe. Tandis que les trois femmes étaient ainsi occupés, il descendit à fond de cale, pour observer les progrès de l'eau et calculer le temps qui s'écoulerait avant que le navire s'abîmât tout entier.

Il reconnut que leur situation était encore plus alarmante qu'il n'avait été porté à le craindre. Privé de ses mâts, le vaisseau avait manœuvré si pesamment, qu'il avait ouvert à l'eau plusieurs de ses jointures, et comme les œuvres vives commençaient à s'enfoncer au-dessous du niveau de l'Océan, la crue de l'eau augmentait avec une incroyable rapidité. Le jeune marin, en jetant autour de lui un regard exercé, maudit dans toute l'amertume de son cœur l'ignorance et la superstition qui l'avaient fait abandonner du reste de l'équipage. Il n'y avait en effet aucun mal auquel de vigoureux efforts, habilement dirigés, n'eussent pu remédier. Mais privé de tout aide, il ne sentit que trop la folie d'essayer même de différer une catastrophe qui était maintenant inévitable. Il remonta, le cœur serré, sur le tillac, et s'occupa tout de suite des dispositions qui étaient nécessaires pour assurer à ses compagnes la plus légère chance de salut.

Tandis que celles-ci oubliaient un instant leurs terreurs pour se livrer à une occupation légère, mais également utile, Wilder disposa de deux mâts de la chaloupe, et arrangea convenablement les voiles, ainsi que les autres agrès qui pouvaient être nécessaires en cas de réussite.

Au milieu de ces apprêts, une couple d'heures s'écoulèrent, aussi promptement que si les minutes n'avaient été que des secondes. Au bout de ce terme, il avait achevé son travail. Il coupa les cordages qui servaient à affermir la chaloupe lorsque le vaisseau était en mouvement, la laissant à la même place, mais de manière à ce qu'elle ne fût plus attachée d'aucun côté à la carcasse du bâtiment, qui en ce moment s'était affaissée à un tel point, qu'on pouvait craindre à tout moment qu'il ne s'abîmât sous leurs pieds.

Cette mesure de précaution une fois prise, il invita ses compagnes à passer dans la chaloupe, de peur que la crise ne vînt plus tôt qu'il ne le supposait; car il savait qu'un vaisseau qui enfonce est comme un mur qui va tomber, toujours prêt à céder à la moindre impulsion qui l'entraîne en bas.

Il commença alors une opération presque aussi nécessaire : c'était de faire un choix parmi le chaos d'objets dont le zèle mal dirigé des trois dames avait tellement encombré la chaloupe qu'il leur restait à peine une place pour y mettre leurs personnes bien plus précieuses. Malgré les bruyantes et continuelles remontrances de la négresse, les caisses, les coffres, les paquets, furent jetés à la mer, comme si Wilder n'avait aucune considération pour les besoins futurs de l'être charmant en faveur duquel Cassandre, aussi peu écoutée que l'ancienne prêtresse du même nom, élevait si souvent la voix d'un ton de reproche.

Ce fut alors, et seulement alors, que Wilder prit quelque repos. Il avait disposé les voiles de manière à pouvoir les hisser en un instant. Il avait examiné avec soin si quelque corde, qu'il n'aurait pas aperçue, n'attachait pas encore la chaloupe aux débris du navire, pour les entraîner avec eux, et il s'était assuré par lui-même que du bois, de l'eau, une boussole et les instrumens imparfaits dont on se servait alors pour reconnaître la position d'un vaisseau, étaient rangés avec soin à leurs places respectives, et tout prêts à prendre. Quand tout eut été ainsi préparé, il se plaça lui-même à la poupe de la chaloupe, et s'efforça, en composant sa physionomie, d'inspirer à ses compagnes moins résolues une partie de sa fermeté.

L'astre brillant du soleil se réfléchissait en mille endroits tout autour d'eux. La mer était tombée dans un repos si complet, que ce n'était qu'à de longs intervalles que la grande masse inerte sur laquelle la barque était placée sortait en quelque sorte de sa léthargie, pour voguer pesamment pendant une minute sur les eaux qui la baignaient, et s'affaisser ensuite davantage dans l'élément avide qui allait l'engloutir. Cependant cet affaissement progressif semblait s'opérer avec une lenteur insupportable à ceux qui attendaient avec tant d'impatience la submersion totale du navire comme la crise qui devait décider de leur sort.

Pendant ces heures d'incertitude terrible, la conversation entre les passagers attentifs, quoique sur le ton de la confiance, et souvent même de la tendresse, était interrompue par de longs intervalles de silence et de réflexion. Chacun s'abstenait de faire la moindre allusion au danger qui les menaçait, pour ménager les sentimens des autres; mais personne ne pouvait cacher le risque imminent qu'ils couraient à cette sollicitude jalouse de l'amour de la vie qui leur était commun à tous.

Ce fut ainsi que s'écoulèrent les minutes, les heures, et le jour tout entier, jusqu'a ce qu'on vît l'obscurité se glisser le long du vaste abîme, rétrécisssant peu à peu l'horizon du côté de l'est, jusqu'à ce que leur vue se trouvât bornée à un cercle étroit et sombre autour de l'endroit où ils se trouvaient. A ce changement succéda une autre heure terrible pendant laquelle il semblait que la mort se disposât à les visiter, entourée de tout ce que ses horreurs ont de plus affreux. Le bruit que faisait la pesante baleine en étendant son corps énorme à la surface de la mer se fit entendre au loin; il fut reproduit par une centaine de poissons qui venaient à la suite de la reine de l'océan. L'imagination inquiète de Gertrude se figura que la mer vomissait tous ses monstres, et, malgré le calme avec lequel Wilder lui assurait que ces sons habituels étaient plutôt un signal de paix et de tranquillité que les symptômes d'un nouveau danger, elle n'avait sans cesse sous les yeux que les profonds abîmes au-dessus desquels ils semblaient suspendus par un fil, et se les représentait remplis de leurs hideux habitans. Le jeune marin tressaillit lui-même en apercevant à la surface de l'eau les sombres nageoires du vorace requin, qui rôdait autour de *la Caroline*, comme averti par son instinct que tout ce que contenait ce malheureux vaisseau allait bientôt devenir la proie de son espèce. Alors se leva la lune, dont la clarté douce et trompeuse jeta ses illusions fantastiques sur cette scène variée, mais toujours terrible.

— Voyez, dit Wilder au moment où l'astre pâle et mélancolique sortit du sein de l'océan, nous aurons du moins ce flambeau pour diriger notre dangereux esquif.

— L'instant fatal approche-t-il, demanda Mrs Wyllys avec toute la fermeté dont elle était capable dans une situation aussi critique.

— Oui. Le vaisseau a déjà enfoncé ses dalots dans la mer; quelquefois un bâtiment peut surnager jusqu'à ce qu'il soit entièrement couvert d'eau. Si le nôtre doit couler à fond, décidément ce sera bientôt.

— S'il doit couler, dites-vous? Y a-t-il donc quelque espoir qu'il puisse rester à flot?

— Aucun, dit Wilder s'arrêtant pour écouter les sons creux et menaçans qui partaient des profondeurs du vaisseau, tandis que l'eau se frayait un passage de tous les côtés, et qui retentissaient comme le mugissement de quelque monstre terrible dans la dernière agonie ; aucun, il a déjà perdu son aplomb.

Ses compagnes s'aperçurent du changement : mais pour rien au monde aucune d'elles n'aurait pu proférer une syllabe. On entendit un son bas, sourd et menaçant, et alors l'air enfermé dans le vaisseau fit sauter le devant du tillac avec une explosion semblable à celle d'une décharge d'artillerie.

— Maintenant, saisissez les cordes que je vous ai données! s'écria Wilder hors d'haleine.

Ses paroles furent étouffées par le bouillonnement toujours croissant des ondes. Le vaisseau plongea comme la baleine qui expire, et, élevant sa poupe dans les airs, s'enfonça dans les profondeurs de la mer, comme le léviathan qui cherche ses retraites secrètes. La chaloupe immobile fut enlevée avec le vaisseau au point de se trouver dans une position presque perpendiculaire.

Lorsque le reste du navire descendit dans l'abîme, l'avant de la chaloupe rencontra l'élément entr'ouvert et s'y enfonça presque au point de se remplir; mais solide et légère, elle se releva, et, grace à la secousse qui lui fut donnée par la masse qui s'affaissait, la petite arche fut lancée à fleur d'eau. Cependant l'onde écumante qui se précipitait dans le tourbillon entraînait tout sur son passage, et l'instant d'après la chaloupe descendit le long de la pente rapide, comme si elle allait suivre le vaste bâtiment dont elle avait si long-temps dépendu, entraînée dans le même gouffre qui s'ouvrait devant elle, puis elle se releva de nouveau en se balançant à la surface de l'eau et tourna un instant sur elle-même avec une rapidité effrayante. Ensuite l'océan sembla pousser une espèce de gémissement lugubre, et tout rentra dans le repos, les rayons de la lune se jouant sur son sein perfide aussi tranquillement qu'ils se réfléchissent sur la surface limpide d'un lac entouré d'une ceinture de montagnes qui lui prêtent leur ombre.

CHAPITRE XVIII.

> « Il n'y a pas de jour où la femme de quelque marin, les armateurs de quelque bâtiment, n'aient à exhaler les mêmes plaintes que nous. »
> SHAKSPEARE. *La Tempête.*

Nous sommes sauvés! dit Wilder, qui, pendant la violence de la crise, était resté constamment debout, se tenant attaché avec force à un mât, pour observer, d'un regard ferme, la manière dont ils échappaient à la mort ; nous sommes sauvés! du moins pour le moment. Le Ciel seul en soit loué, puisque tous mes efforts ne pouvaient nous être de la moindre utilité !

Les femmes s'étaient caché le visage sous les plis de leurs robes et la gouvernante elle-même ne releva point la tête qu'elle n'eût reçu deux fois de son compagnon l'assurance que l'imminence du danger était passée. Il s'écoula une autre minute pendant laquelle Mrs Wyllys et Gertrude exprimèrent leurs actions de graces d'un ton et en termes moins équivoques que l'expression qui venait de sortir des lèvres du jeune marin. Ce pieux devoir une fois rempli, elles se levèrent comme si elles avaient puisé dans la prière le courage d'envisager leur position avec plus de calme.

De tous côtés se prolongeait une étendue d'eau qui semblait sans bornes. Un léger et frêle esquif était pour elles le monde. Aussi long-temps que le vaisseau, tout dangereux, tout prêt à périr qu'il était, était resté sous leurs pieds, il leur avait semblé qu'il y avait une barrière entre leur vie et l'océan. Mais un seul instant venait de les priver même de ce fragile appui, et elles se trouvaient maintenant jetées au milieu des mers sur un bâtiment qui pouvait être comparé à l'un des globules qui s'élèvent sur la surface de l'océan. Gertrude sentit en ce moment qu'elle aurait donné moitié de ses espérances de vie pour apercevoir seulement ce continent vaste et presque inhabité qui s'étendait à l'ouest pendant tant de milliers de milles, et bornait l'empire des eaux.

Mais le cours de ces émotions, si naturelles dans leur situation désespérée, s'arrêta bientôt, et leurs pensées se reportèrent sur les moyens de pourvoir à leur sûreté ultérieure. Wilder cependant les avait prévenues, et avant même que Mrs Wyllys et Gertrude eussent recouvré leurs sens, il s'était occupé, avec l'aide de Cassandre tout effrayée, mais non moins active, à disposer tous les effets sur la chaloupe de manière à la mettre en état de se diriger sur l'eau avec le moins de résistance possible.

— Avec un vaisseau bien équipé et une brise favorable, s'écria notre aventurier avec chaleur dès qu'il eut fini cette légère besogne, nous pourrions encore espérer de gagner la terre en un jour et une nuit. J'ai vu le temps où, dans cette bonne chaloupe, je n'aurais pas hésité à parcourir les côtes d'Amérique dans toute leur longueur, pourvu que...

— Pourvu que... répéta Gertrude remarquant qu'il hésitait, sans doute parce qu'il lui répugnait de mettre à son assertion aucune restriction qui pût augmenter les craintes de ses compagnes.

— Pourvu que la saison eût été moins avancée de deux mois, ajouta-t-il d'un ton moins assuré.

— La saison nous est donc contraire ? C'est une raison pour nous de n'en montrer que plus de courage.

Wilder tourna la tête pour regarder la jeune héroïne qui lui parlait, et dont le visage pâle et immobile, tandisque la lune réfléchissait sur ses traits charmans sa lumière argentée, n'exprimait rien moins que le courage de supporter les maux qu'il ne savait que trop qu'elle pouvait avoir à souffrir avant qu'ils pussent espérer de gagner le continent. Après un instant de réflexion, il étendit sa main ouverte vers le sud-ouest, et la tint quelque temps exposée à l'air de la nuit.

— Il n'est rien de pire que de rester en place, dit-il, quand on se trouve dans notre position. Voici quelques symptômes d'une brise qui vient de ce côté. Il faut que je me prépare à en profiter.

Il déploya alors ses deux voiles de fortune, et larguant les écoutes, il se plaça au gouvernail comme un homme qui s'attendait que ses services y seraient bientôt nécessaires. L'événement ne trompa point sa prévoyance. Il ne fut pas long-temps sans voir flotter les voiles légères de sa chaloupe, et alors, lorsqu'il eut donné à la proue la direction convenable, le petit bâtiment commença à suivre lentement le long des eaux sa route incertaine.

Bientôt le vent, chargé de toute l'humidité de l'heure avancée de la nuit, devint plus frais et plus vif. Wilder insista sur cette circonstance, pour engager les dames à chercher le repos sous une petite tente goudronnée qu'il avait eu la prévoyance de transporter dans la chaloupe. S'apercevant que leur protecteur désirait être seul, Mrs Wyllys et sa pupille se rendirent à ses instances, et au bout de peu d'instans, si elles n'étaient point endormies, du moins personne n'aurait pu dire qu'aucun autre que notre aventurier était en possession de la chaloupe solitaire.

La nuit était déjà au milieu de son cours sans qu'il fût survenu aucun changement matériel dans la position de ceux dont le sort dépendait en si grande partie de l'influence variable de l'atmosphère. Le vent de plus en plus frais était devenu une brise piquante, et, d'après les calculs de Wilder, ils avaient déjà fait plusieurs lieues en avançant en ligne directe vers l'extrémité orientale de l'île longue et étroite qui sépare du grand océan les eaux qui baignent la côte du Connecticut. Les minutes s'écoulaient rapidement, car le temps était favorable, et les pensées du jeune marin étaient occupées des souvenirs d'une vie courte, mais pleine d'aventures. Par momens il se penchait en avant, comme pour prêter l'oreille à la douce respiration d'une personne qui dormait sous la tente grossière, et comme s'il eût pu distinguer le souffle léger que sa bouche entr'ouverte laissait échapper, de celui de ses compagnes. Puis alors il se laissait retomber à sa place, et ses lèvres tremblaient, comme si elles allaient s'ouvrir pour exprimer les idées confuses de son imagination. Mais jamais, même quand il s'abandonnait le plus à ses rêveries, il n'oubliait les devoirs essentiels du pilote. Un regard jeté rapidement, tantôt sur les cieux, tantôt sur la boussole, quelquefois avec plus d'attention sur les traits pâles et mélancoliques de la lune, telle était la direction habituelle que prenaient ses yeux exercés. Cet astre était alors au milieu de sa carrière, et le front de Wilder se rembrunit de nouveau quand il vit qu'il brillait à travers une atmosphère aride et dégagée de toutes vapeurs. Il aurait préféré le voir entouré même de ces cercles humides et sinistres qui l'environnent si souvent, et qui, dit-on, présagent la tempête. L'humidité avec laquelle la brise avait commencé était aussi disparue, et, à sa place, les organes pénétrans et subtils du jeune marin sentirent cette odeur de terre qui est si souvent agréable, mais qui, dans ce moment, lui était si importune. C'était autant de signes que les vents du continent allaient prévaloir, et comme il le craignait d'après certains nuages longs et étroits qui s'amassaient à l'ouest de l'horizon, prévaloir avec une force telle qu'on pouvait l'attendre d'une saison aussi orageuse.

S'il était resté dans l'esprit de Wilder quelques doutes sur l'exactitude de ses conjectures, ils se fussent dissipés vers le commencement du quart du matin. A cette heure, la brise inconstante expira de nouveau, et avant même qu'on en eût senti le dernier souffle sur la toile retentissante, elle fut croisée par des courans contraires partis de l'ouest. Notre aventurier reconnut aussitôt que la lutte allait alors véritablement commencer, et il fit ses dispositions en conséquence. Les voiles de fortune, qui avaient été si long-temps exposées au double souffle du vent du sud, furent réduites à un tiers de leur valeur par de doubles ris, et quelques-uns des paquets les plus lourds, et en même temps les moins utiles dans une pareille situation, furent jetés sans hésiter à la mer, et ces précautions ne furent pas inutiles. Bientôt le vent du nord-ouest souffla pesamment sur la mer, apportant avec lui la froide âpreté des contrées sauvages du Canada.

— Ah! je vous reconnais! murmura Wilder dès que la première bouffée de ce vent sinistre vint frapper ses voiles et forcer la chaloupe à se soumettre à sa puissance; je vous reconnais avec votre saveur d'eau douce et votre odeur de terre! Plût à Dieu que vous eussiez épuisé votre souffle sur les lacs, sans descendre ici pour faire retourner sur son sillage plus d'un marin fatigué, et pour prolonger une traversée déjà si pénible, par votre âpreté rigide et votre fureur opiniâtre!

— Parlez-vous? dit Gertrude passant la tête hors de la tente, et se hâtant de la rentrer en frissonnant dès qu'elle sentit l'effet du changement d'air.

— Dormez, madame, dormez, répondit-il comme s'il n'aimait pas à être interrompu dans un pareil moment, même par sa voix douce et argentine.

— Y a-t-il quelque nouveau danger? demanda la jeune personne en s'avançant légèrement pour ne pas troubler le repos de sa gouvernante. Ne craignez pas de m'apprendre ce que nous avons à redouter de plus terrible. Je suis la fille d'un soldat.

Il lui montra les signes auxquels il ne pouvait se méprendre, mais il continua à garder le silence.

— Je sens que le vent est plus fort qu'il ne l'était, dit-elle, mais je ne vois aucun changement.

— Et savez-vous où va la chaloupe?

— Vers la terre, je pense; vous nous l'avez assuré, et je ne crois pas que vous voulussiez nous tromper.

— Vous me rendez justice, et, pour vous le prouver, je vous dirai maintenant que vous êtes dans l'erreur. Je sais qu'à vos yeux tous les points de la boussole, au milieu de ce vide immense, doivent paraître les mêmes; mais moi je ne puis facilement me faire illusion.

— Et nous ne voguons pas vers la terre?

— Il s'en faut tellement, que, si nous allions toujours dans cette direction, il nous faudrait traverser tout l'Atlantique avant de revoir la terre.

Gertrude ne répondit rien, mais elle se retira triste et pensive auprès de sa gouvernante. En même temps, Wilder, laissé de nouveau à lui-même, se mit à consulter sa boussole et la direction du vent. S'apercevant qu'il pourrait approcher davantage du continent de l'Amérique, en changeant la position de la chaloupe, il tourna l'avant aussi près du sud-ouest que le vent pouvait le permettre.

Mais il y avait peu à espérer de ce léger changement. Chaque instant augmentait la force de la brise, et bientôt elle devint si piquante, qu'il fut forcé de ferler sa voile d'arrière. L'océan endormi ne tarda pas à se réveiller, et sa chaloupe, avec la voile arrisée, s'élevait sur des vagues sombres qui grossissaient sans cesse, ou s'enfonçait au milieu de profonds sillons, d'où elle se relevait pour éprouver la force de la brise toujours croissante.

Le bruit des eaux, le sifflement du vent qui commençait à peser sur la vaste étendue de la mer azurée, amenèrent bientôt les trois femmes auprès de notre jeune aventurier. A leurs questions empressées et inquiètes, il fit des réponses sages, mais courtes, comme un homme qui sentait que les circonstances demandaient plutôt des actions que des paroles.

Ce fut de cette manière que s'écoulèrent lentement les dernières minutes de la nuit. Le jour arriva et ne fit que rendre plus distincte la perspective de leur détresse. Les vagues paraissaient verdâtres et agitées, et leur sommet commençait à se couvrir d'écume, signe certain qu'une lutte entre les élémens allait commencer. Alors le soleil parut à l'extrémité de l'horizon à l'est, gravissant lentement la voûte azurée, qui était claire, distincte, et sans un seul nuage.

Wilder remarqua tous ces changemens avec une attention qui prouvait combien il jugeait que leur position était critique. Il semblait plutôt consulter le ciel qu'observer l'agitation et le mouvement violent de l'eau qui battait les flancs de son petit bâtiment avec une force qui aux yeux de ses compagnes, paraissait les menacer d'une ruine certaine.

C'était un bruit auquel il était trop accoutumé pour qu'il se livrât à des alarmes dont il pouvait n'avoir bientôt que trop de sujet. C'était pour lui comme le tonnerre, quand il est comparé à l'éclair par le philosophe ou plutôt il savait que le principe du mal était dans l'air, et que s'il devait survenir quelque bouleversement sur l'élément où il flottait, le signal devait en être donné d'abord par un élément plus redoutable.

— Que pensez-vous de notre situation, maintenant? demanda Mrs Wyllys à Wilder en le regardant fixement, comme si elle se fiait plus à l'expression de sa physionomie qu'à ses paroles, pour savoir la vérité.

— Aussi long-temps que le vent soufflera ainsi, nous pourrons encore espérer de nous maintenir dans la route des vaisseaux qui correspondent avec les grands ports du nord; mais s'il survient un ouragan, et que les flots se brisent avec violence, je doute que la chaloupe puisse rester en panne.

— Alors notre ressource sera de tenter de courir devant l'ouragan?

— Oui, ce sera notre unique ressource.

— Quelle serait la direction que nous suivrions en pareil cas? demanda Gertrude, qui, au milieu de l'agitation de l'océan et de l'uniformité terrible de la scène qui s'offrait partout à ses yeux, avait perdu toute idée des lieux et des distances.

— En pareil cas, répondit Wilder en la regardant avec un air où la pitié et l'intérêt le plus tendre se confondaient si singulièrement, que le regard doux de Gertrude se changea en un coup d'œil timide et furtif; — en pareil cas, nous nous éloignerions de cette terre qu'il est si important d'atteindre.

— Quoi moi voir là ? s'écria Cassandre dont les grands yeux noirs se promenaient de tous côtés autour d'elle avec une curiosité qu'aucune inquiétude, aucun sentiment de danger ne pouvaient réprimer.

— Moi voir espèce de gros poisson sur l'eau.

— C'est une chaloupe! s'écria Wilder sautant sur un banc pour examiner un objet sombre qui flottait sur le sommet brillant d'une vague, à une centaine de pas de l'endroit où leur barque elle-même luttait contre l'élément. —Holà! ho! chaloupe! à nous! Hola! ho! chaloupe! à nous! Dans ce moment le vent siffla avec force à ses oreilles, mais aucune voix humaine ne répondit à ses cris. Ils étaient déjà enfoncés entre deux mers dans une profonde vallée d'eau, où la vue rétrécie ne s'étendait pas plus loin que les sombres et bruyantes barrières qui les entouraient de tous côtés.

— Providence miséricordieuse! s'écria la gouvernante, se peut-il que d'autres soient aussi malheureux que nous ?

— C'est une chaloupe, ou ma vue n'est pas aussi sûre qu'à l'ordinaire, répondit Wilder, se tenant toujours à son poste pour épier le moment où il pourrait l'apercevoir une seconde fois. Son désir fut bientôt exaucé. Il avait confié pour un instant le gouvernail aux mains de Cassandre, qui laissa la barque dévier un peu de sa direction. Ces dernières paroles étaient encore sur ses lèvres quand le même objet noir qu'ils avaient déjà vu arriva sur eux en s'élançant du haut d'une vague, et la quille renversée d'une pinasse se montra au-dessus des eaux. Tout à coup la négresse poussa un cri perçant, abandonna le gouvernail, et, tombant sur ses genoux, se couvrit le visage de ses deux mains. Wilder saisit par instinct le gouvernail, en portant ses regards du côté où s'était tourné l'œil hagard de Cassandre. On voyait un corps défiguré, droit et à demi découvert, s'avançant au milieu de l'écume qui couvrait encore la pente rapide. Arrivé au bas de la vague furieuse, il parut s'arrêter un moment, les cheveux tout dégouttans d'eau, comme quelque monstre sorti des entrailles de la mer pour venir présenter au spectateur ses traits effrayans; puis ce cadavre insensible passa près de la chaloupe, qui, l'instant d'après, s'éleva à l'extrémité d'une vague pour retomber dans une autre cavité, où ne flottait plus d'objet si terrible.

Non-seulement Wilder, mais Gertrude et Mrs Wyllys avaient vu cet affreux spectacle d'assez près pour reconnaître les traits de Knighthead, rendus plus sombres et plus repoussans que jamais par les traces qu'y avait laissées la mort; mais personne ne parla, ni ne manifesta par aucun signe qu'il savait quelle était la victime. Wilder espérait que ses compagnes n'avaient pas eu du moins le malheur de la reconnaître, et les femmes elles-mêmes voyaient trop, dans le sort déplorable du rebelle, une image de celui qui, quoique différé davantage, leur était probablement aussi réservé, pour avoir la force d'exprimer par des mots l'horreur dont elles étaient pénétrés. Pendant un instant, on n'entendit que les élémens, qui semblaient faire retentir un sinistre chant de mort sur les victimes de leur lutte sanglante.

— La pinasse a fait eau ; dit à la fin Wilder, quand il vit aux traits pâles et aux regards expressifs de ses compagnes qu'il chercherait inutilement à leur cacher la vérité. Leur chaloupe était frêle et chargée jusqu'à fleur d'eau.

— Croyez-vous que personne n'ait échappé? demanda Mrs Wyllys d'une voix inarticulée.

— Personne. Je sacrifierais volontiers un bras pour sauver le dernier de ces matelots abusés, qui se sont attiré leur malheureux sort par leur désobéissance et leur grossière superstition.

— Ainsi donc, de tous ces êtres heureux et insoucians qui quittèrent, il y a si peu d'instans, le havre de Newport, à bord d'un vaisseau qui faisait l'orgueil de ceux qui le montaient, nous sommes les seules qui existions encore.

— Les seuls sans exception. Cette barque et ce qu'elle contient sont tout ce qui reste de *la Royale Caroline.*

— Il n'était pas au pouvoir de l'intelligence humaine de prévoir cette catastrophe, continua la gouvernante l'œil attaché sur la physionomie de Wilder, comme si elle eût voulu lui faire une question que ses lèvres n'osaient prononcer, de peur de paraître partager cette même superstition qui avait entraîné à sa perte le malheureux qu'ils venaient de voir.

— Non sans doute.

— Et le danger auquel vous faisiez si souvent allusion, et d'une manière si inexplicable, n'avait aucun rapport avec celui que nous avons couru?

— Aucun.

— Il est passé avec le changement de notre situation?

— Je l'espère.

— Voyez! interrompit Gertrude appuyant la main dans son

empressement sur l'épaule de Wilder. Dieu soit loué ! voilà au moins là-bas quelque chose qui rompt la monotonie de la perspective.

— C'est un vaisseau! s'écria la gouvernante ; mais une vague envieuse élevant tout à coup sa masse verdâtre entre eux et l'objet qu'ils avaient aperçu, ils s'enfoncèrent dans la vallée liquide qu'elle avait formée, comme si cette vision n'avait été placée momentanément sous leurs yeux que pour les bercer d'une vaine espérance. Cependant Wilder avait eu soin de regarder le ciel, pour reconnaitre la place où elle s'était montrée. Quand la chaloupe se releva, son regard prit aussitôt la direction convenable, et il put se convaincre que c'était bien un vaisseau. Les vagues succédaient aux vagues, les momens aux momens, et toujours le vaisseau étranger se montraient à leurs yeux et disparaissait dès que la chaloupe retombait inévitablement dans les cavités que formait la mer. Mais ces coups d'œil rapides et précipités suffirent cependant pour porter la conviction dans l'âme d'un homme qui avait eu pour berceau, l'élément où les circonstances exigeaient maintenant des preuves aussi constantes et aussi peu équivoques de son habileté.

On pouvait voir en effet, à la distance d'un mille, un vaisseau voguant et manœuvrant avec grace et sans aucun effort apparent, sur ces vagues contre lesquelles la chaloupe luttait avec tant de peine. Une seule voile était déployée pour maintenir le vaisseau, et encore elle avait été tellement réduite par le moyen des ris, qu'elle avait l'air d'un petit nuage blanc au milieu de la masse obscure des vergues et des agrès. Parfois on voyait ses longs mâts en pyramides se diriger vers le zénith, ou même se plier, comme pour se courber contre le vent ; et alors se balançant lentement et avec grace, ils semblaient retomber sur la surface ridée de l'océan, comme pour y chercher un refuge contre ce mouvement continuel dans le sein même de l'élément agité. Il y avait des momens où l'on voyait distinctement le corps long et sombre du navire s'arrêter au sommet d'une vague et briller aux rayons du soleil, tandis que l'eau en baignait les flancs ; puis tout à coup la chaloupe et le vaisseau s'enfonçaient à la fois, et alors tout disparaissait, jusqu'aux contours déliés des vergues les plus longues.

Mrs Wyllys et Gertrude, en voyant qu'elles ne s'étaient pas trompées, se jetèrent à genoux, et exprimèrent leur reconnaissance par de secrètes et silencieuses actions de grace. La joie de

Cassandre fut plus bruyante et moins concentrée. La bonne négresse riait aux éclats, fondait en larmes, et se réjouissait de la manière la plus touchante de la perspective qui s'offrait pour sa jeune maîtresse et pour elle d'échapper à une mort que le spectacle dont elle avait été témoin venait de lui présenter sous la forme la plus terrible. Wilder était le seul qui, au milieu de toutes ces démonstrations, eût toujours un air sombre et inquiet.

— Maintenant, dit Mrs Wyllys en serrant sa main dans les siennes, nous pouvons espérer notre délivrance, et alors il nous sera possible, brave et excellent jeune homme, de trouver l'occasion de vous prouver quel haut prix nous attachons à vos services.

Wilder la laissa s'abandonner à l'effusion de ses sentimens avec une espèce d'agitation concentrée. Mais il ne répondit rien et ne témoigna en aucune manière qu'il prît la moindre part à leur joie.

— Sûrement vous n'êtes pas fâché, monsieur Wilder, dit Gertrude, de voir luire inopinément à nos yeux l'espoir d'échapper à ces vagues terribles!

— Je donnerais mille fois ma vie pour vous mettre à l'abri de tout danger, répondit le jeune marin, mais...

— C'est un moment où il ne faut penser qu'à la reconnaissance et à la joie, interrompit la gouvernante. Je ne puis souffrir maintenant de froides restrictions. Que voulez-vous dire avec ce *mais*?

— Il peut n'être pas aussi facile que vous le pensez d'atteindre ce vaisseau. L'ouragan peut nous en empêcher. En un mot, on voit sur mer plus d'un vaisseau auquel on ne peut parler.

— Heureusement tel n'est pas notre malheureux sort. Je vous comprends, sage et généreux jeune homme, vous cherchez à affaiblir des espérances qui peuvent encore être déçues. Mais je me suis trop souvent et trop long-temps confiée à cet élément dangereux pour ne pas savoir que celui qui a le vent peut parler ou ne point parler, suivant qu'il lui plaît.

— Vous avez raison de dire que nous avons le vent, madame, et si j'étais sur un vaisseau, rien ne serait plus facile que de nous approcher assez pour nous faire entendre du bâtiment étranger. Ce vaisseau est en panne, il est vrai, mais le vent n'est pas encore assez fort pour nous porter jusque là.

—Il est en panne! Alors c'est qu'ils nous voient et qu'ils attendent notre arrivée.

— Non! non! grace à Dieu, nous ne sommes pas encore vus! Ces petits chiffons de toile se confondent avec l'écume. Ils les prennent pour une mouette ou pour quelque oiseau de mer, dans le moment où ils les aperçoivent.

—Et vous remerciez le ciel de cela! s'écria Gertrude regardant Wilder inquiet avec un étonnement que sa gouvernante plus prudente avait la force de cacher.

— Ai-je remercié le Ciel de ce que nous n'étions pas vus? J'ai pu me tromper dans le sujet de mes remerciemens. C'est un vaisseau armé!

— Peut-être un croiseur de sa majesté? Raison de plus pour nous attendre à une bonne réception. Ne différez point d'arborer quelque signal, de peur qu'ils n'augmentent de voiles et ne nous abandonnent.

— Vous oubliez qu'on trouve souvent l'ennemi sur nos côtes. Ce vaisseau pourrait être français.

— Je ne crains point un ennemi généreux. Un pirate même ne refuserait point un asile à des femmes qui se trouvent dans une pareille détresse.

Un long et profond silence succéda à ces paroles, Wilder se tenant toujours debout sur le banc, et portant ses regards autour de lui pour interroger tous les signes que peut comprendre un marin, sans qu'il parût fort content du résultat de ses observations.

— Nous allons nous laisser aller à la dérive, dit-il, et comme le vaisseau est en panne dans le sens contraire, nous pourrons encore gagner une position qui nous laissera maîtres de nos mouvemens ultérieurs.

Ses compagnes ne savaient trop que lui répondre. Mrs Wyllys était si frappée de l'air remarquable de froideur avec lequel il voyait cette chance d'échapper à la position désespérée à laquelle il venait d'avouer lui-même qu'ils se trouvaient réduits, qu'elle était beaucoup plus disposée à en chercher la cause qu'à importuner Wilder de questions qui ne pouvaient être qu'inutiles. Gertrude était tout étonnée, mais elle était portée à croire qu'il pourrait bien avoir raison, quoiqu'elle ne pût se dire pourquoi.

Cassandre seule ne se rendait pas si facilement. Elle éleva la voix pour protester contre le plus léger retard, promettant au jeune marin, qui plongé dans ses réflexions ne l'écoutait pas le moins du monde, que, s'il arrivait par son obstination quelque malheur à sa jeune maîtresse, le général Grayson serait fort en colère; et elle lui laissait à penser ce que c'était que d'encourir le déplaisir du général Grayson. Le ressentiment d'un roi aux yeux de la simple fille n'était pas plus redoutable.

Outrée du peu de cas qu'il faisait de ses remontrances, la négresse oubliant tout son respect, dans l'aveuglement de sa tendresse pour celle que non seulement elle aimait, mais qui était pour elle une sorte d'idole, saisit le croc de la barque, y attacha, sans que Wilder le vît, une des toiles qui avaient été sauvées du naufrage, et la tint élevée pendant une ou deux minutes au-dessus de la voile raccourcie, sans que son expédient eût été remarqué d'aucun de ceux qui l'entouraient. Alors, il est vrai, à la vue du front sombre et menaçant de Wilder, elle s'empressa d'abaisser le signal. Mais quelque court qu'eût été le triomphe de la négresse, il n'en fut pas moins couronné d'un succès complet.

Ce silence de contrainte, qui succède si ordinairement à un premier mouvement d'humeur, régnait encore sur la chaloupe, quand un nuage de fumée partit des flancs du vaisseau, au moment où il s'élevait à l'extrémité d'une vague, et alors on entendit un coup de canon dont le vent contraire amortissait le bruit.

— Il est maintenant trop tard pour hésiter, dit Mrs Wyllys; que le navire soit ami ou ennemi, nous sommes vus.

Wilder ne répondit rien, mais continua de saisir toutes les occasions d'épier les mouvemens du vaisseau. L'instant d'après on vit les espars s'écarter de la brise, puis la proue du navire changer de direction pour avancer de leur côté. Quatre ou cinq larges voiles étaient dépliées de différens côtés, et le vaisseau semblait s'incliner pour présenter la tête au vent. Par momens, quand il s'élevait sur une vague, la proue semblait sortir entièrement de l'eau, et elle faisait voler en l'air des monceaux d'écume, qui brillaient au soleil et retombaient en pluie de diamans sur les voiles et les agrès.

—Il est maintenant trop tard en effet, murmura notre aventurier en dirigeant le gouvernail de sa petite barque de manière à arriver sur le vaisseau, et en laissant plisser les écoutes entre ses mains, jusqu'à ce que la voile fût gonflée par le vent presque au point de crever. La chaloupe qui avait fait jusqu'alors tant d'efforts pour résister au vent et rester aussi près que possible de la terre, vola rapidement sur la mer, laissant derrière elle une longue traînée d'écume ; et, avant que les deux amies eussent eu le temps de se reconnaître, elle flottait dans le calme comparatif que produit autour de lui le corps d'un grand vaisseau. Un homme vif et actif était debout sur le tillac, donnant les ordres nécessaires à une centaine de matelots ; et, au milieu de la confusion et de l'alarme qu'une telle scène devait naturellement faire naître dans le cœur d'une femme, Gertrude et Mrs Wyllys furent conduites à bord. Wilder et la négresse les y suivirent, et, dès que leurs effets eurent été transportés, la chaloupe fut abandonnée au gré des vents, comme un poids inutile. Alors vingt matelots grimpèrent aux cordages, les voiles furent augmentées l'une après l'autre, jusqu'à ce que, toutes étant déployées dans toute leur grandeur, le vaisseau reprit rapidement sa route, fendant les ondes avec la même rapidité que l'oiseau qui fend l'air.

CHAPITRE XIX.

> « Maintenant laissez-le faire : Génie du mal, te voilà libre, prends la route que tu voudras. »
> SHAKSPEARE.

Si le lecteur fait attention à la rapidité avec laquelle le vaisseau flottait entraîné par le vent, il ne sera pas surpris qu'une semaine après celle où se passèrent les incidens que nous venons de rapporter, nous puissions ouvrir la scène du présent chapitre dans une partie toute différente de la même mer. Il n'est pas nécessaire de suivre le Corsaire dans les détours de cette marche oblique et souvent incertaine en apparence, pendant laquelle la quille de son vaisseau sillonna plus d'un millier de milles sur l'océan, échappant avec adresse à plus d'un croiseur du roi, et évitant diverses rencontres moins dangereuses, plutôt par plaisir que par aucune autre cause visible. Il suffit pour notre but de lever maintenant le voile qui nous a dérobé un instant ses mouvemens, pour présenter l'élégant vaisseau dans un climat plus doux, et, eu égard à la saison de l'année, dans une mer plus favorable.

Précisément sept jours après l'arrivée de Gertrude et de sa gouvernante à bord d'un vaisseau dont il n'est plus nécessaire de cacher le caractère au lecteur, le soleil se leva sur les voiles retentissantes, les vergues symétriques et le corps sombre du bâtiment, à la vue de quelques îles basses, petites et couvertes de rochers. Quand on n'aurait point vu une éminence bleuâtre sortir du sein des eaux, la couleur seule de l'élément aurait averti un marin que le fond de la mer était plus rapproché que d'ordinaire de sa surface, et qu'il était nécessaire de prendre garde aux dangers si connus et si redoutés du voisinage des côtes. Il ne faisait point de vent; l'air vacillant et incertain, qui de temps en temps gonflait un instant les voiles les plus légères, n'était pour ainsi dire que la douce respiration de l'aurore, qui semblait craindre de troubler le sommeil de l'océan.

Tout ce qui avait vie sur le vaisseau était déjà debout et en activité. Cinquante matelots vigoureux étaient suspendus de différens côtés aux agrès, les uns riant et plaisantant entre eux, et les autres s'acquittant à loisir de la besogne facile dont ils avaient été chargés. D'autres en plus grand nombre s'amusaient tranquillement en bas sur les ponts à quelque travail semblable. Tous, en général, avaient assez l'air de gens qui font quelque chose pour ne pas être taxés de paresse plutôt que par nécessité. Le tillac, cette partie sacrée de tout bâtiment où il règne de la discipline, ou du moins une apparence de discipline, était occupé par une autre classe d'hommes qui ne montraient pas plus d'activité. En un mot, l'état du vaisseau tenait de celui de l'océan et du ciel, qui tous deux semblaient réserver leurs forces pour une meilleure occasion.

Trois ou quatre jeunes gens, qui pour des hommes de leur profession étaient loin d'avoir mauvaise mine, se montraient sous une espèce de petit uniforme de mer pour lequel on n'avait consulté la forme d'aucun peuple en particulier. Malgré le calme apparent qui régnait partout autour d'eux, chacun de ces individus tenait à sa ceinture un poignard court et droit; l'un d'eux s'étant penché sur le bord du vaisseau, son uniforme en s'entr'ouvrant laissa voir le bout d'un petit pistolet. Il n'y avait cependant aucun autre signe immédiat de défiance d'où un observateur pût conclure que cette précaution de porter des armes fût rien de plus que l'usage ordinaire du vaisseau. Deux sentinelles au regard sombre et dur, vêtues et équipées comme des soldats de terre, et qui, contre l'usage de la marine, étaient placées sur la ligne de démarcation entre le quartier des officiers et l'avant du tillac, annonçaient de plus grandes précautions encore: Mais néanmoins toutes ces dispositions étaient regardées par les matelots d'un œil d'insouciance, preuve certaine que l'habitude les y avait familiarisés depuis long-temps.

L'individu qui a été présensé au lecteur sous le titre imposant de général, se tenait debout, aussi raide qu'un des mâts du vaisseau, étudiant d'un air de critique l'équipement de ses deux mercenaires, et paraissant s'inquiéter aussi peu de ce qui se passait autour de lui que s'il se considérait littéralement comme une partie intégrale et matérielle de la charpente du vaisseau.

Il y avait cependant un homme qu'on pouvait distinguer de tout ce qui l'entourait à la dignité de son maintien et à l'air d'autorité qui respirait même dans le calme de son attitude. C'était le Corsaire, qui était seul à l'écart, personne n'osant approcher du lieu qu'il avait choisi pour s'y établir. Son œil subtil se promenait successivement sur toutes les parties de son bâtiment, comme pour les passer en revue; puis par momens il restait attaché sur l'une de ces nuées légères et transparentes qui flottaient au-dessus de lui dans les cieux azurés, et alors on voyait s'accumuler sur son front ces ombres épaisses qui semblaient couvrir de profondes réflexions. Son regard devenait même quelquefois si sombre et si menaçant que sa belle chevelure, qui s'échappait en boucles de dessous son bonnet de velours, ne pouvait conserver à ses traits la grace qui en animait souvent l'expression. Comme s'il dédaignait toute cette contrainte, et qu'il voulût faire connaître la nature de son pouvoir, il portait ses pistolets à découvert, suspendus à un ceinturon de cuir qui était attaché à un habit bleu, orné d'un galon d'or, et auquel était passé, sans plus de mystère, un *yattagan* de Turquie, léger et recourbé, avec un stylet droit, qui, à en juger par la ciselure du manche, était probablement de la fabrique de quelque artiste italien.

Sur le pont de la poupe et séparées de la foule se trouvaient Mrs Wyllys et Gertrude, qui ne témoignaient nullement, par leur air ou par leurs regards, cette inquiétude qu'on devait naturellement supposer à des femmes placées dans une position aussi critique que dans la compagnie de flibustiers sans foi ni loi. Au contraire, tandis que la première montrait à sa jeune amie l'éminence bleue qui s'élevait de l'eau comme un nuage qui se dessinait dans le lointain, l'espérance se mêlait d'une manière frappante à l'expression ordinairement calme de ses traits. Bientôt elle appela Wilder d'un ton d'enjouement, et le jeune homme, qui depuis long-temps se tenait avec un soin jaloux debout au pied de l'échelle qui menait au tillac, fut à ses côtés en un instant.

— Je disais à Gertrude, dit la gouvernante avec le ton de confiance que lui avaient donné les dangers qu'ils avaient courus ensemble, que là-bas est sa demeure, et que lorsque la brise se fera sentir, nous pourrons bientôt espérer d'y arriver. Mais la chère enfant est devenue si timide depuis les terribles périls que nous avons courus, qu'elle n'en croira ses yeux que lorsqu'elle verra le séjour de son enfance et les traits de son père. Vous êtes déjà venu plus d'une fois sur cette côte, monsieur Wilder?

— Souvent, madame.

— Alors vous pourrez nous dire quelle est cette terre que nous apercevons dans l'éloignement.

— Cette terre ! répéta notre jeune aventurier en affectant un air de surprise. Avons-nous donc la terre en vue?

— Avons-nous la terre en vue ? Mais n'y a-t-il pas des heures qu'on nous l'a crié du haut des mâts ?

— Cela peut être. Nous autres marins nous sommes tout engourdis après une nuit de veille, et souvent nous n'entendons que bien peu de ce qui se passe.

La gouvernante le regarda d'un air de soupçon, comme si elle éprouvait quelque appréhension dont elle ne pouvait se rendre compte, avant de continuer l'entretien.

— La vue du sol riant et fortuné de l'Amérique a-t-elle si tôt perdu ses charmes à vos yeux, que vous puissiez en approcher d'un air aussi indifférent? L'amour exclusif de vous autres marins pour un élément si perfide et si dangereux est une énigme que je n'ai jamais pu m'expliquer.

— Les marins portent-ils réellement à leur profession un attachement aussi exclusif? demanda Gertrude avec un empressement qu'elle aurait peut-être eu de la peine à s'expliquer.

— C'est une folie dont on nous accuse souvent, répondit Wilder tournant les yeux vers celle qui lui parlait, avec un sourire qui prouvait qu'il avait banni toute réserve.

— Et avec raison?

— Avec raison! je le crains.

— Oui, s'écria Mrs Wyllys avec un accent où se peignait une expression de regret mêlé d'amertume, ils l'aiment souvent mieux que leurs demeures tranquilles et paisibles.

Gertrude n'insista pas davantage sur cette idée; mais ses grands yeux se baissèrent sur le pont, comme si elle eût réfléchi profondément à la perversité du goût qui pouvait rendre l'homme aussi insensible aux plaisirs domestiques, et lui faire aimer les terribles dangers de l'océan.

— Ce n'est pas à moi du moins que ce reproche peut s'adresser, s'écria Wilder, à moi qui n'ai jamais eu d'autre demeure qu'un vaisseau.

— Et c'est aussi sur un vaisseau que s'est écoulée une grande partie de mon existence, reprit la gouvernante, qui se livrait évidemment à des souvenirs d'une date très ancienne. Heureux et malheureux tout à la fois a été le temps que j'ai passé sur la mer! et ce n'est pas non plus le premier vaisseau à bord duquel il ait plu à la fortune de me jeter. Et cependant les usages paraissent changés depuis les jours dont je parle, à moins que ma mémoire ne commence à perdre quelques-unes des impressions d'un âge où les souvenirs sont pourtant presque toujours les plus durables. Est-il ordinaire, monsieur Wilder, qu'on permette à un étranger, comme vous l'êtes sur ce bâtiment, de commander sur un vaisseau de guerre?

— Certainement non!

— Et cependant, autant que mon faible jugement peut me l'apprendre, vous avez rempli les fonctions de premier lieutenant, depuis que nous avons été recueillis sur ce navire, au moment d'être engloutis par les vagues.

Wilder détourna de nouveau les yeux, et il parut évidemment chercher ses expressions avant de répondre :

— Un brevet de lieutenant est toujours respecté. Le mien m'a procuré la considération que vous avez vue.

— Vous êtes donc officier de la couronne?

— Aucune autre autorité serait-elle respectée dans un vaisseau de la couronne? La mort a laissé vacante la seconde place de ce... croiseur. Heureusement pour les besoins du service, peut-être pour moi-même, je me suis trouvé là pour la remplir.

— Mais, mais dites-moi aussi, continua la gouvernante, qui paraissait disposée à profiter de l'occasion de dissiper plus d'un doute, est-il d'usage que les officiers d'un vaisseau de guerre paraissent armés au milieu de leur équipage de la manière que je vois ici?

— C'est la volonté de notre commandant.

— Ce commandant est évidemment un marin habile; mais c'est en même temps un homme dont les caprices et les goûts sont aussi extraordinaires que l'apparence. Je l'ai sûrement vu déjà, et, il me semble, il n'y a pas long-temps.

Mrs Wyllys garda le silence pendant quelques minutes, et ses yeux restèrent constamment fixés sur la figure de l'être calme et immobile qui conservait toujours la même attitude, isolé de toute cette foule qu'il avait eu l'adresse d'assujettir complètement à son autorité; on eût dit, pendant ce peu de minutes, que les sens de la gouvernante étaient absorbés dans l'examen le plus minutieux de sa personne, et qu'elle ne pouvait en détacher ses regards. Alors, poussant du fond du cœur un profond soupir, elle se rappela enfin qu'elle n'était pas seule, et que d'autres attendaient en silence, mais avec attention, le résultat de ses secrètes pensées. Sans témoigner néanmoins aucun embarras pour une absence d'esprit qui lui était trop ordinaire pour suspendre sa pupille, la gouvernante reprit la conversation où elle l'avait laissée, en reportant ses regards sur Wilder.

— Y a-t-il long-temps que vous connaissez le capitaine Heidegger? demanda-t-elle.

— Nous nous étions déjà vus.

— Ce doit être un nom d'origine allemande! à en juger par le son. Je suis sûre qu'il est nouveau pour moi. J'ai vu le temps où il y avait peu d'officiers de ce rang au service du roi qui ne me fussent connus au moins de nom. Y a-t-il long-temps que sa famille est fixée en Angleterre.

— C'est une question à laquelle il peut mieux répondre lui-même, dit Wilder, s'apercevant avec plaisir que celui qui était le sujet de leur conversation s'approchait d'eux de l'air d'un homme qui sentait que personne sur le vaisseau n'oserait lui disputer le droit de se mêler à une conversation, quand cela pouvait lui plaire ; — dans ce moment, madame, mon devoir m'appelle ailleurs.

Wilder se retira avec une répugnance évidente, et si le cœur de ses compagnes avait été ouvert au soupçon, elles n'auraient pu manquer d'observer le regard de défiance qu'il jeta sur son commandant, lorsque celui-ci vint les saluer et leur faire sa visite du matin. Il n'y avait cependant rien dans les manières du Corsaire qui pût éveiller une aussi jalouse vigilance. Au contraire, elles étaient froides, et il semblait préoccupé. On eût dit qu'il venait se mêler à leur conversation beaucoup plus par le sentiment des devoirs de l'hospitalité que pour le plaisir qu'il pouvait y trouver. Néanmoins son air était gracieux, et sa voix douce comme l'air des îles florissantes qu'on voyait dans l'éloignement.

— Voilà une vue, dit-il en montrant du doigt les sommets bleuâtres de la terre, — qui fait les délices de l'habitant des terres et la terreur du marin.

— Les marins éprouvent-ils donc tant de répugnance à voir des pays que tant de milliers de leurs semblables trouvent du plaisir à habiter ? demanda Gertrude, à qui il s'adressait plus particulièrement, avec une franchise qui aurait suffi seule pour prouver que son ame naïve et innocente n'avait pas le moindre soupçon du véritable caractère de celui qui lui parlait.

— Et miss Grayson est du nombre ? dit le Corsaire avec un sourire où l'ironie était peut-être cachée sous la plaisanterie. — Après le danger que vous avez couru il y a si peu de temps, moi-même, tout monstre de mer entêté et opiniâtre que je suis, je n'ai aucun motif pour me plaindre de votre dégoût pour notre élément. Et cependant, ce me semble, il n'est pas tout-à-fait dénué d'agrément. Aucun lac enfermé dans les limites de votre continent ne saurait être plus calme ni plus paisible que cette partie de l'océan. Si nous étions quelques degrés plus au sud, je vous montrerais des scènes de rochers et de montagnes ; de baies et de collines couronnées de verdure ; de baleines faisant le plongeon, et de pêcheurs indolens, de chaumières lointaines, et de voiles endormies, telles qu'elles pourraient figurer avec avantage dans un livre que les yeux de la beauté aimeraient à parcourir.

— Et cependant ce serait encore à la terre que vous seriez redevable des principaux traits de votre tableau. Moi, en revanche, je voudrais vous conduire dans le nord et vous montrer des nuages noirs et menaçans, une mer verdâtre et irritée, des écueils et des bas-fonds, des paysages, des collines et des montagnes qui n'existent que dans l'imagination de l'homme qui se noie, et des voiles blanchies par des flots qui nourrissent le requin vorace et le polype dégoûtant.

Gertrude, dans sa réponse, n'avait voulu faire qu'un innocent badinage; mais on ne voyait que trop, à la pâleur de ses joues et au léger tremblement qui agitait ses lèvres, que sa mémoire était encore pleine de ces terribles images. L'œil perçant du Corsaire ne fut pas long-temps sans découvrir ce changement. Pour bannir tout souvenir qui eût pu lui faire de la peine, il sut donner adroitement un nouveau tour à la conversation.

— Il y a des personnes à qui la mer n'offre aucun amusement, dit-il. Pour un être languissant, également malade et chez lui et sur la mer, cela peut être vrai. Mais l'homme qui a assez d'énergie pour réprimer les souffrances physiques peut tenir un autre langage. Nous avons régulièrement nos bals, par exemple, et il y a à bord de ce vaisseau des artistes qui, s'ils sont incapables peut-être de former avec leurs jambes un angle droit aussi exact que le premier danseur d'un ballet, peuvent continuer leurs figures au milieu d'une bourrasque, ce qui est plus que ne saurait faire le meilleur de tous les sauteurs de salon.

— Un bal sans femmes serait regardé comme un amusement peu agréable, par nous autres du moins, pauvres habitans sans goût de la terre ferme.

— Hum! ce n'en serait que mieux, sans doute, s'il y avait une ou deux dames. Ensuite nous avons notre théâtre; la farce et la comédie nous aident tour à tour à passer le temps, et nous chaussons quelquefois le cothurne. Ce brave camarade que vous voyez appuyé sur la vergue du perroquet d'avant, comme un serpent indolent qui s'échauffe au soleil sur les branches d'un arbre, sait pousser des rugissemens à vous faire trembler; et voici un disciple de Momus, qui ferait naître un sourire sur les lèvres d'un moine atteint du mal de mer : je crois qu'on ne peut rien dire de plus à son éloge.

— Tout cela est beau en peinture, répondit Mrs Wyllys; mais ce tableau doit quelque chose au mérite du poète ou du peintre, comme vous voudrez que je vous appelle.

— Je ne suis qu'un grave et véridique historien. Cependant, puisque vous en doutez et que l'océan est si nouveau pour vous...

— Pardonnez-moi, interrompit gravemement la dame. Il y a long-temps, au contraire, que je le connais.

Le Corsaire, dont les regards errans s'étaient dirigés plus souvent sur Gertrude que sur sa compagne, porta alors les yeux sur cette dernière, et les y tint fixés assez long-temps pour embarrasser un peu celle qui était l'objet de cet examen.

— Vous paraissez surpris que les connaissances d'une femme aillent jusque là, dit-elle, voulant exciter son attention, pour qu'il s'aperçût de l'inconvenance de ses manières.

— Nous parlions de la mer, autant que je m'en souviens, reprit-il de l'air d'un homme qui sortait tout à coup d'une profonde rêverie; oui, je crois que c'était de la mer, car j'en faisais l'éloge avec complaisance. Je vous disais que ce vaisseau était plus rapide que...

— Point du tout, s'écria Gertrude riant de sa méprise, vous jouiez le rôle du maître des cérémonies dans un bal de mer.

— Voulez-vous figurer dans un balet? Mon bal sera-t-il embelli des graces de votre personne?

— Moi, monsieur? et avec qui? Avec le monsieur qui sait si bien continuer ses pas au milieu d'une bourrasque?

— Vous cherchiez à dissiper les doutes que nous pouvions avoir sur les amusemens des marins, dit la gouvernante en regardant gravement sa pupille pour lui reprocher de s'abandonner trop à sa gaîté folâtre.

— Oui, je m'en souviens en effet, et je n'y renonce pas. Il se tourna alors vers Wilder, qui s'était placé à portée d'entendre ce qui se passait, et il lui dit : — Ces dames doutent de notre gaîté, monsieur Wilder; que le contre-maître fasse entendre son magique coup de sifflet et fasse circuler le cri de *Aux farces!* parmi l'équipage.

Notre aventurier fit signe qu'il allait obéir, et il alla donner les ordres nécessaires. En peu d'instans le même individu avec qui le lecteur a déjà fait connaissance à la taverne de *l'Ancre Dérapée*, parut au milieu du vaisseau près de la grande écoutille, décoré, comme auparavant, de sa chaîne et de son sifflet d'argent, et accompagné de deux aides, élèves plus humbles de la même école bizarre. Alors un coup de sifflet aigu et prolongé partit de l'instrument de Nighthingale, qui, lorsque le son fut éteint, s'écria, d'une voix encore plus creuse et moins sonore qu'à l'ordinaire :

— Holà ! hé ! tout le monde, *Aux farces !*

Nous avons déjà eu occasion de comparer cette voix au beuglement d'un taureau, et nous ne changerons point de comparaison, puisqu'il ne s'en présente point d'autre qui convienne aussi bien. L'exemple du contre-maître fut suivi par chacun de ses aides, à son tour, et alors on jugea l'avertissement suffisant. Quelque grossier, quelque inintelligible que pût paraître cet appel à l'oreille délicate de Gertrude, il ne produisit point un effet désagréable sur les organes de la majorité de ceux qui l'entendirent. Dès que le cri ronflant et prolongé par lequel le contre-maître avait commencé son appel se fut élevé dans les airs, tous les jeunes matelots étendus nonchalamment sur une vergue, ou se balançant à un cordage, levèrent la tête pour saisir les mots qui allaient suivre, comme l'épagneul obéissant dresse l'oreille pour écouter la voix de son maître. Mais à peine le cri *Aux farces !* eut-il retenti, que ce murmure de voix basses qu'on entendait depuis si long-temps parmi l'équipage cessa tout à coup, et une acclamation générale partit à la fois de toutes les bouches. En un instant, tout symptôme de léthargie eut disparu, pour faire place à une activité générale et extraordinaire. Les matelots des mâts s'élancèrent comme des animaux bondissans, au milieu des agrès de leurs espars respectifs, et on les vit grimper aux échelles de cordes branlantes comme autant d'écureuils qui se hâteraient de gagner leur trou au premier signal d'alarme. Les matelots plus graves et moins agiles du gaillard d'avant, les aides-canonniers et les quartiers-maîtres, personnages plus importans encore; les waisters[1] novices et tout ébahis, tous s'efforçaient avec une sorte d'instinct de prendre leurs positions respectives, les plus exercés pour préparer des *farces* à leurs camarades, les moins adroits pour concerter leurs moyens de défense.

En un instant les mâts et les vergues retentirent de vives et bruyantes plaisanteries, à mesure que chaque marin triomphant proclamait tout haut, à ses camarades, le stratagème qu'il venait d'imaginer, ou faisait valoir la supériorité de ses inventions sur celles moins ingénieuses que d'autres proposaient. D'un autre

---

[1] On appelle *waisters* la dernière classe des matelots. — Ed.

côté, les fréquens regards que jetaient en haut les hommes qui s'étaient rassemblés sur le tillac et au pied du grand mât annonçaient assez avec quelle défiance les novices allaient entrer dans la lutte qui était sur le point de commencer. Les marins plus aguerris, qui s'étaient placés en avant, restaient fermes à leur poste dans une attitude calme qui prouvait évidemment qu'ils se fiaient à leur force physique, et qu'ils étaient familiarisés depuis long-temps avec les jeux comme avec les dangers de l'océan.

Il y avait un autre petit groupe d'hommes qui se rassemblèrent, au milieu des clameurs et de la confusion générale, avec un ordre et un empressement qui montraient à la fois qu'ils sentaient toute la nécessité de s'unir dans la circonstance actuelle, et qu'ils étaient habitués à agir de concert. C'était la troupe guerrière et si bien disciplinée du général, entre laquelle et les matelots plus guindés il existait une antipathie qu'on pourrait presque appeler d'instinct, et qui surtout, par des raisons faciles à sentir, avait été si fortement encouragée sur le vaisseau dont nous parlons, qu'elle s'était souvent manifestée par des querelles tumultueuses et souvent même par des espèces de combats. Ils pouvaient être une vingtaine; ils se réunirent promptement, et quoiqu'ils fussent obligés de déposer leurs armes à feu avant de venir prendre part à l'amusement général, il y avait sur le visage de chacun de ces héros à moustaches une expression sombre qui montrait avec quel plaisir il en appellerait à la baïonnette suspendue sur son épaule, si la nécessité le demandait. Leur commandant lui-même se retira avec le reste de ses officiers sur le gaillard d'arrière, pour ne point gêner par leur présence les jeux et les manœuvres de ceux à qui ils avaient abandonné le reste du vaisseau.

Une couple de minutes s'étaient écoulées pendant les divers mouvemens que nous venons de rapporter; mais aussitôt que les matelots grimpés sur les mâts furent sûrs qu'aucun malheureux traîneur de leur bord n'était à la portée du ressentiment des différens groupes placés sur le tillac, ils se mirent à obéir littéralement à l'appel du contre-maître en commençant leurs *farces*.

Un certain nombre de sceaux de cuir, dont la plupart avaient été préparés en cas d'incendie, furent bientôt suspendus à autant de palans à l'extrémité extérieure des différentes vergues qui s'abaissaient vers la mer. En dépit de l'opposition maladroite des matelots d'en bas, ces sceaux furent bientôt remplis, et dans les mains de ceux qui les avaient descendus. Plus d'un waister qui regardait cet apprêt la bouche béante; plus d'un raide soldat de marine fit alors avec l'élément sur lequel il flottait une connaissance plus intime qu'il ne couvenait à son humeur. Tant que ces attaques burlesques se bornèrent à ces individus qui n'étaient encore qu'à demi initiés aux mystères, les matelots des mâts jouirent impunément du succès de leur ruse; mais dès l'instant que la dignité d'un aide-canonnier n'eut pas été respectée, toute la troupe des officiers inférieurs et des hommes du gaillard d'avant se leva en masse pour venger cette insulte, avec une promptitude et une dextérité qui prouvaient combien les vieux marins connaissaient à fond tout ce qui était du ressort de leur profession. Une petite pompe fut placée en tête, et dirigée contre le mât le plus voisin comme une batterie placée avec art pour nettoyer le champ de bataille. Les hommes des mâts se dispersèrent bientôt en riant aux éclats, les uns montant assez pour être hors de la portée de la pompe, d'autres se retirant sur la hune voisine, et s'élançant de cordage en cordage à une hauteur excessive, qui eût semblé impraticable à tout animal moins agile qu'un écureuil.

Les matelots triomphans et malins invitèrent alors les soldats de marine à profiter de leur avantage. Trempés jusqu'aux os et animés par le désir de la vengeance, une demi-douzaine de soldats, conduits par un caporal dont la tignasse poudrée avait été changée en une espèce de pâte par le contact trop intime qui avait eu lieu entre elle et un seau rempli d'eau, essayèrent de monter aux agrès, exploit beaucoup plus difficile pour eux que d'aller à la brèche. Les aides-canonniers et les quartiers-maîtres malins les excitaient à cette entreprise, et Nightingale et ses aides, tout en roulant leur langue dans leur bouche pour se gonfler les joues, faisaient entendre en sifflant les mots encourageans de :—Allons, en haut, courage! La vue de ces soldats grimpant lentement et avec précaution sur les agrès fit sur les matelots des mâts le même effet que l'approche d'autant de mouches dans le voisinage immédiat d'une toile d'araignée produit sur leur ennemi caché et rapace. Ceux-ci reconnurent aux regards expressifs que leurs camarades leur lançaient d'en bas, qu'un soldat devait être regardé comme un gibier qu'on pouvait plumer en toute sûreté de conscience. A peine donc le dernier de la troupe se fut-il pris comme il faut dans les filets, que vingt d'entre eux se précipitèrent du haut de la hune pour s'assurer de leur proie. En moins de temps qu'on ne pourrait se le figurer, cet important résultat fut atteint. Deux ou trois des audacieux aventuriers furent amarrés à la place où ils se trouvaient, entièrement incapables de faire la moindre résistance dans un lieu où l'instinct même les forçait d'employer leurs deux mains à se tenir fermes, tandis que le reste de la troupe était hissé, par le moyen de poulies, sur différens espars, aussi facilement qu'on aurait monté une vergue ou une voile légère.

Au milieu des acclamations bruyantes qui suivirent ce succès, un matelot se faisait remarquer par la gravité et l'air affairé avec lequel il jouait son rôle dans cette comédie. Assis en dehors, à l'extrémité d'une belle vergue, avec autant d'assurance que s'il eût été étendu sur un sopha, il était occupé attentivement à examiner l'état d'un captif qui venait d'être passé de mains en mains jusqu'à lui, avec ordre du capitaine de la troupe victorieuse, qui commandait du haut de la hune, d'en faire une *bonnette* et de la mettre en place.

—C'est bon, c'est bon, dit notre matelot grave et compassé, qui n'était autre que Richard Fid ; les élingues que vous m'avez envoyées avec ce brave camarade ne sont pas des meilleures, et s'il crie déjà, que sera-ce donc quand nous le hisserons à une poulie avec une corde autour du corps? Parbleu ! mes maîtres, vous auriez dû fournir à ce garçon un meilleur accoutrement, si vous voulez l'envoyer là-haut en bonne compagnie; il y a plus de trous à son habit que de sabords au vaisseau... Hé ! au tillac ! Guinée, ramassez-moi un tailleur, et envoyez-le ici pour qu'il mette les culottes du camarade à l'abri du vent.

L'Africain à la taille athlétique, qui avait été posté sur le gaillard d'avant à cause de sa force prodigieuse, jeta un coup d'œil en haut, et les deux bras croisés sur la poitrine, il se mit à rôder sur le pont d'un air aussi sérieux que s'il avait été chargé d'une fonction de la plus grande importance. En entendant tout ce bruit au-dessus de sa tête, un homme, dont l'air d'angoisse et de détresse faisait vraiment pitié, était sorti du coin retiré où il logeait pour monter à l'échelle de l'écoutille d'avant, et le corps passant à moitié, un écheveau de gros fil sur le cou, un morceau de cire d'une main et une aiguille de l'autre, il se mit à jeter autour de lui des regards aussi effarés que pourraient l'être ceux d'un mandarin chinois qui serait initié tout à coup aux mystères d'un ballet. Ce fut sur ce pauvre diable que tombèrent les yeux de Scipion. Étendant le bras, il le jeta sur son épaule, et avant que sa victime stupéfaite sût en quelles mains elle était tombée, un grappin l'avait saisi à la ceinture de sa culotte, et il était déjà à moitié chemin entre la mer et la vergue pour aller rejoindre le grave Richard.

— Prenez garde qu'il ne tombe dans la mer, s'écria Wilder du haut de la poupe.

— Lui être tailleur, maître Harry, répondit le nègre impassible; si drap n'être pas bon, lui n'avoir à s'en prendre qu'à lui-même.

Pendant ce court pourparler, le bon Homespun était arrivé sain et sauf au terme de son vol aérien. Il y fut convenablement reçu par Fid qui l'éleva à ses côtés; et l'ayant placé commodément entre la vergue et le boutehors, se mit à l'attacher avec une courroie, de manière à lui laisser la libre disposition de ses mains.

— Raccommodez un peu la culotte à ce pauvre diable, lui dit Richard après avoir pris toutes ses précautions pour que le bonhomme ne pût tomber; allons, amarrez-moi tout cela.

— Il posa alors un pied sur la gorge de son prisonnier, et saisissant une de ses cuisses qui pendaient sans appui, il la plaça avec un grand sang-froid sur les genoux du tailleur éperdu.

— Allons, courage, dit-il; voilà le moment de jouer des doigts et de l'aiguille, comme si vous étiez sur votre établi. Vous êtes dans l'usage, vous autres gens retors, de commencer par visiter le fond de cale; ce qui n'est pas si bête, puisque c'est cela qui soutient le reste du bâtiment.

— Le Seigneur me préserve, moi et tous les autres pêcheurs, d'une fin prématurée! s'écria Homespun regardant de la hauteur effrayante où il se trouvait placé le vide dont il était entouré, avec une sensation à peu près semblable à celle de l'aéronaute, quand, dans une première expérience, il regarde au-dessous de lui.

— Voilà un waister bien insupportable! s'écria Fid à ses camarades; il interrompt par ses cris une conversation raisonnable; voyons, débarrassez-nous-en, et comme le drap de son habit est condamné par le tailleur, eh bien! envoyez-le au munitionnaire pour qu'il lui donne un nouvel accoutrement.

Cependant le motif réel qu'il avait eu pour se débarrasser de son prisonnier suspendu dans les airs, était un petit sentiment d'humanité auquel Fid, malgré toute sa brusquerie, n'était pas tout-à-fait étranger; car il sentait que le pauvre diable ne devait être rien moins qu'à son aise. Aussitôt qu'on eut satisfait à sa demande, il se tourna vers le tailleur pour reprendre la conversation, avec autant de sang-froid que s'ils eussent été assis l'un et l'autre sur le tillac, et qu'une douzaine de *farces* du même genre ne fussent pas en train en même temps dans différentes parties du vaisseau.

— Pourquoi donc, camarade, ouvrez-vous les yeux aussi grands qu'un sabord? dit Fid. Tout ce que vous voyez autour de vous est de l'eau, à l'exception de ce point bleu du côté de l'est, qui est une partie des montagnes de Bahamas, entendez-vous?

— C'est un monde de péché et de présomption que celui où nous vivons, répondit le bonhomme; et personne ne peut dire en quel instant la vie doit lui être enlevée. J'ai passé par cinq longues et sanglantes guerres sans qu'il me soit arrivé aucun mal, et tout cela pour finir d'une manière aussi triste; j'oserai le dire, aussi profane.

— Eh bien! puisque vous vous êtes si bien tiré au milieu des guerres, vous êtes moins excusable de vous plaindre, parce qu'on vous a peut-être gêné un peu la respiration en vous hissant jusqu'ici. Ecoutez, camarade, j'ai vu faire la même promenade à des gaillards plus vigoureux, qui n'ont jamais su quand ni comment descendre.

Homespun, qui ne comprenait qu'à demi l'allusion de Fid, le regardait d'un air qui exprimait le désir d'en entendre l'explication, et en même temps la surprise qu'il éprouvait en voyant la facilité avec laquelle son compagnon se maintenait à son poste, et savait conserver l'équilibre sans se tenir en aucune manière.

Je vous dis, camarade, reprit Fid, qu'on a vu hisser ainsi, au bout d'une vergue, plus d'un marin vigoureux qui a tressailli d'une rude manière en attendant le signal d'un coup de canon, et qui y est resté aussi long-temps que le président d'une cour martiale l'a jugé nécessaire pour lui donner le temps de se convertir.

— Ce serait se jouer de la Providence d'une manière terrible et effroyable que de rendre d'aussi affreuses punitions illusoires en les infligeant par plaisanterie, et je ne conseillerais pas au plus probe et au plus honnête des marins de le tenter; que sera-ce donc quand il s'agit de l'équipage d'un vaisseau où personne ne peut dire quand viendra l'heure de la rétribution et du repentir?

Il me semble insensé de tenter la Providence par de telles provocations.

Fid lança sur le bonhomme un regard beaucoup plus significatif qu'à l'ordinaire, et il attendit même pour répondre qu'il eût rafraîchi ses idées en mettant dans sa bouche une nouvelle provision de feuilles de tabac. Alors jetant les yeux autour de lui pour s'assurer qu'aucun de ses bruyans et grossiers compagnons n'était à portée de l'entendre, il lança un regard encore plus expressif sur le tailleur et répondit :

— Écoutez, camarade, quels que puissent être les autres bons côtés de Richard Fid, ses amis ne peuvent dire qu'il soit un grand savant. Cela posé, il n'a pas jugé convenable de demander à jeter un coup d'œil sur les réglemens en venant à bord de ce brave vaisseau. Je suppose cependant qu'ils peuvent se montrer au besoin, et qu'un honnête homme n'a pas lieu de rougir de se trouver ici.

— Ah! que le Ciel protége les pauvres et innocentes créatures qui servent ici contre leur volonté, quand le temps de la rétribution sera venu! répondit Homespun. Je présume cependant qu'un marin qui paraît entendre son affaire aussi bien que vous ne s'est pas engagé dans cette entreprise sans recevoir la gratification d'usage, et sans connaître la nature du service.

— Du diable si je me suis engagé du tout ni dans *l'Entreprise* ni dans *le Dauphin*, comme on appelle ce même vaisseau. Voilà maître Harry, ce brave jeune homme qui est là-bas sur la poupe; je le suis partout, entendez-vous, et il est rare que je le fatigue de questions pour savoir de quel côté il va diriger sa barque.

— Quoi! vous vendriez ainsi votre ame à Belzébuth, et cela encore sans en recevoir un bon prix?

— Écoutez, camarade, vous feriez peut-être aussi bien de jeter le grappin sur vos idées et de les empêcher de courir ainsi de travers. Je désire traiter avec les égards convenables un monsieur qui a eu la bonté de monter jusqu'ici pour me rendre visite, entendez-vous; mais un officier tel que celui que je sers a un nom à lui, sans avoir besoin d'emprunter celui de la personne que vous avez jugé à propos de nommer. Je dédaigne une chose aussi pitoyable qu'une menace, mais un homme de votre âge n'a pas besoin qu'on lui dise qu'il est aussi facile de descendre du haut de cette vergue qu'il l'a été d'y monter.

Le tailleur jeta un regard au-dessous de lui sur la mer, et il se hâta de dissiper l'impression défavorable que la malheureuse question qu'il venait de faire avait si évidemment laissée dans l'esprit de son vigoureux compagnon.

— Le Ciel me préserve, dit-il, d'appeler personne autrement que par ses noms de baptême et de famille, comme la loi l'ordonne! Je voudrais seulement vous demander si vous seriez prêt à suivre le maître que vous servez, jusqu'à un endroit aussi incommode et aussi dangereux qu'un gibet.

Fid réfléchit quelques instans avant de répondre à une question si délicate. Pendant cette occupation qui ne lui était pas ordinaire, il remuait dans sa bouche avec activité le tabac dont il venait de la remplir. Enfin, terminant ses deux opérations en lançant un jet de salive noirâtre qui jaillit jusqu'à la vergue de la voile de beaupré, il dit d'un ton décidé :

— Oui, je l'y suivrais, ou que le diable m'emporte! Après avoir vogué de conserve pendant vingt-quatre ans, je ne serais qu'un misérable si je m'en séparais, parce que j'aurais devant les yeux une bagatelle comme un gibet.

— Le paiement de pareils services doit être à la fois généreux et très exact, et la nourriture la plus vivifiante du monde? dit le bonhomme de manière à montrer qu'il ne serait pas fâché de recevoir une réponse. Fid n'avait nullement envie de tromper sa curiosité, et même il se croyait obligé, une fois qu'il avait entamé un sujet, de n'en laisser aucune partie dans l'obscurité.

— Pour la paie, voyez-vous, lui dit-il, c'est celle d'un matelot. Je me mépriserais moi-même si je prenais moins que la part qui revient au meilleur matelot du mât de misaine, puisque ce serait tout bonnement reconnaître que j'ai ce que je mérite. Mais maître Harry a une manière toute particulière d'apprécier les services d'un homme, et une fois que ses idées ont jeté l'ancre dans une certaine direction, du diable si, avec tous vos efforts, vous l'en feriez démarrer. Je lui ai insinué une fois qu'il serait convenable de me donner une place de quartier-maître; mais, oui! joliment! Il ne veut pas seulement en entendre parler, attendu, dit-il, qu'avec la petite habitude que j'ai d'avoir souvent la vue trouble, ce ne serait que m'exposer à toute sorte de désagrémens, puisque tout le monde sait que plus un singe monte haut sur les agrès d'un vaisseau, plus il est facile à ceux qui sont sur le pont de s'apercevoir qu'il a une queue. Pour ce qui est de la nourriture, c'est celle d'un marin ; un jour une tranche à garder pour un ami, et un autre jour l'estomac creux.

— Mais en outre on partage souvent le... les... les prises, à bord de cet heureux croiseur ? demanda le bonhomme en détournant le visage, de peur de paraître attacher trop d'importance à la réponse. J'ose dire que vous recevez des compensations pour toutes vos souffrances, quand on fait la distribution des dépouilles.

— Écoutez, camarade, dit Fid en lui lançant de nouveau un coup d'œil significatif, sauriez-vous me dire où siége la cour de l'amirauté qui condamne ces prises ?

Le tailleur lui rendit l'expression de son regard. Mais un tumulte extraordinaire dans une autre partie du vaisseau coupa court à leur conversation, au moment où, selon toute apparence, elle allait amener quelques explications satisfaisantes entre les deux parties.

Comme l'action du roman va bientôt marcher de nouveau, nous attendrons, pour révéler la cause de cette commotion soudaine, le commencement du chapitre suivant.

CHAPITRE XX.

> « Viens et prends une épée, ne fût-elle que de bois. Voilà deux jours qu'ils sont soulevés. »
> SHAKSPEARE. *Henri VI.*

Tandis que le petit épisode que nous venons de raconter se passait sur le bord de la vergue de misaine du Corsaire, des scènes qui tenaient également de la comédie et de la tragédie se jouaient en d'autres endroits. La lutte entre les possesseurs du tillac et les matelots des mâts, dont il a été si souvent question, était loin d'être terminée. Les coups, en plus d'une occasion, avaient succédé aux injures ; et comme cette première sorte de plaisanterie était de celles où les soldats de marine et les waisters étaient de force avec leurs persécuteurs plus malins, la guerre commençait à devenir plus égale, et le succès pouvait sembler douteux. Cependant Nightingale était toujours prêt à rappeler les combattans aux sentimens des convenances, par le son bien connu de son instrument et par sa voix retentissante. Un long et perçant coup de sifflet accompagné de mots : — Holà ! hé ! entendons là plaisanterie ! — avait suffi jusqu'alors pour comprimer le ressentiment prêt à éclater des différens antagonistes, quand la plaisanterie piquait trop au vif le fier soldat et le waister moins hardi, mais non moins rancuneux; la préoccupation de celui qui, en général, observait d'un œil si vigilant les mouvemens de tous ses subordonnés, faillit entraîner des résultats d'une nature beaucoup plus sérieuse.

A peine l'équipage eut-il commencé les jeux plus ou moins grossiers que nous venons de rapporter, que la veine de gaîté qui avait porté le Corsaire à relâcher ainsi momentanément les liens de la discipline sembla s'arrêter tout à coup. L'air vif et enjoué qu'il avait conservé dans sa conversation avec les femmes qui étaient passagères ou prisonnières sur son bord, comme il lui plairait de les considérer, avait disparu sous le sombre nuage qui couvrait son front pensif. Son œil ne brillait plus de ces éclairs de saillies bizarres et piquantes, auxquelles il aimait beaucoup à se livrer, mais il avait pris une expression grave et austère. Il était évident que son esprit était retombé dans une de ces profondes rêveries qui obscurcissaient si souvent ses traits animés, de même qu'un nuage, en passant sur le soleil, répand une teinte sombre sur les épis dorés que le vent balance mollement dans la plaine.

Tandis que la plupart de ceux qui ne jouaient pas un rôle dans les jeux bruyans et variés de l'équipage les regardaient avec attention, d'un air, les uns de surprise, les autres de défiance, mais tous avec un intérêt plus ou moins vif, le Corsaire semblait être tout-à-fait étranger à ce qui se passait devant lui. Il est vrai que de temps en temps il levait les yeux sur les êtres actifs qui grimpaient aux cordages comme des écureuils, ou qu'il les laissait tomber sur le détachement moins alerte qu'occupait le tillac ;

mais c'était toujours avec une distraction qui prouvait que cette vue ne faisait sur son esprit qu'une impression vaine et légère. Les regards qu'il jetait de temps en temps sur Mrs Wyllys et sur sa belle et intéressante pupille trahissaient les pensées qui l'agitaient intérieurement. C'était seulement d'après ces coups d'œil rapides, mais expressifs, que l'on pouvait jusqu'à un certain point soupçonner l'origine des sentimens qui le dominaient; encore, le plus fin observateur eût-il eu de la peine à prononcer sur le caractère véritable des émotions qui régnaient dans son esprit. Il y avait des momens où l'on aurait pu supposer que quelque passion profane et impie commençait à prendre l'ascendant; mais bientôt, lorsque son œil se portait rapidement sur les traits plus mûrs et plus graves, quoique encore attrayans, de la gouvernante, il ne fallait pas être très habile pour lire à la fois dans ses regards l'incertitude et le respect.

Pendant qu'il était ainsi absorbé, les jeux allaient toujours leur train, accompagnés quelquefois d'incidens assez comiques pour arracher un sourire même aux lèvres de Gertrude à demi effrayée, mais toujours avec une tendance de plus en plus prononcée vers les voies de fait, qui pouvaient d'un moment à l'autre anéantir la discipline d'un vaisseau où il n'y avait, pour soutenir l'autorité, d'autres moyens que ceux que les officiers pouvaient employer à l'instant.

L'eau avait été répandue avec tant de profusion, que les ponts en étaient inondés, et que plus d'un flot d'écume avait même envahi l'enceinte privilégiée de la poupe. Toutes les ruses ordinaires en de pareilles scènes avaient été employées par les hommes des mâts, pour tourmenter leurs compagnons moins avantageusement placés, et ceux-ci avaient pris leur revanche par tous les moyens qu'ils avaient pu imaginer. Ici on voyait un waister et un cochon se balancer l'un contre l'autre suspendus sous un mât; là un soldat de marine, attaché au milieu des agrès, était obligé de souffrir les manipulations d'un petit singe qui, dressé à cet emploi et armé d'un rasoir, était placé sur son épaule, l'air aussi grave et l'œil aussi observateur que s'il avait été élevé régulièrement dans l'art du perruquier; partout enfin quelque farce en action proclamait la liberté licencieuse accordée momentanément à une classe d'hommes qui étaient généralement tenus dans cet état de contrainte que le bon ordre autant que la sûreté rend indispensable à bord d'un vaisseau de guerre.

Au milieu du bruit et de la confusion, une voix se fit entendre, qui paraissait sortir de l'océan, et qui hélait le vaisseau par son nom, à l'aide d'un porte-voix appliqué à la circonférence extérieure d'un écubier.

— Qui hèle *le Dauphin*? répondit Wilder quand il s'aperçut que cette voix n'avait pu tirer son commandant de la rêverie profonde où il était plongé.

— Le père Neptune est sous votre proue.

— Que désire le dieu?

— Il a appris que certains étrangers étaient arrivés dans ses domaines, et il demanda la permission de venir à bord de l'effronté *Dauphin*, pour savoir ce qu'ils viennent faire, et examiner leur journal secret.

Il est le bienvenu; faites monter le vieillard à bord par le cap. C'est un marin trop expérimenté pour qu'il veuille entrer par les fenêtres.

Le pourparler cessa, et Wilder fit un tour sur les talons, comme s'il eût déjà été dégoûté du rôle qu'il lui fallait jouer dans cette parade.

On vit bientôt paraître un marin d'une taille athlétique, qui semblait sortir de l'élément dont il voulait représenter le dieu. De grossiers flocons de laine, dégouttant d'eau de mer, lui tenaient lieu de cheveux blancs, et des herbes sauvages, qui couvraient la surface de l'eau à une lieue du bâtiment, lui faisaient une espèce de manteau de négligé; il tenait à la main un trident fait de trois épissoires arrangés convenablement, et placés au bout d'une demi-pique. Ainsi accoutré, le dieu de l'océan, qui n'était rien moins que le capitaine du gaillard d'avant, s'avançait avec toute la dignité nécessaire le long du pont, suivi d'une foule de nymphes et de naïades barbues, dans un costume aussi grotesque que le sien. Arrivé sur le tillac en face des officiers, le dieu les salua en abaissant son sceptre, et reprit la conversation en ces termes, Wilder se trouvant forcé, par la préoccupation de son commandant qui était toujours la même, de faire une partie du dialogue.

— C'est un assez beau bâtiment que celui sur lequel vous êtes venu, mon fils, et il me paraît rempli de l'élite de mes enfans. Combien peut-il y avoir que vous avez quitté la terre?

— Mais environ huit jours.

— A peine assez de temps pour que les novices puissent avoir déjà leur pied marin. Je les reconnaîtrai à la manière dont ils se tiennent pendant le calme.

— Dans ce moment, le général, qui se tenait debout, la tête dédaigneusement tournée d'un autre côté, lâcha le haut banc d'artimon auquel il se tenait attaché, sans autre raison apparente que de maintenir sa personne dans son immobilité parfaite. Neptune sourit et continua.

— Je ne vous demanderai pas de quel port vous êtes partis, car je reconnais le sable de Newport qui tient encore à vos ancres. J'espère que vous n'avez pas amené beaucoup de nouvelles recrues avec vous, car je sens la morue à bord d'un vaisseau de la Baltique qui arrive avec ses marchandises, et qui ne doit être qu'à cent lieues d'ici. Je n'aurai que peu de temps pour examiner les papiers des gens de votre équipage, et voir s'ils sont en règle.

— Vous les voyez tous devant vous. Un homme aussi habile que Neptune n'a pas besoin qu'on lui apprenne à reconnaître un marin.

— Je commencerai donc par ce monsieur, reprit le malin commandant du gaillard d'avant en se tournant vers le chef des soldats marins toujours immobile. Il sent furieusement la terre, et je voudrais savoir combien il y a d'heures qu'il a navigué pour la première fois sur mes domaines.

— Je crois qu'il a fait beaucoup de voyages sur mer, et j'ose dire qu'il y a long-temps qu'il a payé le tribut d'usage à votre majesté.

— C'est bon, c'est bon ; je veux bien le croire, quoique je puisse dire que j'ai vu des écoliers mieux employer leur temps, s'il a été sur l'eau aussi long-temps que vous le prétendez. Et ces dames ?

— Toutes deux ont déjà été sur mer, et sont par conséquent dispensées de toute interrogation, répondit Wilder vivement.

— La plus jeune est assez jolie pour être née dans mes domaines, dit le galant souverain de la mer; mais personne ne peut refuser de répondre à une question qui sort directement de la bouche du vieux Neptune. Ainsi donc, si cela est indifférent à votre honneur, je prierai cette jeune personne de vouloir bien répondre pour elle-même.

Alors, sans faire la moindre attention au regard irrité que lui lançait Wilder, l'inflexible représentant du dieu s'adressa directement à Gertrude.—Si, comme on le dit, ma jolie demoiselle, vous avez déja vu la mer avant cette traversée, vous pourrez peut-être vons rappelez le nom du vaisseau et quelques autres petites particularités du voyage ?

Notre héroïne changea de couleur aussi rapidement qu'on voit le ciel du soir rougir et reprendre sa teinte argentine ; mais elle eut assez d'empire sur elle-même pour répondre de l'air du calme le plus parfait.

— Si j'entrais dans tous ces petits détails, cela vous ferait perdre de vue des objets plus dignes de vous. Peut-être ce certificat vous convaincra-t-il que je ne suis pas novice sur la mer. Tandis qu'elle parlait une guinée tomba de sa blanche main dans celle que lui présentait l'homme qui l'interrogeait.

— Je ne puis concevoir que je n'aie pas reconnu madame, et je ne puis l'expliquer que par l'étendue et l'importance de mes occupations, répondit l'audacieux flibustier en s'inclinant avec une politesse grossière, tout en mettant l'offrande dans sa poche. Si j'avais consulté mes livres avant de venir à bord de ce vaisseau, j'aurais découvert tout de suite ma méprise ; car je me rappelle à présent que j'ordonnai à un de mes peintres en miniature de copier vos jolis traits, pour que je puisse les montrer chez moi à ma femme. Le brave garçon le fit assez bien dans l'écaille d'une huître des Indes orientales. J'en ferai faire une belle copie que j'enverrai à votre mari quand vous jugerez convenable d'en prendre un.

Alors, après avoir répété son salut en traînant son pied en arrière, il se tourna vers la gouvernante afin de continuer son examen.

— Et vous, madame, dit-il, est-ce la première fois que vous venez de mes domaines ?

— Ce n'est ni la première ni la vingtième fois ; j'ai vu bien souvent votre majesté.

— Une vieille connaissance ! Et sous quelle latitude nous sommes-nous rencontrés pour la première fois ?

— Je crois que ce fut sous l'équateur, il y a trente ans bien révolus.

— Oui, oui, je suis souvent là à guetter les vaisseaux de la compagnie des Indes et de vos marchands du Brésil qui retournent dans leur pays. J'en visitai en très grand nombre dans l'année dont vous me parlez, mais je ne puis dire que je me rappelle vos traits.

— Je crains que trente années ne les aient un peu changés, répondit la gouvernante avec un sourire qui, quoique mélancolique, avait trop de dignité pour faire soupçonner qu'elle regrettait une perte aussi vaine que celle de la beauté. J'étais à bord d'un vaisseau du roi et d'un vaisseau d'une grandeur assez remarquable; il était à trois ponts.

Le dieu reçut alors la guinée qui lui fut offerte secrètement; mais il semblait que le succès avait augmenté son avidité; car au lieu de faire ses remerciemens, il parut assez disposé à faire de nouveaux efforts pour obtenir une nouvelle rétribution.

—Tout cela peut être aussi vrai que le dit madame, reprit-il, mais l'intérêt de mon royaume, et la nombreuse famille que j'ai à nourrir, me forcent de regarder de près à mes droits. Y avait-il un pavillon sur ce vaisseau?

— Oui.

— Il est probable qu'on le hissait, comme d'ordinaire, au bout du petit beaupré?

— On le hissait, comme il est d'usage pour un vice-amiral, à l'avant.

— Bien répondu pour un cotillon! murmura la divinité un peu piquée de ce que son artifice ne tournait pas mieux; il est diablement singulier, sauf votre respect, que j'aie oublié un pareil vaisseau. Pourriez-vous me citer quelque particularité extraordinaire, quelqu'une de ces choses qu'on se rappelle toujours?

Les traits de la gouvernante avaient déjà perdu leur expression de plaisanterie forcée pour prendre celle d'une grave réflexion, et son regard semblait fixé sur l'espace, tandis qu'elle disait, de l'air d'une personne qui cherche à rassembler des souvenirs confus:

— Il me semble que je vois encore l'air fripon et rusé avec lequel un jeune espiègle, qui n'avait que huit ans, se joua de la malice d'un soi-disant Neptune, et sut déjouer ses artifices en faisant retomber sur lui les risées de tout l'équipage.

— N'avait-il que huit ans? demanda une forte voix à côté d'elle.

— Il n'avait que huit ans; mais sa malice était au-dessus de son âge, répondit Mrs Wyllys tressaillant comme quelqu'un qu'on réveille en sursaut, et se retournant pour regarder le Corsaire.

—C'est bien, c'est bien, interrompit le capitaine du gaillard d'avant, qui ne se souciait pas de continuer un examen auquel son redoutable commandant jugeait à propos de prendre part; j'ose dire que tout est en règle. Je consulterai mon journal: s'il en est ainsi, soit; sinon, eh bien ! il suffira d'envoyer au vaisseau un petit vent de proue, jusqu'à ce que j'aie examiné *le Danois*, et alors nous aurons tout le temps de régler nos comptes.

En parlant ainsi, le dieu passa rapidement devant les officiers, et tourna son attention sur les soldats de marine qui s'étaient réunis en corps, sentant la nécessité de s'appuyer mutuellement pour soutenir un examen aussi approfondi. Parfaitement au fait de la carrière que chacun d'eux avait parcourue, et craignant intérieurement d'être dépouillé tout à coup de son autorité, le chef du gaillard d'avant choisit dans toute la troupe un nouvel embarqué, et ordonna à ses aides de traîner sa victime sur l'avant du vaisseau, où il croyait pouvoir se livrer aux jeux cruels qu'il méditait, avec moins de danger d'être interrompu. Déjà piqués d'avoir servi de risée à tout l'équipage, et décidés à défendre leur camarade, les soldats de marine résistèrent.

Il s'ensuivit une dispute longue, bruyante et animée, pendant laquelle chaque parti soutenait son droit de persister dans la marche qu'il avait adoptée. Des mots, les combattans ne tardèrent pas à en venir à des démonstrations hostiles. Ce fut au moment où la paix intérieure du vaisseau ne tenait pour ainsi dire qu'à un fil, que le général jugea à propos d'exprimer le dégoût que lui avaient inspiré, depuis le commencement, des scènes où la discipline était si outrageusement méconnue.

— Je proteste contre ces menées licencieuses et anti-militaires, dit-il en s'adressant à son supérieur toujours absorbé dans ses réflexions. J'ai donné à mes gens, je l'espère, le véritable esprit du soldat, et on ne peut faire à aucun d'eux de plus grand affront que de porter les mains sur lui, à moins que ce ne soit par voie de discipline. Je préviens donc ici tous ceux qui m'entendent, et je les en préviens clairement, si quelqu'un touche seulement du doigt un de mes gens, il recevra sur-le-champ un coup qui lui apprendra à respecter ma troupe.

Comme le général n'avait pas essayé de modérer sa voix, elle fut entendue de ses soldats, et produisit l'effet qu'on pouvait attendre. Un vigoureux coup de poing, appliqué par le sergent, fit jaillir le sang du visage du dieu de la mer, et prouva sur-le-champ son origine terrestre.

Se voyant obligé de défendre sa fragile *humanité*, le vigoureux marin rendit son salut avec tous les accessoires que la circonstance semblait exiger. Un tel échange de civilités, entre deux personnages aussi éminens, fut le signal d'hostilités générales parmi leurs subordonnés respectifs. Le tumulte qui suivit l'attaque avait attiré l'attention de Fid, qui, dès qu'il vit quelle tournure les jeux prenaient en bas du tillac, abandonna son compagnon sur la vergue, et se laissa glisser à l'aide d'un étai, avec à peu près autant de facilité que le singe, cette caricature de l'homme, aurait pu exécuter la même manœuvre. Son exemple fut suivi par tous les matelots des mâts, et en moins d'une minute tout dut porter à croire que les braves soldats de marine allaient être écrasés par la supériorité du nombre; mais, fermes dans leur résolution et leur animosité, ces guerriers aguerris et brûlant de la soif de la vengeance, au lieu de chercher un refuge dans la fuite, se replièrent les uns sur les autres pour se soutenir. On voyait les baïonnettes briller au soleil, tandis que quelques matelots, en dehors du groupe, portaient déjà la main sur les demi-piques arrangées symétriquement au pied du mât.

— Arrêtez! en arrière, tous tant que vous êtes! s'écria Wilder en se jetant au milieu de la foule, et en se frayant un passage avec un empressement doublé peut-être par le souvenir du danger que couraient des femmes sans protection, si les liens de la subordination venaient à se briser violemment dans un équipage composé de pareils élémens.

— En arrière! si vous tenez à la vie, obéissez! — Et vous, monsieur, qui vous vantez d'être un si bon soldat, ordonnez à vos gens de rentrer dans le devoir.

Quelque dégoût qu'eût pu lui inspirer la scène précédente, le général était trop intéressé au maintien de la paix intérieure du vaisseau pour ne pas s'efforcer de répondre à cet appel. Il fut secondé par tous les officiers subalternes, qui sentaient bien que leur vie, aussi bien que leur fortune, était menacée, s'ils ne parvenaient à arrêter le torrent débordé d'une manière aussi inattendue. Mais ils ne firent que montrer combien il est difficile de soutenir une autorité qui ne s'appuie point sur un pouvoir légitime. Neptune avait jeté son masque, et, soutenu par ses vigoureux camarades du gaillard d'avant, il se préparait évidemment à un combat qui pût lui donner de plus grands titres à l'immortalité que ceux dont il venait de faire fi.

Jusque là les officiers, en employant tour à tour les menaces et les remontrances, étaient parvenus à arrêter l'explosion, de sorte que le temps s'était passé en préparatifs plutôt qu'en voies de fait. Mais les soldats de marine s'étaient armés, et déjà deux groupes de matelots s'étaient formés de chaque côté du grand mât, abondamment pourvus de piques et de toutes les autres armes qui s'étaient trouvées sous leurs mains. Deux ou trois d'entre eux étaient même allés jusqu'à préparer un canon, et à le braquer de manière à pouvoir balayer la moitié du tillac. En un mot, la querelle était arrivée au point où un coup de plus donné de part ou d'autre aurait été le signal d'un massacre et d'un pillage général. Ce qui rendait la catastrophe encore plus inévitable, c'étaient les railleries amères lancées à la fois de cinquante bouches profanes qui ne s'ouvraient que pour vomir les plus grossières injures contre leurs ennemis respectifs.

Pendant les cinq minutes qui avaient pu s'écouler au milieu de ces signes d'insubordination aussi menaçans que sinistres, l'homme le plus intéressé au maintien de la discipline avait paru, de la manière la plus bizarre, totalement indifférent, ou plutôt étranger à tout ce qui se passait si près de lui. Les bras croisés sur la poitrine, et les yeux attachés sur la mer tranquille, il était aussi immobile que le mât près duquel il s'était placé. Accoutumé depuis long-temps au bruit de scènes semblables à celle qu'il avait provoquée lui-même, les sons confus qui parvenaient à son oreille ne lui paraissaient que le résultat du tumulte ordinaire en pareille occasion.

Cependant les autres officiers se montraient plus actifs. Wilder avait déjà fait reculer les plus hardis des matelots, et les deux partis se trouvèrent alors séparés par un espace où les officiers subalternes se jetèrent avec l'empressement d'hommes qui sentaient que dans un pareil moment il fallait payer de sa personne. Ce succès momentané fut peut-être poussé trop loin; car, s'imaginant que l'esprit de sédition était dompté, notre jeune aventurier venait de saisir le plus audacieux des coupables, quand son prisonnier lui fut tout à coup arraché des mains par vingt de ses complices.

— Quel est cet homme qui se donne les airs d'un commodore à bord du *Dauphin*? cria une voix du milieu de la foule, dans un moment bien malheureux pour l'autorité du nouveau lieutenant. De quelle manière est-il venu à bord, et où a-t-il apppris son métier?

— Oui, oui, ajouta une autre voix sinistre, où est ce vaisseau marchand de Bristol qu'il devait amener dans nos filets, et pour lequel nous avons perdu les meilleurs jours de la saison, à l'ancre, sans rien faire.

Alors éclata un murmure général et simultané, qui, si l'on avait eu besoin d'un pareil témoignage, aurait suffi pour montrer que l'officier inconnu n'était guère plus heureux dans son poste actuel que dans celui qu'il avait rempli à bord du vaisseau naufragé. Les deux partis étaient d'accord pour repousser son intervention, et des deux côtés on entendait proférer des doutes offensans sur son origine, mêlés de murmures énergiques contre sa personne. Sans se laisser effrayer par des preuves aussi palpables du danger de sa situation, Wilder répondit à leurs sarcasmes par le sourire le plus dédaigneux, défiant un seul d'entre eux d'oser s'avancer pour soutenir ses paroles par ses actions.

— Écoutez-le! s'écrièrent ses auditeurs. — Il parle comme un officier du roi à la chasse d'un contrebandier, s'écria l'un. — Oui, il est brave pendant le calme, dit un autre. — C'est un Jonas qui s'est introduit dans la cabine par la fenêtre, reprit un troisième, et tant qu'il sera sur *le Dauphin*, le malheur dirigera constamment notre boussole. — A la mer l'intrigant! Qu'on le jette à la mer! Il y trouvera un homme meilleur et plus brave que lui qui l'y a précédé, s'écrièrent en même temps une douzaine de voix, et quelques mutins témoignèrent de la manière la moins équivoque leur intention d'exécuter la menace. Mais deux hommes s'élancèrent tout à coup hors de la foule et se jetèrent comme des lions furieux entre Wilder et ses ennemis. Celui qui fut le premier à voler à son secours fit face aux matelots qui s'avançaient, et d'un coup asséné par un bras irrésistible, il étendit à ses pieds le représentant de Neptune, comme si ce n'eût été qu'un mannequin. Son compagnon ne tarda pas à imiter son exemple, et à mesure que la foule, un instant stupéfaite, se retirait, le dernier, qui était Fid, faisait voltiger un poing aussi gros que la tête d'un enfant, en criant à gorge déployée: — En arrière! drôles que vous êtes, en arrière! Auriez-vous bien le cœur de vous jeter tous ensemble sur un seul homme; et sur quel homme encore? votre officier, et un officier tel que vous n'en avez jamais vu de votre vie. Je voudrais bien savoir quel est celui d'entre vous tous qui sait gouverner un lourd vaisseau dans un canal étroit, comme j'ai vu maître Harry gouverner *le*...

— Retirez-vous ! cria Wilder en se jetant entre ses défenseurs et ses ennemis; retirez-vous, vous dis-je, et laissez-moi seul tenir tête à ces misérables.

— A la mer ! à la mer, lui et ces deux coquins qui le soutiennent ! s'écrièrent les matelots; jetons-les tous ensemble à la mer !

— Resterez-vous toujours muet, et verrez-vous commettre sous vos yeux un horrible assassinat ? s'écria Mrs Wyllys en s'élançant de sa place et en appuyant la main avec vivacité sur l'épaule du Corsaire.

Il tressaillit comme quelqu'un qui sort tout à coup d'un profond sommeil, et la regarda fixement.

— Voyez, lui dit-elle en lui montrant la multitude furieuse sur le tillac, où se montraient tous les symptômes d'une émeute toujours croissante. Voyez, ils tuent votre officier, et il n'y a personne pour le secourir !

La pâleur qui depuis long-temps était empreinte sur son visage s'évanouit dès que son œil eut rapidement parcouru cette scène; il comprit aussitôt ce qui se passait, et son visage s'enflamma comme si tout son sang s'y était précipité. Saisissant une corde suspendue à la vergue au-dessus de sa tête, il s'élança hors de la poupe et tomba légèrement au milieu même de la foule. Les deux partis reculèrent, tandis qu'un silence soudain et profond succédait à des clameurs qui, l'instant d'auparavant, auraient étouffé le bruit d'une cataracte. Faisant du bras un geste fier et repoussant, il prit la parole, et ce fut sur un ton qui, s'il y avait quelque changement à y remarquer, était plutôt moins haut et moins menaçant que de coutume; mais il n'y avait pas cependant une seule de ses intonations qui ne parvînt à l'oreille la plus éloignée, et personne ne pouvait se méprendre sur ce qu'il voulait dire : — Une sédition ! dit-il d'un ton qui présentait un singulier mélange de dédain et d'ironie, — une sédition déclarée, ouverte, violente, et qui veut répandre le sang ! Êtes-vous fatigués de la vie, mes gens ? Y a-t-il quelqu'un parmi vous qui veuille servir d'exemple aux autres ? S'il s'en trouve un, qu'il ose lever la main, un seul doigt ! Qu'il parle, qu'il regarde mon visage, ou qu'il ose me montrer qu'il existe, par un geste, un signe, un mouvement !

Il se tut, et l'espèce d'enchantement produit par sa présence fut si général et si profond, que, dans toute cette multitude d'êtres farouches et emportés, il ne se trouva personne d'assez hardi pour oser braver son courroux. Matelots et soldats se tenaient également immobiles, la tête basse, l'air contrit, comme des enfans coupables cités devant une autorité à laquelle ils sentent intérieurement qu'il leur est impossible d'échapper. S'apercevant qu'aucune voix ne répondait, qu'aucun membre ne faisait le moindre mouvement, qu'aucun œil même n'était assez hardi pour affronter son regard ferme, mais étincelant, il continua toujours sur le même ton.

— C'est bien ! La raison est venue bien tard ; mais heureusement pour vous tous, elle est revenue. En arrière ! entendez-vous ; vous souillez le tillac. — Les mutins reculèrent d'un ou deux pas de chaque côté. — Remettez ces armes à leur place ; il sera temps de s'en servir quand je le jugerai nécessaire. Et vous avez eu l'audace de prendre des piques sans ordres ! Prenez garde qu'elles ne vous brûlent les mains. — Une douzaine de piques tombèrent à la fois sur le tillac. — Y a-t-il un tambour dans ce vaisseau ? qu'il se montre !

Un être tout tremblant, et qui avait à peine la force de se soutenir, se présenta après avoir trouvé son instrument par une sorte d'instinct désespéré.

— Allons, faites-vous entendre, pour que je voie tout de suite si je commande un équipage d'hommes disciplinés et obéissans, ou un ramas de mécréans qui ont besoin que je les purifie avant de me fier à eux.

Les premiers coups de tambour suffirent pour apprendre à l'équipage qu'on battait la retraite. Sans hésiter un instant la foule se sépara, et chacun des coupables se retira en silence ; ceux qui avaient pointé le canon sur le tillac ayant réussi à le remettre à sa place avec une dextérité qui aurait pu leur être très utile dans un combat.

Pendant toute cette affaire, le Corsaire n'avait montré ni colère ni impatience. On avait pu remarquer, il est vrai, dans le mouvement de ses lèvres, et dans le gonflement de son visage, un dédain profond et concentré, accompagné d'une haute confiance en lui-même ; mais jamais il ne parut un seul instant que la colère eût maîtrisé sa raison, et maintenant qu'il avait su faire rentrer l'équipage dans le devoir, il ne semblait pas s'enorgueillir de son succès plus qu'il ne s'était laissé intimider par la tempête qui, l'instant d'auparavant, menaçait de ruiner complétement son autorité. Au lieu de se hâter d'exécuter ses desseins ultérieurs, il attendit que l'on eût observé les formes les plus minutieuses que l'étiquette autant que l'habitude dictait en pareille occasion.

Les officiers s'approchèrent pour faire leur rapport, et dirent que leurs divisions respectives étaient rangées en ordre de bataille avec autant de régularité que si l'ennemi était en présence. Les matelots étaient à leurs postes sur les mâts, et des tampons d'écubiers et des bosses à câble furent passés de main en main. Le magasin fut même ouvert, les coffres d'armes vidés ; enfin c'était beaucoup plus que les apprêts ordinaires d'un exercice journalier.

— Que les écoutes et les drisses soient bossées ! dit-il au premier lieutenant, qui montrait alors une connaissance aussi approfondie de la partie militaire de sa profession, qu'il en avait montré jusqu'alors de la partie nautique. Donnez aux hommes du bord leurs piques et leurs haches, monsieur ; nous allons montrer à ces drôles que nous ne craignons pas de leur confier des armes.

Ces différens ordres furent exécutés à la hâte, et il régna ensuite ce silence profond et solennel qui rend la vue d'un équipage préparé au combat si imposante, même pour ceux qui y sont accoutumés depuis leur enfance. Ce fut de cette manière que l'habile chef de cette troupe d'hommes pervers sut faire plier leur violence sous le frein de la discipline. Quand il pensa que leurs idées avaient repris leur cours ordinaire, et qu'elles avaient été refoulées dans leurs limites par l'état de contrainte dans lequel il les avait placés, état où ils sentaient qu'un mot ou même un regard coupable serait suivi à l'instant d'une punition terrible, il se promena à l'écart avec Wilder, auquel il demanda l'explication de ce qui s'était passé.

Quel que pût être le penchant naturel de son lieutenant à la compasion, il n'avait pas été élevé sur la mer pour voir avec indulgence le crime de sédition. Quand même il eût déjà oublié la manière dont il avait été abandonné sur le bâtiment de Bristol, les impressions d'une vie tout entière restaient encore pour lui faire sentir l'importance de tenir toujours serré le frein que l'expérience a si souvent prouvé d'une nécessité absolue pour contenir des bandes tumultueuses, privées du commerce de la société et de l'influence des femmes, et excitées sans cesse par le choc continuel de caractères rudement provoqués et naturellement portés à la violence. S'il n'exagéra rien dans son rapport, il ne chercha pas non plus à pallier la faute des coupables. Tous les faits furent présentés au Corsaire dans le langage franc et sans fard de la vérité.

— Ce n'est point par des sermons qu'on peut contenir ces drôles, répondit le Corsaire quand l'autre eut achevé. Nous n'avons point de lieu d'exécution pour nos coupables, ni de pavillon jaune à arborer pour attirer l'attention des flottes, ni de graves et sages cours pour feuilleter un livre ou deux, et finir par dire qu'il soit pendu. Les coquins savaient que mon œil était détourné. Une fois déjà ils ont fait sur mon vaisseau l'application vivante de ce passage du Nouveau-Testament, qui nous enseigne l'humilité en nous disant : « Les derniers seront les premiers, et les premiers seront les derniers. » Je trouvai tout mon équipage buvant nos liqueurs et faisant les cent coups, tandis que les officiers étaient prisonniers à fond de cale; état de chose qui, vous l'avouerez, était un peu contraire à la décence ainsi qu'au décorum.

— Je m'étonne que vous ayez réussi à rétablir la discipline.

— J'arrivai au milieu d'eux, seul, et sans autre aide qu'une barque du rivage. Mais je ne demande que la place de poser mon pied et d'étendre le bras, pour faire rentrer dans l'ordre mille têtes de cette espèce. Maintenant qu'ils me connaissent, il est rare que nous ne nous entendions point.

— Vous avez dû punir sévèrement ?

— Justice fut faite. Je crains, monsieur Wilder, que vous ne trouviez notre service un peu irrégulier ; mais un mois d'expérience vous mettra de niveau avec nous, et préviendra tout danger de scènes semblables.

En disant ces mots, le Corsaire regardait sa nouvelle recrue d'un air qu'il s'efforçait de rendre enjoué, mais dont la gaîté ne pouvait aller plus loin qu'un sourire effrayant. — Venez, ajouta-t-il promptement; cette fois, c'est moi-même qui ai été le premier auteur du tumulte, et comme vous voyez que tout est rentré dans l'ordre, nous pouvons nous permettre l'indulgence. D'ailleurs, ajouta-t-il en regardant la place où Mrs Wyllys et Gertrude étaient restées, attendant sa décision dans une incertitude pénible, nous ne devons pas oublier que nous avons des dames à bord en ce moment.

Quittant alors son lieutenant, il s'avança au milieu du tillac, où il manda sur-le-champ les principaux coupables. Ils écoutèrent ses reproches, auxquels il n'oubliait pas de mêler de solides avertissemens, pour leur faire sentir quelles pouvaient être les suites d'une pareille transgression, comme des créatures qui se trouveraient en présence d'une nature supérieure à la leur. Quoiqu'il parlât avec son calme ordinaire, les syllabes qu'il prononçait le plus bas parvenaient à l'oreille des matelots les plus éloignés, et quand il eut fini sa courte harangue, ils restèrent immobiles, dans l'attitude, non pas de coupables qui venaient, tout en étant réprimandés, de recevoir leur grace, mais de criminels, condamnés par leur propre conscience autant que par la voix publique. Parmi eux tous, il ne se trouva qu'un seul matelot qui, encouragé peut-être par ses services passés, osa hasarder une syllabe pour se justifier.

— Quant à ce qui est des soldats de marine, dit-il, votre honneur sait qu'il y a peu d'amitié entre nous, quoiqu'il soit certain que le tillac n'était pas un lieu convenable pour y vider nos querelles. Mais quant à la personne qui a jugé convenable de se mettre à la place...

— J'entends qu'il y reste, interrompit brusquement le commandant. Je puis seul juger de son mérite.

— Eh bien! eh bien! puisque vous l'entendez ainsi, monsieur, personne n'a plus rien à dire assurément. Mais on n'a plus entendu parler du bâtiment de Bristol, que nous attendions avec tant d'impatience. Votre honneur, qui est une personne raisonnable, ne sera pas étonné que ceux qui guettent un navire des Indes Orientales richement chargé aient quelque répugnance à accepter en place une chaloupe vide et délabrée.

— Oui, monsieur, si je le veux, vous accepterez une rame, une planche, une cheville pour votre part. Brisons là. — Vous avez vu de vos propres yeux l'état de son vaisseau; et où est le marin qui, dans quelque jour de malheur, n'a été forcé de convenir que son art n'est rien quand les élémens sont contre lui? Quel est celui qui a sauvé ce bâtiment-ci dans cette même tempête qui nous a ravi notre proie? Est-ce vous, ou bien celui qui l'a déjà sauvé bien des fois, mais qui pourrait bien un jour laisser à votre ignorance le soin de vos intérêts? Il suffit que je le croie fidèle. Ce n'est pas le moment de démontrer à vos esprits grossiers que tout est pour le mieux. — Allez, et envoyez-moi les deux hommes qui se sont jetés si généreusement entre leur officier et la sédition.

Fid se présenta bientôt, suivi du nègre, frottant son chapeau d'une main, tandis que l'autre cherchait gauchement à se cacher dans une partie de ses vêtemens.

—Vous vous êtes bien conduit, mon garçon, vous et votre compagnon de gamelle...

— De gamelle! non, non, votre honneur, interrompit Fid : attendu que c'est un nègre, il mange avec les autres noirs; mais de temps en temps nous vidons un pot en compagnie.

— Eh bien donc, votre ami, si vous préférez ce terme.

— Oui, oui, monsieur, nous sommes assez amis par-ci par-là, quoiqu'il s'élève souvent une bourrasque entre nous deux. Guinée a une diable de manière de tenir le lof dans la conversation, et votre honneur sait qu'il n'est pas toujours agréable pour un blanc qu'un noir lui fasse perdre l'avantage du vent. Je lui fais sentir que ce n'est pas convenable. Il est cependant assez bon garçon au fond, monsieur, et comme c'est tout bonnement un Africain de naissance, j'espère que vous serez assez bon pour fermer les yeux sur ses petits défauts.

— Quand même je n'y serais pas disposé, répondit le Corsaire, la fermeté et l'énergie qu'il a montrées aujourd'hui plaideraient en sa faveur.

— Oui, oui, monsieur, il est assez ferme sur ses pieds, ce qui est plus que je ne puis toujours dire de moi-même. Ensuite, pour ce qui est du métier de marin, il y a peu d'hommes qui le vaillent, entendez-vous? Je voudrais que votre honneur prît la peine d'aller voir le nœud qu'il a fait au grand étai, pas plus loin qu'au dernier calme, de manière à n'avoir pas plus de peine à le détendre, que la conscience d'un riche n'en éprouve à se charger d'un petit péché.

— Votre description me suffit. Vous l'appelez Guinée?

— Oh! vous pouvez lui donner le nom qu'il vous plaira, car il n'y tient pas du tout, attendu qu'il n'a jamais été baptisé, et qu'il n'entend rien aux subtilités de religion. Son nom légal est Scipion l'Africain, ce qui vient, je crois, de ce qu'il s'est embarqué pour la première fois en Afrique. Mais pour ce qui tient au nom, le brave garçon est aussi doux qu'un agneau. Vous pouvez l'appeler tout ce que vous voulez, pourvu que vous ne l'appeliez pas trop tard à son grog.

Pendant tout ce temps l'Africain était immobile, promenant ses grands yeux noirs dans tous les sens, excepté du côté de ceux qui parlaient, et pleinement satisfait que son compagnon expérimenté lui servît d'interprète. Cependant l'énergie qui venait si récemment de se réveiller chez le Corsaire semblait déjà s'atfaiblir; son air de dédain et de fierté s'était évanoui, et l'expression de son regard annonçait la curiosité plutôt que tout autre sentiment,

— Voilà long-temps que vous faites voile de conserve, mes braves gens, ajouta-t-il avec insouciance, sans s'adresser à aucun d'eux en particulier.

—Oui, oui, votre honneur, il y a eu vingt-quatre ans au dernier équinoxe, Guinée, que maître Harry est venu mouiller à notre avant, et alors nous avions été trois ans ensemble à bord du *Foudroyant,* sans parler que nous fîmes le tour du cap Horn, à bord de *la Baie.*

— Ah! voilà vingt-quatre ans que vous êtes avec M. Wilder! Il n'est pas si étonnant que vous mettiez du prix à sa vie.

— Moi! je n'entends pas y mettre aucun prix, dit le matelot prenant l'expression de la lettre. Voyez-vous, monsieur, j'entendis les drôles comploter entre eux de nous jeter tous trois à la mer, de sorte que nous jugeâmes qu'il était temps de dire quelque chose en notre faveur; et, comme on ne trouve pas toujours des paroles toutes prêtes, le nègre crut devoir, en attendant, y suppléer par quelque chose qui remplît le but tout aussi bien. Non, non, ce n'est pas un grand parleur que Guinée, et, pour ce qui est de cela, je ne puis guère en dire plus de moi-même; mais, attendu que nous les avons tenus en bride, votre honneur conviendra que nous fîmes aussi bien que si nous avions parlé avec autant de subtilité qu'un jeune aspirant de marine, tout frais émoulu du collége, qui est toujours prêt à commander une manœuvre en latin, comme vous entendez bien, monsieur, faute de savoir la véritable langue.

Le Corsaire sourit, et il regarda de côté, probablement pour chercher notre aventurier. Ne le voyant pas près de lui, il fut tenté de pousser ses questions un peu plus loin, sans cependant laisser percer la vive curiosité qui le faisait agir; mais un instant de réflexion le rappela à lui-même, et il écarta cette pensée comme indigne de son caractère.

— Vos services ne seront jamais oubliés. Voici de l'or, dit-il en offrant une poignée de ce métal au nègre, qui se trouvait le plus près de lui. Vous vous le partagerez en braves camarades, et vous pouvez compter à jamais sur ma protection.

Scipion recula et répondit en faisant un mouvement de coude :

— Votre honneur donner tout cela à maître Harry.

— Votre maître n'en a pas besoin, mon garçon.

— Scipion pas en avoir besoin non plus.

— Vous aurez la bonté de ne pas faire attention aux manières de ce pauvre diable, dit Fid en avançant la main avec un grand sang-froid et en mettant gravement l'argent dans sa poche; mais je n'ai pas besoin de dire à un vieux marin comme votre honneur, que la Guinée n'est pas un pays où l'on puisse rabattre les coutures de très près pour ce qui est du savoir-vivre. Cependant, ce que je puis dire pour lui, c'est qu'il remercie votre honneur d'aussi bon cœur que si vous lui aviez donné le double de la somme. — Saluez son honneur, mon garçon, et faites voir que vous vivez avec un homme qui sait ce que c'est. — Et à présent que cette petite difficulté, relativement à l'argent, a été aplanie, grace à ma présence d'esprit, avec la permission de votre honneur, je vais monter là haut et détacher cette espèce de tailleur que vous voyez sur la vergue de misaine. Le pauvre diable n'a jamais été fort pour grimper sur les mâts, comme vous pouvez le voir, monsieur, à la manière dont il croise les jambes.

Le Corsaire lui fit signe de se retirer, et, en se retournant, il se trouva face à face avec Wilder. Leurs regards se rencontrèrent, et une légère rougeur trahit l'embarras du premier; mais, reprenant à l'instant son empire sur lui-même, il parla, en souriant, du caractère de Fid, et, alors, d'un ton d'autorité, il ordonna à son lieutenant de faire battre la retraite.

Les canons furent retirés, les sabords fermés, ainsi que le magasin, et les gens de l'équipage se retirèrent chacun de leur côté, comme des hommes dont la violence avait été totalement domptée par l'influence triomphante d'un esprit supérieur. Le Corsaire disparut alors du tillac, dont la garde fut abandonnée pour le moment à l'officier qui se trouvait de quart.

CHAPITRE XXI.

> « C'est par malice qu'il nous donne ce conseil, pour nous empêcher de réussir dans notre métier. »
> SHAKSPEARE, *Timon d'Athènes.*

Pendant toute cette journée, il n'y eut aucune variation dans le temps. La surface de l'Océan était unie et brillante comme un miroir, bien que le mouvement lent, quoique assez sensible, des vagues, annonçât l'orage qui grondait au loin dans l'horizon. Depuis le moment où il quitta le pont, jusqu'à celui où le soleil plongea son disque obscurci dans la mer, celui qui savait si bien maintenir son autorité parmi les êtres indisciplinés auxquels il commandait ne se montra plus. Satisfait de sa victoire, il ne paraissait plus craindre que quelqu'un pût être assez hardi pour oser comploter le renversement de sa puissance. Cette confiance apparente en lui-même ne pouvait manquer de produire une impression favorable sur son équipage. Comme il n'y avait pas une faute qui ne fût découverte, pas une offense qui ne fût punie, les matelots tremblans croyaient qu'un œil, qu'ils n'apercevaient pas, était toujours fixé sur eux; que toujours une main invisible était levée prête à frapper ou à récompenser. C'était par un semblable système d'énergie dans les momens critiques, et d'indulgence lorsque le joug de l'autorité aurait pu paraître trop pesant, que cet homme extraordinaire avait pendant si long-temps réussi à étouffer la trahison parmi les siens, comme à éviter les piéges et ses ennemis déclarés.

Cependant, lorsqu'on eut placé le quart pour la nuit et que le plus grand silence régnait sur le vaisseau, le Corsaire parut de nouveau sur la poupe, se promenant sans bruit dans de solitaires méditations. Le vaisseau, poussé par le courant du Gouffre, avait tellement dérivé au nord, qu'on n'apercevait plus la terre à l'horizon, et il se trouvait de nouveau entouré d'une masse d'eau dont l'œil ne pouvait découvrir la limite. Comme il n'y avait pas le moindre souffle d'air, on avait ferlé les voiles, et les mâts dégarnis s'élevaient dans l'obscurité de la nuit, semblables à ceux d'un vaisseau qui est à l'ancre. En un mot, c'était un de ces momens de repos complet que les élémens accordent quelquefois aux aventuriers qui livrent leur fortune au caprice et à l'inconstance des vents.

Ceux mêmes qui étaient de garde, enhardis par la tranquillité qui régnait autour d'eux, s'étaient étendus entre les canons, ou sur les différentes parties du vaisseau, pour y chercher le repos dont les règles de la discipline et le bon ordre leur défendaient de jouir dans leurs hamacs. De distance en distance on voyait la tête d'un officier assoupi suivre le mouvement du navire, soit qu'il fût appuyé sur le bord ou sur l'affût de quelque canon placé hors des limites sacrées du tillac. Un seul homme était debout, l'œil ouvert, et surveillant tout avec une attention marquée : c'était Wilder, dont le tour de quart était revenu, d'après la division régulière du service pour les officiers.

Pendant deux heures, le Corsaire et son lieutenant n'échangèrent pas la moindre parole. L'un et l'autre semblaient au contraire s'éviter, car ils avaient chacun leurs sujets secrets de méditation. Au bout de ce temps, le premier s'arrêta tout à coup, et resta long-temps à regarder celui qui était toujours immobile à la même place, sur le pont au-dessous de lui.

— Monsieur Wilder, dit-il enfin, l'air est plus frais et plus pur sur la poupe; voulez-vous y monter?

L'autre y consentit, et pendant plusieurs minutes ils se promenèrent en silence, marchant tous deux du même pas, ainsi que les marins ont coutume de le faire pendant la nuit.

— Nous avons eu une matinée agitée, Wilder, reprit le Corsaire trahissant malgré lui le sujet de ses pensées, et parlant toujours de manière à ne pouvoir être entendu que de celui auquel il s'adressait. — Aviez-vous jamais vu d'aussi près ce joli précipice qu'on appelle révolte?

— L'homme contre qui la balle est dirigée court plus de danger que celui qui l'entend seulement siffler.

— Ah! vous avez donc été outragé à bord de votre vaisseau! Ne vous inquiétez pas de l'animosité personnelle que quelques-uns de ces drôles se sont permis de vous montrer. Je connais leurs plus secrètes pensées, comme vous allez bientôt le voir.

— J'avoue qu'à votre place je dormirais sur un lit d'épines, avec de pareils échantillons du caractère de mes hommes sous les yeux. Quelques heures de désordre pourraient un jour ou l'autre faire tomber le vaisseau entre les mains du gouvernement, et mettre votre vie...

— Entre celles du bourreau? et pourquoi pas la vôtre? demanda le Corsaire avec assez de vivacité pour donner à son ton un air de défiance.—Mais l'œil qui a souvent vu des batailles se laisse rarement intimider. Le mien a trop souvent vu le danger en face sans être ému, pour être alarmé à la vue d'une banderolle royale. D'ailleurs, ce n'est pas notre usage de naviguer beaucoup sur cette côte tant soit peu scabreuse; les îles et l'océan espagnol sont des endroits moins dangereux pour croiser.

— Et cependant vous vous êtes aventuré ici dans un moment où un succès contre l'ennemi a donné à l'amiral le loisir d'employer une force considérable à votre poursuite.

— J'avais une raison pour cela. Il n'est pas toujours facile de séparer le commandant de l'homme. Si j'ai oublié un moment les devoirs du premier pour satisfaire les désirs du second, jusqu'à présent, du moins, il n'en est résulté aucun mal. Je puis être fatigué de donner la chasse à vos indolens *hidalgos*, et de faire rentrer au port les gardes-côtes. Il y a dans cette vie que nous menons une variété, une activité que j'aime. Il n'est pas jusqu'à une sédition qui n'ait de l'intérêt à mes yeux.

— Quant à moi, je n'en dirai pas autant. J'avoue que, sous ce rapport, je suis comme le paysan qui perd tout son courage dans l'obscurité. Tant que je vois mon ennemi, je me flatte d'être aussi brave que qui que ce soit; mais je n'aime pas à dormir sur une mine.

— Défaut d'habitude, et voilà tout. Le danger est toujours le danger, n'importe sous quelle forme il se présente; et l'homme eut apprendre aussi aisément à ne point pâlir devant des embûches secrètes que devant un péril visible. Mais paix! est-ce sept ou huit heures qui sonnent?

— Sept heures. Vous voyez ces hommes dormir comme auparavant : l'instinct les réveillerait si leur heure était venue.

— C'est bien. Je craignais que le temps ne fût passé. Oui, Wilder, j'aime l'incertitude; elle empêche les facultés de s'amortir, elle développe le caractère de l'homme. Peut-être en suis-je redevable à un esprit fantasque, mais pour moi j'éprouve de la jouissance même dans un vent contraire.

— Et dans un temps calme?

— Le calme peut avoir ses charmes pour vos esprits tranquilles; mais il n'y a point là d'obstacles à vaincre. On ne saurait mettre les élémens en mouvement, mais on peut lutter contre eux et les dompter.

— Vous n'avez pas embrassé votre état....

— Votre état !

— Je pourrais dire maintenant le nôtre, puisque je suis aussi devenu corsaire.

— Vous êtes encore dans votre noviciat, reprit l'autre dont l'esprit vif et prompt avait déjà dépassé le point auquel était arrivée la conversation, et j'ai été charmé d'avoir été choisi pour recevoir votre confession. Vous avez montré, en tournant autour de votre sujet sans y toucher, une habileté qui me donne l'espoir de faire de vous un habile disciple.

— Mais pas un pénitent, je pense ?

— Qui sait? Nous sommes tous sujets à nos momens de faiblesse, lorsque nous envisageons la vie comme on la dépeint dans les livres, et que nous regardons comme un temps d'épreuve celui qui nous a été accordé pour jouir. Oui, oui, je vous ai pêché à la ligne comme le pêcheur joue avec la truite. Je ne me faisais pas illusion sur le danger que je courais d'être trahi; mais, à tout prendre, vous vous êtes montré fidèle, bien que je doive protester contre les intrigues illicites que vous vous êtes permises pour empêcher le gibier de tomber dans mes filets.

— Comment ! et quelle intrigues? vous avez reconnu vous-même....

— Que *la Royale Caroline* était habilement dirigée, et qu'elle n'avait fait naufrage que parce que c'était la volonté du Ciel. Je parle maintenant de proies plus nobles que celles qu'un faucon vulgaire peut atteindre dans son vol. Êtes-vous donc l'ennemi déclaré des femmes, vous qui avez fait tout au monde pour empêcher la respectable dame et la jolie fille qui sont en ce moment dans ma cabine de jouir de l'honneur insigne de votre compagnie?

— Etait-ce donc vous trahir que de chercher à sauver une femme d'un sort tel que celui, par exemple, dont elles ont été menacées toutes les deux aujourd'hui même? car, tant que votre autorité sera respectée sur ce vaisseau, je ne pense pas qu'il puisse y avoir de danger, même pour celle qui est si charmante !

— Par le ciel ! Wilder, vous me rendez justice ! Plutôt que de souffrir qu'on fît le moindre mal à cette belle innocente, je mettrais moi-même le feu au magasin, et je la renverrais, cet ange de pureté, vers le lieu d'où elle semble descendue !

Notre aventurier écouta avidement ces paroles, quoique le langage énergique d'admiration dans lequel il plut au Corsaire d'exprimer ses sentimens généreux fût peu de son goût.

— Comment avez-vous deviné le désir que j'avais de les servir? demanda-t-il après un moment de silence que ni l'un ni l'autre ne semblait pressé de rompre.

— Pouvais-je me méprendre à votre langage? Il me parut assez clair, je vous assure.

— Mon langage ! s'écria Wilder avec surprise. Il faut alors que j'aie fait une partie de ma confession sans m'en apercevoir.

Le Corsaire ne répondit pas; mais son compagnon vit, à son sourire significatif, qu'il avait été la dupe de quelque déguisement hardi qui avait eu un succès complet. Frappé d'une sorte de stupeur à la vue des pièges préparés de tous côtés sous ses pas, et dans lesquels il s'était jeté aveuglément, un peu piqué peut-être de s'être laissé jouer si facilement, il fit plusieurs tours sur le pont avant de parler de nouveau.

— J'avoue que j'y ai été pris, dit-il enfin, et dès ce moment je me soumets à vous comme à un maître duquel on peut apprendre, mais qu'on ne saurait surpasser. Mais quel que fût le vieux marin, l'aubergiste de l'*Ancre Dérapée* jouait du moins lui-même son rôle ?

— L'honnête Joé Joram ! C'est un homme inappréciable pour un marin en détresse, convenez-en. — Et le pilote de Newport, comment l'avez vous trouvé?

— Était-ce aussi un acteur ?

— Oh ! seulement de circonstance. Je ne confie à ces drôles que ce qu'ils peuvent voir de leurs propres yeux. — Mais chut ! n'avez-vous rien entendu?

— J'ai cru qu'il était tombé une corde dans l'eau.

— Oui, c'est cela. Vous allez voir tout à l'heure avec quel soin je surveille ces turbulens messieurs.

Le Corsaire coupa court alors au dialogue, qui devenait d'un vif intérêt pour son compagnon, et courut à la poupe, par dessus laquelle il resta penché, pendant quelques momens, comme un homme qui trouvait du plaisir à contempler la sombre surface de la mer. Mais un léger bruit, semblable à celui que produisent des cordes agitées, frappa l'oreille de son compagnon, qui se plaça aussitôt à côté de son commandant, où il ne resta pas long-temps sans acquérir une nouvelle preuve de la manière dont tout le reste de l'équipage était, ainsi que lui, circonvenu par les ruses du Corsaire.

Un homme tournait avec précaution, et, d'après sa position, avec quelque difficulté, autour du gaillard d'arrière du navire, à l'aide des cordes et des moulures, qui lui fournissaient les moyens d'assurer sa marche. Cependant il atteignit bientôt une échelle de la poupe, où il resta suspendu, tâchant évidemment de distinguer lequel des deux individus qui l'observaient était celui qu'il cherchait.

— Est-ce vous, Davis? dit le Corsaire à voix basse, et en appuyant légèrement sa main sur Wilder, comme pour lui dire d'être attentif : je crains qu'on ne vous ait vu ou entendu.

— N'ayez aucune crainte, votre honneur, je suis sorti par le sabord à côté de la cabine, et tout le monde est aussi profondément endormi par-là, que s'ils avaient quelqu'un en bas à faire le quart pour eux.

— C'est bien. Quelles nouvelles apportez-vous?

— Mon Dieu! votre honneur peut leur dire d'aller à l'église, et le plus intrépide chien de mer d'entre eux tous n'osera pas dire qu'il a oublié son livre de messe.

— Vous les croyez en meilleure disposition qu'ils n'étaient?

— J'en suis sûr, monsieur; ce n'est pas que la volonté de mal faire manque à deux ou trois; mais ils n'osent se fier l'un à l'autre. Votre honneur sait si bien prendre son monde, qu'ils trouvent le chemin trop glissant pour s'aviser de lui résister.

— Oui, voilà comme sont toujours vos chefs de révolte, murmura le Corsaire assez haut pour être entendu de Wilder. Il ne leur manque que tout juste ce qu'il faudrait d'honnêteté pour que chacun pût compter sur la foi de son voisin. Et que disent les drôles de ma clémence? Ai-je bien fait d'en montrer, ou dois-je demain matin parler de châtiment?

— Le mieux est que les choses restent comme elles sont, monsieur. On sait que vous avez bonne mémoire, et l'on parle déjà du danger d'ajouter un autre grief à celui qu'ils sentent que vous n'avez pas oublié. Il y a le capitaine du gaillard d'avant qui est un peu aigre, comme à son ordinaire, mais surtout cette fois, à cause du coup de poing vigoureux qu'il a reçu du nègre.

— Oui, il est toujours turbulent; il faudra un jour ou l'autre en finir avec le drôle.

— Il sera facile de l'employer au service des barques, monsieur, et l'équipage du vaisseau ne se trouvera que mieux de son absence.

— Bien, bien; il suffit, interrompit le Corsaire avec un peu d'impatience, comme s'il trouvait que son compagnon était encore trop nouvellement initié, pour qu'il lui laissât voir trop à découvert la politique de son gouvernement. Je verrai ce que j'aurai à faire à son égard.—Si je ne me trompe, drôle, vous avez ajouté à votre rôle aujourd'hui, et vous avez été un peu trop loin pour exciter le trouble et la discorde.

— J'espère que votre honneur se rappellera que l'équipage avait reçu l'ordre formel de faire des *farces*; d'ailleurs, il ne pouvait pas y avoir grand mal à laver les cheveux poudrés de quelques soldats de marine.

— Oui, mais vous avez continué après que votre officier avait jugé à propos d'interposer son autorité. Soyez plus circonspect à l'avenir, de peur que le jeu des acteurs ne devienne par trop naturel, et que vous n'obteniez un genre de succès dont vous ne seriez nullement flatté.

Cet homme promit d'être prudent et de se corriger, et il fut ensuite congédié, après avoir reçu une bonne récompense et l'injonction de ne faire aucun bruit en se retirant. Dès que l'entrevue fut finie, le Corsaire et Wilder recommencèrent leur promenade, après que le premier se fut assuré que personne n'avait été à portée d'entendre son entretien mystérieux avec l'espion. Il se fit de nouveau un long et profond silence, pendant lequel ils restèrent livrés à leurs pensées.

— De bonnes oreilles, reprit le Corsaire, sont presque aussi importantes, dans un vaisseau comme celui-ci, qu'un cœur ferme et courageux. Il ne faut pas permettre à ces drôles des entre-ponts de manger du fruit de la science, de crainte que nous autres qui sommes dans les cabines nous ne mourions.

— C'est un service périlleux que celui dans lequel nous sommes embarqués, dit son compagnon en découvrant ainsi involontairement les secrètes pensées qui l'agitaient.

— Le Corsaire garda le silence et fit plusieurs tours sur le pont avant de rouvrir les lèvres. Lorsqu'il parla ce fut d'une voix si douce et si agréable que ses paroles ressemblaient plutôt à celles d'un ami qui donne de sages conseils, qu'au langage d'un homme qui était depuis long-temps le compagnon d'êtres aussi grossiers et aussi dépravés que ceux avec lesquels il se trouvait.

— Vous êtes encore à l'entrée de la vie, monsieur Wilder, dit-il, et il dépend de vous de choisir le sentier que vous voulez suivre. Jusqu'à présent vous n'avez vu transgresser rien de ce que le monde appelle ses lois, et il n'est pas encore trop tard pour dire que vous ne le verrez jamais. Je puis avoir été égoïste dans le désir que j'avais de vous attirer à moi ; mais mettez-moi à l'épreuve et vous verrez que cet égoïsme, dont je ne puis toujours réprimer les premiers mouvemens, n'exerce du moins jamais un long empire sur mon ame. Dites seulement un mot, et vous êtes libre ; il est facile de détruire jusqu'au plus léger indice qui pourrait prouver que vous avez fait partie de mon bord. La terre n'est pas loin derrière ce rayon de lumière qui s'affaiblit de plus en plus à l'horizon ; demain, avant le coucher du soleil, vous pouvez y débarquer.

— Alors, pourquoi pas tous les deux ? Si cette vie irrégulière est un malheur pour moi, il en est de même pour vous. Si je pouvais espérer...

— Que voulez-vous dire ? demanda le Corsaire avec calme, après avoir attendu assez long-temps pour s'assurer que son compagnon hésitait à continuer. Expliquez-vous librement, c'est à un ami que vous parlez.

— Eh bien, c'est en ami, c'est à cœur ouvert que je vous parlerai. Vous dites que la terre est ici à l'ouest ; il nous serait facile, à nous deux qui avons été nourris sur l'océan, de mettre ce canot à la mer, et de profiter de l'obscurité pour nous éloigner. Long-temps avant qu'on pût s'apercevoir de notre absence, nous serions hors de la vue de ceux qui pourraient nous chercher.

— Et où iriez-vous ?

— En Amérique, où nous pourrions trouver une retraite sûre et paisible dans quelque lieu retiré.

— Voudriez-vous qu'un homme qui a si long-temps vécu en prince parmi les siens allât mendier sur une terre étrangère?

— Mais vous avez de l'or. Ne sommes-nous pas maîtres ici? Qui oserait surveiller nos mouvemens, jusqu'à ce qu'il nous plût de nous dépouiller nous-mêmes de l'autorité dont nous sommes revêtus? Tout pourrait être fait avant minuit.

— Et seuls? Consentiriez-vous à partir seul?

— Non... pas entièrement... c'est-à-dire... Il serait indigne de nous, comme hommes, d'abandonner les femmes à la brutalité de ceux que nous laisserions après nous.

— Et serait-il plus digne de nous d'abandonner ceux qui ont mis en nous leur confiance? Monsieur Wilder, je serais le dernier des misérables, si j'acceptais votre proposition! Homme sans loi, suivant l'opinion du monde, jamais du moins je ne serai traître à ma foi et à la parole que j'ai donnée. L'heure peut venir où ceux qui n'ont d'autre patrie que ce vaisseau se sépareront; mais cette séparation doit être franche et volontaire. Vous n'avez jamais su ce qui m'avait attiré au milieu des habitations de l'homme, lorsque nous nous sommes rencontrés pour la première fois dans la ville de Boston?

— Jamais, répondit Wilder avec l'expression marquée du désappointement.

— Écoutez, et vous le saurez. Un de nos compagnons était tombé dans les mains des suppôts de la justice. Il était nécessaire de le sauver. C'était un homme que j'aimais peu, mais qui, suivant sa manière de voir, avait toujours été honnête. Je ne pouvais l'abandonner à son malheureux sort, et il n'y avait que moi qui pût le sauver. J'y réussis en employant l'or et la ruse; et cet homme est maintenant ici, à chanter les louanges de son commandant à l'équipage. Pourrais-je compromettre une réputation acquise au prix de tant de dangers?

— Vous renonceriez à la bonne opinion de coquins, pour vous concilier l'estime de ceux dont les éloges sont réellement honorables?

— Je ne sais. Vous connaissez peu le caractère de l'homme, si vous êtes encore à apprendre qu'il met de la gloire à soutenir une réputation acquise même à force de vices, lorsque ces vices l'ont une fois fait connaître. D'ailleurs, je ne suis pas fait pour le monde, tel qu'il existe parmi vos colons dépendans.

— Peut-être avez-vous reçu le jour dans la métropole?

— Je ne suis autre chose qu'un pauvre provincial, un humble satellite du soleil tout-puissant. Vous avez vu mes pavillons, monsieur Wilder; mais il en manquait un dans le nombre... oui, et un pavillon que, s'il eût existé, j'aurais mis mon orgueil et ma gloire à défendre au prix du plus pur de mon sang!

— Je ne sais ce que vous voulez dire.

— Il est inutile de rappeler à un marin tel que vous combien de nobles fleuves versent leurs eaux dans la mer, le long de cette côte dont nous parlons... combien il s'y trouve de ports larges et commodes, ou combien de voiles, conduites par des hommes qui ont pris naissance sur ce sol spacieux et paisible, blanchissent l'océan.

— Assurément je connais les avantages du pays auquel vous faites allusion.

— Je ne crains pas de le dire, répliqua vivement le Corsaire : s'ils étaient connus comme ils devraient l'être de vous et d'autres comme vous, on verrait bientôt le pavillon dont je parle flotter sur toutes les mers; et les habitans de notre pays ne seraient pas réduits à n'être que des mercenaires, aux gages d'un prince étranger.

— Je n'affecterai pas de ne vous point comprendre; car j'ai connu d'autres personnes qui se berçaient, comme vous, de l'idée que cet événement pourrait arriver.

— Pouvait arriver!... Il arrivera, Wilder, il arrivera; aussi sûr que cet astre se couchera dans l'océan, ou que le jour succédera à la nuit. Si ce pavillon eût été déployé, monsieur Wilder, jamais on n'eût entendu parler du Corsaire Rouge.

— Le roi a son service à lui, et tous ses sujets sont également libres d'y entrer.

— Je pourrais être le sujet d'un roi; mais celui d'un autre sujet! — Non, Wilder, je ne pourrais en avoir la patience. J'ai été élevé sur un de ses vaisseaux; je pourrais presque dire que j'y suis né; et que de fois ne m'a-t-on pas fait sentir avec amertume qu'un océan séparait mon pays natal des degrés du trône! Le croiriez-vous, monsieur? un de ses commandans osa joindre au nom de ma patrie une épithète que je ne répéterai point pour ne pas blesser vos oreilles.

— J'espère que vous avez appris à ce misérable à être plus circonspect.

Le Corsaire regarda son compagnon en face, et répondit avec un sourire amer :

— Il n'a jamais répété cette offense. Il fallait son sang ou le mien, et il paya chèrement sa brutalité.

— Vous vous êtes battus en hommes, et la fortune a favorisé celui qui avait été insulté?

— Oui, nous nous nommes battus... mais j'avais eu l'audace de lever la main contre un habitant de l'île privilégiée!... C'en fut assez, monsieur Wilder; le roi poussa à bout un fidèle sujet, et il a eu lieu de s'en repentir. — Mais c'en est assez pour le moment; une autre fois je pourrai vous en dire davantage... Bonsoir.

Wilder vit son compagnon descendre l'échelle qui conduisait au tillac, et il resta seul, livré à ses pensées, pendant le reste d'un quart qui sembla sans fin à son impatience.

CHAPITRE XXII.

« Elle me regarda avec tant de bienveillance qu'elle en parut troublée ; elle avait peine à s'exprimer, et ses paroles trahissaient son émotion. »

SHAKSPEARE. *Le Jour des Rois.*

Bien que la plupart des hommes de l'équipage du *Dauphin* dormissent ou dans leurs hamacs ou parmi les canons, il y avait des yeux qui ne s'étaient pas encore fermés dans une autre partie du bâtiment. Le Corsaire avait cédé sa cabine à Mrs Wyllys et à Gertrude, du moment qu'elles étaient entrées sur le vaisseau.

Nous transporterons donc la scène dans cet appartement, que nous avons déjà suffisamment décrit pour familiariser le lecteur avec les objets qu'il renfermait, et nous reprendrons la suite de notre histoire à partir du moment où commença la conversation que nous venons de rapporter.

Il est inutile de parler de l'effet que produisirent les troubles de cette journée sur les femmes qui étaient sur le vaisseau. On verra par ce qui va suivre les conjectures et les soupçons qu'ils éveillèrent dans leur esprit. La lampe d'argent massif suspendue au plafond répandait dans la cabine une lueur douce qui tombait obliquement sur les traits de la gouvernante, qui semblait pensive et inquiète, tandis qu'elle donnait en plein sur la figure de Gertrude, qui ne semblait pas livrée à des pensées aussi pénibles. Dans le fond était Cassandre endormie, dont le teint basané servait comme d'ombre au tableau. Dans le moment où nous jugeons à propos de lever le rideau sur cette scène paisible de notre drame, la pupille parlait à sa gouvernante et cherchait à lire dans ses yeux une réponse à ses questions, que celle-ci paraissait vouloir éluder.

— Je répète, ma chère dame, dit Gertrude, que la forme et la matière de ces ornemens sont extraordinaires dans un vaisseau...

— Et que voudriez-vous en conclure?

— Je ne sais. Mais je voudrais que nous fussions déjà dans la maison de mon père.

— Plût à Dieu! Il est peut-être imprudent de garder plus long-temps le silence... Gertrude, d'affreux, d'horribles soupçons se sont élevés dans mon esprit, par suite de tout ce dont nous avons été témoins aujourd'hui.

La jeune fille pâlit, et ses traits exprimèrent une inquiétude mortelle, en même temps qu'elle cherchait à lire dans les yeux de sa compagne l'explication de sa pensée.

— Il y a long-temps que je connais les usages des vaisseaux de guerre, continua la gouvernante, qui ne s'était arrêtée que pour repasser dans son esprit les causes de ses soupçons; mais jamais je n'ai vu rien de semblable à ce qui se passe à chaque instant sur ce vaisseau.

— Que soupçonnez-vous?

Le regard d'inquiétude profonde et tout-à-fait maternelle que l'aimable pupille reçut en réponse à cette question, aurait été capable de faire tressaillir une personne dont l'esprit eût été plus accoutumé que l'être innocent qui en était l'objet à réfléchir sur la dépravation de l'espèce humaine; mais il ne fit éprouver à Gertrude qu'une sensation vague et générale de crainte.

— Pourquoi me regardez-vous ainsi, ma gouvernante... ma mère? s'écria-t-elle en se penchant sur sa compagne, et en appuyant une main sur son bras d'un air suppliant, comme pour la tirer de sa rêverie.

— Oui, je parlerai : il y a moins de danger à ce que vous sachiez tout qu'à laisser plus long-temps votre innocence dans l'erreur. Je me défie du vaisseau sur lequel nous sommes et de tous ceux qui en font partie.

— De tous? répéta sa pupille en jetant autour d'elle un regard craintif et presque égaré.

— Oui, de tous.

— Il peut y avoir des hommes méchans et malintentionnés dans la flotte de sa majesté, mais nous sommes à l'abri de toute entreprise téméraire de leur part. Si ce n'est la crainte de la honte, au moins celle du châtiment nous protégera.

— Je crains que les êtres qui nous entourent ne reconnaissent d'autres lois que celles qu'ils font eux-mêmes, ni d'autre autorité que la leur

— Mais, s'il en était ainsi, ce seraient des pirates!

— C'est ce que je crains.

— Des pirates! Quoi! tous?

— Oui, tous. Si l'un est coupable d'un tel crime, il est clair que ses compagnons ne peuvent être à l'abri du soupçon.

— Mais, ma chère dame, nous savons que l'un d'eux, du moins, est innocent, puisqu'il est venu avec nous, et dans des circonstances qui ne peuvent nous laisser aucune crainte à cet égard.

— Je ne sais. Il y a différens degrés de bassesse, comme il y a différentes manières de se conduire bassement. Je crains bien que tout ce qu'il y a de vertueux sur ce vaisseau ne soit rassemblé ici.

Gertrude sentit que ses genoux fléchissaient sous elle; elle tremblait de tous ses membres et éprouvait une émotion dont elle ne pouvait se rendre compte à elle-même.

— Puisque nous savons d'où il vient, dit-elle à voix basse, je pense que vous ne lui rendez pas justice, quelque fondés que puissent être vos soupçons à l'égard des autres.

— Il est possible que je me trompe en ce qui concerne M. Wilder, mais il est important que nous sachions à quoi nous en tenir. Remettez-vous, ma bonne amie; j'entends monter celui qu'on a chargé de nous servir; peut-être pourrons-nous en tirer quelques éclaircissemens.

Mrs Wyllys fit à sa pupille un signe expressif pour l'engager à composer sa figure, et elle reprit elle-même cette expression calme et pensive qui aurait trompé une personne beaucoup plus expérimentée que le jeune garçon. Gertrude se couvrit le visage d'une main, tandis que sa gouvernante s'adressait à celui qui venait d'entrer, d'un ton qui tenait à la fois de la bonté et de l'intérêt.

— Roderick, mon enfant, dit-elle en commençant, vos paupières semblent vouloir se fermer. Ce genre de service doit être nouveau pour vous?

— Il est assez ancien pour que j'aie appris à ne point céder au sommeil quand je suis de quart, répondit l'enfant.

— Vous auriez plus besoin à votre âge des soins d'une tendre mère que des leçons du contre-maître. Quel âge avez-vous, Roderick?

— Je suis assez âgé pour être plus sage et meilleur que je ne suis, répondit-il d'un air pensif. Dans un mois j'aurai vingt ans.

— Vingt ans! vous vous amusez de ma curiosité, petit espiègle.

— Ai-je dit vingt ans, madame? J'aurais plus approché de la vérité en disant quinze ans.

— Je vous crois bien. Et combien de ces années avez-vous passé sur mer?

— Mais deux, en vérité, quoique souvent il me semble que j'en aie passé dix; et cependant il y a des temps où elles ne me paraissent qu'un jour!

— Vous êtes romanesque de bonne heure, mon enfant. Et comment aimez-vous le métier des armes?

— Des armes!

— Oui, des armes. Est-ce que je ne m'exprime pas clairement. Ceux qui servent à bord d'un vaisseau qui est construit expressément pour les combats suivent le métier de la guerre.

— Oh! oui; certainement la guerre est notre métier.

— Et en avez-vous déjà vu les horreurs? Ce vaisseau s'est-il battu depuis que vous êtes au service?

— Ce vaisseau!

—Assurément ce vaisseau : avez-vous jamais servi sur un autre?

— Jamais.

—Alors, c'est de ce vaisseau seul qu'on peut vous parler. L'équipage a-t-il souvent des prises à partager?

— Oh! très souvent; ce n'est jamais là ce qui manque.

—Alors vous devez être tous attachés à votre navire et à votre capitaine. Le marin aime le vaisseau et le commandant qui lui font mener une vie active.

— Oui, madame; nous menons ici une vie active. Et il y en a aussi parmi nous qui aiment bien le vaisseau et le commandant.

— Et avez-vous une mère, ou quelque amie, à qui vous fassiez passer vos petits profits?

— Si j'ai...

Frappé du ton de stupeur avec lequel l'enfant répondait à ses questions, la gouvernante tourna rapidement la tête pour voir l'expression de sa physionomie. Il était debout devant elle dans une sorte d'étonnement stupide, la regardant entièrement en face, mais d'un œil beaucoup trop hagard pour qu'elle pût croire qu'il faisait attention à celle qui était devant lui.

— Parlez-moi, Roderick, continua-t-elle craignant d'éveiller ses soupçons en paraissant remarquer l'état où elle le voyait; parlez-moi de la vie que vous menez. Vous la trouvez gaie?

— Je la trouve triste.

— C'est étrange. Les jeunes mousses sont toujours les plus gais des hommes. Peut-être votre officier vous traite-t-il avec sévérité. Roderick ne répondit pas.

— J'ai donc raison : votre capitaine est un tyran?

—Vous vous trompez ; jamais il ne m'a dit une parole dure ou sévère...

— Ah! c'est donc un homme doux et bon? Vous êtes bien heureux, Roderick.

— Moi... heureux, madame?...

— Je m'exprime clairement, et en anglais... oui, heureux.

—Oh! oui, nous sommes tous très heureux ici.

— C'est bien. Un vaisseau où règne le mécontentement n'est pas le paradis. Et vous entrez souvent dans des ports, Roderick, pour jouir des douceurs de la terre ferme?

— Je m'inquiéterais peu de la terre, madame, si j'avais seulement sur ce vaisseau des amis qui m'aimassent.

— Et n'en avez-vous pas? M. Wilder ne vous aime-t-il pas?

— Je ne le connais que peu; je ne l'avais jamais vu avant...

— Avant?... continuez Roderick.

— Avant le jour où nous nous sommes rencontrés à Newport.

— A Newport?

— Vous n'êtes pas sans savoir que nous venons l'un et l'autre de Newport, en dernier lieu.

— Ah! je vous comprends. Ainsi votre connaissance avec M. Wilder a commencé à Newport? C'était lorsque votre vaisseau était à l'ancre hors de la portée du fort.

— Oui, je lui portai l'ordre de prendre le commandement du vaisseau marchand de Bristol; il n'était parmi nous que depuis la veille au soir.

— Pas davantage! c'était une bien nouvelle connaissance; mais je présume que votre commandant connaissait son mérite?

— On l'espère parmi l'équipage; mais....

— Vous disiez quelque chose, Roderick.

— Personne ici n'ose demander au capitaine ses raisons; moi-même je suis obligé d'être muet.

— Vous-même! s'écria Mrs Wyllys avec une surprise qui lui fit oublier un instant la réserve qu'elle s'imposait; mais l'idée qui absorbait l'enfant parut l'empêcher de remarquer le changement subit qui s'opéra dans les manières de cette dame; il était si peu à ce qui se passait, que la gouvernante toucha la main de Gertrude et lui fit remarquer l'air d'insensibilité du jeune garçon, sans la moindre crainte que son mouvement fût remarqué.

— Qu'en pensez-vous, Roderick? ajouta-t-elle; refuserait-il aussi de nous répondre, à nous?

L'enfant tressaillit, et lorsque la connaissance sembla lui revenir, ses yeux se portèrent sur la physionomie douce et expressive de Gertrude.

— Bien que cette jeune dame soit d'une rare beauté, répondit-il vivement, qu'elle ne compte pas trop sur son pouvoir; une femme ne saurait avoir d'empire sur lui.

— A-t-il donc un cœur si dur? Pensez-vous qu'il refuserait de répondre à une question de cette belle enfant?

— Écoutez-moi, madame, dit-il avec une vivacité qui n'était pas moins remarquable que le son doux et plaintif de sa voix. J'ai vu plus de choses dans ces deux dernières années, que bien des hommes n'en voient dans tout le cours de leur vie. Ce n'est pas ici la place de l'innocence et de la beauté ! Oh ! quittez ce vaisseau, quittez-le sans tarder, dussiez-vous, comme lorsque vous y êtes entrées, n'avoir pas un abri pour vous recevoir !

— Il est peut-être trop tard pour suivre ces avis, répliqua gravement Mrs Wyllys en tournant les yeux vers Gertrude qui gardait le silence; mais parlez-moi encore de ce vaisseau extraordinaire, Roderick : vous n'êtes pas né pour la place que je vous vois remplir.

L'enfant secoua la tête, mais il resta les yeux baissés, ne paraissant pas disposé à répondre davantage sur ce sujet.

— Comment se fait-il que le *Dauphin* porte aujourd'hui des couleurs différentes de celles qu'il avait hier ? Et pourquoi ni le pavillon d'hier ni celui d'aujourd'hui ne ressemble-t-il à celui qu'abordait le négrier dans le havre de Newport ?

— Et pourquoi, répondit l'enfant avec un sourire mêlé à la fois de tristesse et d'amertume, personne ne peut-il lire dans le fond du cœur de celui qui fait ces changemens à volonté? S'il n'y avait que le pavillon qui changeât dans ce vaisseau, on pourrait encore y être heureux.

— Ainsi, Roderick, vous n'êtes pas heureux ; voulez-vous que j'intercède en votre faveur auprès du capitaine Heidegger pour avoir votre congé ?

— Je n'en voudrais jamais servir d'autre.

— Comment ! vous vous plaignez et vous tenez à vos fers ?

— Je ne me plains pas.

La gouvernante le regarda fixement, et après un moment de silence elle continua :

— Voit-on souvent des scènes de désordre telles que celles dont nous avons été témoins aujourd'hui ?

— Non ; vous n'aviez rien à craindre des gens de l'équipage; celui qui les a rangés sous son obéissance sait comment les maintenir dans le devoir.

— Ils sont enrôlés par ordre du roi ?

— Du roi ! Oui assurément il est roi celui qui n'a pas d'égal.

— Mais ils ont eu l'audace de menacer la vie de M. Wilder. Un marin est-il ordinairement si hardi sur un vaisseau du roi ?

Roderick lança un regard sur Mrs Wyllys, comme pour lui

dire qu'il voyait bien qu'elle affectait d'ignorer ce qui n'était plus un mystère pour elle; mais il continua à garder le silence.

— Pensez-vous, Roderick, reprit la gouvernante qui ne jugea plus nécessaire de mettre la même réserve dans ses questions sur ce sujet particulier, pensez-vous, Roderick, que le Cor..... c'est-à-dire que le capitaine Heidegger nous permette de débarquer au premier port que nous rencontrerons?

— On en a passé beaucoup depuis que vous êtes sur le vaisseau.

— Oui, beaucoup qui sont dangereux; mais lorsque nous en verrons un où son vaisseau pourra entrer sans inconvénient?

— De pareils endroits ne sont pas communs.

— Mais si cela se trouve, ne pensez-vous pas qu'il nous permette de débarquer? nous avons de l'or pour le récompenser de sa peine.

— Il ne tient pas à l'or. Je ne lui en demande jamais sans qu'il m'en remplisse aussitôt les mains.

— Vous devez être heureux alors. L'or dédommage de quelques airs de froideur.

— Jamais! repartit Roderick avec autant de vivacité que d'énergie. Si j'avais plein ce vaisseau d'or je donnerais tout pour obtenir de lui un regard de bonté.

Les paroles de Roderick, le feu avec lequel il s'exprimait surprirent Mrs Wyllys. Elle se leva et s'approcha de lui de manière à distinguer parfaitement ses traits à la lueur de la lampe. Elle vit de grosses larmes tomber à travers ses longs cils, et sillonner ses joues, qui, bien que brunies par le soleil, se couvraient d'une vive rougeur à mesure qu'elle le regardait plus fixement. Ses yeux pénétrans se promenèrent ensuite lentement sur la personne du jeune homme, jusqu'à ce qu'ils tombassent sur ses pieds délicats, qui semblaient à peine capables de le soutenir. La physionomie ordinairement pensive et douce de la gouvernante prit une expression froide et sévère, et se redressant avec dignité:

— Roderick, dit-elle d'une voix ferme, avez-vous une mère?

— Je ne sais pas, répondit-il en ouvrant à peine assez les lèvres pour se faire entendre.

— Il suffit, une autre fois je vous en dirai davantage. Cassandre fera à l'avenir le service de cette cabine; lorsque j'aurai besoin de vous, je frapperai sur le gong.

Roderick laissa tomber sa tête sur son sein. Il se retira en tremblant devant ce regard froid et scrutateur qui s'attachait à lui; et quand il eut disparu, la gouvernante se tourna rapidement, mais non sans une sorte d'inquiétude, vers Gertrude, qui, frappée d'étonnement, gardait le silence.

Tandis que les réflexions se pressaient de toutes parts dans l'esprit de Mrs Wyllys, on frappa doucement à la porte, et avant qu'elle eût pu communiquer ses idées à sa pupille, le Corsaire entra.

CHAPITRE XXIII.

> « Je m'attendris, et ne suis pas formé
> d'une argile plus dure que les autres. »
> SHAKSPEARE. *Coriolan.*

Les dames reçurent leur hôte avec une réserve qui sera facile à concevoir en se rappelant le sujet de la conversation qu'elles venaient d'avoir. Gertrude était dans un abattement profond, mais sa gouvernante, plus maîtresse d'elle-même, conservait son air calme et froid. Cependant il y avait une vive expression d'anxiété dans le regard attentif qu'elle porta sur le Corsaire, comme si elle eût cherché à lire le motif de sa visite dans le mouvement rapide de ses yeux, avant même que ses lèvres se fussent ouvertes pour parler.

La physionomie du Corsaire était pensive et sérieuse. Il s'inclina en approchant et murmura d'une voix basse et précipitée quelques syllabes, qui purent à peine être entendues de celles qui l'écoutaient. Il était tellement distrait par ses pensées, qu'il allait se jeter sur le divan, sans donner d'explications ni faire d'excuses, comme quelqu'un qui prenait possession de son bien; mais il revint à lui juste assez à temps pour ne pas commettre cette inconvenance. Il sourit, et répéta son salut en faisant une inclination encore plus profonde. Alors, avec une assurance parfaite, il s'approcha de la table devant laquelle elles étaient assises, et exprima la crainte que Mrs Wyllys ne regardât sa visite comme déplacée, ou peut-être comme n'ayant pas été annoncée avec assez de cérémonie. Pendant cette courte introduction sa voix était douce comme celle d'une femme, et ses manières affables et polies, comme s'il se regardait comme un intrus dans la cabine d'un vaisseau sur lequel il régnait littéralement en souverain.

—Mais quelque mal choisie que soit cette heure, continua-t-il, j'aurais été poursuivi toute la nuit par le regret de n'avoir pas rempli tous les devoirs d'un hôte attentif et respectueux, si j'avais oublié de venir vous assurer de la tranquillité du vaisseau, après la scène dont vous avez été témoins aujourd'hui. Je suis charmé de pouvoir vous dire que le petit mouvement d'humeur de mes gens est tout-à-fait passé, et que les agneaux, dans leurs bergeries, ne sont pas plus tranquilles qu'ils ne le sont en cet instant dans leurs hamacs.

—Heureusement, reprit la prudente gouvernante, que l'autorité qui a si promptement étouffé le désordre est toujours présente pour nous protéger; nous nous reposons entièrement sur votre prudence et votre générosité.

— Vous n'avez pas mal placé votre confiance. Vous êtes du moins à l'abri du danger d'une insurrection.

— Et de tout autre, j'espère.

— C'est un élément terrible et bien inconstant que celui sur lequel nous vivons, répondit-il en s'inclinant pour remercier la gouvernante, qui lui offrait un siége; mais vous le connaissez, et nous n'avons pas besoin de vous dire que nous autres marins nous pouvons rarement compter sur quelque chose. J'ai relâché moi-même aujourd'hui les liens de la discipline, ajouta-t-il après un moment de silence, et j'ai excité en quelque sorte le désordre qui a eu lieu. Mais il est passé, comme l'ouragan et la bourrasque, et l'océan n'est pas maintenant plus calme que ne le sont mes drôles.

— J'ai souvent vu pareilles scènes sur les vaisseaux du roi; mais je ne me rappelle pas que cela ait jamais eu d'autre résultat que de concilier quelque ancienne querelle, ou d'amener quelques saillies de marin, presque toujours aussi innocentes qu'ingénieuses.

— Oui, mais le navire qui court souvent à travers les écueils finit enfin par échouer, murmura le Corsaire entre ses dents. J'abandonne rarement le tillac à l'équipage sans avoir l'œil sur lui; mais... aujourd'hui...

— Vous parliez d'aujourd'hui.

— Neptune et sa grossière mascarade ne vous étaient pas inconnus, madame.

— Il y a long-temps que j'ai fait connaissance avec ce dieu.

— C'est ce que je croyais...; sous la ligne?

— Et ailleurs.

— Ailleurs! répéta le Corsaire d'un ton surpris. Oui, on trouve le terrible despote sur toutes les mers, et l'on voit des centaines de vaisseaux, et de vaisseaux de haut bord, sous les feux et parmi les calmes de l'équateur. Il était tout-à-fait inutile d'y penser de nouveau.

— Vous avez eu la bonté de faire une observation qui m'a échappé.

Le Corsaire tressaillit, car il avait plutôt murmuré que prononcé à haute voix les paroles précédentes. Jetant un regard vif et scrutateur autour de lui, comme pour s'assurer que personne n'avait eu l'impertinence de chercher à pénétrer les mystères d'une âme qu'il jugeait rarement à propos de découvrir à ses compagnons, il se remit à l'instant, et reprit la conversation avec autant de calme que si elle n'avait éprouvé aucune interruption.

— Oui, j'avais oublié que votre sexe est souvent aussi craintif qu'il est aimable, ajouta-t-il avec un sourire si insinuant et si agréable que la gouvernante tourna involontairement les yeux d'un air inquiet sur sa pupille, ou je serais venu plus tôt vous donner l'assurance que vous n'avez absolument rien à craindre.

— Même à présent, cette assurance me fait le plus grand plaisir.

— Et votre jeune et aimable amie, continua-t-il en se tournant vers Gertrude, tout en s'adressant à la gouvernante; son sommeil ne sera-t-il pas un peu troublé, après ce qui s'est passé?

— Le sommeil fuit rarement l'innocence.

— Il y a un saint et impénétrable mystère dans cette vérité, — l'innocent repose la tête en paix ! Plût à Dieu que le coupable pût trouver quelque refuge aussi contre les remords poignans ! Mais nous vivons dans un monde et dans un temps où l'on ne peut être sûr de soi-même.

Il se tut, et regarda autour de lui avec un sourire si hagard que la gouvernante inquiète se rapprocha involontairement de sa pupille, comme pour la protéger et pour chercher en même temps un abri contre les attaques imprévues d'un homme en démence. Le Corsaire cependant garda si long-temps le silence, qu'elle sentit la nécessité de faire cesser l'embarras de leur situation en parlant la première.

— M. Wilder est-il aussi disposé que vous à la clémence? demanda-t-elle. Il y aurait du mérite de sa part à être indulgent, après avoir paru être l'objet particulier de la rage des mutins.

— Et cependant vous avez vu qu'il n'était pas sans amis. Vous avez été témoin du dévouement des deux hommes qui se sont présentés pour le défendre.

— Oui, et je trouve remarquable qu'il ait pu, en aussi peu de temps, s'attacher à ce point des êtres d'un naturel aussi farouche.

— Vingt-quatre ans ne font pas une connaissance d'un jour.

— Et leur amitié date-t-elle de si loin?

— Je les ai entendus parler de ce temps. Il est certain que ce jeune homme leur est uni par quelque lien extraordinaire ; peut-être n'est-ce pas le premier service qu'ils lui rendent.

Mrs Wyllys parut affligée. Quoique préparée à croire que Wilder était un agent secret du Corsaire, elle s'était efforcée d'espérer que sa liaison avec les flibustiers était susceptible de quelque explication plus favorable pour son caractère ; bien qu'il fût complice du crime de ceux qui s'étaient attachés à la fortune de ce vaisseau proscrit, il était évident qu'il avait un cœur trop généreux pour désirer de la voir, ainsi que sa jeune et innocente compagne, victime de la licence de ses compagnons. Ses avertissemens répétés et mystérieux n'avaient plus besoin d'explication. Tout ce qui lui avait semblé obscur et inexplicable dans les conjectures auxquelles elles s'était livrée d'abord, ainsi que dans la conduite extraordinaire des hommes de l'équipage, s'éclaircissait à chaque instant de plus en plus. Elle reconnut alors, dans la personne du Corsaire, les traits de l'individu qui avait parlé au vaisseau marchand de Bristol du haut des agrès du négrier, traits qui s'étaient représentés sans cesse à son esprit depuis qu'elle était sur son vaisseau, comme lui retraçant une image confuse et éloignée. Elle conçut alors pourquoi Wilder montrait tant de répugnance à dévoiler un secret qui non seulement intéressait sa vie, mais qui, pour une ame qui n'était pas endurcie dans le vice, entraînait une perte non moins cruelle, celle de leur estime. Bref, une grande partie de ce que le lecteur a compris sans peine commençait à devenir également clair pour la gouvernante, quoiqu'il restât encore bien des points qu'elle ne pouvait ni résoudre ni bannir entièrement de sa pensée. Elle eut le loisir de faire rapidement toutes ces réflexions, car son hôte ne semblait nullement disposé à interrompre sa courte et triste rêverie.

—Il est étonnant, reprit enfin Mrs Wyllys, que des êtres aussi grossiers soient sous l'influence des mêmes attachemens que ceux qui unissent entre eux les personnes qui ont de l'éducation.

—C'est étonnant, vous avez raison, répliqua le Corsaire, comme s'il se réveillait d'un songe. Je donnerais mille des plus belles guinées qui aient jamais été frappées à l'effigie de George II pour connaître l'histoire de la vie de ce jeune homme.

— Est-il donc un étranger pour vous? demanda vivement Gertrude.

Le Corsaire tourna sur elle un regard qui demeura fixe un moment, mais dans lequel le sentiment et l'expression revinrent insensiblement, de manière à produire un tremblement nerveux dans tous les membres de la gouvernante.

— Qui peut se flatter de connaître le cœur de l'homme? répondit-il en inclinant de nouveau la tête, comme pour reconnaître les droits qu'elle avait à tous ses hommages. Tous les hommes sont des étrangers pour nous, jusqu'à ce que nous sachions lire dans leurs plus secrètes pensées.

—C'est un privilége accordé à peu de personnes que de pouvoir pénétrer les secrets du cœur humain, dit froidement la gouvernante. Il faut avoir une grande habitude et une connaissance profonde du monde pour pouvoir juger des motifs de tous ceux qui nous entourent.

— Et cependant le monde est agréable pour ceux qui savent en tirer parti gaîment, s'écria le Corsaire par une de ces transitions subites qui le caractérisaient. Pour celui qui sait s'abandonner au penchant de son humeur, tout est facile. Le véritable secret de la pierre philosophale, voyez-vous, n'est pas de vivre éternellement, mais de profiter de la vie. Celui qui meurt à cinquante ans, après avoir goûté tous les plaisirs, a joui plus de la vie que celui qui se traîne pendant un siècle entier, accablé sous le poids des ennuis du monde, et pesant tout ce qu'il dit, de peur que son voisin ne trouve à redire à ses paroles.

— Et cependant il y a des personnes qui trouvent leur plaisir à suivre les sentiers de la vertu?

— Cela plaît à dire à votre sexe, répondit-il d'un air dans lequel la susceptible gouvernante crut voir briller quelque chose de l'effronterie d'un flibustier. Elle eût alors volontiers congédié sa visite; mais un certain feu dans le regard et quelque chose de forcé dans la gaîté du Corsaire l'avertirent du danger qu'il y avait d'offenser un homme qui ne reconnaissait d'autre loi que sa propre volonté. Prenant un ton et un air de bienveillance, mais en même temps en harmonie avec la dignité de son sexe, et montrant divers instrumens de musique qui faisaient partie de l'ameublement hétérogène de la cabine, elle détourna adroitement la conversation.

— Celui, dit-elle, dont l'ame est accessible aux douceurs de l'harmonie, et dont le cœur s'émeut aux sons de la musique, ne devrait pas chercher à rabaisser les plaisirs de la vertu. Cette flûte et cette guitare vous appartiennent?

— Et à cause de ces vains objets qui m'entourent, vous voulez conclure que j'ai les talens dont vous parlez! C'est encore une des erreurs communes aux malheureux mortels! Pour être réputé honnête, il suffit d'en avoir l'apparence. Pourquoi ne pas croire aussi que je m'agenouille matin et soir devant ce brillant colifichet? ajouta-t-il en montrant le crucifix enrichi de diamans qui était suspendu, comme à l'ordinaire, près de la porte de son appartement.

— J'espère, du moins, que l'Être dont cette image est destinée à perpétuer la mémoire ne laisse pas d'obtenir votre hommage. Dans l'orgueil que lui inspirent sa force et la prospérité, l'homme peut penser légèrement aux consolations qui peuvent découler d'une puissance supérieure à l'humanité; mais ceux qui en ont le plus souvent éprouvé l'effet ne sentent que plus profondément tout le respect qui lui est dû.

La gouvernante avait détourné un moment les yeux; mais, pénétrée du sentiment qu'elle exprimait, elle les reporta sur le Corsaire en prononçant ces dernières paroles avec cette expression douce et touchante qui montrait qu'elle était subordonnée à la volonté de l'Être puissant qui remplissait son ame. Le regard qu'elle rencontra était aussi grave, aussi pensif que le sien. Levant un doigt, il l'appuya sur le bras de la gouvernante, mais si légèrement que ce mouvement fut presque imperceptible.

— Pensez-vous que nous méritions le blâme, demanda-t-il, si notre naturel nous porte plus au mal qu'il ne nous est donné de force pour résister?

— Il n'y a que ceux qui essaient de marcher seuls qui trébuchent. Je ne croirai pas vous offenser en vous demandant si vous ne vous mettez jamais en présence de votre Dieu?

— Il y a long-temps, madame, que ce nom n'a été prononcé sur ce vaisseau, si ce n'est pour être profané. Mais cette divinité inconnue, qu'est-elle de plus que ce que l'homme, dans son esprit, a jugé à propos de la faire lui-même.

— L'insensé a dit dans son cœur : — « Il n'y a pas de Dieu, » répondit-elle d'une voix si ferme qu'elle surprit cet homme lui-même, qui était depuis si long-temps accoutumé au tumulte et à la grandeur sauvage de sa profession. — « Ceins tes reins comme un homme, car je t'interrogerai et tu répondras. Où étais-tu quand je posai les fondemens de la terre? Dis-le moi, si tu es doué d'intelligence. »

Le Corsaire resta long-temps les yeux fixés sur la figure animée de celle qui prononçait ces paroles. Puis, détournant involontairement la tête, il dit tout haut, plutôt pour donner cours à ses pensées que pour continuer la conversation :

— Ce n'est pas autre chose que ce que j'ai souvent entendu dire, et cependant ces paroles font sur mon ame la même impression que produirait l'air natal! Se levant alors, il s'approcha de la gouvernante, dont le visage exprimait à la fois la douceur et la dignité, et ajouta d'un son de voix très bas : — Madame, répétez ces paroles; n'y changez pas une syllabe, et ne variez en aucune manière l'intonation de votre voix, je vous en conjure.

Quoique surprise et intérieurement alarmée de cette demande, Mrs Wyllys fit ce qu'il désirait, et rendit le langage des saintes écritures avec une ferveur que soutenait la force de ses propres émotions. Son auditeur l'écoutait avec une sorte d'extase. Pendant près d'une minute il conserva la même attitude, debout aux pieds de celle qui avait défendu avec tant de force et de simplicité la majesté de Dieu, restant aussi immobile que le mât de son vaisseau qui s'élevait derrière lui. Ce ne fut que long-temps après que ces accens eurent cessé de se faire entendre à son oreille, qu'il poussa un profond soupir, et reprit de nouveau la parole.

— Ce serait recommencer la vie sur nouveaux frais, dit-il en laissant tomber sa main sur celle de sa compagne. Je ne sais comment il se fait qu'un pouls qui est ordinairement comme du fer est maintenant si agité et si irrégulier. Madame, cette main faible et délicate pourrait dompter un caractère qui a si souvent bravé la puissance de...

Il s'arrêta tout à coup; car ses yeux, en suivant machinalement le mouvement de sa main, s'arrêtèrent sur celle de la gouvernante, qui conservait encore de la délicatesse, mais qui n'avait plus la fraîcheur de la jeunesse. Poussant un soupir, comme quelqu'un qui sort d'un rêve agréable, il se détourna sans achever la phrase qu'il avait commencée.

— Vous voulez entendre de la musique, s'écria-t-il tout à coup d'un air d'insouciance, eh bien! je vais vous satisfaire, et la symphonie sera exécutée sur un gong!

En parlant ainsi il tira trois sons de l'instrument qu'il venait de nommer, avec tant de vivacité et de force que l'écho qu'ils produisirent étouffa toute autre sensation. Bien que profondément mortifiée de le voir si promptement échapper à l'influence qu'elle avait acquise en partie sur lui, et secrètement mécontente de la manière peu cérémonieuse dont il avait cru devoir annoncer qu'il reprenait son indépendance, la gouvernante jugea à propos de cacher le sentiment qu'elle éprouvait.

— Ce n'est certainement pas là l'harmonie dont je voulais parler, dit-elle dès que ces sons bruyans eurent cessé de remplir le vaisseau, et je ne crois pas qu'elle soit de nature à favoriser le sommeil de ceux qui ont envie de dormir.

— Ne craignez rien pour eux. Le marin dort au bruit du canon, et il s'éveille au coup du sifflet du contre-maître. Il est trop formé à ses habitudes pour croire avoir entendu autre chose que le son d'une flûte, plus fort et plus plein qu'à l'ordinaire, si vous voulez, mais cependant sans intérêt pour lui. Si j'eusse donné un coup de plus, c'eût été le signal d'alarme pour le feu; mais cet trois sons ne veulent dire que « musique. » C'est le signal pour l'orchestre. La nuit est calme et favorable pour des musiciens, et nous allons écouter leurs sons harmonieux.

A peine avait-il cessé de parler que le son d'instrumens à vent se fit entendre en dehors, où sans doute les musicins avaient été placés d'avance par l'ordre du capitaine. Le Corsaire sourit, comme s'il triomphait de donner cette nouvelle preuve du pouvoir despotique ou plutôt magique qu'il exerçait, et, se jetant sur le divan, il s'assit pour écouter la musique.

Les sons qui s'élevèrent alors dans le silence de la nuit, et dont la douceur et la mélodie avaient un charme tout particulier sur l'eau, auraient fait honneur à des artistes de profession. L'air avait d'abord quelque chose de mélancolique et de sauvage, et il n'en était que plus en harmonie avec la disposition d'esprit de l'homme pour qui il était exécuté. Perdant ensuite son premier caractère, il devint plus tendre et plus expressif encore, comme si le génie qui produisait cette mélodie eût voulu épancher les sentimens de son ame par les plus touchans accords. L'ame du Corsaire répondait aux divers mouvemens de la musique; et au moment où les sons devinrent les plus expressifs, il baissa la tête comme une personne qui pleurait.

Tout en étant elles-mêmes sous le charme de l'harmonie, Mrs Wyllys et sa pupille ne pouvaient s'empêcher d'avoir les yeux sur l'être singulier entre les mains duquel leur mauvaise étoile les avait jetées. La première était remplie de surprise à la vue du contact étrange de ces passions qui se révélaient dans le même individu sous des formes si différentes et si dangereuses, tandis que Gertrude, jugeant avec cette indulgence et cette sensibilité naturelle à son âge, cherchait à se persuader qu'un homme dont les émotions pouvaient être aussi facilement excitées, était plutôt la victime des circonstances que l'artisan de sa mauvaise fortune.

— Il y a de l'Italie dans ces accords, dit le Corsaire, lorsque le dernier son eut cessé de retentir à son oreille. Douce, aimable, belle et enivrante, Italie! — Vous n'avez jamais été, madame, dans le cas de voir ce pays, si riche en souvenirs, et si stérile dans son état actuel?

La gouvernante ne fit pas de réponse, mais elle baissa la tête à son tour, de manière à ce qu'on pût croire qu'elle payait aussi son tribut à l'influence de la musique. Enfin, comme poussé par une nouvelle impulsion, le Corsaire s'avança vers Gertrude, et, s'adressant à elle avec une courtoisie digne d'un lieu tout différent, il dit, dans le langage étudié qui caractérisait la politesse de cette époque :

— Une personne dont la voix est si harmonieuse ne doit pas avoir négligé les dons de la nature. Vous chantez?

Quand Gertrude aurait eu le talent qu'il lui supposait, sa voix l'eût trahie dans ce moment. Elle répondit à son compliment par une légère inclination, et murmura des excuses qu'il était presque impossible d'entendre. Il l'écoutait attentivement, et, sans insister sur un point qui semblait ne pas être agréable à Gertrude, il se détourna et frappa légèrement sur le gong.

— Roderick, dit-il lorsque les pas du jeune garçon se firent entendre sur l'escalier qui conduisait dans la cabine, dormez-vous?

— Non, répondit une voix douce et presque étouffée.

— Apollon n'était pas absent à la naissance de Roderick, madame. Ce jeune gaillard a une voix capable d'attendrir le cœur endurci d'un marin. Allons, placez-vous auprès de la porte de la cabine, bon Roderick, et dites à la musique d'accompagner doucement vos paroles.

Le jeune homme obéit et se plaça tellement dans l'ombre, qu'on pouvait à peine distinguer l'expression de ses traits. Les instrumens commencèrent alors une symphonie qui fut bientôt terminée, et ils avaient déjà répété l'air deux fois, qu'aucune voix ne se faisait encore entendre.

—Allons, Roderick, allons, nous ne sommes pas en état d'interpréter le sens de ces flûtes.

Après cet avertissement, l'enfant se mit à chanter d'une voix de contralto pleine et riche, mais qui ne pouvait se défendre d'une sorte de tremblement qui ne faisait évidemment point partie de l'air. Voici quelles étaient les paroles, autant du moins qu'on pouvait les entendre :

> Une vaste et fertile plage
> S'étendait au-delà des mers ;
> La liberté, fière et sauvage,
> Habitait seule ces déserts.
>
> L'astre éclatant de la lumière,
> Le soir, s'éloignant à pas lents,

> Semblait suspendre sa carrière
> Pour y demeurer plus long-temps.
>
> Des milliers de jeunes compagnes
> Courent maintenant dans ces bois,
> Et font retentir ces montagnes
> Des naïfs accens de leurs voix.
>
> Tandis que volant autour d'elles,
> Des amours un essaim joyeux,
> En battant doucement des ailes,
> Du climat tempèrent les feux.
>
> C'est là, dit-on, que l'Espérance...

— Assez, Roderick, interrompit son maître avec impatience; cette chanson sent trop le Corydon pour plaire à un marin. Chante-nous quelque chose sur la mer et ses plaisirs, et donne à ta voix l'accent qui convient au matelot.

Le jeune homme resta muet, peut-être parce qu'il ne se sentait pas d'humeur à faire ce qui lui était ordonné, peut-être parce que cela lui était impossible.

— Eh quoi! Roderick, ta muse t'abandonne-t-elle? ou bien perds-tu la mémoire? Vous voyez que cet enfant ne chante que ce qu'il veut, et que ses chants doivent célébrer l'amour et l'éclat du soleil; autrement il se tait.—Allons, mes amis, faites entendre de plus mâles accords, tandis que je vais essayer une chanson de marin pour l'honneur du vaisseau.

Les musiciens firent ce que leur maître leur ordonnait, et exécutèrent une symphonie forte et gracieuse, pour préparer les auditeurs au chant du Corsaire. Les inflexions variées, les modulations séduisantes qu'il donnait si souvent à sa voix lorsqu'il parlait en avaient déjà révélé la beauté. Elle était à la fois riche, pleine, forte et mélodieuse. Joignant à ces avantages matériels une oreille excellente, il chanta les couplets suivans avec un singulier mélange de folle gaîté et de sensibilité profonde. Les paroles étaient probablement de sa façon, car elles semblaient porter l'empreinte de sa profession, et, jusqu'à un certain point, de son caractère :

> Il faut lever l'ancre et partir!
> Au bruit du cabestan qu'on tourne avec courage,
> Au son joyeux du fifre appelant l'équipage,
> Voyez les marins tressaillir!
> Les cris des matelots se mêlent, se confondent,
> Du haut des mâts dressés les mousses leur répondent :
> Il faut lever l'ancre et partir!

> Aux cris : Une voile paraît !
> Que tous les bras soient prêts ! qu'on s'arme, qu'on s'empresse !
> Ami, pense à la gloire et pense à ta maîtresse,
> Pour le bon droit prie en secret !
> Que l'éperon mordant fende les eaux rebelles ;
> Le vent bat notre poupe et nous prête ses ailes,
> Partons ! une voile paraît !
>
> Huzzah ! nous sommes vainqueurs :
> Si plus d'un brave est mort, il est mort comme un brave !
> L'Océan a son corps, mais il n'est point esclave ;
> Sur lui pourquoi verser des pleurs ?
> Il recevra plus tard sa juste récompense.
> Amis, qu'un même cri de nos bouches s'élance :
> Huzzah ! nous sommes vainqueurs !

Dès qu'il eut fini cette chanson, et sans attendre les complimens que ne pouvait manquer d'attirer une exécution aussi parfaite, il se leva, et après avoir invité ses hôtesses à disposer librement de son orchestre, il leur souhaita un doux repos et de doux songes, et descendit dans les appartemens inférieurs, sans doute pour se livrer aussi au sommeil. Mrs Wyllys et Gertrude, quoiqu'elles eussent été amusées, ou plutôt séduites par l'intérêt répandu autour de mœurs si bizarres, sans être un seul moment grossières, éprouvèrent, lorsqu'il disparut, une sensation semblable à celle qu'on éprouve en respirant un air plus libre, après qu'on a été renfermé pendant long-temps dans l'atmosphère concentrée d'un donjon. La première regarda sa pupille avec des yeux dans lesquels une vive affection luttait contre une inquiétude profonde et intérieure ; mais ni l'une ni l'autre ne parla, car un léger mouvement près de la porte de la cabine leur rappela qu'elles n'étaient pas seules.

— Voulez-vous entendre encore de la musique, madame ? demanda Roderick d'une voix oppressée, en s'avançant timidement hors de l'ombre qui le cachait. Je chanterai pour vous endormir si vous voulez ; mais je suis suffoqué lorsqu'il m'ordonne d'être gai malgré moi.

La gouvernante prenait déjà un visage sévère, et se préparait à lui faire une réponse dure et péremptoire ; mais touchée du ton plaintif et de l'air soumis et craintif de Roderick, elle adoucit ses traits, et se contenta de lui jeter un regard tout à la fois doux et ferme, dans lequel respiraient la chasteté et l'intérêt d'une mère.

— Roderick, dit-elle, je croyais que nous ne vous aurions pas revu cette nuit.

— Vous avez entendu le gong ; quoiqu'il sache être si gai et faire entendre des sons si agréables dans ses momens de bonne humeur, vous ne l'avez jamais vu en colère.

— Et sa colère est donc bien terrible?

— Peut-être l'est-elle plus pour moi que pour d'autres; mais je ne redoute rien tant qu'un mot de lui, lorsqu'il est de mauvaise humeur.

— Il est donc dur pour vous?

— Jamais !

— Vous vous contredisez, Roderick ; il l'est et il ne l'est pas! N'avez-vous pas dit combien il vous semble terrible quand il est de mauvaise humeur ?

— Oui, car je le trouve changé. Autrefois il n'était jamais ni sombre ni rêveur ; mais depuis quelque temps il n'est plus le même.

Mrs Wyllys ne répondit pas ; le langage du jeune homme était certainement beaucoup plus intelligible pour elle que pour sa jeune compagne qui l'écoutait avec attention, mais sans défiance; car, tandis qu'elle faisait signe à Roderick de se retirer, Gertrude montrait le désir de satisfaire la curiosité et l'intérêt qu'excitaient en elle la vie et les habitudes du flibustier. Cependant elle répéta cet ordre d'un ton d'autorité, et l'enfant s'éloigna lentement et d'un air de regret qu'il ne cherchait pas à cacher.

La gouvernante et sa pupille se retirèrent ensuite dans leur chambre à coucher, et, après avoir consacré quelques minutes à de pieux devoirs, qu'aucune circonstance ne pouvait les empêcher de remplir, elles s'endormirent fortes de leur innocence et de l'espoir d'une protection toute-puissante ; et aucun autre son que celui de l'horloge du vaisseau, qui sonnait régulièrement les heures dans le silence de la nuit, ne troubla le calme qui régnait en même temps sur l'océan et sur tout ce qui flottait sur sa surface.

CHAPITRE XXIV.

> « Mais quant au miracle, je veux parler de la manière dont nous nous sommes sauvés; il en est peu sur des millions qui puissent en dire autant (¹). »
>
> SHAKSPEARE. *La Tempête.*

Pendant ces momens de calme trompeur, on aurait pu comparer *le Dauphin* à un oiseau de proie endormi; mais, de même que la nature limite le temps du repos pour les créatures du genre animal, de même il paraîtrait que l'inactivité des flibustiers ne devait pas être de longue durée; vers le lever du soleil, une brise venant de terre se fit sentir sur la mer, et mit le navire en mouvement. Pendant toute cette journée, les voiles restèrent déployées, et il se dirigea vers le sud. Les quarts se succédèrent les uns aux autres, et la nuit remplaça le jour, avant qu'il y eût aucun changement dans sa direction. Enfin on découvrit les unes après les autres les îles bleuâtres à l'horizon. Les prisonnières du Corsaire, car c'est ainsi que les femmes se voyaient forcées de se considérer, observaient silencieusement chaque monticule, chaque roc nu et stérile et chaque flanc de montagne, devant lequel passait le vaisseau, jusqu'à ce que, d'après les calculs de la gouvernante, on se trouvât au milieu de l'archipel occidental.

Pendant tout ce temps, aucune question ne fut adressée qui pût donner au Corsaire le moindre soupçon que ses hôtesses sa-

---

(¹) C'est la continuation d'une phrase qui a servi d'épigraphe à un autre chapitre : Gonzalo, parlant de son naufrage, dit : « Notre malheur est chose commune; il n'est pas de marchand à qui il n'en soit arrivé autant; mais quant au miracle, etc. »—ED.

vaient très bien qu'il ne les conduisait pas au port qu'elles désiraient. Gertrude pleurait en pensant au chagrin que son père éprouverait lorsqu'il croirait qu'elle avait partagé le sort du vaisseau marchand de Bristol; mais elle répandait ses larmes en secret, ou dans le sein de sa gouvernante, qui partageait avec elle ses douleurs. Elle évitait Wilder, dans l'idée qu'il n'était plus tel qu'elle avait voulu se le persuader; mais aux yeux de toutes les personnes du vaisseau elle s'efforçait de conserver un extérieur égal et serein. Dans cette conduite, beaucoup plus sûre que ne l'eût été toute supplication, elle était fortement soutenue par sa gouvernante, à qui la connaissance qu'elle avait des hommes avait appris de bonne heure que la vertu n'est jamais plus imposante dans les momens d'épreuve que lorsqu'elle sait conserver sa sérénité. D'un autre côté, le commandant du vaisseau et son lieutenant ne cherchaient à avoir de rapports avec les dames qu'autant que la politesse paraissait absolument l'exiger.

Le premier, comme se repentant déjà d'avoir mis si à découvert la bizarrerie de son caractère, se concentra insensiblement en lui-même, ne cherchant à se familiariser avec personne, et ne permettant pas qu'on se familiarisât avec lui; tandis que l'air contraint de la gouvernante et le changement qui s'était opéré dans les manières de sa pupille n'avaient pas échappé à Wilder. Il avait besoin de peu d'explication pour connaître la cause de ce changement. Cependant, au lieu de chercher les moyens de se disculper, il préféra imiter leur réserve. Il n'en fallait guère plus pour confirmer ses anciennes compagnes dans tous leurs soupçons; car Mrs Wyllys convenait elle-même qu'il agissait comme une personne en qui la dépravation n'avait pas fait encore assez de progrès pour l'empêcher de se rendre justice.

Nous ne nous arrêterons pas à parler des regrets que Gertrude éprouva naturellement lorsqu'elle dut enfin admettre cette triste conviction, ni des souhaits qu'elle crut pouvoir former dans l'innocence de son cœur pour qu'une personne qui possédait certainement tant de qualités nobles et généreuses pût bientôt reconnaître ses erreurs, et revenir à un genre de vie plus conforme aux dons heureux que sa froide et prudente gouvernante convenait qu'il avait reçus de la nature. Peut-être les tendres émotions qui s'étaient élevées dans son sein, par suite des événemens qui s'étaient passés depuis quinze jours, ne se bornaient-ils pas à de simples vœux, et que des demandes plus directes et même plus ferventes que de coutume se mêlaient à ses prières ; mais c'est un voile qu'il ne nous appartient pas de soulever. Un cœur si pur et si naïf est un sanctuaire qui ne peut renfermer que des sentimens vertueux.

Pendant plusieurs jours le vaisseau lutta contre les vents stables de ces régions. Au lieu de tâcher, comme un vaisseau marchand pesamment chargé, de gagner quelque port, le Corsaire changea tout à coup sa course, et se dirigea à travers un des nombreux passages qui s'offraient à lui, avec l'assurance d'un oiseau qui regagne son nid. Cent voiles différentes se montrèrent au milieu des îles ; mais toutes furent également évitées, la politique des flibustiers leur apprenant la nécessité de la prudence dans une mer si remplie de vaisseaux de guerre.

Après que le vaisseau eut cinglé à travers un des détroits qui divisent la chaîne des Antilles, il arriva sur le vaste océan qui les sépare du continent espagnol. Du moment que ce passage cut été effectué et qu'un vaste et clair horizon s'étendit de tous côtés autour d'eux, il se fit un changement marqué dans les traits de toutes les personnes de l'équipage. Le front du Corsaire lui-même reprit sa sérénité ; son air d'inquiétude et la réserve dont il s'était enveloppé disparurent, et il redevint cet être insouciant et fantasque que nous avons essayé de faire connaître. Les matelots même, dont la vigilance n'avait pas eu besoin d'aiguillon en passant dans ces parages fréquentés par de nombreux croiseurs, semblèrent respirer un air plus libre, et les accens de la joie et d'une folle gaîté succédèrent à la tristesse et à la méfiance qui avaient régné pendant si long-temps sur le vaisseau.

D'un autre côté, la gouvernante vit un nouveau sujet d'alarme dans la direction que suivait le navire. Tant que les îles furent en vue, elle avait espéré, et avec toute apparence de raison, que celui qui les retenait prisonnières n'attendait qu'une occasion favorable pour les déposer en sûreté dans un lieu soumis aux lois de quelques-uns des gouvernemens coloniaux. Elle s'était convaincue par ses propres observations qu'il y avait tant de bonnes et presque de nobles qualités, mêlées à tout ce qu'on pouvait reprocher aux deux principaux personnages du vaisseau, qu'elle ne voyait rien qui pût lui faire craindre que cette attente fût illusoire. Même les récits du temps, dans lesquels étaient racontés les coups de main et les entreprises désespérées du flibustier, avec les embellissemens d'usage en pareil cas, ne laissaient pas de renfermer un grand nombre d'exemples frappans d'une générosité marquée, et même chevaleresque. Bref, son caractère était celui d'un homme qui, tout en se déclarant l'ennemi de tous les hommes, savait faire une distinction entre le faible et le fort, et qui trouvait souvent autant de satisfaction à protéger l'un qu'à humilier l'orgueil de l'autre.

Mais toutes les espérances agréables qu'elle avait formées l'abandonnèrent lorsqu'elle vit la dernière île disparaître derrière elle dans la mer, et le vaisseau flotter seul sur un océan qui ne montrait aucun objet au-dessus de sa surface. Comme s'il était alors décidé à jeter le masque, le Corsaire fit carguer les voiles; et, négligeant la brise favorable, il donna ordre de mettre en panne. En effet, comme si rien ne nécessitait l'attention de l'équipage, *le Dauphin* resta immobile au milieu de l'eau, et les officiers et les matelots se livrèrent à leurs plaisirs ou à l'oisiveté, selon leur goût ou leur caprice.

— J'avais espéré que vos arrangemens auraient pu nous permettre de débarquer dans une des îles de sa majesté, dit Mrs Wyllys, parlant pour la première fois depuis que ses soupçons avaient été éveillés sur sa position, et s'adressant à celui qui se faisait appeler le capitaine Heidegger, dès qu'on eut obéi à l'ordre de mettre le navire en panne. Je crains que vous ne trouviez incommode d'être si long-temps privé de votre cabine.

— Elle ne peut être mieux occupée, répondit-il d'une manière évasive, quoique l'œil inquiet et observateur de la gouvernante crût voir dans son air plus de hardiesse et moins de retenue que lorsqu'elle avait abordé auparavant le même sujet. Si la coutume n'exigeait pas qu'un vaisseau portât les couleurs de quelque nation, le mien serait toujours pavoisé de celles de la beauté.

— Et maintenant...?

— Oh! maintenant, je hisse les emblêmes qui désignent à quel service je suis.

— Depuis quinze jours que vous êtes importuné de ma personne, je n'ai jamais eu l'avantage de voir arborer ces couleurs.

— Non? s'écria le Corsaire, en fixant sur elle ses regards, comme pour pénétrer sa pensée; alors, votre incertitude cessera le seizième. — Qui est là?

— Ni plus ni moins que Richard Fid, répondit l'individu en question en passant la tête hors des écoutilles, comme s'il cherchait quelque chose, et en ajoutant aussitôt qu'il eut reconnu celui qui l'appelait : — Et toujours aux ordres de votre honneur.

— Ah! c'est l'ami de *notre* ami, dit le Corsaire à Mrs Wyllys, avec une expression que celle-ci comprit. Il me servira d'interprète. — Venez ici, l'ami; j'ai quelque chose à vous dire.

— Mille fois à votre service, monsieur, répliqua Richard en obéissant sur-le-champ; car bien que je ne sois pas un grand parleur, j'ai toujours quelque chose à flot dans la tête, qu'on peut agripper au besoin.

— Vous trouvez, j'espère, que votre hamac est suspendu doucement dans mon vaisseau?

— Je ne dis pas que non, votre honneur; il serait difficile de trouver un navire plus doux, à coup sûr.

— Et la croisière ? j'espère qu'elle est aussi de votre goût.

— Voyez-vous, monsieur, je suis parti de chez nous sans savoir grand'chose; par ainsi il ne m'arrive pas souvent de prendre sur moi de deviner les ordres du capitaine.

— Toutefois vous avez votre goût, dit Mrs Wyllys avec fermeté, et comme résolue à pousser l'interrogatoire plus loin que le Corsaire n'en avait eu l'intention.

— Je ne dis pas que je manque de sentiment naturel, madame, répondit Fid en s'efforçant de témoigner son admiration pour le beau sexe, par le salut gauche qu'il fit à la gouvernante, bien que j'aie eu tout autant de traverses et de contre-temps que bien d'autres. Je croyais que Catherine Whiffle et moi nous nous étions amarrés ensemble par un nœud aussi vigoureux qu'il y en a jamais eu pour tenir un câble d'écoute, lorsque la loi est venue, avec ses réglemens et ses articles de police, se mettre à la traverse de mon bonheur, et couler bas toutes les espérances de la pauvre enfant, en la forçant de s'en tenir à un seul.

— Il se trouva qu'elle avait un autre mari! dit le Corsaire en secouant la tête d'un air significatif.

— Quatre, votre honneur. La jeune fille aimait la compagnie, et rien ne l'affligeait plus que de voir la maison vide; mais alors, comme il était rare qu'il pût y avoir plus d'un de nous au port à la fois, on n'avait pas besoin de faire tant de bruit pour cette bagatelle. Mais c'est l'envie qui a tout fait, monsieur, oui, l'envie et la gourmandise des requins de terre. Si toutes les femmes de la paroisse avaient eu autant de maris que Catherine, que le diable m'emporte si on eût fait perdre un temps précieux au juge et au jury, pour examiner la manière dont une fille comme elle vivait tranquillement dans son ménage.

— Et depuis cette malheureuse aventure, vous vous êtes méfié du mariage ?

— *Depuis*, votre honneur ! oh ! je vous en réponds, répondit Fid en jetant sur son commandant un de ces regards à lui, où se peignait tout à la fois une sorte de malice et de franchise; oui, oui, *depuis*, comme vous dites très bien, monsieur, quoiqu'il ait été question d'un petit bout de contrat que j'avais fait moi-même avec une autre femme; mais, en *revirant* l'affaire, on a trouvé que, comme le marché que j'avais passé avec la pauvre Catherine n'avait pas tenu, il n'y avait rien à dire, et par ainsi on m'a renvoyé aussi blanc que neige.

— Et tout cela s'est passé depuis que vous avez fait connaissance avec M. Wilder ?

— Avant, votre honneur, avant. J'étais encore un jeune gaillard dans ce temps-là, attendu qu'il y aura vingt-quatre ans, au mois de mai prochain, que maître Harry me traîne à la remorque. Mais, depuis ce temps-là, comme j'ai eu une sorte de famille à moi, je n'ai pas eu besoin d'aller me glisser de nouveau dans le hamac d'un autre, entendez-vous ?

— Vous disiez, interrompit Mrs Wyllys, qu'il y a vingt-quatre ans que vous avez fait la connaissance de M. Wilder ?

— Sa connaissance ! Seigneur, madame, il ne savait guère ce que c'était que des connaissances dans ce temps-là, bien que, Dieu merci, il ait eu depuis assez souvent sujet de s'en souvenir.

— La rencontre de deux hommes d'un mérite si singulier doit avoir été quelque chose de remarquable, dit le Corsaire.

— Quant à cela, ce fut assez remarquable, votre honneur; mais quant au mérite, quoique maître Harry veuille toujours revenir sur cette partie de notre compte, moi je l'ai tiré hors ligne comme zéro, voilà tout.

— J'avoue que, dans un cas où deux hommes qui ont tous deux un jugement si exquis diffèrent d'opinion, je suis embarrassé de savoir lequel a raison. Peut-être, à l'aide des faits, serais-je plus en état de prononcer.

— Votre honneur oublie Guinée, qui pense comme moi sur tout cela, n'y voyant pas grand mérite non plus. Mais, comme vous dites, monsieur, le véritable moyen de savoir combien un vaisseau file de nœuds, c'est de consulter le livre de loch : ainsi, si cette dame et votre honneur ont envie de connaître l'affaire telle qu'elle est, vous n'avez qu'à parler, et je vous raconterai tout en termes clairs et honorables.

— Ah! voilà une proposition raisonnable, répondit le Corsaire en faisant signe à Mrs Wyllys de le suivre d'un côté de la poupe où ils étaient moins exposés à la vue des curieux.

— Maintenant, expliquez-nous la chose clairement, et vous pourrez être sûr que nous prononcerons en dernier ressort.

Fid était loin de montrer la moindre répugnance à entrer dans les détails qu'on lui demandait; et pendant le temps qu'il lui fallut pour tousser, cracher, renouveler sa provision de tabac, et enfin se disposer de toutes les manières à son récit, Mrs Wyllys avait vaincu la répugnance qu'elle éprouvait à chercher à pénétrer les secrets des autres, au point de céder à un mouvement de curiosité qui lui sembla invincible, et d'aller s'asseoir à la place que le Corsaire lui avait indiquée de la main.

— Mon père m'envoya de bonne heure en mer, votre honneur, dit Fid après avoir observé avec soin ces petits préliminaires. C'était comme moi un homme qui passait une plus grande partie de son temps sur l'eau que sur la terre ferme, bien que, comme ce n'était rien de plus qu'un pêcheur, il ne perdît guère la terre de vue, ce qui est, après tout, à peu près comme s'il y eût vécu tout-à-fait. Quoi qu'il en soit, lorsque je partis, j'allai tout d'un coup au large, et doublai le cap Horn pour mon premier voyage, ce qui n'était pas peu de chose pour un commençant ; mais alors, comme je n'avais que huit ans....

Huit ans ! vous parlez de vous à présent, interrompit la gouvernante déçue dans son attente.

— Certainement, madame; et bien qu'on pourrait parler de personnes beaucoup plus intéressantes, il serait difficile de faire virer la conversation sur quelqu'un qui sût mieux gréer ou dégréer un vaisseau. Je commençais mon histoire par le bon bout; mais comme je pensais que madame n'aimerait pas à perdre son temps à entendre ce qui concerne mon père et ma mère, j'ai coupé court, en entrant en matière à l'âge de huit ans, laissant de côté tout ce qui a rapport à ma naissance et à mon nom, et mille autres choses de ce genre qu'on intercale ordinairement, sans rime ni raison, dans toutes vos histoires d'aujourd'hui.

— Continuez, répliqua la gouvernante avec une sorte de résignation forcée.

— Mon esprit ressemble assez à un vaisseau qu'on lance à la mer, reprit Fid. S'il prend bien son élan, et qu'il n'y ait ni obstacle ni anicroche, eh! vogue! le voilà qui court sur l'eau comme un charme; mais si une fois il vient à toucher le fond, il faut beaucoup de peine pour le remettre en mouvement. Or, pour arranger une idée et disposer l'histoire de manière à ce que je puisse la traverser facilement, il est nécessaire que je revienne au point d'où j'étais parti. J'en étais à dire comme quoi mon père était un pêcheur, et comme quoi j'ai doublé le cap Horn. Ah! m'y revoici donc; il n'y a plus de nœud qui embarrasse; cela va couler comme un câble bien uni. Je disais donc que j'avais doublé le cap Horn. Cela peut être l'affaire de quatre années de croisière parmi les îles et les mers de ces parages, qui n'étaient pas des mieux connues alors, et qui ne le sont pas encore trop bien aujourd'hui. Après cela, je servis dans la flotte de sa majesté pendant une guerre entière, et j'y acquis autant d'honneur que je pouvais en entasser sous les écoutilles. Puis alors je recontrai Guinée, ce noir, madame, que vous voyez là-bas arrangeant une poulie de cargue-point pour la voile d'avant.

— Très bien; alors vous rencontrâtes l'Africain, dit le Corsaire.

— Nous fîmes alors connaissance; et quoique sa couleur ne soit pas plus blanche que le dos d'une baleine, n'importe, on dira ce qu'on voudra, après maître Harry il n'y a pas d'homme sur la terre qui ait des manières plus honnêtes ou dans la société de qui j'aie plus de plaisir. Assurément, votre honneur, il est d'un caractère tant soit peu contrariant, il a une grande idée de sa force, et pense qu'il n'a pas son égal lorsqu'il est sur son mât; mais aussi il faut considérer que ce n'est rien de mieux qu'un nègre, et on ne doit pas regarder de trop près aux défauts de ceux qui ne sont pas de la même couleur que nous.

— Non, non, ce serait très peu charitable.

— Ce sont les propres paroles que l'aumônier avait coutume de dire à bord du *Brunswick*! C'est une grande chose que d'avoir de l'éducation, votre honneur, puisque quand ce ne serait pas utile, cela vous met à même d'être contre-maître, et vous donne le moyen de cingler en droiture vers le ciel. Mais, comme je disais, Guinée et moi nous étions camarades, et assez bons amis; il y avait plus de cinq ans que nous étions ensemble, lorsque arriva le naufrage dans les Indes occidentales.

— Quel naufrage? demanda son commandant.

— J'en demande pardon à votre honneur; je ne hisse jamais une voile sans m'être assuré qu'elle est bien en place; et avant de raconter les détails du naufrage, il faut que je repasse mes idées pour voir si je n'ai rien oublié qui dût régulièrement être mentionné d'abord.

Le Corsaire, qui s'aperçut à l'air d'impatience de la gouvernante combien il lui tardait d'entendre la suite d'un récit qui marchait si lentement, et combien elle redoutait une interruption, lui fit signe de laisser le prolixe matelot raconter à sa manière, seul moyen d'arriver aux faits qu'ils désiraient tant tous deux de connaître. Laissé à lui-même, Fid repassa, comme il l'entendait, les diverses circonstances; et, ayant heureusement trouvé que rien de ce qu'il considérait comme inhérent à son histoire n'avait été oublié, il passa à la partie la plus intéressante de son récit pour ses auditeurs.

—Or, comme je le disais à votre honneur, continua-t-il, Guinée était alors matelot du grand mât, et moi j'étais posté à la même place à bord de *la Proserpine*, fin voilier qui ne restait jamais en arrière, lorsque nous rencontrâmes un bâtiment contrebandier entre les îles et le continent espagnol. Le capitaine en fit sa prise et y fit passer une partie de l'équipage pour la conduire jusqu'au port, ce qui était conforme à ses instructions, du moins je l'ai toujours supposé, vu que c'était un homme qui avait du sens. Mais que ce soit ceci ou cela, n'importe, attendu que le navire était arrivé au bout de sa corde, et qu'il coula bas dans un ouragan terrible qui éclata, peut-être à deux jours de distance de notre port. C'était un petit bâtiment, voyez-vous; et comme il lui prit envie de se renverser sur le côté avant d'aller dormir pour l'éternité, le contre-maître et trois autres glissèrent de dessus le pont et s'en allèrent au fond de la mer, comme j'ai toujours eu lieu de le croire, n'ayant jamais entendu dire le contraire. Ce fut dans cette occasion que Guinée me donna pour la première fois un coup de main; car, bien que nous eussions déjà souvent partagé ensemble la faim et la soif, c'était la première fois qu'il sautait par-dessus le bord pour m'empêcher de boire de l'eau salée comme un poisson.

— Il vous empêcha de vous noyer avec le reste ?

— Je ne dirai pas cela, votre honneur, car qui sait si quelque heureux accident ne m'aurait pas rendu le même service ? Quoi qu'il en soit, comme je ne nage ni mieux ni plus mal qu'un boulet à deux têtes, j'ai toujours voulu en donner l'honneur au nègre, bien qu'il ait rarement été question de cela entre nous, par la raison, à ce que je présume, que le jour de régler ce compte-là n'est pas encore venu. Or donc, nous réussîmes à mettre la barque à flot et à réunir quelques provisions, tout juste assez pour empêcher l'ame et le corps de s'en aller chacun de leur côté, et nous nous dirigeâmes de notre mieux vers la terre, attendu qu'il n'y avait plus rien à faire du contrebandier. Je n'ai pas besoin d'entrer devant cette dame dans les détails sur la manière de conduire une chaloupe ; mais ce que je puis lui dire, c'est que sans cette barque, sur laquelle le nègre et moi nous restâmes environ dix jours, elle aurait passé un mauvais quart d'heure dans sa dernière traversée.

— Expliquez-vous.

— C'est assez clair, votre honneur; je veux dire qu'il n'y avait que la main du maître Harry qui pouvait maintenir au-dessus de l'eau la chaloupe du vaisseau de Bristol le jour où nous l'avons rencontrée.

— Mais quel rapport votre naufrage a-t-il avec M. Wilder ? demanda la gouvernante incapable d'attendre plus long-temps les explications prolixes du matelot.

— Un rapport tout simple et tout naturel, madame, comme vous le verrez vous-même lorsque vous aurez entendu la partie attendrissante de mon histoire. Or donc, il y avait deux nuits et un jour que Guinée et moi nous courions sur l'océan, manquant de tout, excepté de travail, et nous dirigeant vers les îles ; car, bien que nous ne soyons pas de grands navigateurs, nous flairions la terre, et par ainsi nous ramions vigoureusement comme des gens qui sentent qu'ils font une course où il s'agit de la vie, lorsque le matin, comme qui dirait maintenant, nous découvrîmes, vers le sud-est, un navire à sec, si l'on pouvait donner le nom de navire à une machine où il ne restait en l'air que la carcasse de ses trois mâts, sans agrès, sans cordages, sans un petit bout de pavillon qui annonçât de quelle nation il était. Quoi qu'il en soit, eu égard à ces trois bâtons dégarnis, je l'ai toujours pris pour un vaisseau de haut bord, et lorsque nous arrivâmes assez près pour en examiner la carcasse, je ne balançai pas à dire qu'il était de construction anglaise.

— Vous montâtes à l'abordage ? dit le Corsaire.

— Ce n'était pas chose difficile, votre honneur, car tout l'équipage ne se composait que d'un chien affamé. C'était un spectacle imposant lorsque nous arrivâmes sur les ponts, continua Fid d'un air qui devenait de plus en plus sérieux ; un spectacle qui me remue encore le cœur toutes les fois que j'y repense.

— Vous trouvâtes l'équipage en proie à tous les besoins ?

— Nous trouvâmes un noble vaisseau de quatre cents tonneaux, dans l'état le plus déplorable, rempli d'eau, et aussi immobile qu'une église. Cela me fait toujours faire des réflexions, monsieur, quand je vois un beau navire réduit à une pareille détresse; car on peut le comparer à un homme à qui l'on a coupé ses nageoires, et qui n'est plus bon qu'à mettre sur un bossoir pour voir d'où vient le vent.

— Le vaisseau était donc abandonné?

— Oui, monsieur; l'équipage l'avait quitté, ou avait été entraîné dans la tempête qui l'avait fait chavirer. Je n'ai jamais pu savoir au juste la vérité à cet égard. Le chien avait sans doute été méchant sur le pont; car on l'avait attaché à un piquet, ce qui lui sauva la vie, puisque, heureusement pour lui, il se trouva du bon côté, lorsque le vaisseau se redressa un peu, après que tous ses agrès furent partis. Or donc, monsieur, il y avait le chien, et pas grand' chose avec, autant que nous pûmes voir, bien que nous passâmes une demi-journée à chercher partout, pour voir si nous ne trouverions pas quelque chose qui pût nous être utile; mais comme l'entrée du fond de cale et de la cabine était remplie d'eau, nous ne tirâmes pas grand profit de nos recherches après tout.

Et alors vous quittâtes le bâtiment naufragé ?

— Non, pas encore, votre honneur. Pendant que nous étions occupés à fureter partout à bord, Guinée dit : — Monsieur Dick, j'entends quelqu'un qui plaint en bas. Or notez bien que j'avais entendu les mêmes sons moi-même; mais je les avais pris pour les gémissemens des ames de l'équipage, et n'en avais rien dit dans la crainte d'éveiller la superstition du noir; car ces nègres ne sont tous que des superstitieux, madame; de sorte que je ne dis rien de ce que j'avais entendu, jusqu'à ce qu'il jugeât à propos d'aborder le sujet lui-même. Alors nous nous mîmes tous deux à écouter, et, à coup sûr, les gémissemens ne tardèrent pas à ressembler à ceux d'un être humain. Quoi qu'il en soit, je fus beaucoup de temps avant de pouvoir distinguer si c'était autre chose que les plaintes de la carcasse elle-même ; car vous savez, madame, qu'un vaisseau qui est près de couler bas fait ses lamentations aussi bien que toute autre chose vivante.

— Oui, je le sais, répondit la gouvernante en tressaillant. Je les ai entendues, et jamais ma mémoire n'en perdra le souvenir.

— Oui, je pensais bien que vous pourriez en savoir quelque chose, et ce sont des lamentations solennelles celles-là! Mais comme la carcasse continuait à se maintenir en l'air, et que rien n'annonçait qu'elle dût couler à fond, je commençai à croire que la meilleure chose était de faire un trou à la poupe, pour m'assurer si quelque malheureux n'avait pas été surpris dans son hamac, dans le moment où elle chavira. Or donc, avec la bonne volonté et une hache, nous sûmes bientôt d'où venaient ces gémissemens.

— Vous trouvâtes un enfant!

— Et sa mère, madame. Par bonheur, ils étaient du bon côté, et l'eau n'était pas encore parvenue jusqu'à eux. Mais le manque d'air et de nourriture pensa leur être fatal. La dame était à l'agonie lorsque nous la retirâmes de là; et quant à l'enfant, que vous voyez maintenant là-bas, sur ce canon, tout robuste, tout superbe qu'il vous paraît à présent, il était dans un si triste état, madame, que nous eûmes bien de la peine à lui faire évaluer la goutte de vin et d'eau que le Seigneur nous avait laissée, pour que, comme je l'ai souvent pensé depuis, il devînt ce qu'il est actuellement, l'honneur de l'océan!

— Mais la mère?

— La mère avait donné le seul morceau de biscuit qu'elle avait à son enfant, et elle mourait pour tâcher de prolonger l'existence du petit être auquel elle avait donné le jour. C'est une chose dont je n'ai jamais bien pu me rendre compte, madame, qu'une femme, qui n'a pas plus de force qu'un enfant, puisse se voir mourir aussi tranquillement, lorsque plus d'un brave marin se battrait pour un brin d'air que le Seigneur pourrait juger à propos de donner. Mais elle était là, blanche comme la voile long-temps battue par la tempête, ayant son bras desséché passé autour du cou de son enfant, et tenant dans sa main la misérable bouchée qui aurait pu la faire vivre encore un peu de temps.

— Que fit-elle lorsque vous la conduisîtes à l'air?

— Ce qu'elle fit! répéta Fid, dont la voix devenait rauque et oppressée; elle fit une chose diablement touchante : elle donna à l'enfant la miette de biscuit, et nous fit signe, aussi bien qu'elle le put dans son état, de veiller sur lui, jusqu'à ce qu'il fût capable de voguer tout seul.

— Et fut-ce là tout?

— J'ai toujours pensé qu'elle pria; car il se passa quelque chose entre elle et quelqu'un qui ne pouvait pas être vu, à en juger d'après la manière dont elle élevait ses yeux vers le ciel, et dont elle remuait ses lèvres. Je me flatte qu'entre autres elle dit un mot en faveur d'un certain Richard Fid; car il est sûr qu'elle n'avait besoin de rien demander pour elle. Au reste, personne ne saura jamais ce qu'elle a dit, vu que sa bouche se ferma pour ne plus se rouvrir.

— Elle mourut!

— Hélas! oui; mais la pauvre dame était déjà mourante lorsqu'elle tomba dans nos mains, et nous n'avions que peu de secours à lui offrir. Une quarte d'eau, avec peut-être une pinte de vin, un biscuit et une poignée de riz, n'étaient pas grand'chose pour deux vigoureux gaillards qui avaient à faire soixante-dix lieues, dans un bateau, sous les tropiques. Quoi qu'il en soit, lorsque nous vîmes qu'il n'y avait plus rien à tirer du vaisseau, et que, depuis que l'air s'échappait par le trou que nous avions fait, il s'enfonçait de plus en plus, nous jugeâmes que le meilleur parti à prendre était d'en sortir, et assurément il était temps, car il alla au fond, juste au moment où nous mîmes le pied sur notre bateau.

— Et l'enfant?... le pauvre enfant abandonné?... s'écria la gouvernante, dont les yeux s'étaient remplis de larmes.

— C'est ce qui vous trompe, madame. Au lieu de l'abandonner nous l'emmenâmes avec nous, ainsi que la seule autre créature vivante qui restait sur le vaisseau naufragé; mais nous avions encore un long voyage à faire, et, ce qu'il y a de pis, nous étions hors de la route des bâtimens marchands. Par ainsi, nous nous assemblâmes en conseil : le nègre et moi, car l'enfant était trop faible pour parler, et d'ailleurs qu'aurait-il eu à dire dans la situation où nous nous trouvions? Ainsi je commençai moi-même :
— Guinée, que je lui dis, il faut que nous mangions ou ce chien-là, ou cet enfant-ci. Si nous mangeons l'enfant, nous ne vaudrons pas mieux que les hommes de ton pays, qui, vous le savez, madame, sont des cannibales; au lieu que si nous mangeons le chien, tout maigre qu'il est, nous pourrons nous soutenir le corps et l'ame, et donner à l'enfant les autres choses. Alors Guinée répon-

dit : — Moi, dit-il, pas avoir besoin de nourriture du tout ; vous donner à l'enfant, parce que lui être petit et avoir besoin de force.

— Quoi qu'il en soit, maître Harry ne prit pas grand goût au chien, que nous eûmes bientôt fini entre nous, par la raison qu'il était si maigre. Après cela nous eûmes le temps d'avoir faim ; car, si nous n'avions pas soutenu la vie de l'enfant, comme vous savez, il nous aurait glissé entre les doigts.

— Et vous avez donc nourri l'enfant, quoique mourant de faim vous-mêmes?

— Non, nous ne perdions pas tout-à-fait notre temps, madame, vu que nous tenions nos dents en haleine sur la peau de chien ; mais je ne dirais pas que c'était une nourriture des plus savoureuses. Et puis, comme nous n'avions pas occasion de nous amuser à manger, nous tenions toujours les rames, et nous n'en allions que plus vite. Enfin nous arrivâmes à une des îles ; après du temps ; et, ni le nègre ni moi, nous ne pouvions nous vanter d'avoir beaucoup de force, ni de peser beaucoup, lorsque nous tombâmes sur notre premier repas.

— Et l'enfant ?

— Oh! il allait assez bien ; comme nous dirent ensuite les médecins, la diète à laquelle il avait été mis ne lui fit pas de mal.

— Vous cherchâtes ses amis ?

— Oh! quant à cela, mylady, autant que j'ai pu en juger, il était déjà avec ses meilleurs amis. Nous n'avions ni carte ni boussole à l'aide desquelles nous pussions aller à la recherche de sa famille. Il nous dit qu'il s'appelait maître Henry ; il est clair, d'après cela, qu'il était d'une bonne naissance, comme on peut le voir en le regardant ; mais je ne pus apprendre un mot de plus sur sa famille ou sur sa patrie, si ce n'est que, comme il parlait anglais et qu'il avait été trouvé sur un vaisseau de cette nation, il y a naturellement lieu de croire qu'il est Anglais aussi.

— N'avez-vous pu savoir le nom du vaisseau? demanda le Corsaire, qui écoutait son récit avec la plus grande attention.

— Oh! quant à cela, votre honneur, les écoles étaient rares dans mon pays, et en Afrique, comme vous le savez, il n'y a pas grande instruction ; de sorte que si son nom eût été hors de l'eau, ce qui n'était pas, nous aurions pu avoir quelque peine à le lire. Quoi qu'il en soit, il y avait un sceau en cuir qui était resté sur le pont, parce que, par bonheur, il s'était trouvé embarrassé dans les pompes, de manière qu'il n'avait pu tomber dans la mer, et que nous le prîmes avec nous. Or il y avait un nom écrit sur ce sceau, et, lorsque nous eûmes le temps, j'engageai Guinée, qui a un talent particulier pour tatouer, à l'incruster dans mon bras avec de la poudre, comme étant le meilleur moyen de consigner ces petits détails. Votre honneur va voir comment le noir s'en est acquitté.

En parlant ainsi, Fid ôta tranquillement sa veste, et découvrit jusqu'au coude un de ses bras nerveux, sur lequel l'empreinte bleuâtre était encore très visible. Quoique les lettres fussent grossièrement imitées, il n'était pas difficile de lire sur la peau ces mots : *L'arche de Linn-Haven.*

— De cette manière vous eûtes un moyen de découvrir les parens de l'enfant ? dit le Corsaire après avoir déchiffré les lettres.

Il ne paraît pas, votre honneur, car nous prîmes l'enfant avec nous à bord de *la Proserpine*, et notre digne capitaine mit toutes les voiles au vent pour tâcher d'avoir sur eux quelques renseignemens ; mais personne n'avait jamais entendu parler d'un navire du nom de *l'Arche de Linn-Haven*, et après un an ou plus, nous fûmes obligés d'abandonner la chasse.

— L'enfant ne put-il donner aucun renseignement sur ses amis ? demanda la gouvernante.

— Bien peu, mylady, par la raison qu'il n'en savait pas bien long, voyez-vous. Par ainsi, nous abandonnâmes complètement l'affaire ; et Guinée et moi, ainsi que le capitaine, nous nous occupâmes d'élever l'enfant. Il apprit le métier de marin du nègre et de moi, et peut-être aussi tant soit peu de lui-même. Quant au latin et à la navigation, ce fut le capitaine qui s'en chargea, le digne homme ! et il se montra son ami, jusqu'à ce que le petit gaillard fût en état de prendre soin de lui-même, ce qui ne fut que quelques années après.

— Et combien M. Wilder resta-t-il de temps dans la marine royale ? demanda le Corsaire en affectant un air d'indifférence.

— Assez de temps pour savoir tout ce qu'on y apprend, votre honneur, répondit Fid en éludant la question.

— Il arriva au grade d'officier, sans doute ?

— S'il n'y arriva pas, c'est le roi qui y a perdu… Mais qu'est-ce que j'aperçois là-bas entre l'étai et le palan ? On dirait une voile ; ou bien n'est-ce qu'une mouette qui bat des ailes avant de s'élever ?

— Holà ! une voile ! s'écria le matelot placé en observation au haut du mât. Holà ! une voile ! répéta-t-on de toutes parts du haut des huniers comme du pont ; car, malgré son éloignement, elle avait été aperçue au même instant d'une douzaine d'hommes. Le Corsaire fut forcé de prêter attention à un cri si souvent répété, et Fid profita de la circonstance pour quitter la poupe avec la précipitation d'un homme qui n'était pas fâché de cette interruption. La gouvernante se leva à son tour, et se retira triste et pensive dans sa cabine.

CHAPITRE XXV.

> « Ils se préparent aujourd'hui sur mer. »
> SHAKSPEARE. *Antoine et Cléopâtre*.

L'annonce d'une voile, dans une mer aussi peu fréquentée que celle où se trouvait le Corsaire, ranima l'équipage. Suivant leur manière de calculer, plusieurs semaines avaient déjà été entièrement perdues par leur chef, en plans chimériques et sans résultat. Ils n'étaient pas gens à raisonner sur la fatalité qui leur avait ravi le vaisseau de Bristol ; il suffisait à leurs esprits grossiers que ce riche butin leur eût échappé. Sans examiner les causes de cette perte, ils n'avaient été, comme nous l'avons déjà vu, que trop disposés à faire tomber leur ressentiment sur la tête innocente de l'officier qui était chargé du soin d'un vaisseau qu'ils regardaient déjà comme leur proie. Il se présentait enfin une occasion de réparer leur perte. Le bâtiment étranger allait les rencontrer dans une partie de l'océan où il n'y avait à peu près aucun secours à espérer, et les flibustiers auraient le temps de profiter complétement du succès qu'ils pourraient obtenir. Chacun, sur le vaisseau, parut sentir ces avantages, et les cris partis du haut des mâts retentirent de vergues en vergues, et se firent entendre jusque dans le fond du navire.

Le Corsaire lui-même montrait plus de satisfaction que de coutume à l'idée de faire cette capture. Il sentait la nécessité de quelque exploit brillant ou profitable pour maintenir l'équipage dans l'obéissance, et une longue expérience lui avait appris qu'il ne pouvait jamais mieux resserrer les liens de la discipline que dans les momens qui paraissaient le plus exiger tout son courage et toute son habileté. En conséquence, il se montra au milieu des matelots, l'air ouvert et dégagé, parlant à plusieurs qu'il appelait par leurs noms, et dont il ne dédaignait même pas de demander l'avis sur la nature de la voile qui était en vue. Après leur avoir fait entendre indirectement que leurs dernières offenses étaient pardonnées, il convoqua Wilder, le général et un ou deux autres officiers supérieurs, et monta avec eux sur la poupe, où ils se disposèrent à faire des observations plus particulières et plus certaines, à l'aide d'une demi-douzaine d'excellentes lunettes.

Quelques minutes se passèrent à examiner en silence et avec attention l'objet qu'on avait en vue. Le jour était pur, le vent frais, sans être dur, la mer unie et l'horizon découvert de toutes parts. En un mot, tout se réunissait non-seulement pour faciliter leur examen, mais encore pour favoriser les manœuvres qui, suivant toute probabilité, allaient devenir nécessaires.

—C'est un vaisseau! s'écria le Corsaire en baissant sa lunette, et annonçant ainsi le premier le résultat de son long et attentif examen.

—C'est un vaisseau! répéta le général, sur les traits impassibles duquel un rayon de satisfaction semblait chercher à percer.

—Un vaisseau avec tous ses agrès, continua un troisième relevant la tête à son tour.

—Il faut qu'il y ait quelque chose pour soutenir tous ces espars, reprit le commandant. Il doit y avoir dessous une cargaison de prix.—Mais vous ne dites rien, monsieur Wilder! C'est, suivant vous...

—Un vaisseau de haut bord, répondit notre aventurier, qui, bien qu'il eût gardé jusques alors le silence, n'avait pas fait ses observations avec le moins d'intérêt. Ma lunette me trompe-t-elle, ou...

—Ou quoi, monsieur?

—Je le vois venir d'avant.

—Moi aussi. C'est un grand navire qui se laisse aller à une bouline et qui est disposé de manière à filer vite, et il se dirige de ce côté-ci. Il vient de hisser ses voiles d'en bas il y a cinq minutes.

—C'est ce qui m'a paru. Mais...

—Mais quoi? il n'y a point de doute qu'il fait face au nord-est. Puisqu'il veut bien nous éviter la peine de lui donner la chasse, nous n'avons pas besoin de précipiter nos mouvemens. Laissez-le venir.—Que vous semble la marche de ce vaisseau, général?

— Pas du tout militaire, mais tout-à-fait séduisante! Il y a en lui, jusque dans ses perroquets, quelque chose qui sent les mines.

—Et vous, monsieur, reconnaissez-vous aussi l'apparence d'un galion dans ses huniers?

— Il y aurait quelque raison de le croire, répondit un officier. On dit que les Espagnols prennent souvent ce passage, afin d'éviter toute conversation avec ceux dont la mission est, comme la nôtre, d'écumer les mers.

—Ah! votre Espagnol est le prince de la terre! Ce sera une œuvre de charité de le débarrasser de sa riche cargaison, car il coulerait à fond sous un pareil fardeau, comme cette jeune Romaine qui périt écrasée sous le poids des boucliers des Sabins. Je pense que vous ne voyez pas l'étranger sous d'aussi brillantes couleurs, monsieur Wilder.

—C'est un navire de grande dimension!

—Raison de plus pour croire qu'il porte un noble fret. Vous êtes encore novice dans ce joyeux métier, monsieur, ou vous sauriez que la dimension est une qualité que nous apprécions toujours dans les navires auxquels nous rendons visite. S'ils sont chargés de boulets, nous les laissons méditer à loisir sur la distance qu'il y a de la coupe à la bouche; mais si leur cargaison ne consiste pas en un métal plus dangereux que celui du Potose, ils n'en vont en général que plus vite après avoir passé quelques heures dans notre société.

—Le bâtiment ne fait-il pas des signaux? demanda Wilder d'un air pensif.

—Est-il prompt à nous voir? Il faut qu'il soit bien sur ses

gardes pour apercevoir de si loin un vaisseau qui ne se sert que de ses voiles d'étai. La vigilance est un indice infaillible d'une riche cargaison.

Il y eut alors un moment de silence pendant lequel les lunettes, à l'exemple de Wilder, furent de nouveau levées dans la direction du navire étranger. Les opinions furent partagées, et les uns affirmant, les autres niant le fait des signaux. Le Corsaire lui-même garda le silence, bien qu'il observât avec une attention suivie.

—Nous finissons par avoir la vue trouble à force de regarder, dit-il. Je me suis toujours trouvé bien d'employer des yeux qui eussent encore toute leur force, quand les miens me refusent leur service. Venez ici, continua-t-il en s'adressant à un homme qui était occupé à quelque travail sur la poupe, à peu de distance du lieu où s'était placé le groupe d'officiers; venez ici : dites-moi ce que vous pensez de la voile que vous apercevez au sud-ouest.

Cet homme se trouvait être Scipion, qui avait été choisi, à cause de sa dextérité, pour le travail en question. Mettant son bonnet sur le pont, avec un respect encore plus profond que celui que le matelot a coutume de montrer envers son supérieur, il leva la lunette d'une main, tandis que de l'autre il couvrit l'œil dont l'usage ne lui était pas utile pour le moment. Mais il n'eut pas plutôt aperçu l'objet éloigné, qu'il laissa retomber l'instrument et fixa ses yeux sur Wilder avec une sorte d'étonnement stupide.

—Avez-vous vu la voile? demanda le Corsaire.

—Maître, pouvoir le voir, avec ses yeux à lui.

—Oui, mais que découvrez-vous à l'aide de la lunette?

—Être un vaisseau, monsieur.

—Cela est vrai. De quel côté se dirige-t-il?

—Lui dériver sur vaisseau à nous.

—C'est encore vrai. Mais a-t-il arboré des signaux dehors?

— Lui avoir trois voiles neuves au mât de perroquet, monsieur.

—Il ne doit en aller que mieux. Avez-vous vu son pavillon?

—Lui pas en avoir du tout.

—C'est ce que je pensais. Il suffit... Un moment cependant... On trouve souvent une honnête idée en la cherchant là où l'on ne croit pas qu'elle existe. De quelle dimension penses-tu que soit ce bâtiment ?

—Lui être tout juste de sept cent cinquante tonneaux, maître.

—Comment donc ! la langue de votre nègre, monsieur Wilder, est aussi juste que la règle d'un charpentier. Le drôle parle de la dimension d'un navire qu'on aperçoit à peine, avec autant d'assurance qu'un jaugeur de la douane royale qui l'aurait mesuré.

—Vous voudrez bien avoir égard à l'ignorance de ce noir; les hommes de son état sont rarement en état de répondre à des questions.

—Ignorance! répéta le Corsaire en promenant ses regards de l'un à l'autre avec cette vivacité qui lui était particulière, et en les reportant ensuite sur l'objet qu'on découvrait à l'horizon. — Je ne sais trop, cet homme n'a pas l'air d'avoir l'ombre d'un doute. — Vous pensez que son tonnage est précisément ce que vous avez dit ?

Scipion promena à son tour ses grands yeux noirs de son nouveau commandant à son ancien maître, et, pendant un moment, il parut avoir perdu l'usage de ses facultés. Mais cette incertitude ne dura qu'un instant. Il n'eut pas plutôt vu ce dernier froncer le sourcil, que l'air de confiance avec lequel il avait émis sa première opinion fit place à un air de stupidité si marquée, qu'il semblait impossible qu'un pareil être pût jamais former une idée.

—Je vous demande si ce vaisseau ne peut être d'une douzaine de tonneaux plus grand ou plus petit que ce que vous avez dit, continua le Corsaire, lorsqu'il vit qu'il n'était pas probable qu'il eût de si tôt une réponse à sa question précédente.

—Lui être juste comme maître voudra, répondit Scipion.

—Je voudrais qu'il fût de mille, car la prise n'en serait que plus riche.

—Moi croire lui être bien de mille.

—Un joli bâtiment de trois cents tonneaux ferait encore notre affaire s'il était bien garni d'or.

—Lui avoir tout l'air d'être de trois cents.

—Il me semble que c'est un brick.

—Lui sembler être aussi un brick à moi.

—Ou peut-être, après tout, n'est-ce qu'un schooner avec beaucoup de voiles.

— Un schooner avoir souvent une voile de perroquet, répondit le nègre résolu d'acquiescer à tout ce que l'autre disait.

— Qui sait même si c'est une voile ! Holà ! il est bon d'avoir plusieurs opinions sur une affaire de cette importance. — Holà ! qu'on fasse venir le matelot Fid. — Vos compagnons sont si intelligens, monsieur Wilder, que vous ne devez pas être surpris si j'éprouve tant de plaisir à les interroger.

Wilder se mordit les lèvres, et le reste du groupe montra un grand étonnement ; mais ces derniers étaient depuis trop long-temps accoutumés aux caprices de leur commandant, et le premier était trop prudent pour parler dans un moment où le Corsaire semblait vouloir tenir seul la conversation.

Cependant le vieux matelot ne fut pas long-temps à paraître, et le chef rompit de nouveau le silence.

— Et vous mettez en doute que ce soit même une voile ? continua-t-il.

— Moi le mettre en doute, continua le nègre obstiné.

— Vous entendez ce que dit votre ami, maître Fid ; il pense que cet objet qui se dirige si vite vers nous n'est pas une voile.

Comme Fid ne vit pas de raison pour cacher son étonnement, en entendant émettre cette singulière opinion, il le manifesta avec tous les embellissemens dont il avait coutume de revêtir les impressions qu'il éprouvait pour les rendre plus sensibles.

Après avoir regardé un moment dans la direction de la voile pour s'assurer qu'il n'y avait pas eu d'erreur, il tourna les yeux d'un air de dédain sur Scipion, comme pour se disculper de l'avoir pour camarade en montrant le mépris que lui causait son ignorance.

— Et pourquoi diable prenez-vous cela, Guinée ? Pour une église ?

— Oui, moi penser être une église, répondit le nègre complaisant.

— Bon Dieu ! l'imbécile de mauricaud ! Votre honneur sait que la conscience est une chose diablement négligée en Afrique, et il n'en voudra pas au noir de se tromper tant soit peu sur l'article de la religion ; mais c'est un franc matelot, et il doit savoir distinguer une voile de perroquet d'une girouette. Alors, voyons, Scipion, pour l'honneur de vos amis, si vous n'avez pas d'amour-propre pour vous-même, dites à son...

—C'est inutile, interrompit le Corsaire. Prenez cette lunette, vous, et dites votre opinion sur la voile qui est en vue.

Fid fit une profonde inclination pour reconnaître le compliment; et, déposant ensuite sur le pont son petit chapeau goudronné, il se disposa avec beaucoup de calme, et comme il s'en flattait, d'un air capable, à faire ce qu'on lui demandait. Le vieux matelot fut beaucoup plus de temps à regarder que n'en avait été le nègre, son compagnon, et ses observations durent en conséquence être beaucoup plus précises. Cependant, au lieu d'émettre tout de suite son opinion, lorsqu'il eut l'œil fatigué il baissa la lunette et en même temps sa tête, et resta dans l'attitude d'un homme occupé à recueillir ses idées. Pendant qu'il réfléchissait, son tabac allait à droite et à gauche dans sa bouche, et il avait une main appuyée sur le côté, comme s'il eût voulu réunir toutes ses facultés pour quelque effort d'esprit extraordinaire.

— J'attends votre avis, reprit son commandant attentif, lorsqu'il crut que Richard Fid avait eu assez de temps pour mûrir son opinion.

— Votre honneur, veut-il me dire le jour que nous sommes du mois aujourd'hui, ainsi que le jour de la semaine, si ce n'est pas lui donner trop de peine?

Il eut sur-le-champ la réponse à ses deux questions.

— Nous eûmes le vent de sud-est le premier jour que nous partîmes, ensuite il tourna dans la nuit, et souffla fortement au nord-ouest, où il resta pendant l'affaire d'une semaine. Après quoi il y eut une bourrasque d'importance, qui nous ballotta pendant un jour; puis nous arrivâmes dans ces parages, qui sont toujours depuis lors restés aussi calmes que l'aumônier d'un vaisseau assis devant un bol de punch.

Le matelot termina son monologue en cet endroit, pour remuer de nouveau son tabac, car il était impossible de faire cette opération et de parler en même temps.

— Mais ce bâtiment, qu'en pensez-vous? demanda le Corsaire avec un peu d'impatience.

—Ce n'est pas une église, voilà qui est bien certain, votre honneur, dit Fid d'un ton très décidé.

— A-t-il des signaux au vent?

— Il est possible qu'il parle avec ses voiles, mais il faut quelqu'un de plus savant que Richard Fid pour savoir ce qu'il veut dire. Je vois trois voiles neuves à son grand mât de perroquet, mais voilà tout.

— Le vaisseau est heureux d'avoir une si bonne voilure. — Et vous, monsieur Wilder, voyez-vous aussi les voiles plus foncées en question?

— Il y a certainement quelque chose qu'on pourrait prendre pour de la toile plus neuve que le reste. Je crois que, comme le soleil se réfléchissait sur la voile, c'est ce que j'ai pris d'abord pour les signaux dont j'ai parlé.

— Alors on ne nous voit pas, et nous pouvons rester encore quelque temps tranquilles, tandis que nous avons l'avantage de pouvoir examiner ce vaisseau dans toutes ses parties, jusqu'aux voiles neuves qu'il porte à son perroquet.

Le Corsaire parlait d'un ton qui tenait le milieu entre le sarcasme et la réflexion. Alors il fit signe aux matelots, d'un air d'impatience, de se retirer. Lorsqu'ils furent seuls, il se tourna vers ses officiers qui gardaient un respectueux silence, et il reprit d'un air doux, grave, et en même temps affectueux:

— Messieurs, le temps du repos est passé, et la fortune nous offre enfin l'occasion d'exercer notre courage. Je ne saurais dire si le navire que nous avons en vue est juste de sept cent cinquante tonneaux, mais il est une chose que tout marin peut voir : à la carrure de ses vergues d'en haut, à la symétrie avec laquelle elles sont arrangées, et à la force de toile qu'elles présentent au vent, je déclare que c'est un vaisseau de guerre. Quelqu'un diffère-t-il de mon opinion? Parlez, monsieur Wilder.

— Je sens la justesse de votre observation, et je pense comme vous.

L'espèce de défiance qui s'était répandue sur le front du Corsaire pendant la scène précédente se dissipa un peu lorsqu'il entendit l'aveu franc et direct de son lieutenant.

— Vous croyez que c'est un vaisseau de roi? J'aime la franchise de cette réponse. Je vous ferai une autre question : l'attaquerons-nous?

Il n'était pas aussi facile de donner une réponse décisive. Les officiers cherchaient à lire dans les yeux les uns des autres ce que pensaient leurs camarades, lorsqu'enfin leur chef crut devoir poser la question d'une manière plus directe.

— Eh bien! général, reprit-il, vous qui êtes un homme sage, voici une question qui vous regarde : livrerons-nous la bataille à un vaisseau de roi, ou déploierons-nous nos voiles pour fuir ?

— Mes braves ne sont pas formés à la retraite. Donnez-leur autre chose à faire, et je vous répondrai d'eux.

— Mais nous aventurerons-nous sans raison ?

— L'Espagnol envoie souvent ses lingots chez lui sous la protection des canons d'un bâtiment de guerre, dit un des inférieurs, qui ne trouvait de plaisir dans le danger que lorsqu'il était compensé par quelque espoir de profit. Nous pouvons tâter l'étranger; s'il porte autre chose que ses canons, on le verra à sa répugnance à nous répondre ; mais s'il est pauvre, nous le trouverons aussi terrible qu'un tigre affamé.

— Votre avis est sage, Brace, et on y aura égard. Allons, messieurs, que chacun se rende à son poste. Nous passerons la demi-heure qui pourra s'écouler avant que nous l'ayons bien en vue à examiner nos armes et à remonter les canons. Comme le combat n'est pas décidé, que tout se fasse sans bruit. L'équipage ne doit pas voir qu'on recule devant une résolution prise.

Le groupe se sépara alors, et chacun se prépara à remplir la tâche qui lui était dévolue suivant le poste qu'il occupait sur le vaisseau. Wilder allait se retirer ainsi que les autres ; mais un signe le retint auprès de son chef, qui resta seul sur la poupe avec son nouveau compagnon.

— La monotonie de notre genre de vie va probablement être interrompue, monsieur Wilder, commença le premier après avoir regardé autour de lui pour s'assurer qu'ils étaient seuls. J'ai pu assez juger de votre caractère et de votre courage pour être sûr que si un accident m'enlevait à mon équipage, mon autorité tomberait en des mains fermes et habiles.

— Si un pareil malheur nous arrivait, j'espère que votre attente ne serait point déçue.

— J'ai confiance en vous; et lorsqu'un brave place sa confiance en quelqu'un, il a droit d'espérer qu'elle ne sera pas trompée. Ai-je raison ?

— N'en doutez pas.

— J'aurais voulu, Wilder, que nous nous fussions connus plus tôt. Mais à quoi servent de vains regrets ! — Vos drôles ont la vue bien perçante pour avoir vu si tôt ces voiles ?

— C'est l'observation d'hommes de leur classe. Les remarques plus fines qui prouvaient que c'était un vaisseau de guerre sont venues d'abord de vous.

— Et les sept cent cinquante tonneaux du nègre?... C'était émettre une opinion avec une grande confiance.

— C'est le propre de l'ignorance de trancher sur tout.

— Vous avez raison. Regardez un peu ce vaisseau, et dites-moi quelle est sa marche.

Wilder obéit, charmé en apparence d'être délivré d'une conversation qu'il pouvait trouver embarrassante. Il resta quelques momens à examiner à travers la lunette, et pendant ce temps son compagnon ne laissa pas échapper une syllabe. Cependant, lorsque Wilder se retourna pour lui rendre compte du résultat de ses observations, il rencontra ses regards, qui, fixés sur lui, semblaient pénétrer jusqu'au fond de son âme. Piqué de la défiance que cette conduite annonçait, son visage se couvrit d'une vive rougeur, et fermant ses lèvres à moitié ouvertes, il continua à garder le silence.

— Et le vaisseau? demanda le Corsaire avec une intention marquée.

— Le vaisseau a déjà augmenté de voiles; dans quelques minutes nous verrons la carène.

— C'est un fin voilier; il se dirige droit vers nous.

— Je ne pense pas; sa poupe est tournée plus à l'est.

— Il est bon de s'assurer du fait. — Vous avez raison, continua-t-il après avoir examiné lui-même le bâtiment; vous avez bien raison. Jusqu'à présent on ne nous voit pas. — Holà! carguez cette voile d'étai de l'avant; nous soutiendrons le vaisseau avec ses vergues. Maintenant, qu'ils nous regardent de tous leurs yeux, il faut en avoir de bons pour apercevoir ces espars dégarnis à une pareille distance.

Notre aventurier ne fit pas de réponse, et se contenta d'une simple inclination de tête pour reconnaître la vérité de ce qu'avait dit son compagnon. Ils reprirent ensuite leur promenade en long et en large dans leurs étroites limites, sans montrer cependant d'empressement de renouer la conversation.

— Nous sommes tout prêts pour la fuite comme pour le combat, dit enfin le Corsaire en jetant un regard rapide sur les préparatifs qu'on avait faits secrètement depuis le moment où les officiers s'étaient dispersés. Je vous l'avouerai, Wilder, j'éprouve un plaisir secret à penser que cet audacieux navire est au service de l'Allemand qui porte la couronne de la Grande-Bretagne. S'il est trop fort pour qu'on puisse oser l'attaquer, j'aurai du moins le plaisir de le braver, puisque la prudence défendra d'aller plus loin; et, si nous sommes égaux en force, ne serait-ce pas un spectacle bien doux que de voir saint George aller au fond de l'eau?

— Je croyais que les hommes de notre profession laissaient l'honneur aux imbéciles, et que nous frappions rarement un coup qui ne dût résonner sur un métal plus précieux que le fer?

— C'est le caractère que le monde nous donne; mais quant à moi, j'aimerais mieux abaisser l'orgueil des favoris du roi George que d'avoir la clé de son trésor. — Me suis-je trompé, général, ajouta-t-il en voyant approcher ce dernier; me suis-je trompé en disant qu'il y avait de la gloire et du plaisir à donner la chasse à un vaisseau du roi?

— C'est pour la victoire que nous combattons, répondit le soldat. Je suis prêt à commencer au premier signal.

— Voilà ce qui s'appelle être prompt et décidé comme un guerrier. — Maintenant dites-moi, général, si la Fortune, ou le Hasard, ou bien la Providence, quelle que soit celle de ces trois divinités dont vous reconnaissiez la puissance, vous donnait le choix, quelle serait la chose qui vous plairait le plus?

Le soldat sembla réfléchir avant de répondre.

— J'ai souvent pensé, dit-il enfin, que si j'étais le maître, je chargerais à la tête d'une douzaine de mes plus vaillans soldats, pour enfoncer la porte de cette caverne dans laquelle entra ce fils de tailleur nommé Aladin.

— Voilà bien les véritables goûts d'un flibustier! — Dans ce cas, les arbres magiques seraient bientôt dépouillés de leurs fruits. Toutefois la victoire pourrait ne pas vous laisser beaucoup de gloire, puisque les enchantemens et les charmes sont les seules armes des combattans. L'honneur ne vous semble-t-il rien?

— Hum! J'ai combattu pour l'honneur pendant la moitié d'une vie passablement longue, et je me suis trouvé la bourse aussi légère, après avoir couru tous les dangers, qu'en commençant. L'honneur et moi nous nous sommes dit adieu, et pour long-temps. J'ai un profond dégoût pour la défaite, mais je suis toujours prêt à vendre bon marché le pur honneur de la victoire.

— Eh bien! soit: pourvu que vous vous battiez bien, peu importe l'impulsion d'après laquelle vous agissez. Que veut dire ceci? qui a osé laisser flotter cette voile de perroquet?

Le changement subit qui se fit dans la voix du Corsaire fit trembler tous ceux qui l'entendaient. Le mécontentement et la menace étaient dans son accent, et chacun leva les yeux pour voir sur la tête de qui l'indignation du chef allait tomber. Comme rien n'obstruait la vue que des mâts dégarnis et des cordages repliés, tout le monde fut, au même instant, instruit de la vérité. Fid était debout sur le haut du mât qui dépendait de la partie du vaisseau où était son poste, et la voile en question flottait au gré du vent, toutes les drisses ayant été détachées. Le bruit que faisait la voile l'avait probablement empêché d'entendre la voix du capitaine, car, au lieu de faire attention et de répondre au cri dont nous venons de parler, il semblait contempler son ouvrage d'un air de complaisance, plutôt que de montrer aucune inquiétude de l'effet qu'il produisait sur ceux qui étaient au-dessous de lui; mais, malgré toute sa préoccupation, il lui fut impossible de ne pas entendre une seconde question prononcée d'une voix trop terrible pour ne pas arriver jusqu'à lui.

— Par l'ordre de qui avez-vous osé déployer cette voile? demanda le Corsaire.

— Par l'ordre du vent, qui est un roi auquel le meilleur marin doit obéir, lorsqu'une bourrasque prend le dessus.

— Ferlez-la! Montez tous et qu'on la ferle à l'instant même! s'écria le chef en colère. Qu'on la ferle et qu'on fasse descendre le drôle qui a osé reconnaître une autre autorité que la mienne sur ce vaisseau, fût-ce même celle d'un ouragan!

Une douzaine de matelots agiles montèrent pour aller aider Fid. En un instant la voile fut repliée, et Richard se dirigeait vers la poupe. Pendant ce court intervalle, le front du Corsaire était sombre et terrible comme la surface de l'élément sur lequel il vivait, lorsqu'elle était agitée par la tempête. Wilder, qui, jusqu'alors, n'avait jamais vu son nouveau commandant dans une pareille colère, commença à trembler pour son ancien camarade, et il se prépara, en voyant ce dernier approcher, à intercéder en sa faveur, si les circonstances paraissaient exiger son entremise.

— Et qu'est-ce que cela veut dire? demanda le chef au coupable d'un ton sévère. Comment se fait-il que vous, que j'ai eu si récemment sujet de féliciter, vous ayez osé déployer une voile, dans un moment où il est important de laisser le vaisseau nu.

— Si j'ai trop détendu la garcette, votre honneur, répondit

Richard d'un ton délibéré, c'est une faute que je suis prêt à expier.

— Vous dites vrai, et vous paierez cher votre faute. Qu'on le conduise à l'embelle, et qu'il fasse connaissance avec le fouet !

— Ce ne sera pas une nouvelle connaissance, votre honneur, vu que nous nous sommes déjà trouvés ensemble, et cela pour des choses que je ne rappellerai pas. Suffit que j'aie eu raison de cacher ma tête; tandis qu'ici, il pourra y avoir beaucoup de coups et peu de honte.

— M'est-il permis d'intercéder pour le coupable? interrompit Wilder avec empressement. Il fait souvent des bévues, mais il se tromperait rarement, s'il avait autant de connaissances que de bonne volonté.

— Ne dites rien là-dessus, maître Harry, dit Richard avec un clignement d'œil particulier. La voile a été complétement mise au vent, et il est maintenant trop tard pour le nier; ainsi la chose doit retomber sur le dos de Richard Fid, et voilà tout.

— Je voudrais obtenir son pardon. Je puis promettre, en son nom, que ce sera la dernière offense.

— Que cela soit oublié, répondit le Corsaire faisant un effort violent pour vaincre sa colère. Je ne veux pas, dans un pareil moment, troubler la bonne harmonie qui règne entre nous, monsieur Wilder, en vous refusant une si faible grâce; mais je n'ai pas besoin de vous dire tous les malheurs que pourrait causer une semblable négligence. Donnez-moi encore la lunette; je veux voir si cette voile flottante a échappé à l'œil du bâtiment étranger.

Richard lança à la dérobée un regard de triomphe sur Wilder, qui lui fit signe de s'éloigner promptement.

CHAPITRE XXVI.

« Sur mon honneur, il a l'air pâle. Es-tu
malade ou en colère ? »
SHAKSPEARE. *Beaucoup de bruit pour rien.*

L'approche de la voile inconnue devenait de plus en plus visible. Le petit point blanc qu'on avait d'abord aperçu à l'horizon, ressemblant à une mouette flottant sur le sommet d'une vague, s'était insensiblement accru depuis une demi-heure, et présentait alors sur l'eau une pyramide élevée de toiles et d'agrès. Tandis que Wilder considérait cet objet qui grossissait à chaque instant, le Corsaire lui mit une lunette dans la main, en le regardant d'un air qui semblait dire : — Vous pouvez voir que la négligence de votre homme nous a déjà trahis ! Toutefois ce regard paraissait plutôt exprimer un regret qu'un reproche, et sa bouche ne s'ouvrit pas pour confirmer le langage muet de ses yeux. Au contraire, il semblait que son commandant fût jaloux de maintenir le pacte d'amitié qu'ils avaient fait ensemble; car, lorsque le jeune marin voulut tenter d'expliquer ce qui, selon toute apparence, avait causé la bévue de Fid, il fut interrompu par un geste amical, qui disait assez clairement que l'offense était déjà pardonnée.

— Notre voisin est aux aguets, comme vous pouvez voir, dit le Corsaire. Il a viré vent devant, il se dirige hardiment droit à nous. Eh bien ! laissons-le approcher ; nous allons bientôt apercevoir sa batterie, et alors nous pourrons nous décider sur la nature de la conférence que nous aurons avec lui.

— Si vous le laissez approcher davantage, nous pourrons avoir de la peine à l'empêcher de nous donner la chasse, dans le cas où nous aurions envie de l'éviter.

— Il faut qu'un vaisseau soit bien fin voilier pour qu'il puisse égaler *le Dauphin* à la course.

— Je ne sais : la voile qui est en vue va vite, et il est à croire qu'elle ne nous cède en rien. J'ai rarement vu de vaisseau s'élever aussi rapidement que celui-ci depuis que nous l'avons aperçu.

Le jeune homme parlait avec tant de chaleur, que son compagnon détourna les yeux de l'objet qu'il était occupé à examiner pour les porter sur lui.

— Monsieur Wilder, dit-il vivement et d'un air décidé, vous connaissez ce vaisseau ?

— J'en conviens : si je ne me trompe, il se trouvera trop fort pour *le Dauphin*, et c'est d'ailleurs un bâtiment qui ne doit rien avoir à bord de nature à nous tenter beaucoup.

— Sa dimension ?

— Le nègre vous l'a dite.

— Vos hommes le connaissent aussi ?

— Il serait difficile de tromper un vieux matelot sur la forme et l'arrangement de voiles parmi lesquelles il a passé des mois et même des années.

— Je comprends, et voilà qui m'explique les *voiles neuves* qui sont au grand mât de perroquet. Monsieur Wilder, votre départ de ce vaisseau ne date pas de loin ?

— Non plus que mon arrivée sur celui-ci.

Le Corsaire resta pendant quelques minutes sans parler ; il semblait réfléchir profondément. Son compagnon n'essaya pas de l'interrompre, bien que les regards furtifs qu'il lançait souvent de côté, pour chercher à lire dans ses yeux, trahissent l'empressement qu'il avait de connaître le résultat de ses réflexions.

— Et combien de canons ? demanda enfin brusquement son commandant.

— Quatre fois plus que *le Dauphin*.

— Le métal ?

— Est encore plus lourd. Sous tous les rapports, c'est un vaisseau plus grand que celui-ci.

— Il appartient sans doute au roi ?

— Assurément.

—Eh bien ! il changera de maître. Par le Ciel, il sera à moi !

Wilder secoua la tête, se contentant de répondre par un sourire d'incrédulité.

—Vous en doutez ? reprit le Corsaire. Venez ici, et regardez sur ce pont. Celui que vous avez si récemment quitté a-t-il à ses ordres des hommes tels que ceux-ci, prêts à faire tout ce qu'il leur commande ?

L'équipage du *Dauphin* avait été choisi par un homme qui comprenait parfaitement le caractère du marin, parmi tous les différens peuples du monde chrétien. Il n'y avait pas une nation maritime de l'Europe qui n'y eût son représentant. Le descendant des anciens possesseurs de l'Amérique s'était décidé lui-même à abandonner les habitudes et les opinions de ses aïeux, pour errer sur cet élément qui avait baigné pendant des siècles les rivages de sa patrie, sans que ses ancêtres, dans leur simplicité, eussent jamais eu le désir de chercher à en pénétrer les mystères. Tous avaient déjà fait leur apprentissage, et la vie aventureuse qu'ils avaient toujours menée les rendait propres à l'état terrible qu'ils avaient embrassé. Dirigés par l'esprit qui avait su obtenir et conserver sur eux un ascendant despotique, ils formaient réellement un équipage très dangereux, et auquel (eu égard à leur nombre) il était impossible de résister. Leur commandant sourit de plaisir en voyant l'air dont son compagnon contemplait l'indifférence où la joie farouche que la plupart d'entre eux montraient à l'aspect d'un combat. Même les plus novices de la troupe, les waisters les moins aguerris semblaient aussi sûrs de la victoire que ceux dont l'audace était justifiée par leurs nombreux et constans succès.

—Comptez-vous ces hommes-là pour rien ? demanda le Corsaire à son lieutenant, après lui avoir laissé le temps d'embrasser de l'œil cette bande terrible. Voyez, voici un Danois, aussi solide et aussi inébranlable que le canon auprès duquel je le placerai tout à l'heure. On peut lui couper tous les membres l'un après l'autre, il n'en restera pas moins ferme comme une tour, jusqu'à ce qu'on ait sapé l'édifice dans ses derniers fondemens. Les deux qui sont auprès de lui sont un Russe et un Suédois : ils serviront avec lui la même pièce, et elle ne se taira pas, j'en réponds, tant qu'il en restera un pour y mettre le feu ou tenir l'écouvillon. Cet homme aux formes carrées et athlétiques est un marin des villes anséatiques. Il préfère notre liberté à celle dont jouit sa ville natale ; et vous verrez que les vénérables institutions des villes libres s'éteindront plutôt qu'il ne quittera le poste que je lui donnerai à défendre. Voici deux Anglais, et bien qu'ils viennent de cette île que j'aime si peu, on ne trouvera pas souvent des hommes meilleurs au besoin. Nourrissez-les bien et battez-les bien, et je réponds de leur zèle et de leur courage. Voyez-vous ce mécréant au visage maigre et pensif, qui a un air de dévotion au milieu de toute sa scélératesse? Il pêchait du hareng, jusqu'au moment où le goût du bœuf lui vint : alors son estomac se dégoûta de son ancienne nourriture, et l'ambition de devenir riche prit le dessus. C'est un Ecossais d'un des lacs du nord.

—Se battra-t-il?

—Oui, pour de l'argent, pour l'honneur des *Macs* et pour sa religion. C'est un garçon sensé, après tout, et j'aime à l'avoir de mon côté dans une dispute. Ah! voilà là-bas l'être par excellence pour exécuter un ordre. Je lui dis un jour de couper un câble dans un moment de presse, et il le coupa au-dessus de sa tête, au lieu de le couper sous ses pieds; en récompense de cet exploit, il fit un saut dans la mer. Mais depuis lors il vante toujours sa présence d'esprit pour ne s'être pas noyé. Ses idées sont en ce moment dans une grande fermentation; et, si on pouvait le savoir, je ferais un beau pari que la voile qui est en vue est au moins sextuplée dans son imagination féconde.

—Alors il doit songer à la fuite.

—Loin de là; il songe plutôt aux moyens de les cerner et de les vaincre. Pour un franc Hibernien [1], la fuite est la dernière pensée qui se présente à l'esprit. Vous voyez cet être qui a l'air triste et pensif auprès de lui. Il a en lui une sorte de sentiment chevaleresque qui pourrait se transformer en héroïsme, si on le voulait. Quoi qu'il en soit, il ne manquera pas de se montrer en vrai Castillan. Son compagnon est venu du rocher de Lisbonne; je ne me fierais pas volontiers à lui, si je ne savais qu'il n'est guère possible de recevoir ici un salaire de l'ennemi. Ah! voilà un garçon taillé pour la danse. Vous le voyez; dans ce moment, ses pieds et sa langue vont en même temps. C'est un composé de contradictions. Il ne manque ni d'esprit ni de sensibilité, et cependant il vous couperait le cou dans l'occasion. Il y a un singulier mélange de férocité et de bonhomie dans sa personne. Je

[1] Irlandais.—ED.

le mettrai parmi ceux qui monteront à l'abordage ; car nous ne serons pas aux prises depuis une minute que, dans son impatience, il voudra tout emporter d'un *coup de main*[1].

— Et quel est ce matelot qui est auprès de lui, et qui paraît occupé à se dépouiller d'une partie de ses vêtemens? demanda Wilder, entraîné par le charme que le Corsaire savait répandre sur cette aride nomenclature.

— C'est un Hollandais économe. Il calcule qu'il vaut tout autant être tué dans un vieil habit que dans un neuf, et il en a sans doute fait part à son voisin le Gascon, qui n'en est pas moins résolu à mourir décemment, si, après tout, il faut mourir. Le premier s'y est heureusement pris de bonne heure pour commencer ses préparatifs pour le combat, autrement l'ennemi pourrait nous battre avant qu'il fût prêt. Si ces deux braves champions étaient chargés de vider entre eux la querelle, le bouillant Français aurait vaincu son voisin de Hollande, avant que celui-ci crût même la bataille commencée; mais s'il laissait passer le moment favorable, croyez-moi, le Hollandais lui donnerait du mal. Oubliez-vous, Wilder, qu'il y a eu un temps où les compatriotes de cet homme lent et lourd nettoyaient les mers avec un balai au haut de leurs mâts?

Le Corsaire avait un sourire farouche en parlant ainsi, et il s'exprimait avec une sorte d'emphase amère. Son compagnon ne voyait cependant pas quel plaisir si grand il pouvait trouver à rappeler les triomphes d'un ennemi étranger, et il se contenta de reconnaître la vérité de ce fait historique par une simple inclination de tête. Comme s'il était même affligé de cet aveu, et qu'il voulût bannir entièrement cette réflexion mortifiante, il s'empressa de dire :

— Vous avez passé ces deux grands matelots qui observent les agrès de l'étranger avec tant de gravité.

— Ah! oui, ils sont d'un pays auquel nous portons l'un et l'autre de l'intérêt. La mer n'est pas plus inconstante que ces coquins ne le sont dans leurs sentimens. Leurs esprits ne sont en-

---

[1] Ce mot est en français dans le texte pour achever le portrait de notre compatriote : nous avons eu plus d'une fois l'occasion de remarquer la disette des auteurs anglais et américains lorsqu'ils veulent décocher un trait de satire sur notre caractère national : c'est une singulière manie que de faire de nous un peuple de *danseurs féroces*. A cette préoccupation, il faut attribuer sans doute les portraits faux que les Anglais tracent de nous : ces portraits sont des caricatures. Heureusement il y a des peintres parmi les lions. — Ed.

core faits qu'à demi à la piraterie. C'est un vilain mot, monsieur Wilder, mais je crains que nous ne le méritions. Ces drôles ont toujours soin d'avoir une petite pacotille de grace en réserve au milieu de toute leur scélératesse.

— Ils regardent le vaisseau étranger comme s'ils voyaient de l'imprudence à le laisser approcher autant.

— Ah ! ce sont d'habiles calculateurs. Je crains qu'ils n'aient découvert l'avantage qu'il a sur nous par le nombre de ses canons ; car ils semblent doués d'une vue surnaturelle dans les affaires qui touchent à leurs intérêts. Mais vous voyez qu'ils sont forts et nerveux ; et, ce qui vaut mieux, ils ont une tête qui leur apprend à mettre à profit cet avantage.

— Vous croyez qu'ils manquent de courage ?

— Hem ! il serait dangereux de l'éprouver sur quelque point qu'ils croiraient matériel. Ils ne se disputent pas sur les mots, et ils perdent rarement de vue certaines maximes moisies, qui, à ce qu'ils prétendent, viennent d'un livre que je crains que vous et moi nous n'étudions guère. Il ne leur arrive pas souvent de frapper un coup par pur esprit de chevalerie ; et, s'ils y étaient portés, les coquins ont trop de dispositions pour la logique, pour prendre, comme votre nègre, le *Dauphin* pour une église. Cependant, s'ils décident dans leurs fortes têtes qu'il y a lieu d'attaquer, croyez-moi, les deux canons qu'ils commandent feront un meilleur service que tout le reste de leur batterie. Mais, s'ils pensent autrement, je ne serais pas surpris qu'ils m'engageassent à ménager la poudre pour quelque meilleure occasion. De l'honneur ! ma foi, les drôles sont trop forts en polémique pour voir le point d'honneur dans un métier comme le nôtre. Mais nous bavardons sur des batagelles, lorsqu'il est temps de penser aux choses sérieuses. Monsieur Wilder, nous allons maintenant montrer nos voiles

Les manières du Corsaire changèrent aussi promptement que son langage. Perdant le ton de sarcasme et de légèreté qu'il avait pris, pour prendre un air plus en harmonie avec le rang qu'il occupait, il se mit à se promener seul, pendant que son lieutenant donnait les ordres nécessaires pour faire exécuter les volontés du chef. Nightingale donna le signal ordinaire, et sa voix rauque fit entendre le cri de : — Holà ! voiles partout !

Jusque alors les hommes de l'équipage du *Dauphin* avaient fait leurs observations sur la voile qui s'élevait si rapidement au-dessus des eaux, chacun suivant leur caractère différent. Les uns étaient rayonnans de joie par la perspective d'une capture; d'autres, connaissant mieux leur commandant, étaient loin de regarder comme une chose décidée qu'ils en viendraient aux mains; quelques-uns, plus accoutumés à réfléchir, secouaient la tête à mesure que le vaisseau approchait, comme s'ils croyaient qu'il était déjà à trop peu de distance pour qu'il n'y eût pas de danger. Cependant, comme ils ignoraient également les sources secrètes auxquelles le chef avait si souvent prouvé qu'il puisait ses renseignemens d'une manière qui semblait quelquefois tenir du miracle, ils se contentèrent d'attendre patiemment sa décision; mais, lorsqu'ils entendirent le cri du contre-maître, ils manifestèrent la joie qu'il leur causait en déployant sur-le-champ l'activité la plus soutenue.

Les ordres se succédèrent ensuite rapidement les uns aux autres, donnés par Wilder, qui, en vertu du poste qu'il occupait dans ce moment, avait le pouvoir exécutif.

Comme le lieutenant et l'équipage paraissaient animés du même esprit, il ne se passa pas beaucoup de temps avant que les mâts nus du *Dauphin* fussent enveloppés d'un vaste volume de toile aussi blanche que la neige. Les voiles furent déployées rapidement et les vergues hissées au haut des mâts. Le vaisseau, mis en mouvement par la brise, était balancé par le roulis, mais n'avançait pas encore à cause de la position de ses vergues. Lorsque tout fut prêt pour la marche, quelle que fût la direction qu'on jugeât à propos de prendre, Wilder monta de nouveau sur la poupe pour en donner avis à son supérieur. Il trouva le Corsaire occupé à regarder attentivement le vaisseau dont le corps sortait alors de la mer et présentait une longue ligne janne et saillante, que chacun reconnut pour les sabords par où partaient les canons qui faisaient sa force. Mrs Wyllys, accompagnée de Gertrude, se tenait près de lui, pensive comme à l'ordinaire, mais trop aux aguets pour laisser échapper la moindre circonstance.

— Nous sommes prêts à partir, dit Wilder, nous n'attendons plus que l'indication de la route.

Le Corsaire tressaillit et s'approcha davantage de son lieutenant avant de répondre. Ensuite, le regardant en face, et avec une expression marquée, il lui demanda:

— Vous êtes certain que vous reconnaissez ce vaisseau, monsieur Wilder?

— J'en suis certain, répondit celui-ci avec calme.

— Il est de la marine royale, dit sur-le-champ la gouvernante.

— Oui, je l'ai déjà dit.

— Monsieur Wilder, reprit le Corsaire, nous mettrons sa vitesse à l'épreuve, diminuez les basses voiles et remplissez vos voiles d'avant.

Le jeune marin fit un signe de tête pour indiquer qu'il allait obéir, et il se hâta d'aller exécuter les volontés de son commandant. Il y avait une ardeur et peut-être une sorte de tremblement dans la voix de Wilder en donnant les ordres nécessaires, qui formait un contraste remarquable avec le calme qui caractérisait le Corsaire. Ces inflexions inaccoutumées n'échappèrent pas aux oreilles de quelques-uns des plus vieux marins; et ceux-ci échangèrent entre eux des regards d'une expression particulière; mais ses paroles ne furent pas suivies d'une obéissance moins prompte que celles qui sortaient de la bouche de leur chef redouté. Les vergues de l'avant furent dressées, les voiles furent gonflées par le vent, et cette masse, qui avait été pendant si long-temps inerte, commença à fendre les eaux. Le vaisseau atteignit bientôt toute sa rapidité, et la lutte entre les deux navires rivaux devint du plus vif intérêt.

L'autre vaisseau était alors à la distance d'une demi-lieue, exactement sous le vent du *Dauphin*. Un examen plus précis et plus attentif n'avait laissé de doute à personne sur la force et sur la nature de ce bâtiment. Les rayons d'un soleil brillant tombaient à plein sur sa bordée, tandis que l'ombre de ses voiles se réfléchissait au loin sur les eaux dans une direction opposée aux leurs. Il y avait des momens où l'œil pouvait, à l'aide de la lunette, pénétrer à travers les sabords dans l'intérieur du vaisseau, et avoir une idée des mouvemens qui s'y faisaient. On distinguait quelques formes humaines dans différentes parties de ses agrès; mais, du reste, tout était calme et tranquille, tout indiquait un grand ordre et une discipline parfaite.

Lorsque le Corsaire entendit le bruit que faisaient les vagues en fendant les eaux et qu'il vit l'écume jaillir de tous côtés autour de lui, il fit signe à son lieutenant de venir le joindre sur la poupe. Pendant quelques minutes, ses yeux restèrent fixés sur le vaisseau comme si toute son attention était concentrée pour en examiner la force.

—Monsieur Wilder, dit-il enfin, du ton d'un homme qui venait d'éclaircir ses doutes sur quelque point qui l'agitait, j'ai déjà vu ce vaisseau.

— C'est probable, il a parcouru presque toutes les eaux de l'Atlantique.

— Oui, ce n'est pas la première fois que nous nous rencontrons! Un peu de peinture l'a changé à l'extérieur, mais je crois reconnaître la manière dont les mâts sont disposés.

— Il est certain qu'ils font plus la *quête* qu'à l'ordinaire.

— Oui, c'est remarquable. — Avez-vous servi long-temps à son bord?

— Plusieurs années.

— Et vous l'avez quitté...

— Pour me joindre à vous.

— Dites-moi, Wilder, vous ont-ils traité comme un être d'un ordre inférieur? Hem! traitaient-ils votre mérite de provincial? Disaient-ils que tout ce que vous faisiez sentait l'Amérique?

— Je l'ai quitté, capitaine Heidegger.

— Ah! ils vous en ont donné sujet. Voilà du moins une obligation que je leur ai. — Mais vous y étiez pendant l'équinoxe de mars?

Wilder fit un signe de tête affirmatif.

— C'est ce que je pensais. Et vous avez combattu un bâtiment étranger pendant la tempête? Les vents, l'océan et l'homme étaient tous aux prises ensemble?

— Cela est vrai. Nous vous avons reconnu, et nous avons cru un moment que votre heure était venue.

— J'aime votre franchise. Nous avons bravement combattu l'un contre l'autre, et nous n'en serons qu'amis plus fidèles, maintenant que l'amitié est établie entre nous. Je ne vous interrogerai pas davantage sur ce point, Wilder; car ce n'est pas en trahissant ceux qu'on a quittés qu'on gagne ma faveur. Il suffit que vous soyez maintenant enrôlé sous mon pavillon.

— Quel est ce pavillon? demanda-t-on d'une voix douce, mais ferme, auprès de lui.

Le Corsaire se retourna sur-le-champ, et vit la gouvernante, dont l'œil calme et scrutateur était fixé sur lui. Son visage exprima à la fois diverses passions qui semblaient se contredire dans son ame; puis tout à coup il reprit cet air de courtoisie recherchée qu'il affectait toujours quand il s'adressait à ses prisonnières.

— C'est une femme qui rappelle à deux marins leur devoir! s'écria-t-il. Nous avons manqué à la politesse en ne montrant pas au vaisseau étranger notre pavillon. Hissons-le, monsieur Wilder, pour ne manquer à aucune des règles de l'étiquette nautique.

— Le vaisseau qui est en vue n'en a pas.

— N'importe, nous prendrons les devans sur lui.

Wilder ouvrit la petite armoire qui contenait les pavillons les plus en usage, mais il hésita sur celui qu'il devait choisir, parmi une douzaine qui étaient roulés dans les différens compartimens.

— Je ne sais lequel de ces emblèmes il vous plaira de montrer, dit-il d'un air qui indiquait assez qu'il attendait une réponse.

— Essayez le pavillon hollandais. Le commandant d'un si beau vaisseau doit comprendre toutes les langues des peuples chrétiens.

Le lieutenant fit un signe au quartier-maître de service; et, un instant après, le pavillon des Provinces-Unies flottait au haut du *Dauphin*. Les deux officiers observèrent attentivement l'effet qu'il produirait sur le bâtiment étranger, qui refusa cependant de répondre au faux signal qu'ils venaient d'arborer.

— Ils voient que nous avons un vaisseau qui n'a jamais été fait pour les bas-fonds de la Hollande. Peut-être nous reconnaissent-ils? dit le Corsaire en paraissant interroger de l'œil son compagnon.

— Je ne pense pas. On fait usage de trop de couleurs sur *le Dauphin* pour que ses amis même soient sûrs de le reconnaître.

— C'est un vaisseau qui a de la coquetterie, j'en conviens, reprit le Corsaire en souriant. Essayons le pavillon portugais: voyons si les diamans du Brésil sont en faveur à ses yeux.

Le premier pavillon fut baissé, et, à sa place, on livra au vent l'emblème de la maison de Bragance. Cependant l'étranger poursuivait sa course sans paraître y faire attention, en serrant le vent de plus en plus près, pour diminuer autant que possible la distance qu'il y avait entre lui et le navire qu'il cherchait à atteindre.

— Un allié ne saurait l'émouvoir, dit le Corsaire. Eh bien! faisons-lui voir le drapeau blanc.

Wilder obéit en silence. Le pavillon de Portugal fut descendu sur le pont, et le pavillon de France flotta dans les airs. A peine avait-il atteint le haut du mât, que de larges et éclatantes armoiries s'élevèrent, semblables à un énorme oiseau qui prend son vol, du pont de l'autre navire, et se déployèrent au-dessus des eaux. Au même instant une colonne de fumée sortit du flanc du vaisseau, et elle avait déjà été chassée en arrière par le vent, avant que le bruit du canon fût parvenu jusqu'aux oreilles de l'équipage du *Dauphin*.

—Voilà une preuve de l'amitié de deux nations, dit sèchement le Corsaire. Il garde le silence pour le Hollandais et pour la couronne de Bragance; mais toute sa bile est en mouvement à la vue d'une simple nappe blanche! Laissons-le contempler ce pavillon qu'il aime si peu, monsieur Wilder; lorsque nous serons fatigués de le montrer, nos armoires pourront en fournir d'autres.

Il paraît en effet que la vue du pavillon que le Corsaire avait arboré produisit sur le vaisseau en vue le même effet que la *moleta* de l'agile banderilla ¹ produit sur le taureau en fureur. Une foule de petites voiles, qui ne pouvaient pas être d'une grande utilité, mais qui servaient du moins à paraître vouloir accélérer sa course, furent aussitôt déployées à son bord; et il n'y eut pas un bras ni une bouline qu'on ne cherchât à tendre davantage. En un mot, le navire ressemblait au coursier que le jockey frappe sans nécessité, lorsqu'il est lancé dans toute sa vitesse, et que l'aiguillon ne peut produire aucun effet. Cependant les deux vaisseaux déployaient toute la force de leurs voiles, sans que l'avantage parût être d'une manière marquée pour l'un ou pour l'autre. Bien que *le Dauphin* fût renommé pour sa vitesse, son rival ne semblait lui céder en rien. Le vaisseau du flibustier s'inclinait au vent, et l'écume étincelante qu'il chassait devant lui s'élevait de plus en plus; mais chaque impulsion de la brise était également sentie par l'autre navire, dont les mouvemens sur la mer houleuse semblaient aussi rapides et aussi gracieux que ceux du *Dauphin*.

—Ce vaisseau fend l'eau comme l'hirondelle fend l'air, dit le chef des flibustiers au jeune lieutenant qui était encore à ses côtés et qui cherchait à cacher une inquiétude qui augmentait à chaque instant.—Est-il renommé pour la vitesse?

—Le courlis vole à peine plus vite. Ne sommes-nous pas déjà assez près pour des hommes qui ne croisent que pour leur propre plaisir?

Le Corsaire lança sur son compagnon un regard d'impatience et de soupçon, mais aussitôt souriant d'un air d'audace et de fierté:

(¹) Les Espagnols appellent *banderilla* les drapeaux qui entourent le dard avec lequel on excite le taureau dans l'amphithéâtre. — Ed.

— Qu'il égale l'aigle dans son essor le plus élevé et le plus rapide, s'écria-t-il, et il ne nous laissera pas encore en arrière ! Pourquoi cette répugnance à vous trouver à un mille de distance d'un vaisseau de la couronne?

— Parce que je connais sa force et que je sais qu'il n'y a aucun espoir d'attaquer avec succès un ennemi si supérieur; répondit Wilder avec fermeté. Capitaine Heidegger, vous ne pouvez vous battre avec avantage contre ce vaisseau; et, à moins que vous ne profitiez à l'instant de la distance qui nous en sépare, vous ne pouvez lui échapper; je ne sais même s'il n'est pas déjà trop tard pour tenter ce dernier parti.

— Cette opinion, monsieur, est celle d'un homme qui évalue trop haut les forces de son ennemi, parce qu'à force d'en entendre parler, il s'est habitué à le regarder comme quelque chose de plus qu'humain. Monsieur Wilder, il n'y a personne de plus hardi ni de plus modeste à la fois que ceux qui sont accoutumés depuis long-temps à mettre leur confiance en eux-mêmes. Ce n'est pas la première fois que j'approche d'un pavillon de roi, et cependant, vous le voyez, je suis encore sur mon bord.

— Écoutez! c'est le tambour, ils préparent leurs canons.

Le Corsaire prêta l'oreille un moment et put distinguer le roulement qui appelle l'équipage d'un vaisseau de guerre à son poste.

Après avoir d'abord levé les yeux sur ses voiles, et jeté le coup d'œil du maître sur tout ce qui l'entourait, il répondit avec calme :

— Nous imiterons son exemple, monsieur Wilder. Donnez l'ordre.

Jusqu'alors tous les gens de l'équipage du *Dauphin* avaient été occupés ou à remplir les devoirs qui étaient assignés à chacun d'eux, ou à observer d'un œil curieux le vaisseau qui cherchait avec tant d'empressement à se rapprocher d'eux. Le murmure bas, mais continuel, de leurs voix étouffées, indiquait seul l'intérêt qu'ils prenaient à ce spectacle; mais dès l'instant que le premier son du tambour se fit entendre, chaque homme se rendit à son poste avec un égal empressement. Ce mouvement fut l'affaire d'un instant, et, aussitôt après, il régna sur tous les points ce morne silence que nous avons déjà eu occasion de faire remarquer dans une circonstance semblable. Les officiers seuls s'agitaient pour aller prendre les ordres qui les concernaient, tandis que les munitions de guerre, qui étaient tirées du magasin, annonçaient des préparatifs plus sérieux qu'à l'ordinaire. Le Corsaire lui-même avait disparu, mais il ne tarda pas à se montrer de nouveau sur la poupe, équipé pour le combat qui semblait approcher, et occupé, comme toujours, à étudier la force et les évolutions de son antagoniste. Ceux qui le connaissaient le mieux disaient que la grande question n'était pas encore décidée ; et leurs regards avides se dirigeaient sur leur chef, comme pour pénétrer le mystère dont il lui plaisait d'envelopper ses desseins. Il avait jeté le bonnet de marin, et ses beaux cheveux flottaient au gré du vent sur un front qui semblait formé pour donner naissance à des pensées beaucoup plus nobles que celles qui paraissaient avoir occupé sa vie, tandis qu'une espèce de casque en cuir était déposé à ses pieds. Dès l'instant qu'il mettait ce casque, c'était le signal que le moment du combat était arrivé ; mais jusqu'alors rien n'annonçait qu'il se préparât à le donner.

Pendant ce temps, chaque officier avait examiné l'état de sa division, et était venu faire son rapport. Alors, par une sorte de permission tacite de leur chef, le calme solennel qui avait régné jusqu'alors dans l'équipage cessa jusqu'à un certain point, et il s'établit à voix basse des conversations animées, la politique du chef permettant cette infraction aux règles ordinaires de vaisseaux plus réguliers, pour s'accommoder au caractère de ses compagnons, et pour leur laisser le temps de s'animer mutuellement, puisque de leurs dispositions et de leur courage dépendait si souvent le succès de ses entreprises désespérées.

CHAPITRE XXVII.

> « Je ne reviens pas de ma surprise de le voir si frétillant et si parfumé ;—il parle comme une demoiselle de compagnie. »
> SHAKSPEARE. *Le roi Henri VI.*

L'intérêt du moment était vif et pressant. Tous ceux qui exerçaient quelque autorité sur le vaisseau avaient examiné si tout était bien en ordre, chacun dans la partie de ses attributions, avec ce soin minutieux qui augmente à mesure que la responsabilité s'accroît avec l'importance des fonctions. La voix du maître avait cessé de s'informer de l'état des diverses cordes ou chaînes d'où semble dépendre la sûreté du vaisseau ; chaque chef de batterie s'était assuré à plusieurs reprises que son artillerie était prête à servir au premier signal et de la manière la plus efficace ; des munitions de réserve avaient déjà été ajoutées à celles qui avaient été tirées du magasin, et même les conversations avaient cessé, l'intérêt se trouvant excité de plus en plus et absorbant tous les esprits.

Cependant l'œil rapide et perçant du Corsaire n'aperçut rien qui pût le faire douter du courage et de la fermeté de ses compagnons. Ils avaient l'air grave comme l'ont toujours les hommes les plus braves et les plus aguerris au moment du combat ; mais il ne s'y joignait aucun signe d'inquiétude. On y voyait plutôt l'empreinte d'une inébranlable résolution, ce mobile puissant qui pousse l'homme aux entreprises hardies et le rend capable d'efforts presque surnaturels. A ces heureux indices des dispositions de son équipage, le chef adroit et clairvoyant ne vit que trois exceptions, c'étaient celles de son lieutenant et des deux matelots si singulièrement attachés à sa fortune.

On a vu que l'attitude de Wilder n'était pas précisément celle qui convenait à un officier de son rang dans un moment pareil. L'œil perçant et jaloux du Corsaire avait étudié ses manières à plusieurs reprises, sans pouvoir se les expliquer d'une manière satisfaisante. Le jeune aventurier avait des couleurs aussi vives sur les joues, une démarche aussi assurée, que dans les heures d'une sécurité complète ; mais ses regards errans, l'air de doute et d'indécision qui se montrait sur sa figure où auraient dû dominer des sentimens si opposés, donnaient à son commandant de graves sujets de réflexion. Comme pour trouver l'explication de l'énigme dans la manière d'être des compagnons de Wilder, les regards du Corsaire cherchèrent Fid et le nègre. Ils étaient postés l'un et l'autre derrière la pièce la plus proche de l'endroit qu'il occupait lui-même, le premier remplissant les fonctions de capitaine du canon.

Le vaisseau n'était pas plus ferme sur sa quille que le vieux marin ne l'était sur ses jarrets, tout en jetant un regard oblique sur le tube de fer massif qui se trouvait sous son commandement, et ses manières n'étaient pas dépourvues de cet intérêt tout paternel que le matelot manifeste pour l'objet spécial dont il a été chargé. Cependant un air de surprise inexprimable avait pris possession de ses traits grossiers, et toutes les fois que ses yeux se portaient de Wilder sur le vaisseau ennemi, il n'était pas difficile de découvrir qu'il s'étonnait de les voir en opposition. Il ne se permit néanmoins ni plaintes ni commentaires sur une circonstance qui lui semblait évidemment si extraordinaire, et tout annonçait au contraire qu'il était décidé à ne se départir en rien de cette obéissance passive qui caractérise le marin. Quant au nègre, tous ses membres étaient dans une immobilité complète; ses yeux seuls, comme ceux de son compagnon, roulaient continuellement de droite à gauche, se portant d'abord sur Wilder, puis sur la voile étrangère, et exprimant chaque fois un étonnement de plus en plus marqué.

Frappé de ces indices évidens de quelque sensation extraordinaire et commune à tous les deux qui les agitait, le Corsaire profita de sa position et de la distance où se trouvait son lieutenant, pour leur adresser la parole. S'appuyant sur la petite balustrade qui séparait la poupe du tillac, il dit, de ce ton familier que le commandant est dans l'habitude de prendre avec ses inférieurs, quand il a le plus grand besoin de leurs services :

—J'espère, maître Fid, qu'on vous a placé à un canon qui sait parler.

—Il n'y a pas dans tout le vaisseau, votre honneur, une bouche plus belle et plus large que celle de Brillant Billy, répondit le vieux matelot en passant sa main sur sa pièce comme pour caresser l'objet de ses éloges. Tout ce que je demande, c'est un écouvillon propre et une bourre bien serrée. Guinée, faites une croix à votre façon, sur une demi-douzaine de boulets ; et, quand l'affaire sera bâclée, ceux qui vivront encore pourront aller à bord de l'ennemi, et voir de quelle manière Richard Fid a semé sa graine.

—Ce n'est pas votre coup d'essai, maître Fid ?

—Que le Ciel bénisse votre honneur ! mon nez n'est pas plus accoutumé au tabac sec qu'à la poudre à canon, quoique, à vrai dire...

—Eh bien ! continuez.

—C'est que parfois toute ma philosophie se trouve coulée à fond en fait de raisonnement dans les rencontres comme celle-ci, reprit le vieux matelot, en jetant les yeux d'abord sur le pavillon français, et ensuite, dans l'éloignement, sur les armes d'Angleterre; je suppose que maître Harry a tout cela dans sa poche, en noir et en blanc; mais tout ce que je puis dire, c'est que, quand je dois jeter des pierres, j'aimerais mieux qu'elles cassassent les vitres d'un voisin que celles de ma mère. Eh! Guinée, marquez deux ou trois boulets de plus, mon garçon; car s'il faut en venir aux démonstrations, je veux que le Brillant Billy soutienne sa bonne renommée.

Le Corsaire se retira pensif et muet. Il surprit alors un regard de Wilder, auquel il fit signe d'approcher.

—Monsieur Wilder, dit-il d'un ton affectueux, je comprends votre pensée. Tous ceux qui sont sur ce vaisseau ne vous ont pas également offensé, et vous préféreriez que la haine que vous portez à ce pavillon hautain se signalât d'abord sur quelque autre bâtiment. D'ailleurs, il n'y a guère que de l'honneur sans profit à recueillir dans ce combat. Par égard pour vous, je l'éviterai.

—Il est trop tard, dit Wilder en secouant tristement la tête.

—Vous reconnaîtrez votre erreur. L'épreuve peut nous coûter une bordée; mais elle réussira. Descendez un instant auprès de vos hôtesses, et à votre retour la scène aura subi un grand changement.

Wilder descendit avec empressement dans la cabine où Mrs Wyllys s'était déjà retirée avec Gertrude, et après leur avoir fait part de l'intention de son commandant d'éviter une action, il les conduisit dans le fond du vaisseau, pour qu'elles fussent encore plus à l'abri de tout accident. Après avoir rempli ce devoir avec autant de promptitude que d'attention, notre aventurier remonta précipitamment sur le tillac.

Quoique son absence n'eût duré qu'un moment, la scène était effectivement bien changée, et toute apparence d'hostilité avait disparu. A la place des armes de France flottait le pavillon d'Angleterre sur le grand mât du *Dauphin*, et il se faisait un échange rapide de signaux entre les deux bâtimens. De toute cette nuée de voiles qui couvraient encore si récemment le vaisseau du Corsaire il ne restait de tendu que les huniers; toutes les autres pendaient en festons ou se jouaient autour des vergues devant une brise favorable. Le vaisseau lui-même se dirigeait directement sur l'autre navire, qui de son côté attachait tristement ses voiles élevées, comme s'il regrettait de voir son attente déçue, et d'être privé d'une occasion qu'il cherchait avec ardeur.

— Les drôles sont fâchés que ceux avec lesquels ils se flattaient de se battre se trouvent être des amis, dit le Corsaire en faisant remarquer à son lieutenant avec quelle confiance leurs voisins se laissaient abuser par des signaux qu'il avait su surprendre. C'est une occasion bien tentante; mais je saurai y résister, Wilder, par considération pour vous.

Le lieutenant semblait avoir peine à en croire ses oreilles, mais il ne répondit rien. Ce n'était pas le temps, il est vrai, de s'amuser à prolonger l'entretien. *Le Dauphin* continuait rapidement sa course, et le brouillard, qui cachait les objets à bord du navire étranger, s'éclaircissait à mesure qu'on approchait davantage. Les canons, les cordages, les hommes, les traits même de la figure pouvaient être distingués; et l'on vit bientôt le vaisseau se ranger au vent, puis, ayant disposé ses voiles d'arrière en carré pour recevoir la brise sur leur surface intérieure, rester immobile à sa place.

Les matelots du *Dauphin*, imitant la confiance de l'équipage abusé du vaisseau de la couronne, avaient aussi ferlé leurs hautes voiles, s'en reposant entièrement sur la prudence et l'audace de l'être singulier qui prenait plaisir à s'approcher si témérairement d'un ennemi si redoutable; qualités qu'ils l'avaient toujours vu déployer avec le plus rare bonheur dans des circonstances même encore plus délicates que celles où ils se trouvaient. Ce fut avec un air franc et ouvert que le Corsaire redouté se dirigea sur son voisin sans défiance, jusqu'à ce que, n'étant plus qu'à quelques centaines de pieds du bau du vent, le vaisseau se dressât contre la brise et restât aussi dans un état de repos. Mais Wilder, qui observait tous les mouvemens de son supérieur dans un muet étonnement, ne manqua pas de remarquer que l'avant du *Dauphin* était placé dans une direction différente de celui de l'autre vaisseau, et que sa marche avait été arrêtée par la disposition en sens inverse de ses vergues d'avant, circonstance qui permettait de manœuvrer plus facilement le navire, s'il devenait nécessaire de faire jouer tout à coup les batteries.

Le Dauphin roulait encore lentement par suite du mouvement qui lui avait été imprimé, lorsque un cri rauque et à peine distinct, traversant l'intervalle qui les séparait, vint, suivant l'usage, lui demander son nom. Le Corsaire, après avoir regardé son lieutenant d'un ton significatif, mit le porte-voix à ses lèvres, et dit le nom d'un vaisseau au service du roi qu'il savait être de la force et de la grandeur de son bâtiment.

— Oui, oui, répondit une voix partant de l'autre navire, c'était ce que j'avais reconnu à vos signaux.

Le *Dauphin* prononça le *qui vive* à son tour, on y répondit en disant le nom du croiseur royal, et cette réponse fut suivie d'une invitation de son commandant au capitaine du *Dauphin* de venir voir son supérieur.

Jusque-là il ne s'était rien passé qui ne fût d'usage entre marins de la même nation; mais l'affaire arrivait rapidement au point où il semblait bien difficile de pousser plus loin la ruse. Cependant l'œil attentif de Wilder ne découvrit aucun indice de doute ou d'indécision dans les manières de son chef. Un roulement de tambour à bord du croiseur annonça la retraite et la permission accordée aux gens de l'équipage de quitter le poste où ils avaient été placés pour le combat. Avec un sang-froid imperturbable, le Corsaire donna le même signal aux siens; et, en moins de cinq minutes, tout semblait indiquer une parfaite intelligence entre deux vaisseaux qui se seraient bientôt livré un combat à mort, si la véritable nature de l'un avait été connue de l'autre. Ce fut dans cette position critique, et lorsque l'invitation de se rendre à bord résonnait encore aux oreilles de Wilder, que le Corsaire appela son lieutenant auprès de lui.

— Vous entendez que je suis prié d'aller rendre visite à celui qui est plus ancien que moi au service de sa majesté, dit-il avec un sourire d'ironie et de dédain : vous plairait-il d'être de la partie?

Le tressaillement avec lequel Wilder reçut cette proposition hardie était trop naturel pour provenir d'une émotion simulée.

— Vous n'êtes pas assez fou pour courir ce risque! s'écria-t-il lorsqu'il eut retrouvé la voix.

— Si vous craignez pour vous, je puis aller seul.

— Si je crains, répéta le jeune homme, et un feu nouveau anima encore ses yeux déjà étincelans. Ce n'est pas la crainte, capitaine Heidegger, c'est la prudence qui me dit de rester caché. Ma présence trahirait le secret de ce vaisseau. Vous oubliez que je suis connu de tous ceux qui sont à bord de ce croiseur.

— J'oubliais en effet cette partie de l'intrigue. Restez donc, tandis que je vais m'amuser aux dépens de la crédulité du capitaine de sa majesté.

Sans attendre la réponse, le Corsaire fit signe à son compagnon de le suivre dans sa cabine. Quelques instans lui suffirent pour arranger les belles boucles de ses cheveux de manière à donner à sa figure un air de vivacité et de jeunesse. Le petit costume de fantaisie qu'il portait d'ordinaire fit place à un uniforme complet d'officier du grade qu'il avait pris, uniforme qui avait été fait avec le plus grand soin, et qui servait à faire ressortir les graces vraiment remarquables de sa personne. Le reste de son habillement fut conforme au rôle qu'il voulait jouer. A peine ces changemens furent-ils effectués, et ils le furent avec une promptitude et une adresse qui prouvaient que c'étaient des artifices qui lui étaient familiers, qu'il se disposa à partir.

— Des yeux meilleurs que ceux qui ornent la figure du capitaine Bignall y ont été pris, dit-il tranquillement en détournant ses regards du miroir où il s'arrangeait pour les porter sur son lieutenant.

— Du capitaine Bignall! vous le connaissez donc?

— Monsieur Wilder, mon état m'impose la nécessité de savoir beaucoup de choses que d'autres hommes négligent. Rien de plus simple et de plus facile, par exemple, que cette visite qui, je le vois dans vos yeux, vous fait croire que tout est perdu. Je suis convaincu qu'aucun des officiers ou matelots qui sont à bord du *Dard* n'a jamais vu le vaisseau dont il m'a plu de prendre le nom; il est trop nouvellement sorti du chantier pour cela. Ensuite il y a peu de probabilités que je sois forcé, comme mon autre moi-même, de renouer connaissance avec quelqu'un de ses officiers, car vous savez très bien que bien des années se sont écoulées depuis que votre ancien vaisseau n'a été en Europe; et, en jetant le yeux sur ces papiers, vous verrez que je suis un mortel favorisé,—le fils d'un lord,—et que je ne suis capitaine, je pourrais même dire homme, que depuis son départ d'Angleterre.

— Voilà certainement des circonstances qui vous favorisent, et que je n'avais pas eu la sagacité de découvrir; mais enfin, pourquoi vous exposer à ce danger, quel qu'il soit?

— Pourquoi? peut-être est-ce un projet profondément combiné pour savoir si c'eût été une brillante capture; peut-être... est-ce un caprice. Il y a un terrible attrait pour moi dans cette entreprise.

— Et le danger n'est pas moins terrible.

— Je ne calcule jamais le prix de ces sortes de jouissances.

Wilder, ajouta-t-il, en jetant sur lui un regard franc et plein de confiance, je mets ma vie et mon honneur sous votre garde, car ce serait une infamie pour moi que de compromettre les intérêts de mon équipage.

— Ce dépôt sera respecté, répéta notre aventurier d'une voix si sourde qu'on l'entendait à peine.

— Après avoir regardé un instant avec attention la figure de son compagnon, qui n'en semblait pas moins ouverte, le Corsaire sourit, comme s'il était content de cette assurance; il agita la main en signe d'adieu, et il allait sortir de sa cabine quand il aperçut une troisième personne qui se tenait immobile à la porte. Posant légèrement la main sur l'épaule de l'enfant qui se trouvait sur son passage, il lui demanda d'un ton un peu brusque :

— Roderick, pourquoi cet accoutrement?

— Pour suivre mon maître dans la barque.

— Enfant, tes services ne sont pas nécessaires.

— Ils le sont rarement depuis quelque temps.

— Pourquoi exposerais-je inutilement une vie de plus, lorsqu'il ne peut résulter aucun avantage ?

— En risquant la vôtre, vous risquez tout pour moi, dit Roderick d'une voix si faible, d'un ton si résigné, que ces paroles n'arrivèrent aux oreilles que de celui pour lequel elles avaient été prononcées.

Le Corsaire attendit quelque temps avant de répondre ; sa main restait toujours appuyée sur l'épaule de l'enfant, et ses yeux étaient fixés sur sa physionomie avec l'expression que cet organe prend ordinairement lorsqu'il s'efforce de pénétrer le mystère du cœur humain.

— Roderick, dit-il enfin d'une voix plus douce et plus affectueuse, votre sort sera le mien, nous partirons ensemble.

Alors, passant rapidement la main sur son front, il monta l'échelle, accompagné de l'enfant, et suivi de celui en qui il avait tant de confiance. Le pas dont le Corsaire marchait sur le tillac était ferme et assuré, comme s'il ne courait aucun risque dans son entreprise. Toujours occupé des devoirs de sa charge, il promena ses regards de voile en voile, de vergue en vergue, avant de se diriger vers le côté du vaisseau où il avait déjà donné ordre de préparer la barque. Un air de défiance et d'hésitation parut, pour la première fois, sur ses traits mâles et décidés, et son pied s'arrêta un instant sur l'échelle. — Davis, dit-il d'un ton ferme à l'individu qu'il savait, par sa propre expérience, avoir une longue habitude de la trahison, quittez la barque.—Qu'on m'envoie à sa place le capitaine du gaillard d'avant; un parleur si hardi, d'ordinaire, doit savoir se taire au besoin.

L'échange fut fait à l'instant, car personne n'avait jamais su résister à un ordre prononcé de ce ton d'autorité. Il resta un moment dans l'attitude d'une profonde réflexion, puis son front s'éclaircit entièrement, et de l'air le plus ouvert et le plus confiant il ajouta :

— Wilder, adieu! je vous laisse capitaine du vaisseau et maître de mon sort; je suis sûr que l'un et l'autre ne sauraient être entre de plus dignes mains.

Sans attendre de réponse, comme s'il méprisait de vaines protestations, il descendit légèrement dans la barque, qui, l'instant d'après, se dirigea hardiment vers le vaisseau ennemi. Le court intervalle qui s'écoula entre le départ des aventuriers et leur arrivée à l'autre navire, fut un moment d'attente profonde et pénible pour tous ceux qu'ils avaient laissés derrière eux. Celui qui hasardait le plus dans cette entreprise était le seul dont les regards et les gestes n'annonçaient rien de l'anxiété à laquelle ses compagnons étaient si évidemment en proie. Il monta à bord au milieu des honneurs dus à son rang imaginaire, avec une grace et une aisance qui ne pouvaient manquer de faire illusion. L'accueil qu'il reçut du vieux et brave marin dont les longs et pénibles services n'avaient été que maigrement recompensés par le commandement du vaisseau qu'on lui avait donné, fut franc et cordial; et après les félicitations d'usage, il conduisit son hôte dans ses appartemens.

— Prenez le siége qui vous conviendra, capitaine Howard, dit le vieux marin en s'asseyant sans cérémonie et en invitant son compagnon à suivre son exemple. Un homme d'un mérite aussi extraordinaire ne doit pas aimer à perdre le temps en paroles inutiles, quoique vous soyez bien jeune,—bien jeune assurément pour le commandement honorable que vous devez à votre heureuse étoile !

— Bien jeune! je vous assure au contraire que je me crois du temps du déluge, répondit le Corsaire en se plaçant tranquillement à l'autre bout de la table, d'où il pouvait regarder en face la figure peu satisfaite de son compagnon. Le croiriez-vous, monsieur? j'aurai atteint l'âge de vingt-trois ans si je passe la journée.

— Je vous aurais donné quelques années de plus, jeune homme; mais Londres peut brunir la figure aussi vite que l'équateur.

— Vous n'avez jamais rien dit de plus vrai, monsieur. De toutes les croisières, que le Ciel me préserve avant tout de celle de Saint-James! Je vous assure, Bignall, que le service suffit pour miner la constitution la plus robuste. Il y avait des momens où je croyais d'honneur que je mourrais sous les habits de ce pauvre diable qu'on appelle lieutenant!

— Il aurait fallu que votre maladie fût une consomption bien active, murmura le vieux marin indigné. Ils ont fini par vous donner un assez joli bâtiment, capitaine Howard.

— Mais oui, passable, mais effroyablement petit. Je dis à mon père que si le grand amiral ne régénérait pas promptement le service en faisant construire des vaisseaux plus commodes, la marine n'aurait bientôt plus que des mains vulgaires. Ne trouvez-vous pas le mouvement excessivement désagréable dans les vaisseaux à un pont, Bignall?

— Quand un homme est ballotté sur les mers depuis quarante-cinq ans, capitaine Howard, reprit son hôte en passant la main sur ses cheveux gris pour chercher à contenir son indignation, il lui devient assez indifférent que son vaisseau ait un pied de plus ou de moins.

— Ah! pour le coup, voilà ce que j'appelle une longanimité toute philosophique, quoique elle soit peu dans mon caractère; mais, après cette croisière, il faut décidément que je sois casé; j'emploierai mes protections pour me faire donner un vaisseau garde-côte sur la Tamise; car, comme vous savez, tout se fait aujourd'hui par protection, Bignall.

Le brave marin dissimula son humeur de son mieux, et il se hâta de changer de sujet, comme le meilleur moyen de se maintenir en état de remplir les devoirs de l'hospitalité.

— J'espère qu'au milieu des nouvelles modes, capitaine Howard, dit-il, le pavillon de la vieille Angleterre continue à flotter sur l'amirauté. Vous avez porté si long-temps les couleurs de Louis ce matin, que, ma foi! un quart d'heure de plus, et les boulets rouges auraient commencé à pleuvoir.

—Oh! c'est une excellente ruse militaire! et je veux en écrire les détails à l'amirauté.

—A merveille, monsieur! un pareil exploit peut vous mériter le titre de chevalier.

—Fi! l'horreur! Bignall. Ma noble mère se trouverait mal à cette seule idée. C'était bon pour le temps où la chevalerie était quelque chose de comme il faut; mais à présent, je vous assure que personne de ma famille...

—Il suffit, il suffit, capitaine Howard... Mais, parbleu! il est heureux pour nous deux que votre fantaisie se soit passée aussi vite, car, un instant de plus, je vous lâchais toute ma bordée. De par le Ciel, monsieur, les canons de ce vaisseau allaient partir tout seuls!

—Oui, comme vous dites, c'est très heureux. — Mais à quoi donc pouvez-vous passer le temps dans cette insipide partie du monde, Bignall? demanda le Corsaire en bâillant.

—Ma foi, monsieur, entre les ennemis de sa majesté, le soin de mon vaisseau et la compagnie de mes officiers, il est rare que je trouve le temps long.

—Ah! vos officiers! C'est vrai, vous devez avoir des officiers à bord; quoique leur âge doive empêcher que leur société soit fort agréable pour vous. Voulez-vous me permettre d'en voir la liste?

Le commandant du *Dard* la lui remit entre les mains sans seulement daigner jeter un regard sur un être qui ne lui inspirait que du mépris.

— Que vois-je? tous noms d'Yarmouth, de Plymouth, de Portsmoth et d'Exmouth! Eh bien! il ne vous manque pas de *mousses* sur le vaisseau [1]. Voici maintenant des *smith* [2] en assez grand nombre pour faire toute la serrurerie du vaisseau. Ah! voilà quelqu'un qui pourrait être fort utile dans un déluge. Quel est ce Henry Arche, que je trouve porté comme votre premier lieutenant?

—Un jeune homme à qui il ne faudrait que quelques gouttes de votre noble sang, capitaine Howard, pour être un jour à la tête de la flotte de sa majesté.

—Si c'est un officier d'un mérite si distingué, oserai-je vous prier, capitaine Bignall, de me faire faire sa connaissance? Nous

---

[1] *Mouth* veut dire *bouche* en anglais. Ce jeu de mots était intraduisible.—ED.
[2] *Smith*, forgeron, serrurier.—ED.

pouvons l'admettre sans inconvénient. J'accorde toujours à mon lieutenant une demi-heure tous les matins, si c'est un homme de naissance.

— Pauvre garçon! Dieu sait où il est à présent! Le noble jeune homme s'est offert de lui-même pour une mission bien dangereuse, et j'ignore autant que vous s'il a réussi. Mes remontrances et même mes prières ont été inutiles. L'amiral avait besoin d'un officier de confiance ; il s'agissait du bien de la nation ; et puis, vous savez que ceux qui n'ont point de naissance doivent, pour avancer, croiser ailleurs qu'au palais de Saint-James; et le brave enfant, recueilli dans un naufrage, doit à cette circonstance même le nom que vous trouvez si singulier.

— Cependant il est toujours porté sur vos livres comme premier lieutenant?

— Et j'espère qu'il le sera toujours jusqu'à ce qu'il obtienne le navire qu'il mérite si bien. Juste Ciel! vous trouvez-vous mal, capitaine Howard? Mousse, apportez ici un verre de grog.

— Je vous remercie, monsieur, répondit le Corsaire en souriant d'un air calme, et en refusant le breuvage qu'on lui offrait, tandis que le sang se reportait sur son visage avec une violence qui semblait capable de faire éclater ses veines. Ce n'est pas autre chose qu'un mal dont j'ai hérité de ma mère. Nous l'appelons dans notre famille le — mal d'ivoire, — sans autre raison, à ma connaissance, que parce qu'il se trouva parmi mes ancêtres une femme qui, étant dans une situation délicate, comme vous savez, fut particulièrement effrayée par une dent d'éléphant. On dit que ce mal a un air assez aimable tant qu'il dure.

— Il donne l'air d'un homme qui serait mieux placé dans la chambre de sa nourrice que sur un navire pendant un ouragan. Mais je suis charmé qu'il se passe si vite.

— Personne maintenant ne conserve long-temps le même air, Bignall. Et ainsi, ce M. Arche n'est personne après tout?

— Je ne sais ce que vous appelez personne, monsieur ; mais si un vrai courage, une connaissance profonde de sa profession et une fermeté loyale, comptent pour quelque chose dans vos dernières croisières, capitaine Howard, Henry Arche aura bientôt le commandement d'une frégate.

— Peut-être, si l'on savait exactement sur quoi appuyer ses recommandations, continua le Corsaire avec un sourire si doux et une voix si insinuante que l'effet de sa manière empruntée s'en trouvait à moitié détruit;—on pourrait glisser dans une lettre en Angleterre un mot qui ne nuirait pas au jeune homme.

—Plût au Ciel que j'osasse révéler la nature du service dont il s'occupe! s'écria vivement et d'un ton animé le vieux marin, oubliant aussi vite son dégoût qu'il était prompt à en concevoir. Vous pouvez pourtant dire en toute sûreté, d'après son caractère général, que ce service est honorable, hasardeux et n'a d'autre vue que le bien des sujets de sa majesté. Dans le fait, à peine y a-t-il une heure que je croyais qu'il avait complétement réussi. Vous arrive-t-il souvent, capitaine Howard, de déployer vos voiles d'en haut, tandis que les autres sont roulées autour des vergues? Un vaisseau arrangé de cette manière me paraît comme un homme qui a mis son habit avant d'avoir passé ses jambes dans ses culottes.

— Vous faites allusion à l'accident arrivé à ma voile de grand perroquet qui s'est détachée à l'instant où vous m'avez aperçu?

— Précisément. Nous avions entrevu vos agrès à l'aide du télescope; mais nous vous avions tout-à-fait perdu de vue, quand cette voile, flottant en l'air, frappa les yeux d'un vigie. Pour ne rien dire de plus, cela était remarquable, et il aurait pu s'en suivre des circonstances désagréables.

—Ah! je fais bien des choses de cette manière afin de me singulariser. La singularité est un signe de talent, comme vous savez. Mais moi aussi je fus envoyé sur ces mers avec une mission spéciale.

— Et quelle est cette mission? lui demanda sans biaiser son compagnon, dont les sourcils froncés annonçaient une inquiétude que sa franchise ne lui permettait pas de cacher.

— De chercher un vaisseau qui me donnera fort à faire, si j'ai la bonne fortune de le rencontrer. Pendant quelque temps, je vous ai cru précisément l'objet de ma croisière, et si vos signaux avaient prêté le moins du monde à la critique, je vous assure qu'une affaire sérieuse aurait pu avoir lieu entre nous.

—Et, je vous prie, monsieur, pour qui me preniez-vous donc?

— Pour rien de moins que ce fameux coquin le Corsaire Rouge.

—Comment diable! Et supposez-vous, capitaine Howard, qu'il existe sur la surface des mers un pirate qui ait la tête couverte d'autant de voiles qu'on en trouve à bord du *Dard*; — dont les agrès soient en si bon ordre, — dont les mâts aient de telles carlingues?—Pour l'honneur de votre vaisseau, monsieur, j'espère que le capitaine a fait seul cette méprise.

— Jusqu'à ce que nous fussions à portée de distinguer les signaux, la moitié au moins des gens les plus instruits de mon équipage étaient décidément contre vous, Bignall, je vous le déclare en honneur. Dans le fait, vous tenez la mer depuis si long-temps, que *le Dard* prend tout-à-fait un air de corsaire. Vous pouvez ne pas vous en apercevoir, mais je vous garantis le fait, uniquement à titre d'ami.

—Et puisque vous m'avez fait l'honneur de prendre mon vaisseau pour un pirate, reprit le vieux marin, étouffant sa colère pour reprendre un air d'ironie facétieuse, qui changea en grimace l'expression habituelle de sa bouche, peut-être vous êtes-vous aussi imaginé que l'honnête homme que vous voyez n'était rien moins que Belzébuth?

En parlant ainsi, le commandant du vaisseau chargé d'une imputation si odieuse dirigea les yeux de son compagnon vers un tiers qui était entré dans la cabane avec la liberté d'un être privilégié, mais d'un pas si léger qu'on ne l'avait pas entendu. Lorsque les regards vifs et impatiens du prétendu officier de la couronne tombèrent sur cet individu arrivant si inopinément, il se leva par un mouvement involontaire, et pendant une demi-minute, cet empire admirable qu'il avait sur ses nerfs et ses muscles, et qui lui avait été si utile pour soutenir son personnage, parut l'abandonner entièrement. Cependant il ne perdit son pouvoir sur lui-même que si peu d'instans que personne n'y fit attention, et il rendit avec beaucoup de sang-froid, et avec cet air de courtoisie et d'affabilité qu'il savait si bien prendre, le salut que lui fit un vieillard dont tout l'extérieur annonçait le caractère doux et paisible.

—Monsieur est sans doute votre aumônier, si j'en juge d'après son costume? dit-il après avoir échangé quelques saluts avec l'étranger.

— Oui, monsieur. — Un brave et honnête homme que je ne rougis pas d'appeler mon ami. Après une séparation de trente ans, l'amiral a bien voulu me le prêter pour cette croisière; et quoique mon vaisseau ne soit pas de premier bord, je crois qu'il s'y trouve aussi bien que s'il était sur un vaisseau amiral.—Docteur, monsieur est l'*honorable* capitaine Howard, commandant le vaisseau de sa majesté *l'Antilope*. Je n'ai pas besoin de vous parler de son mérite remarquable, le grade auquel il a été élevé à son âge rend un témoignage suffisant sur ce point essentiel.

Il y avait dans les yeux de l'aumônier un air de surprise et même de stupeur lorsque son premier regard tomba sur ce prétendu rejeton d'une souche noble; mais l'expression en était moins frappante que ne l'avait été celle de l'individu qu'il avait devant lui, et elle dura encore moins long-temps. Il salua de nouveau, d'un air plein de douceur, et avec ce profond respect qu'une longue habitude fait naître même dans les esprits les mieux organisés quand on se trouve en contact avec la supériorité factice d'un rang héréditaire; mais il ne parut pas croire que l'occasion exigeât qu'il dît autre chose que la formule de compliment ordinaire. Le Corsaire se tourna d'un air calme vers son vieux compagnon, et continua l'entretien.

—Capitaine Bignall, dit-il en reprenant ces manières gracieuses qui lui convenaient si bien, mon devoir est de suivre vos mouvemens dans cette entrevue. Je vais maintenant retourner sur mon vaisseau, et si, comme je commence à le soupçonner, nous sommes sur ces mers pour la même mission, nous pouvons concerter à loisir un système de coopération, qui, étant convenablement mûri par votre expérience, pourra servir à nous conduire au but commun que nous avons en vue.

Considérablement adouci par cette concession faite à son âge et à son rang, le commandant du *Dard* pressa son hôte d'offres hospitalières, et termina ses civilités en l'invitant à venir partager un repas de marin un peu plus tard dans la journée. Le soi-disant Howard refusa poliment toutes les autres offres, mais il accepta la dernière invitation, et s'en fit un prétexte de plus pour retourner sur son vaisseau, afin de choisir ceux de ses officiers qu'il jugerait les plus dignes d'être admis au banquet qui lui était promis. Le vieux Bignall, officier d'un mérite réel, malgré son caractère brusque et bourru, avait servi trop long-temps dans l'indigence et presque dans l'obscurité pour ne pas éprouver quelques-uns des désirs de la nature humaine pour un avancement qu'il avait bien mérité sans jamais l'obtenir. Au milieu de toute son honnêteté naturelle et franche, il ne perdait donc pas de vue les moyens d'arriver à ce but important. Aussi n'est-il pas surprenant que la fin de son entrevue avec le fils supposé d'un champion tout puissant à la cour fût plus amicale que le commencement.

Le Corsaire fut reconduit de la cabine jusque sur le tillac avec force salutations, et avec toute l'apparence du moins d'une bienveillance renaissante. En arrivant sur le pont, ses yeux toujours en mouvement jetèrent à la hâte un regard méfiant et peut-être inquiet sur toutes les figures groupées autour du passe-avant, par lequel il allait quitter le vaisseau ; mais leur expression redevint sur-le-champ calme et même un peu hautaine afin de bien remplir son rôle dans la comédie qu'il lui plaisait de jouer en ce moment. Serrant alors avec cordialité la main du vieux et digne marin qui était complètement sa dupe, il toucha son chapeau pour saluer les officiers subalternes, avec un air moitié de hauteur, moitié de condescendance.

Il allait descendre dans la chaloupe, quand on vit l'aumônier dire à la hâte quelques mots à l'oreille de son capitaine. Celui-ci s'empressa aussitôt de rappeler son hôte qui partait, et le pria, avec une gravité inquiétante, de lui accorder encore un instant d'attention particulière. Se laissant conduire à part, le Corsaire resta debout entre l'aumônier et le capitaine, attendant leur bon plaisir avec un sang-froid qui, dans les circonstances où il se trouvait, faisait honneur à la fermeté de ses nerfs.

— Capitaine Howard, demanda Bignall, avez-vous un ecclésiastique sur votre bord ?

— J'en ai deux, monsieur.

— Deux ! Il est rare de trouver un prêtre surnuméraire sur un bâtiment de guerre. Mais je suppose qu'avec son crédit à la cour il pourrait avoir un évêque s'il le voulait, murmura-t-il entre ses dents. Vous êtes heureux en cela, jeune homme, puisque je dois à l'inclination plutôt qu'à l'usage la société de mon digne ami que voici. Cependant il désire particulièrement que je comprenne dans mon invitation votre révérend, ou pour mieux dire vos révérends aumôniers.

— Sur ma parole, vous aurez toute la théologie qui se trouve sur mon bord.

— Je crois n'avoir pas oublié de nommer particulièrement votre premier lieutenant.

— Oh ! mort ou vif, il sera bien certainement de la partie ! répondit le Corsaire avec une vivacité et une véhémence qui firent tressaillir de surprise ses deux auditeurs. Ce n'est point là l'*arche* qu'il vous faudrait pour vous reposer ; mais, tel qu'il est, il est entièrement à votre service. Et maintenant, je vous renouvelle mes adieux.

Saluant de nouveau, il s'avança, en reprenant son air délibéré, vers le passe-avant; et en descendant du vaisseau, ses yeux restèrent attachés sur les haliards du *Dard*, avec la même expression que ceux d'un petit-maître qui examine la coupe des vêtemens d'un nouveau débarqué de province. Le capitaine lui réitéra son invitation avec chaleur, et fit un geste de la main pour lui faire ses adieux momentanés, laissant ainsi, sans s'en douter, s'échapper de ses mains l'homme dont la capture lui aurait enfin valu cette promotion si différée, et qu'il désirait secrètement avec toute l'ardeur d'un espoir si souvent déçu.

CHAPITRE XXVIII.

« Qu'ils inventent des accusations contre moi, je leur opposerai mon honneur. »
SHAKSPEARE.

—Oui ! murmura le Corsaire avec une ironie amère, tandis que sa chaloupe passait sous la poupe du croiseur de la couronne; oui, moi et mes officiers nous goûterons à votre banquet, mais les mets seront de nature à ne pas plaire infiniment à ces esclaves soudoyés du roi. Ramez, mes amis, courage, ramez ; dans une heure vous aurez pour récompense tout ce qui se trouve dans les soutes de ce vieux fou.

Les avides flibustiers qui maniaient la rame purent à peine s'empêcher de pousser de grands cris de joie; ils ne furent retenus que par la nécessité de conserver cet air de modération que la politique exigeait encore, mais leur ardeur s'exprima en redoublant d'efforts pour faire avancer la pinasse. Une minute ensuite, nos aventuriers étaient tous en sûreté sous la protection des canons du *Dauphin.*

D'après les éclairs de fierté qui étincelaient dans les yeux du Corsaire lorsque son pied foula de nouveau le pont de son bâtiment, tout l'équipage conclut qu'on touchait au moment de quelque action importante. Il resta un instant sur le gaillard d'arrière, examinant avec une sorte de satisfaction et d'orgueil tout ce qui était soumis à ses ordres absolus ; puis, sans dire un mot à personne, il descendit brusquement dans sa cabine, soit qu'il oubliât qu'il l'avait cédée à d'autres, soit que, dans l'état d'exaltation de son esprit, il s'en inquiétât peu. Les dames, en raison des relations amicales qui semblaient régner entre les deux navires, s'étaient hasardées à sortir de leur retraite secrète, lorsqu'un coup soudain frappé sur le gong leur annonça non-seulement la présence du Corsaire, mais encore son humeur.

—Qu'on dise au premier lieutenant que je l'attends, dit-il d'un ton sévère à l'homme qui arriva pour prendre ses ordres.

Pendant le court espace de temps qui s'écoula avant qu'on eût pu obéir à cette injonction, le Corsaire sembla lutter contre une émotion qui l'étouffait. Mais, quand la porte de sa cabine s'ouvrit et que Wilder parut devant lui, l'observateur le plus soupçonneux et le plus pénétrant aurait cherché en vain quelque signe de la colère bouillante dont son cœur était véritablement transporté. En recouvrant son empire sur lui-même, il se souvint de la manière dont il venait d'entrer dans un lieu qu'il avait ordonné lui-même qu'on regardât comme privilégié. Ce fut alors que ses yeux cherchèrent les deux dames effrayées, et il se hâta de calmer la terreur qui n'était que trop visiblement empreinte sur leur physionomie, en leur adressant quelques mots d'excuse et d'explication.

—Pressé d'avoir une entrevue avec un ami, dit-il, je puis avoir oublié que j'ai chez moi des dames que je me fais un bonheur d'y recevoir, quoique je ne puisse leur faire qu'un accueil bien peu digne d'elles.

—Épargnez-vous les excuses, monsieur, dit Mrs Wyllys avec dignité. Et, pour que cette interruption ne nous surprenne pas, ayez la bonté d'agir ici en maître.

Le Corsaire pria les dames de s'asseoir; et ensuite, en homme qui semblait penser que l'occasion pouvait permettre de s'écarter un peu des formes d'usage, il fit signe à son lieutenant, avec un sourire gracieux, d'imiter leur exemple.

—Les ouvriers de sa majesté ont lancé sur l'océan de plus mauvais vaisseaux que *le Dard*, Wilder, dit-il avec un coup-d'œil expressif, comme pour l'avertir que l'intelligence de celui-ci devait suppléer à ce que ses paroles n'exprimeraient pas suffisamment; mais ses ministres auraient pu choisir un meilleur observateur pour lui en donner le commandement.

—Le capitaine Bignall a la réputation d'un brave et honnête homme.

—Oui, et il faut qu'il la mérite; car, ôtez-lui ces deux qualités, et ce qui lui restera est peu de chose. Il me donne à entendre qu'il est envoyé spécialement dans ces parages, en quête d'un navire dont nous avons tous entendu parler, soit en bien, soit en mal, —je veux dire le Corsaire Rouge!

Celui qui parlait ainsi vit, sans aucun doute, Mrs Wyllys tressaillir involontairement, et Gertrude saisir avec une émotion soudaine le bras de sa gouvernante; mais ses manières ne firent nullement connaître qu'il s'en fût aperçu. Son empire sur lui-même fut admirablement imité par son compagnon, qui répondit avec un calme que le soupçon n'aurait pu croire emprunté:

—Sa croisière sera hasardeuse, pour ne pas dire sans succès.

—Elle pourra être l'un et l'autre; et cependant il a grand espoir de réussir.

—Il partage peut-être l'erreur commune sur le caractère de l'homme qu'il cherche.

—En quoi se trompe-t-il?

—En supposant qu'il trouvera un pirate ordinaire, grossier, rapace, ignorant, inexorable, comme les autres....

—Quels autres, monsieur?

—J'allais dire les autres individus de sa classe; mais un marin comme celui dont nous parlons est à la tête de sa profession.

—Nous lui donnerons donc le nom sous lequel il est connu, monsieur Wilder, — celui de Corsaire. Mais, répondez-moi, n'est-il pas remarquable qu'un capitaine si âgé, si expérimenté, vienne croiser dans cette mer, presque déserte, pour chercher un navire que son métier doit conduire dans des parages plus fréquentés?

—Il peut l'avoir aperçu à travers les passages étroits qui séparent les îles, et avoir gouverné ensuite d'après la marche qu'il l'avait vu prendre.

—La chose est possible, répondit le Corsaire avec un air de profonde réflexion. Vos excellens marins savent calculer les chances des vents et des courans, aussi bien que l'oiseau trouve son chemin dans l'air; mais encore lui fallait-il la description du navire qu'il poursuit.

—Il est possible qu'il ait obtenu cette connaissance.

Tandis que Wilder faisait cette réponse, ses yeux se baissèrent malgré tous ses efforts, ne pouvant supporter le regard perçant qu'ils rencontrèrent.

Très possible, reprit le Corsaire. Dans le fait il m'a donné lieu de croire qu'il a un agent qui est dans les secrets de l'ennemi; il a été plus loin, car il me l'a positivement avoué, et il a reconnu que son espoir de succès dépendait du talent de cet individu et des informations qu'il en reçoit; car il a sans doute des moyens particuliers de communiquer ce qu'il apprend des mouvemens de ceux avec qui il sert.

—L'a-t-il nommé?

—Il l'a nommé.

—Et son nom?

—Henry Arche, autrement dit Wilder.

—Il est inutile de chercher à le nier, dit notre aventurier en se levant avec un air de fierté sous lequel il cherchait à cacher la sensation peu agréable qu'il éprouvait véritablement, je vois que vous me connaissez.

—Comme un traître, monsieur.

—Capitaine Heidegger, vous êtes en sûreté ici en vous servant de ces termes injurieux.

Le Corsaire fit un violent effort pour maîtriser la colère qui s'élevait en lui, et cet effort réussit, mais en faisant sortir de ses yeux en même temps des éclairs du mépris le plus amer.

—Vous communiquerez aussi ce fait à vos supérieurs, dit-il avec une ironie insultante. Vous leur direz que le monstre des mers, celui qui pille des pêcheurs sans défense, qui ravage des côtes sans protection, et qui fuit le pavillon du roi George, comme les autres serpens se réfugient dans leurs antres en entendant les pas de l'homme, peut dire sa façon de penser en sûreté, dans sa propre cabine, à la tête de cent cinquante flibustiers. Peut-être sait-il aussi qu'il respire dans l'atmosphère de femmes paisibles et amies de la paix.

Mais le premier mouvement de surprise de l'objet de ses sarcasmes était passé, et ni la colère ne pouvait le porter à répliquer avec aigreur, ni la frayeur le faire descendre aux prières. Croisant les bras avec calme, Wilder répondit simplement :

— J'ai couru ce risque afin de délivrer l'océan d'un fléau qui a déjoué toutes les autres tentatives faites pour l'exterminer. Je savais à quoi je m'exposais, et le sort qui m'attend ne me fera pas trembler.

— Fort bien, monsieur, répliqua le Corsaire en frappant de nouveau le gong avec un doigt qui semblait avoir le poids de toute la force d'un géant. Que le nègre et son compagnon soient mis aux fers, et qu'il ne leur soit permis, sous aucun prétexte, d'avoir aucune communication de vive voix, ou par signes, avec l'autre vaisseau.—Après le départ de l'agent de ses punitions, qui était arrivé au premier son d'appel qu'il connaissait parfaitement, il se retourna vers l'être ferme et immobile qui se tenait debout devant lui.—Monsieur Wilder, continua-t-il, la société dans laquelle vous vous êtes si traîtreusement insinué est soumise à une loi qui vous condamnerait, vous et vos misérables complices, à être suspendus à la grande vergue à l'instant où votre perfidie serait connue de mes gens. Je n'ai qu'à ouvrir cette porte et à proclamer la nature de votre trahison, pour vous abandonner à la tendre merci de mon équipage.

— Vous n'en ferez rien! non vous n'en ferez rien! s'écria à son côté une voix qui fit vibrer tous ses nerfs. Vous avez rompu tous les liens qui attachent l'homme à ses semblables, mais la cruauté n'est pas un sentiment inné dans votre cœur. Au nom des souvenirs des temps les plus heureux de votre jeunesse, au nom de la tendresse et de la pitié qui veillèrent sur votre enfance, au nom de cet être puissant qui sait tout et qui ne souffre pas qu'on arrache impunément un cheveu à l'innocent, je vous conjure de bien réfléchir avant de vous exposer à une si terrible responsabilité. Non, vous ne serez pas si cruel, vous ne pourriez, vous n'oseriez l'être!

— Quel destin nous réservait-il, à moi et à mes compagnons, lorsqu'il conçut ce projet perfide? demanda le Corsaire d'une voix rauque.

— Les lois de Dieu et celles des hommes sont pour lui, répondit la gouvernante, dont l'œil se baissa en rencontrant le regard sévère du Corsaire, qu'elle soutint avec intrépidité; c'est la raison qui vous parle par ma voix, et je sais que la merci plaide pour lui dans votre cœur. La cause, le motif justifient sa conduite, et la vôtre ne peut trouver d'excuses dans aucune des lois divines et humaines.

— C'est un langage bien hardi pour le faire entendre aux oreilles d'un pirate sanguinaire et sans remords, dit le Corsaire en regardant autour de lui avec un sourire de fierté qui semblait annoncer qu'il voyait clairement que celle qui lui parlait ainsi comptait trouver en lui un caractère diamétralement contraire à celui qu'il venait de se supposer.

— C'est le langage de la vérité, et des oreilles comme les vôtres ne peuvent y être sourdes, si...

Le Corsaire l'interrompit :—C'en est assez, madame, lui dit-il en étendant le bras vers elle avec un air de calme et de dignité, ma résolution a été prise dès le premier instant, et ni les remontrances, ni la crainte des suites qu'elle peut avoir, n'y changeront rien. Monsieur Wilder, vous êtes libre. Si vous ne m'avez pas servi aussi fidèlement que je l'espérais, vous m'avez donné, dans l'art de la physionomie, une leçon qui me rendra plus savant pour le reste de ma vie.

Wilder continuait à rester debout, humilié et condamné par sa propre conscience. Le déchirement de son ame se lisait aisément sur des traits qui ne cherchaient plus à se masquer d'artifice, et qui n'exprimaient que la honte et le chagrin le plus profond. Cependant sa lutte intérieure ne dura qu'un instant.

— Vous ne connaissez peut-être pas toute l'étendue de mon projet, capitaine Heidegger, dit-il; il embrassait la perte de votre vie, et la destruction ou la dispersion de votre équipage.

— C'était agir conformément aux usages établis parmi cette partie des hommes qui, étant investis du pouvoir, se plaisent à opprimer les autres. Partez, monsieur; allez à bord du vaisseau qui vous convient, je vous répète que vous êtes libre.

— Je ne puis vous quitter, capitaine Heidegger, sans un mot de justification.

— Quoi! le pirate poursuivi, dénoncé, condamné peut-il exiger une explication? Sa bonne opinion est-elle nécessaire à un vertueux serviteur de la couronne?

— Employez tous les termes de triomphe et de reproche qu'il

vous plaira, monsieur, dit Wilder en rougissant, vos discours ne peuvent m'offenser; cependant je ne voudrais pas vous quitter chargé de tout le mépris que vous croyez que je mérite.

— Parlez librement, monsieur ; vous êtes mon hôte à présent.

Quoique les repproches les plus piquans n'eussent pu blesser Wilder aussi profondément que cette conduite généreuse, il maîtrisa son émotion et se trouva en état de continuer.

— Je ne vous apprendrai sans doute rien de nouveau, dit-il, en vous disant que le bruit général a donné à votre conduite et à votre caractère une couleur qui n'est pas de nature à vous assurer l'estime des hommes.

— Vous pouvez trouver le loisir d'en rembrunir les teintes, s'écria le Corsaire, quoique sa voix, tremblante d'émotion, annonçât évidemment combien était sensible la blessure que lui faisait l'opinion du monde, qu'il affectait de mépriser.

— Si je suis obligé de parler, capitaine Heidegger, mes paroles seront celles de la vérité; mais est-il surprenant que, rempli d'ardeur pour un service que vous-même autrefois vous avez trouvé honorable, j'aie été disposé à risquer ma vie et même à prendre le masque de la duplicité pour exécuter un plan qui, s'il avait réussi, aurait été, non-seulement récompensé, mais généralement approuvé? Ce fut avec de tels sentimens que je me chargeai de cette entreprise; mais je prends le Ciel à témoin que votre confiance et votre franchise m'avaient à demi désarmé, presque avant que j'eusse mis le pied sur votre navire.

— Et cependant vous avez persisté.

— Je pouvais en avoir de puissantes raisons, répondit Wilder en jetant un regard presque involontaire sur les deux dames; je vous ai tenu ma parole à Newport, et si mes deux compagnons n'avaient pas été retenus sur votre navire, jamais je n'y aurais remis le pied.

— Je veux bien vous croire, jeune homme, et je pense que je pénètre vos motifs. Vous avez joué un jeu bien délicat, et, bien loin de regretter d'avoir perdu la partie, vous vous en applaudirez un jour. Partez, monsieur, une barque vous conduira à bord du *Dard*.

— Ne vous trompez pas vous-même, capitaine Heidegger; ne croyez pas qu'aucun acte de générosité de votre part puisse me fermer les yeux sur ce qu'exige mon devoir. Dès l'instant que je me trouverai en présence du commandant du vaisseau que vous venez de nommer, je lui apprendrai qui vous êtes.

— Je m'y attends.

— Et mon bras ne restera pas oisif pendant l'engagement qui doit en résulter. Je puis mourir ici, victime de ma méprise; mais aussitôt que je suis en liberté, je deviens votre ennemi.

— Wilder, s'écria le Corsaire en lui saisissant la main avec un sourire analogue à la singularité étrange de ce geste, nous aurions dû nous connaître plus tôt! Mais les regrets sont inutiles. Partez! Si mes gens venaient à apprendre la vérité, toutes mes remontrances seraient comme des paroles prononcées à voix basse au milieu d'un ouragan.

— Lorsque je vins à bord du *Dauphin*, je n'étais pas seul.

— N'est-ce donc pas assez, dit le Corsaire avec froideur et en reculant d'un pas, que je vous offre la liberté et la vie?

— De quelle utilité de malheureuses femmes sans forces, sans courage, peuvent-elles être à bord d'un navire dévoué aux aventures que cherche le *Dauphin*?

— Et dois-je donc être privé pour toujours de toute relation avec ce qu'il y a de mieux dans mon espèce? Partez, monsieur, et laissez-moi du moins l'image de la vertu, si je suis privé de sa substance.

— Capitaine Heidegger, dans la chaleur d'un sentiment louable vous m'avez fait une promesse en faveur de ces deux dames, et j'espère qu'elle partait du cœur.

— Je vous entends, monsieur; ce que je vous ai dit alors je ne l'ai pas oublié, je ne l'oublierai pas; mais où conduiriez-vous vos compagnes? Ne sont-elles pas aussi en sûreté ici que partout ailleurs sur la surface des mers? Dois-je être dépouillé de tout moyen de me faire des amis? Laissez-moi, monsieur, partez : pour peu que vous tardiez, la permission que je vous en donne pourrait ne plus vous être d'aucune utilité.

— Je n'abandonnerai jamais le dépôt dont je me suis chargé, répondit Wilder avec fermeté.

— Monsieur Wilder, ou je devrais plutôt, je crois, dire lieutenant Arche, répliqua le Corsaire, vous pouvez vous jouer de mes bonnes intentions jusqu'à ce qu'il soit trop tard pour vous d'en profiter.

— Faites de moi ce qu'il vous plaira : je meurs à mon poste, ou je pars avec celles que j'ai accompagnées ici.

— Monsieur, votre connaissance avec elles, cette connaissance dont vous êtes si fier n'est pas plus ancienne que la mienne. Comment savez-vous si elles préféreront votre protection ? Je me suis bien abusé et j'ai bien mal rempli mes intentions, si elles ont une seule plainte à faire depuis que je suis chargé de pourvoir à leurs besoins et à leur sûreté.—Parlez, belles dames, qui voulez-vous avoir pour protecteur ?

— Laissez-moi ! laissez-moi ! s'écria Gertrude en se couvrant les yeux de terreur, comme elle aurait évité le regard meurtrier d'un basilic, quand elle le vit approche d'elle avec un sourire insidieux. Oh ! si votre cœur est accessible à la pitié, permettez-nous de quitter votre vaisseau.

Malgré tout l'empire qu'exerçait en général sur tous les mouvemens de son ame l'être qui se voyait ainsi repoussé d'une manière si prompte et si décidée, tous ses efforts ne purent déguiser l'air de mortification profonde avec lequel il entendit le peu de mots que venait de lui adresser Gertrude. Un sourire glacial et forcé se peignit sur ses traits, tandis que, se tournant vers Mrs Wyllys, il murmura d'une voix qu'il s'efforçait en vain d'adoucir.

— J'ai acheté la haine de toute mon espèce, et le prix doit en être payé bien cher. — Madame, vous et votre aimable pupille vous êtes maîtresses de vos actions. Ce navire, cette cabine, sont à votre service; ou, si vous désirez les quitter, d'autres vous recevront.

— Notre sexe ne peut trouver de sûreté que sous la protection bienfaisante des lois, répondit Mrs Wyllys. Plût au Ciel...

— Il suffit, dit le Corsaire, vous accompagnerez votre ami. Ce navire ne sera pas plus vide que mon cœur quand vous m'aurez tous abandonné.

—Avez-vous appelé ? demanda une voix basse près de lui, d'un ton si doux et si plaintif, qu'il ne pouvait manquer d'arriver à son oreille.

—Roderick, répliqua-t-il à la hâte, vous trouverez de l'occupation sur ce pont. Laissez-nous, mon bon Roderick, laissez-moi quelques instans.

Comme s'il eût été pressé de terminer cette scène le plus promptement possible, il fit entendre un nouveau signal sur le gong, et donna ordre qu'on descendît Fid et le nègre dans une barque, où il fit transporter aussi le peu de bagage des deux dames. Dès que ces arrangemens préliminaires furent terminés, il offrit la main à la gouvernante avec une politesse étudiée, lui fit traverser le pont au milieu de son équipage étonné, et resta sur le bord de son navire jusqu'à ce qu'il la vît assise dans la pinasse avec Gertrude et Wilder. Deux matelots tenaient les rames, et le Corsaire ayant fait ses adieux en silence par un geste de la main, disparut aux yeux de celles qui avaient autant de peine à croire à leur délivrance qu'elles en avaient eu à croire à leur captivité.

Cependant la menace de l'intervention de l'équipage du *Dauphin* retentissait encore aux oreilles de Wilder. Il fit signe aux matelots de faire force de rames, et eut soin de manœuvrer de manière à mettre la barque le plus tôt possible à l'abri des canons des flibustiers. En passant sous la poupe du *Dauphin* il entendit qu'on hélait le *Dard*, et la voix forte du Corsaire traversa les eaux en s'adressant au commandant de ce dernier vaisseau.

— Je vous envoie une partie des convives que vous avez invités, s'écria-t-il, et entre autres tout ce que j'ai de *divin*[1] sur mon bord.

Le passage fut très court, et aucun des êtres qui venaient d'être rendus à la liberté n'avait eu le temps de recueillir ses pensées, quand vint le moment de monter sur le bord du croiseur de la couronne.

— Que le Ciel nous protège ! s'écria Bignall en apercevant des femmes dans la barque ; que le Ciel nous protège l'un et l'autre, ministre ! ce jeune écervelé nous envoie à bord une paire de cotillons ! Et voilà ce que l'impie réprouvé appelle ses divinités ! On peut aisément deviner où il a ramassé de pareilles créatures. Mais ne vous effarouchez pas, docteur ; vous savez qu'on peut oublier sans crime la robe qu'on porte quand on est sur cinq brasses d'eau.

Le sourire facétieux du vieux commandant du *Dard* prouvait qu'il était plus qu'à demi disposé à excuser la présomption audacieuse dont il croyait pouvoir accuser un officier d'un rang inférieur, donnant ainsi en quelque sorte à tous ceux qui l'entendaient une garantie qu'aucun scrupule déplacé ne nuirait à la gaîté de la réunion. Mais quand Gertrude, le visage encore en feu par suite de la scène qui venait de se passer, et qui brillait

---

[1] *Divine* en anglais signifie divin, mais aussi *théologien*, *prêtre*.—Éd.

d'une beauté qui tirait son plus bel éclat de son air d'innocence, se montra sur le pont, le vieux marin se frotta les yeux avec une surprise qui n'aurait pu être beaucoup plus grande, si un des êtres célestes que le Corsaire avait nommés était tombé du Ciel sur son bord.

— Le misérable n'a donc ni cœur ni ame, s'écria le digne marin; avoir perverti une créature si jeune et si aimable! — Eh! sur ma vie, voici mon lieutenant! Que veut dire ceci, monsieur Arche? le temps des miracles est-il revenu?

Une exclamation partit du fond du cœur de la gouvernante, et un cri étouffé et lugubre sortant des lèvres de l'aumônier pour y répondre, interrompirent les expressions de son indignation et de son étonnement.

— Capitaine Bignall, dit l'aumônier en lui montrant la dame qui pouvait à peine se soutenir en s'appuyant sur le bras de Wilder, sur ma vie vous vous méprenez sur le caractère de cette dame. Il y a plus de vingt ans que nous ne nous sommes vus; mais je puis garantir sur mon honneur qu'elle a droit à nos respects.

— Conduisez-moi dans la cabine, murmura Mrs Wyllys. Gertrude, ma chère amie, où sommes-nous? Menez-moi dans quelque endroit retiré.

On exécuta ses désirs, et ce petit groupe disparut aux yeux des spectateurs qui couvraient le pont. Arrivée dans la cabine, la gouvernante reprit en partie son empire sur elle-même, et ses yeux errans cherchèrent la physionomie douce et compatissante de l'aumônier.

— C'est une rencontre bien tardive et bien déchirante! dit-elle en appuyant ses lèvres sur la main qu'il lui présentait. Gertrude, vous voyez en monsieur le ministre par qui je fus unie autrefois à l'homme qui fit l'orgueil et le bonheur de mon existence.

— Ne pleurez pas sa perte, dit le révérend ministre en se penchant sur sa chaise avec un intérêt paternel; il vous fut retiré de bonne heure; mais il mourut comme tous ceux dont il était aimé auraient pu le désirer.

— Et personne ne resta pour transmettre à la postérité son nom glorieux et le souvenir de ses qualités! Dites-moi, mon bon Merton, la main de la Providence n'est-elle pas visible dans ce jugement? Ne dois-je pas m'humilier sous ce châtiment, que je n'ai que trop mérité en désobéissant à un père tendre, quoique trop rigoureux?

— Nul ne doit être assez présomptueux pour sonder les mystères de la juste Providence. Il nous suffit d'apprendre à nous soumettre à la volonté de celui qui gouverne, sans mettre en question sa justice.

— Mais, continua la gouvernante d'une voix étouffée, qui montrait combien était forte la tentation qu'elle éprouvait d'oublier la leçon qu'elle venait de recevoir, une seule vie ne pouvait-elle suffire? Devais-je être privée de tout en même temps?

— Réfléchissez, madame; tout ce qui est arrivé a été ordonné par une sagesse, et, comme je dois le croire, par une merci infinie.

— Vous avez raison. Je ne songerai plus à ces événemens funestes que pour m'en faire l'application. Et vous, digne et bon Merton, qu'êtes-vous devenu depuis le temps dont nous parlons?

— Je ne suis que l'humble et pauvre berger d'un troupeau peu soumis, répondit l'aumônier en soupirant. J'ai parcouru bien des mers éloignées, et vu dans mes voyages bien des visages nouveaux et des caractères qui l'étaient encore plus pour moi. Des Indes orientales je suis revenu depuis peu dans l'hémisphère où j'ai reçu le jour, et par permission de mes supérieurs je suis venu passer un mois sur le vaisseau d'un ancien compagnon; car l'amitié qui m'unit au capitaine Bignall remonte encore plus haut que la nôtre.

— Oui, oui, madame, répondit le digne Bignall qui n'avait pu se défendre d'un peu d'émotion pendant cette scène; il y a près d'un demi-siècle que le ministre et moi nous étions camarades d'école; et nous avons échangé bien des anciens souvenirs pendant cette croisière. Je me trouve heureux qu'une dame douée de qualités si estimables soit venue embellir encore notre réunion.

— Cette dame est la fille de feu le capitaine, et la veuve du fils de notre ancien commandant, le contre-amiral de Lacey, reprit à la hâte l'aumônier, comme s'il eût su qu'il pouvait compter sur l'honneur et les bonnes intentions de son ami, plus que sur sa discrétion.

— J'ai connu l'un et l'autre, et tous deux étaient pleins de bravoure et excellens marins. Madame était la bien venue comme votre amie, Merton; mais elle l'est doublement comme fille et comme veuve des deux officiers que vous venez de nommer.

— De Lacey! murmura une voix agitée à l'oreille de la gouvernante.

— La loi me donne le droit de porter ce nom, dit la dame que nous continuerons à désigner par le nom qu'elle avait pris, et en serrant contre son sein avec affection son élève tout en larmes, Le voile a été déchiré d'une manière inattendue, et je ne chercherai plus à me couvrir de mystère. Mon père était capitaine du vaisseau amiral. La nécessité l'obligea de me laisser dans la société de votre jeune parent plus souvent qu'il ne l'aurait fait s'il en avait prévu les conséquences. Mais je connaissais trop sa pauvreté et sa fierté pour oser le rendre l'arbitre de mon sort, lorsque mon imagination et mon défaut d'expérience me représentèrent l'alternative comme plus à craindre que sa colère même. Nous fûmes mariés secrètement par monsieur, et aucun de nos parens ne fut instruit de cette union. La mort...

La voix manqua à la veuve, et elle fit un signe à l'aumônier, comme pour le prier de continuer le récit.

— Monsieur de Lacey et son beau-père périrent dans la même action, un mois après la cérémonie, ajouta Merton d'une voix attendrie. — Vous-même, madame, vous n'avez jamais été instruite des tristes détails de leur mort. J'en fus le seul témoin, car ils furent tous deux confiés à mes soins au milieu de la confusion du combat. Leur sang se mêla, et votre père, en donnant sa bénédiction au jeune héros, ne se doutait pas qu'il la donnait à son gendre.

— Oh! j'ai trompé la noblesse de son ame, et que j'en ai été cruellement punie! s'écria la veuve repentante. — Dites-moi, Merton, a-t-il appris mon mariage avant de mourir?

— Non, madame. M. de Lacey mourut le premier, la tête placée sur la poitrine de votre père, qui l'avait toujours aimé comme un fils; mais d'autres pensées que des explications inutiles les occupaient en ce moment.

— Gertrude, dit la gouvernante avec l'accent du repentir, il n'y a de paix pour notre faible sexe que dans la soumission; il n'a de bonheur à espérer que par l'obéissance.

— Tout est fini à présent, dit Gertrude en pleurant; tout est fini et oublié. — Je suis votre enfant, — votre Gertrude, — la créature que vous avez formée.

— Harry Arche! s'écria Bignall après s'être éclairci la voix par un hem si vigoureux que le bruit s'en fit entendre jusque sur le pont. Et saisissant le bras de son lieutenant, qui semblait absorbé dans ses réflexions, il l'entraîna hors de la cabine, tout en lui disant : — A quoi diable songez-vous donc? Vous oubliez que, pendant tout ce temps, je ne connais pas plus vos aventures que le premier ministre de sa majesté ne se connaît en navigation. Comment se fait-il que vous arriviez ici d'un croiseur de la couronne, tandis que je vous croyais couvert du masque d'un flibustier à bord d'un pirate? et comment ce je ne sais quel noble rejeton se trouve-t-il à la tête d'un si bon équipage et d'un si beau vaisseau?

Wilder soupira profondément, en homme qui s'éveille d'un songe agréable, et se laissa entraîner sans résistance hors d'un lieu où il sentait qu'il aurait pu rester à jamais sans désirer d'en sortir.

CHAPITRE XXIX.

> « Qu'ils m'achèvent et qu'ils vendent mes os. »
> SHAKSPEARE. *Henri V*.

Le capitaine du *Dard* et son lieutenant encore distrait arrivèrent sur le gaillard d'arrière avant qu'aucun d'eux prît la parole. Le premier coup d'œil de Wilder fut pour chercher le vaisseau voisin, et son regard avait ce je ne sais quoi de vague et d'égaré qui semble annoncer une aliénation momentanée des facultés de l'esprit. Le navire Corsaire était encore en vue, montrant ses belles et admirables proportions. Mais au lieu d'être dans un état de repos, comme lorsqu'il l'avait quitté, les vergues de l'avant avaient été changées, et, le vent en gonflant les voiles, ce bâtiment majestueux commençait à se mouvoir sur les ondes, quoique avec lenteur. Il n'y avait pourtant dans ses manœuvres rien qui annonçât l'intention d'échapper à une poursuite. Au contraire, les voiles les plus hautes et les plus légères avaient été ferlées, et l'équipage s'occupait avec activité en ce moment à envoyer vers le pont les petits espars qui étaient absolument nécessaires pour étendre les voiles dont on aurait besoin pour faciliter la marche du navire. Wilder détourna les yeux de ce spectacle presque en frémissant, car il savait fort bien que ces préparatifs étaient ceux qu'ont coutume de faire des marins habiles, quand ils se préparent à un combat déterminé.

— Eh bien, dit Bignall d'un air mécontent, voilà votre marin courtisan ayant ses trois voiles de hunes déployées ainsi que celle de misaine, comme s'il avait déjà oublié qu'il doit dîner avec moi, et que son nom est à un bout de la liste des commandans, tandis que le mien est à l'autre; mais je suppose que nous le verrons revenir en temps convenable, quand son appétit l'avertira que l'heure du dîner est arrivée. Il pourrait bien aussi arborer son pavillon en présence d'un officier qui a sur lui le rang d'ancienneté; il ne dérogerait pas pour cela à sa noblesse. De par le ciel! Harry Arche, il manie ses vergues à ravir! Je vous garantis qu'il a sur son bord le fils de quelque brave homme qu'on lui a donné pour sévreuse sous la forme de premier lieutenant, et nous le verrons se donner de grands airs pendant tout le dîner, en nous disant: Comme mon vaisseau fait cette manœuvre! — et. — Je ne souffre jamais cela sur mon bord. — N'est-ce pas cela? Oui, oui, il a sous lui un excellent marin.

— Peu de personnes connaissent mieux notre profession que le capitaine de ce vaisseau, répondit Wilder.

— Comment diable! vous lui avez donc donné quelques leçons sur ce sujet, monsieur Arche? il a imité quelques-unes des manœuvres du *Dard*. Je pénètre un mystère aussi vite que tout autre.

— Je vous assure, capitaine Bignall, qu'on aurait grand tort de compter sur l'ignorance de cet homme extraordinaire.

— Oui, oui, je commence à deviner son caractère. Le jeune chien est un goguenard, il a voulu s'amuser aux dépens d'un marin de ce qu'il appelle la vieille école. Me trompé-je, monsieur? Cette croisière n'est pas la première qu'il fait sur l'eau salée?

— Il est presque l'enfant de la mer, car il y a passé plus de trente ans de sa vie.

— En cela, Harry Arche, il vous en a joliment revendu ; car il m'a dit lui-même qu'il n'aura que demain vingt-trois ans.

— Sur ma parole, monsieur il vous a trompé.

— J'en doute encore, monsieur Arche, c'est une tâche qu'il est plus aisé d'entreprendre que d'exécuter. Soixante-quatre ans ajoutent autant de poids à la tête d'un homme qu'à ses talons. Je puis avoir évalué trop bas les talens du jeune homme ; mais quant à son âge, je ne puis avoir fait une grande méprise. Mais où diable va-t-il donc? A-t-il besoin d'aller demander une bavette à mylady sa mère pour venir dîner à bord d'un vaisseau de guerre?

— Voyez! il s'éloigne véritablement de nous! s'écria Wilder avec une vivacité et un plaisir qui auraient donné des soupçons à un meilleur observateur que son commandant.

— Si je sais distinguer la poupe d'un navire de sa proue, ce que vous dites est vrai, répliqua le capitaine d'un ton un peu amer. Écoutez-moi, monsieur Arche, j'ai envie de donner à ce fat une leçon sur le respect qu'il doit à ses supérieurs, en lui faisant faire du chemin pour aiguiser son appétit. De par le ciel, je le ferai! et dans ses premières dépêches, il pourra rendre compte en Angleterre de cette manœuvre. Garnissez les vergues d'arrière, messieurs, garnissez-les. Puisque cet *honorable* jeune homme veut s'amuser à faire une course sur mer, il ne peut trouver mauvais que d'autres soient de même humeur.

Le lieutenant de quart, à qui cet ordre était adressé, obéit sur-le-champ, et une minute après le *Dard* commençait aussi à marcher, mais dans une direction opposée à celle que prenait alors le *Dauphin*. Le vieillard était enchanté du parti qu'il avait pris, et il montrait combien il était content de lui-même par son air de triomphe et de gaîté. Il était trop occupé de la manœuvre qu'il venait d'ordonner pour revenir sur-le-champ au sujet qui l'occupait un instant auparavant; et il ne songea à reprendre la conversation que lorsque les deux navires eurent laissé entre eux un espace d'eau assez considérable, chacun d'eux marchant constamment, quoique sans se presser, en sens opposé.

— Qu'il note cela sur son registre, monsieur Arche, s'écria le vieux marin irritable en revenant à l'endroit que Wilder n'avait pas quitté pendant tout ce temps; quoique mon cuisinier n'ait pas grand goût pour une grenouille, il faut qu'on vienne le chercher, si l'on veut juger de ses talens. De par le ciel! Harry, il aura de la besogne s'il entreprend de nous rejoindre.—Mais comment se fait-il que vous vous soyez trouvé sur son vaisseau? Vous ne m'avez encore rien dit de cette partie de votre croisière.

—J'ai fait naufrage, monsieur, depuis la dernière lettre que je vous ai écrite.

—Quoi! Davy Jones! est-il enfin en possession du *gentilhomme rouge*?

—Ce malheur est arrivé à un bâtiment de Bristol, à bord duquel j'avais été placé comme une sorte de maître de prise.—Il continue bien certainement à marcher lentement vers le nord!

—Qu'il marche comme il voudra le jeune fat! il en aura meilleur appétit pour souper.—Et ainsi vous avez été recueilli par le vaisseau de sa majesté *l'Antilope*. Oui, oui, je vois toute l'affaire. Donnez seulement à un vieux chien de mer sa route et une boussole, et il saura entrer dans le port pendant la nuit la plus obscure.

—Mais comment se fait-il que ce M. Howard ait affecté de ne pas connaître votre nom, monsieur, quand il l'a vu sur le rôle de mes officiers?

—Ne pas le connaître! A-t-il paru ne pas le connaître? Peut-être...

—N'en dites pas plus! mon brave Harry, n'en dites pas plus! s'écria le commandant. J'ai éprouvé moi-même de semblables mortifications. Mais nous sommes au-dessus d'eux, monsieur, fort au-dessus d'eux et de leur impertinence. Personne ne doit rougir d'avoir gagné sa commission comme vous et moi nous l'avons fait pendant le calme et la tempête. Morbleu! Harry, j'ai nourri une semaine entière un de ces champignons, et quand je l'ai rencontré dans les rues de Londres, je l'ai vu tourner la tête de l'autre côté pour regarder une église, de manière à faire croire à un homme simple qu'il savait pourquoi on l'avait bâtie. N'y pensez plus, Harry; j'ai éprouvé leur insolence encore plus que vous, soyez-en bien sûr.

—Je n'étais connu sur ce vaisseau, ajouta Wilder en faisant un effort sur lui-même, que sous le nom que j'avais emprunté. Ces

---

(¹) L'Esprit de la mer,—Neptune,—Expression badine des marins anglais.—Ed.

dames, compagnes de mon naufrage, ne m'en connaissent même pas d'autre..

— Ah! c'était prudent; et, après tout, ce jeune homme ne feignait donc point par orgueil de ne pas vous connaître.— Ah! maître Fid, vous êtes le bien-venu de retour à bord du *Dard*.

— C'est ce que j'ai déjà pris la liberté de me dire moi-même, votre honneur, répondit le matelot occupé près des deux officiers d'une manière qui semblait attirer leur attention. C'est un excellent navire que celui que nous voyons là-bas, et il a un fameux commandant et un vigoureux équipage; mais quant à moi, ayant une réputation à perdre, j'aime mieux faire voile sur un vaisseau qui peut montrer sa commission quand on la lui demande convenablement.

Wilder rougit et pâlit successivement, comme on voit, dans la soirée, le firmament s'orner de couleurs qui changent de nuance à chaque instant, et ses yeux se tournèrent de tous côtés, à l'exception de celui où il aurait rencontré les regards étonnés de son vieil ami.

— Je ne suis pas sûr de bien comprendre ce que veut dire ce drôle, monsieur Arche, dit le capitaine. Tout officier, depuis le capitaine jusqu'au contre-maître, sur les flottes du roi, c'est-à-dire tout homme de bon sens, porte avec lui la commission qui l'autorise à agir sur mer, sans quoi il pourrait se trouver dans une position aussi embarrassante que celle d'un pirate.

— C'est justement ce que je disais, monsieur, reprid Fid; mais votre honneur a été à l'école et a plus d'expérience, et c'est ce qui fait que vous avez une meilleure cargaison de paroles. Guinée et moi nous avons souvent raisonné à ce sujet, et cela nous a fait faire plus d'une fois des réflexions sérieuses, capitaine Bignall. Supposez, disais-je au noiraud, qu'un des croiseurs de sa majesté vînt à rencontrer ce vaisseau, et qu'on en vînt à une canonnade, disais-je, que pourraient faire deux hommes comme nous dans une pareille aubaine?— Eh bien! dit le nègre, nous servir nos canons à côté de maître Harry, dit-il; et je n'eus rien à opposer à cela; mais, sauf son respect et celui de votre honneur, je pris la liberté d'ajouter que, dans ma pauvre opinion, il serait beaucoup plus agréable d'être tué à bord d'un vaisseau du roi que sur le pont d'un boucanier.

— D'un boucanier! répéta le commandant en ouvrant en même temps les yeux et la bouche.

— Capitaine Bignall, dit Wilder, je puis avoir commis une faute qui n'admet pas de pardon, en gardant si long-temps le silence; mais quand vous entendrez mon récit, vous y trouverez quelques incidens qui seront mon excuse. Le navire que vous voyez est celui du fameux Corsaire Rouge. Écoutez-moi, je vous en conjure par toutes les bontés que vous avez eues pour moi si long-temps, et vous me blâmerez ensuite si vous le jugez à propos.

Les paroles de Wilder, jointes à son air mâle et sérieux, retinrent le sentiment d'indignation qui s'élevait dans l'ame du vétéran irritable. Il écouta gravement et avec attention le récit que son lieutenant se hâta de lui faire avec autant de précision que de clarté, et avant que celui-ci eût fini de parler, il était plus d'à moitié dans les sentimens de gratitude et certainement de générosité qui avaient inspiré au jeune marin tant de répugnance à faire connaître le véritable caractère d'un homme qui en avait agi si loyalement avec lui. Quelques exclamations de surprise interrompirent de temps en temps la narration; mais au total Bignall réprima son impatience d'une manière très remarquable pour un homme de son caractère.

— Cela est vraiment merveilleux! s'écria-t-il quand Wilder eut fini son histoire; et c'est bien dommage qu'un si grand homme soit un si grand coquin. Mais malgré tout cela, Harry, nous ne pouvons souffrir qu'il nous échappe; notre loyauté et notre religion nous le défendent. Il faut virer de bord et lui donner la chasse; et si de belles paroles ne peuvent le mettre à la raison, je ne vois d'autre remède que d'en venir aux coups.

— Je crois que nous ne ferons en cela que notre devoir, monsieur, dit le jeune homme en soupirant.

— C'est un cas de conscience. Et ainsi le jeune bavard qu'il m'a envoyé n'est pas capitaine, après tout. Cependant il avait l'air et les manières d'un gentilhomme; il est impossible de me tromper à cet égard. Je réponds que c'est quelque jeune réprouvé de bonne famille; sans quoi il n'aurait jamais pu si bien jouer la fatuité. Il faut tâcher de garder le secret sur son nom, monsieur Arche, afin de ne pas déshonorer sa famille. Nos colonnes aristocratiques, quoique un peu dégradées et détériorées, sont pourtant encore les piliers du trône, et il ne nous convient pas de permettre à des yeux vulgaires de s'apercevoir de leur peu de solidité!

— L'individu qui est venu sur *le Dard* était le Corsaire lui-même.

— Quoi ! le Corsaire Rouge sur mon bord et en ma propre présence ! s'écria le vieux marin avec une sorte d'honnête horreur. — Vous voulez, monsieur, vous jouer de ma crédulité.

— J'oublierais toutes les obligations que je vous ai, si je pouvais me permettre une telle hardiesse. Je vous proteste solennellement que c'était le Corsaire en personne.

— Cela est inconcevable, extraordinaire, miraculeux ! son déguisement était parfait, j'en dois convenir, puisqu'il a pu tromper un si bon physionomiste. Je n'ai pas vu ses grosses moustaches, monsieur ; je n'ai pas entendu sa voix brutale ; je n'ai aperçu en lui aucune de ces difformités monstrueuses qui le rendent remarquable, comme on le dit généralement.

— C'est que ce ne sont que des embellissemens ajoutés à son histoire par des bruits populaires, monsieur. En fait de vices, je crains que les plus grands et les plus dangereux soient souvent cachés sous l'extérieur le plus agréable.

— Mais ce n'est pas même un homme de grande taille, monsieur.

— Son corps n'est pas grand, mais il renferme l'ame d'un géant.

— Et croyez-vous, monsieur Arche, que ce navire soit celui avec lequel nous avons eu une affaire dans l'équinoxe de mars ?

— J'en suis certain.

— Écoutez, Harry, par égard pour vous j'agirai généreusement envers le coquin. Il m'a échappé une fois, grace à la chute de mon mât de hune et du mauvais temps, mais nous avons aujourd'hui une belle mer et une bonne brise sur laquelle on peut compter. Le vaisseau est donc à moi dès que je le voudrai, car il ne paraît pas avoir une intention sérieuse de fuir.

— Je crains qu'il ne l'ait pas, dit Wilder trahissant ses désirs par ses paroles, sans s'en apercevoir.

— Il ne peut nous combattre avec le moindre espoir de succès, et, comme il paraît être un personnage tout différent de ce que je le supposais, nous essaierons ce que pourra faire une négociation. Vous chargerez-vous de lui porter mes propositions ? Cependant il pourrait se repentir de sa générosité, et alors vous seriez exposé...

— Je garantis sa bonne foi, s'écria Wilder avec vivacité. Faites tirer un coup de canon sous le vent. Songez, monsieur, que tous nos signaux doivent être pacifiques. Faites arborer sur le grand mât un pavillon parlementaire, et je m'exposerai à tous les dangers pour le rendre à la société.

— De par le ciel! ce serait du moins agir en chrétien, dit le commandant après un moment de réflexion; et, quoique notre succès puisse nous faire perdre les honneurs de la chevalerie en ce monde, nous n'en obtiendrons peut-être qu'une meilleure cabine là-haut.

Dès que le capitaine du *Dard*, qui avait le cœur excellent, quoique la tête un peu fantasque, et son lieutenant Henry Arché furent décidés à cette mesure, tous deux s'occupèrent sérieusement des moyens d'en assurer le succès. Le gouvernail du vaisseau fut mis sous le vent, et, tandis que sa proue tournait pour prendre le vent, une nappe de flamme sortit du sabord d'avant, envoyant à travers les ondes l'avis pacifique d'usage, que ceux qui gouvernaient les mouvemens du vaisseau désiraient se mettre en communication avec les maîtres de celui qui était en vue. Au même instant un petit pavillon blanc fut déployé au haut de tous les mâts, et le pavillon de l'Angleterre fut abaissé du pic. Une demi-minute d'inquiétude profonde succéda à ces signaux dans le cœur de ceux qui les avaient ordonnés; leur incertitude ne dura pourtant pas long-temps. Le vent poussa en avant un nuage de fumée partant du navire du Corsaire, et le bruit de l'explosion du coup de canon qui répondait au leur arriva sourdement à leurs oreilles. On vit flotter un pavillon semblable au leur, comme une colombe étendant ses ailes tout en haut de ses mâts; mais nul emblème d'aucune espèce ne faisait voir les couleurs qui annoncent ordinairement à quelle nation appartient un croiseur.

— Le drôle est assez modeste pour ne pas arborer de pavillon en notre présence, dit Bignall faisant remarquer cette circonstance à son compagnon comme étant d'un augure favorable à leur succès. Nous avancerons vers lui jusqu'à ce que nous soyons à une distance raisonnable, et alors vous prendrez la chaloupe.

En conséquence de cette détermination, *le Dard* vira de bord, et l'on déploya plusieurs voiles pour en accélérer la marche. Quand on fut à demi-portée de canon, Wilder représenta à son officier supérieur qu'il était convenable de ne pas avancer davantage pour éviter toute apparence d'hostilité. On mit en mer une chaloupe à l'instant même, on y fit descendre des rameurs, on plaça un pavillon parlementaire sur la proue, et l'on vint annoncer que tout était prêt pour recevoir le porteur du message.

— Vous pouvez lui montrer cet état de nos forces, monsieur Arche; comme c'est un homme raisonnable, il reconnaîtra l'avantage que nous avons sur lui, dit le capitaine après avoir épuisé ses instructions multipliées et plusieurs fois répétées. Je crois que vous pouvez aller jusqu'à lui promettre amnistie pour le passé, pourvu qu'il acccepte mes conditions; mais, dans tous les cas, vous lui direz que toute mon influence sera employée pour obtenir un plein pardon, au moins pour lui. Que Dieu vous protége! Harry. — Ayez soin de ne lui rien dire des avaries que nous avons essuyées dans notre affaire de mars dernier, car.... oui.... le vent de l'équinoxe était furieux à cette époque. Adieu; puissiez-vous réussir!

La chaloupe s'éloigna du vaisseau comme il finissait de parler, et, au bout de quelques instans, Wilder était hors de portée de recevoir de nouveaux avis. Notre aventurier eut assez de temps pour réfléchir à la situation extraordinaire dans laquelle il se trouvait, pendant le trajet qu'il avait à faire pour arriver à l'autre navire. Une ou deux fois son esprit fut agité d'un léger mouvement d'inquiétude et de méfiance, et il ne savait trop si la démarche qu'il faisait était bien prudente; mais le souvenir de l'élévation d'ame de l'homme entre les mains duquel il allait se confier, se présenta toujours à lui assez à temps pour empêcher ses appréhensions de prendre le dessus.

Malgré sa position délicate, cet intérêt, marque caractéristique de sa profession, et qui s'endort rarement dans le cœur d'un vrai marin, se trouva encore plus fortement stimulé à mesure qu'il approchait du vaisseau du Corsaire. La symétrie parfaite de tous ses agrès, les mouvemens gracieux du navire, qui suivait comme un oiseau de mer les longues et régulières ondulations des vagues; ses grands mâts s'inclinant avec grace, et se dessinant sur l'azur du firmament entrelacés par une multitude de cordages compliqués, n'échappèrent pas à des yeux qui savaient apprécier l'ordre et l'ensemble d'un vaisseau aussi bien qu'en admirer la beauté. Il existe un goût exquis et parfait que le marin prend en étudiant une machine dont il n'est personne qui ne fasse l'éloge, et on pourrait le comparer au tact que l'artiste acquiert en contemplant de près et long-temps les plus beaux monumens de l'antiquité. Ce goût lui apprend à découvrir ces imperfections que des yeux moins instruits ne pourraient apercevoir, et il ajoute au plaisir avec lequel on regarde un vaisseau en mer, en plaçant les jouissances de l'esprit sur le même niveau que celles des sens. Ce charme puissant, incompréhensible pour l'habitant des terres, forme le lien secret qui attache si étroitement le marin à son navire; qui le porte souvent à en estimer les qualités, comme on apprécie les vertus d'un ami, et qui le rend presque aussi amoureux des belles proportions de son vaisseau que de celles de sa maîtresse. Les hommes d'une autre profession peuvent accorder leur admiration à différens objets, mais jamais elle ne peut approcher de l'affection que le marin conçoit avec le temps pour son vaisseau. C'est son domicile, le sujet d'un intérêt constant et quelquefois pénible, son tabernacle, et souvent la source de son orgueil et de son triomphe. Suivant que son navire trompe ou satisfait son attente dans sa marche ou dans le combat, au milieu des écueils ou des ouragans, il lui attribue des qualités ou des défauts qui, dans le fait, proviennent plus souvent de la science ou de l'incapacité de ceux qui le gouvernent, que des matériaux dont il est formé et de leur assemblage. En un mot, c'est le vaisseau lui-même qui, aux yeux d'un marin, emporte les lauriers du triomphe, ou est chargé de l'ignominie de la défaite; et lorsque le contraire arrive, ce résultat n'est regardé que comme un hasard extraordinaire, une exception rare qui ne prouve rien contre la règle générale.

Sans être aussi profondément imbu de cette crédulité superstitieuse que les subalternes de sa profession, Wilder était vivement pénétré de tous les sentimens habituels au marin. Il les éprouvait tellement en cette occasion, qu'il oublia un moment la nature critique de sa mission, lorsqu'il se trouva à portée de mieux voir un navire qui pouvait avec justice passer pour une des merveilles de l'océan.

—Laissez vos rames en repos, camarades, dit-il aux matelots, laissez-les en repos.— Dites-moi, maître Fid, avez-vous jamais vu des mâts plus magnifiquement alignées, des voiles arrangées avec plus d'élégance et de propreté?

Fid, qui tenait la rame d'avant sur la pinasse, tourna la tête sur son épaule, et poussant contre une de ses joues une chique de tabac qui semblait une bourre placée à côté d'un canon, il ne se fit pas presser pour répondre dans une occasion où on lui demandait si directement son avis.

— Peu m'importe qui l'entendra, dit-il, car, que les mains qui y travaillent soient celles d'honnêtes gens ou de coquins, je n'avais pas été cinq minutes sur le gaillard d'avant du *Dard*, que je dis à mes camarades qu'ils pourraient passer un mois à Spithead sans avoir des voiles si légères et si faciles à manier que celles de ce voltigeur. Ses haubans et ses étais sont aussi minces que la taille de Nell Dale quand les cordages de son corset ont été bien serrés, et toutes ses poulies, placées juste à la distance convenable les unes des autres, sont comme les yeux de la chère enfant sur un visage qui fait plaisir à voir. Ce garant que vous voyez là a été posé par la main d'un certain Richard Fid, et la moque du grand étai est l'ouvrage de Guinée que voici, et, considérant que c'est un nègre, je dis qu'on ne peut rien désirer de mieux.

— C'est un bâtiment magnifique dans toutes ses parties, dit Wilder en reprenant longuement haleine. Mais allons, ramez, camarades, ramez ; croyez-vous que je sois venu ici pour sonder la profondeur de l'océan ?

Les rameurs se hâtèrent de se remettre à leur tâche à la voix pressante de leur commandant, et une minute après, la chaloupe était à côté du vaisseau. Les regards farouches et menaçans que Wilder rencontra, dès qu'il eut mis le pied sur le pont, furent cause qu'il s'arrêta un instant ; mais la présence du Corsaire lui-même, debout sur le gaillard d'arrière, avec l'air imposant d'autorité qui lui était particulier, l'encouragea à continuer sa marche, après un instant d'hésitation qui fut trop court pour être remarqué. Il allait ouvrir la bouche, quand un signe du Corsaire le décida à garder le silence jusqu'à ce qu'ils fussent tous deux descendus dans la cabine.

— Il court des soupçons parmi mes gens, monsieur Arche, dit le Corsaire, quand ils y furent arrivés, en appuyant d'une manière marquée sur le nom qu'il lui donnait. Ces soupçons se propagent parmi eux, quoiqu'ils sachent à peine encore ce qu'ils doivent croire. Les manœuvres de nos deux vaisseaux n'ont pas été telles qu'ils ont coutume d'en voir ; et les voix ne manquent pas pour chuchoter aux oreilles des autres des choses qui ne sont pas favorables à vos intérêts. Vous avez eu tort, monsieur, de vous remontrer ici.

— J'y suis venu par ordre de mon commandant, et sous la protection d'un pavillon parlementaire.

— Nous ne sommes pas très forts en raisonnemens sur les distinctions légales du monde, et nous pourrions nous méprendre sur les priviléges du nouveau caractère sous lequel vous arrivez. Mais, ajouta-t-il sur-le-champ avec un air de dignité, si vous êtes porteur d'un message, je puis présumer qu'il est pour moi?

— Et pour nul autre. — Nous ne sommes pas seuls, capitaine Heidegger.

— Ne faites pas attention à cet enfant; il est sourd quand je le veux.

— Je désirais ne communiquer qu'à vous seul les offres que j'ai à vous faire.

— Je vous dis que Roderick n'a pas plus d'oreilles que ce mât, répliqua le Corsaire avec calme, mais d'un ton décidé.

— Il faut donc que je parle à tout risque. Le commandant de ce vaisseau, porteur d'une commission de sa majesté Gerge II, notre maître, m'a ordonné de soumettre à vos réflexions les propositions suivantes : sous la condition que vous lui rendrez ce navire avec tous ses approvisionnemens, toute son artillerie et toutes ses munitions, sans en rien avarirer, il se contentera de prendre en otages dix hommes de votre équipage, tirés au sort, vous et un de vos officiers ; il recevra les autres au service de sa majesté, on leur permettra de se disperser pour se livrer à quelque occupation plus honorable, et, comme le prouve l'événement, moins dangereuse.

— C'est une générosité de prince ! Je devrais m'agenouiller et baiser la terre devant celui dont la bouche prononce de telles paroles de merci !

— Je ne fais que répéter celles de mon officier supérieur. Quant à vous personnellement, il promet en outre d'employer tout son crédit pour vous obtenir un plein pardon, à condition que vous abandonnerez la mer, et que vous renoncerez pour toujours au nom d'Anglais.

— Cette dernière condition est facile à remplir ; mais puis-je savoir pour quelle raison il montre tant d'indulgence pour un homme dont le nom a été proscrit depuis si longtemps ?

— Le capitaine Bignall a appris la manière généreuse avec laquelle vous avez traité un de ses officiers, et la délicatesse de vos procédés à l'égard de la veuve et de la fille de deux de ses anciens frères d'armes ; et il convient que le bruit public n'a pas rendu justice complète à votre caractère.

Un effort presque surnaturel arrêta le sourire de triomphe qui cherchait à paraître sur les traits du Corsaire. Il réussit pourtant à conserver une physionomie calme et imperturbable.

— Il a été trompé, monsieur, dit-il avec froideur, comme s'il eût voulu encourager Wilder à continuer.

— Il est très disposé à en convenir. La connaissance de cette erreur générale, donnée aux autorités compétentes, aura du poids pour vous obtenir l'amnistie qu'il vous promet pour le passé, et, comme il l'espère, pour vous ouvrir une perspective plus brillante dans l'avenir.

— Et n'a-t-il à faire valoir d'autre motif que son bon plaisir, pour que je me décide à changer si complétement toutes mes habitudes; pour que j'abandonne un élément qui m'est devenu aussi nécessaire que l'air que je respire; et surtout pour que je renonce au privilége si vanté de porter le nom d'Anglais?

— Il y en a d'autres. Ce tableau de ses forces, que vous êtes libre d'examiner de vos propres yeux, si vous le désirez, doit vous convaincre que toute résistance serait inutile, et vous déterminera, à ce qu'il croit, à accepter ses offres.

— Et quelle est votre opinion? demanda le Corsaire avec un sourire expressif, et avec une emphase bien marquée, en avançant la main pour prendre la pièce qui lui était offerte. Mais pardon, ajouta-t-il à la hâte, en prenant l'air de gravité qu'il remarquait en son compagnon, je vous parle avec légèreté, quand le moment exige le plus grand sérieux.

L'œil du Corsaire parcourut rapidement le papier qu'il tenait en main, s'arrêtant deux ou trois fois, en donnant un léger signe d'intérêt, sur quelques endroits particuliers qui semblaient mériter plus d'attention.

— Vous reconnaissez notre supériorité de forces; vous la trouvez telle que je vous avais déjà donné lieu de la croire? demanda Wilder, quand son compagnon eut fini sa lecture.

— J'en conviens.

— Et puis-je maintenant vous demander votre réponse aux propositions du capitaine Bignall?

— Dites-moi d'abord ce que me conseille votre propre cœur. Ces propositions ne sont que le langage d'un autre.

— Capitaine Heidegger, répondit Wilder en rougissant, je ne chercherai pas à vous cacher que, si ce message n'eût dépendu que de moi, il aurait pu être conçu en termes différens. Mais, en homme qui conserve profondément le souvenir de votre générosité; en homme qui ne voudrait pas porter même un ennemi à commettre un acte déshonorant, je vous presse fortement d'accepter les conditions qui vous sont offertes. Vous me pardonnerez si je vous dis que, par suite des relations que j'ai eues avec vous, j'ai lieu de croire que vous vous apercevez déjà que ni la réputation que vous pouviez désirer d'acquérir, ni le contentement qui est le but des souhaits de tous les hommes, ne peuvent se trouver dans la carrière que vous suivez.

— Je n'avais pas cru avoir sur mon bord, en monsieur Wilder, un casuiste aussi profond. — N'avez-vous rien de plus à me dire?

— Rien, répondit l'envoyé du *Dard* avec un accent de tristesse et de désappointement.

— Si, si, il a encore quelque chose à vous dire, s'écria une voix basse, mais pleine de ferveur, à côté du Corsaire, et qui laissait échapper ces paroles plutôt qu'elle ne les prononçait; il ne vous a pas encore dit la moitié de ce qu'il doit vous dire, ou il a cruellement oublié une mission sacrée.

— Cet enfant rêve souvent tout éveillé, dit le Corsaire en souriant d'un air inquiet et égaré. Il donne quelquefois une forme à ses pensées insignifiantes, en les revêtant de paroles.

— Mes pensées ne sont pas insignifiantes, reprit Roderick d'une voix plus haute et d'un ton beaucoup plus hardi. Si vous prenez intérêt à sa paix et à son bonheur, monsieur Wilder, ne le quittez pas encore. Parlez-lui de son nom illustre et honorable, de sa jeunesse, de cet être doux et vertueux qu'il aima si passionnément autrefois, et dont il chérit même encore à présent la mémoire. Parlez-lui de tout cela comme vous êtes en état de parler, et je vous réponds sur ma vie qu'il n'aura ni l'oreille sourde, ni le cœur endurci.

— Cet enfant est fou.

— Je ne suis pas fou, ou, si je le suis, je le suis devenu par suite des crimes ou des dangers de ceux que j'aime. — O monsieur Wilder, ne le quittez pas! Depuis que vous êtes venu parmi nous, il ressemble plus qu'auparavant à ce que je sais qu'il était autrefois. Reprenez ce tableau de vos forces; vous avez fait une faute en le lui montrant; les menaces ne servent qu'à l'endurcir : donnez-lui des avis comme ami, mais n'attendez rien de lui comme ministre de vengeance. Vous ne connaissez pas son carac-

tère terrible, où vous n'essaieriez pas d'arrêter un torrent.
— Allons, allons, parlez-lui !

— Voyez ! son œil commence déjà à devenir plus doux.

—C'est de pitié de voir comme ta raison s'égare, Roderick.

—Si elle ne s'était jamais égarée plus qu'en ce moment, Walter, il ne faudrait pas un tiers pour parler entre vous et moi ; vous feriez plus d'attention à mes paroles, et ma voix serait assez forte pour se faire entendre.—Pourquoi êtes-vous muet, monsieur Wilder? Un seul mot heureux pourrait le sauver en ce moment.

—Wilder, cet enfant s'est laissé effrayer par le nombre de vos canons et de votre équipage ; il craint le courroux de votre maître royal. Donnez-lui une place dans votre chaloupe, et recommandez-le à la merci de votre capitaine.

—Non, s'écria Roderick, je ne vous quitterai pas ; je ne veux ni ne puis vous quitter. Que me reste-t-il en ce monde, si ce n'est vous ?

— Oui, continua le Corsaire dont l'air de calme forcé avait fait place à une expression de mélancolie et de réflexion profonde ; ce sera le meilleur parti. Prenez ce sac d'or, Wilder, et recommandez ce jeune homme aux soins de cette femme admirable qui veille déjà sur un être à peine moins faible, quoique peut-être moins...

—Coupable, s'écria Roderick ; prononcez ce mot hardiment, Walter ; je sais que j'ai mérité cette épithète, et je saurai l'entendre.—Voyez, ajouta-t-il en prenant le sac pesant qui avait été placé devant Wilder, et en le levant au-dessus de sa tête avec un air de dédain, je puis jeter cet or avec mépris, mais le lien qui m'attache à vous ne sera jamais rompu.

En parlant ainsi, Roderick s'approcha d'une fenêtre de la cabine qui était ouverte ; on entendit le bruit d'un corps pesant tombant dans la mer, et un trésor assez considérable pour satisfaire des désirs modérés fut à jamais perdu pour les êtres qui lui avaient assigné sa valeur. Le lieutenant du *Dard* se tourna à la hâte vers le Corsaire pour tâcher de désarmer sa colère, mais il ne vit sur les traits de ce chef de pirates aucune autre émotion que celle d'une pitié qui se laissait apercevoir à travers un sourire calme et imperturbable.

— Roderick serait un trésorier peu sûr, dit-il ; cependant il n'est pas trop tard pour le rendre à ses amis. La perte de l'or peut se réparer; mais s'il arrivait quelque accident sérieux à ce jeune homme, je ne retrouverais jamais ma tranquillité d'esprit.

— Gardez-le donc près de vous, murmura Roderick dont la véhémence paraissait être épuisée. Partez, monsieur Wilder! partez! Un plus long séjour serait sans utilité.

— Je le crains, répondit notre aventurier qui, pendant le dialogue qui précède, n'avait pas cessé d'avoir les yeux fixés avec commisération sur la physionomie du jeune homme ; je le crains beaucoup. — Puisque je suis venu ici comme messager d'un autre, capitaine Heidegger, c'est à vous à me dicter la réponse que je dois faire aux propositions que je vous ai transmises.

Le Corsaire le prit par le bras et le conduisit dans une position d'où ils pouvaient voir tout l'extérieur du navire. Lui montrant alors ses mâts, et lui faisant remarquer le peu de voiles qui étaient déployées, il se borna à lui dire : — Monsieur, vous êtes marin, et cette vue doit suffire pour vous faire juger de mes intentions. Je ne chercherai, ni n'éviterai votre croiseur si vanté du roi George.

CHAPITRE XXX.

« Amenez-moi ce scélérat face à face ; placez-le à portée de mon épée : s'il m'échappe que le ciel lui pardonne aussi. »
SHAKSPEARE. *Macbeth.*

— Vous m'apportez la soumission du pirate? il accepte mes offres avec reconnaissance? s'écria le commandant du *Dard,* sans douter un instant du succès de la négociation, dès que son ambassadeur eut placé le pied sur son bord.

—Je n'apporte qu'un refus, capitaine.

—Lui avez-vous montré l'état de mes forces? demanda Bignall, qui ne s'attendait pas à cette réponse. Vous n'avez sûrement pas oublié, monsieur Arche, de lui montrer une pièce si importante?

—Je n'ai rien oublié de ce que pouvait inspirer l'intérêt le plus vif à sa sûreté, capitaine Bignall. Et cependant le chef de ce bâtiment refuse d'accepter vos conditions.

—Peut-être s'imagine-t-il, monsieur, qu'il existe quelque défaut dans les agrès du *Dard,* répondit vivement le vieux marin en serrant les lèvres d'un air de fierté offensée. Il se flatte peut-être de nous échapper en forçant de voiles sur son bâtiment léger?

—A-t-il l'air de vouloir fuir? demanda Wilder en étendant un bras vers les mâts presque nus et le vaisseau immobile du Corsaire. Tout ce que j'ai pu obtenir, c'est l'assurance qu'il ne commencera pas le combat.

—De par le ciel! c'est un jeune homme plein de sentimens, et il mérite des éloges pour sa modération! Il ne fera point avancer son équipage de pillards en désordre sous les canons d'un vaisseau de guerre anglais, parce qu'il doit quelque respect au pavillon de son maître! Écoutez, monsieur Arche, nous nous souviendrons de cette circonstance quand son procès lui sera fait et que nous serons interrogés. Envoyez nos gens à leurs canons, monsieur, et faites virer le vaisseau pour mettre fin tout d'un coup à cette fanfaronnade, et nous le verrons bientôt nous envoyer une barque pour examiner nos commissions.

—Capitaine Bignall, dit Wilder en l'emmenant un peu plus loin des oreilles de son compagnon, je puis m'attribuer quelque peu de mérite pour les services que j'ai rendus sous vos propres yeux et en obéissant à vos ordres. Si ma conduite précédente peut me permettre d'oser donner un avis à un homme qui a votre expérience, ce serait d'attendre quelques instans.

—Attendre! Henri Arche hésite-t-il quand son devoir lui prescrit d'attaquer les ennemis de son roi, les ennemis du genre humain?

—Vous m'avez mal compris, monsieur. Si j'hésite, c'est pour mettre à l'abri de toute tache le pavillon sous lequel nous voguons, et non dans le dessein d'éviter le combat. Notre ennemi, *mon* ennemi, sait qu'il n'a maintenant rien autre chose à attendre de moi pour la générosité qu'il m'a montrée, que des égards s'il devient notre prisonnier. Ce que je vous demande, capitaine Bignall, c'est le temps nécessaire pour mettre *le Dard* en état de soutenir un combat qui nécessitera l'emploi de toutes ses forces, et pour assurer une victoire qui sera chèrement vendue.

— Mais s'il nous échappait ?..

— Je vous réponds qu'il ne l'essaiera pas. Non-seulement je connais l'homme, mais je sais combien ses moyens de résistance sont formidables. Une petite demi-heure suffira pour nous préparer à l'attaque, et ce délai ne sera un objet de reproche ni pour notre courage ni pour notre prudence.

Le vétéran donna son consentement avec une sorte de regret, et non sans murmurer quelques mots sur la honte à laquelle s'exposait un vaisseau de guerre anglais en ne se présentant pas sur-le-champ bord à bord du plus hardi pirate qui fût sur la surface des mers, et en ne le faisant pas sauter en l'air par une seule bordée. Wilder, qui était accoutumé aux honnêtes bravades de profession qui servaient souvent d'accompagnement au courage réellement ferme et mâle des marins de ce siècle, le laissa se plaindre tant qu'il le voulut, et s'occupa des soins qu'il savait être de la plus grande importance, et des devoirs dont il était plus spécialement chargé, attendu le grade qu'il occupait.

L'ordre de se préparer au combat fut donné à l'équipage, et cet ordre fut reçu avec cette ardeur empressée que montrent les marins lorsque quelque changement important a lieu dans leur profession. Du reste, il y avait peu de chose à faire, car la plupart des arrangemens préalables avaient été laissés dans le même état que lors de la première rencontre des deux vaisseaux. Après que toutes ces dispositions eurent été prises, que les canonniers eurent été placés près de leurs pièces d'artillerie, les officiers à leurs batteries respectives, et les matelots chargés des voiles sur les bras, le navire fut remis en mouvement.

Pendant ce court intervalle, le vaisseau du Corsaire était à la distance d'un demi-mille, dans un état de repos complet, ne paraissant faire aucune attention aux dispositions hostiles du croiseur royal. Quand pourtant on vit *le Dard* céder à la brise et augmenter graduellement la vitesse de sa marche, son brion, en fendant les ondes, soulevant de petites vagues d'écume, la proue du *Dauphin* s'écarta de la direction du vent, sa voile de hune fut déployée, et il se mit à son tour en marche. *Le Dard* arbora alors de nouveau sur son pic le grand pavillon qui avait été abaissé pendant la conférence, et qui avait flotté en triomphe au milieu des hasards et des périls de mille combats; mais aucun emblème semblable ne se montra sur le bord de son adversaire.

De cette manière les deux vaisseaux prirent de l'air, suivant l'expression nautique, se surveillant l'un l'autre avec autant de vigilance que s'ils eussent été deux monstres rivaux du grand abîme, chacun cherchant à cacher à son antagoniste l'évolution qu'il avait dessein de faire. L'air sérieux et attentif de Wilder n'avait pas manqué d'avoir de l'influence sur le vieux marin qui commandait *le Dard*; et, en ce moment, il était aussi disposé que son lieutenant à ne rien précipiter et à ne commencer le combat qu'avec toutes les précautions convenables.

Le ciel avait jusqu'alors été sans nuages pendant toute la journée, et jamais une voûte d'un plus bel azur ne s'était montrée sur la surface des eaux, que celle qui couvrait depuis plusieurs heures les têtes de nos aventuriers; mais, comme si la nature avait horreur de leurs projets sanguinaires, une masse de vapeurs, noire et menaçante, joignit l'Océan au firmament du côté opposé à celui d'où le vent avait soufflé constamment. Ces signes bien connus et de mauvais augure n'échappèrent pas à la vigilance des marins qui gouvernaient les deux vaisseaux ennemis; mais le danger paraissait encore trop éloigné pour nuire à l'intérêt que leur inspirait le combat qui allait avoir lieu.

— Nous avons un ouragan qui se prépare à l'ouest, dit le prudent et expérimenté Bignall à son lieutenant, en lui montrant les symptômes fâcheux que nous venons de décrire; mais nous pouvons frotter le pirate et remettre tout en ordre avant que la tempête puisse arriver jusqu'à nous contre cette bonne brise.

Wilder fit un signe d'approbation, car en ce moment la fierté de sa profession se faisait aussi sentir à son cœur, et une rivalité généreuse prenait l'ascendant sur des sentimens qui étaient peut-être étrangers à ses devoirs, mais qui n'en étaient pas moins naturels à un homme doué d'un caractère si doux.

— Le Corsaire couche même ses petits mâts, s'écria-t-il; il paraît se méfier beaucoup du temps.

— Nous ne suivrons pas son exemple, dit Bignall, et il regrettera de ne pas les avoir debout quand nous le tiendrons une fois sous le feu de nos batteries. Par notre roi George! il monte un bâtiment qui marche bien. Faites déployer la grande voile, monsieur, sans quoi la nuit viendra avant que nous soyons droit par le travers de ce drôle.

On exécuta cet ordre, et *le Dard*, cédant à une nouvelle et puissante impulsion, redoubla de vitesse comme un être animé qu'excite la crainte ou l'espérance. Il avait alors gagné une position sur la hanche du vent de son ennemi, sans que celui-ci eût fait le moindre effort pour l'empêcher d'obtenir un avantage si important. Au contraire, tandis que *le Dard* continuait à porter la même quantité de voiles, le *Dauphin* ne cessait pas de diminuer le nombre de ses voiles les plus hautes, cherchant à alléger le poids du haut de ses grands mâts, pour mieux assurer la sûreté du corps du navire. Cependant Bignall trouvait la distance qui les séparait encore trop considérable pour commencer le combat, tandis que la facilité avec laquelle avançait son ennemi menaçait de retarder trop long-temps ce moment important, ou de l'obliger à porter tant de voiles, qu'elles pourraient devenir embarassantes quand on se trouverait enveloppé dans un nuage de fumée, et pressé par les difficultés d'un combat.

— Nous le piquerons d'honneur, monsieur, puisque vous croyez qu'il est homme de cœur, dit Bagnall à son fidèle coadjuteur. Faites-lui tirer un coup de canon sous le vent, et montrez-lui une autre enseigne de son maître.

L'explosion produite par la pièce d'artillerie et la vue de trois autres pavillons anglais qui furent rapidement arborés sur différentes parties du *Dard*, ne parurent pas avoir produit la plus légère sensation à bord de leur ennemi, en apparence insensible. Le *Dauphin* contina à marcher, tantôt se levant avec grace pour pincer le vent, tantôt se détournant de sa course pour se mettre sous le vent; comme on voit le marsouin changer de direction pour respirer la brise, tandis qu'il se joue nonchalamment sur la surface de la mer.

— Il ne se laissera émouvoir par aucun des moyens ordinaires d'une guerre légitime, dit Wilder en voyant avec quelle indifférence ce défi avait été reçu.

— Essayez de lui envoyer un boulet.

— Un coup de canon chargé à boulet fut tiré du flanc du navire le plus voisin du *Dauphin*, qui s'éloignait toujours. On vit le messager de fer bondir sur la surface de l'océan, passer légèrement d'une vague à une autre, faire rejaillir l'eau de la mer sur le vaisseau ennemi en passant par-dessus, et tomber dans les flots de l'autre côté, sans lui avoir fait aucun mal. Deux autres boulets le suivirent sans obtenir du Corsaire aucun signal, aucune marque d'attention.

—Que veut dire ceci? s'écria Bignall trompé dans son attente; a-t-il un charme pour son navire, pour que nos boulets ne servent qu'à jeter quelques gouttes d'eau sur son bord? Maître Fid, ne pouvez-vous rien faire pour l'honneur des honnêtes marins et pour celui du pavillon? Faites-nous entendre votre ancienne favorite; je me rappelle le temps où ses paroles ne se perdaient pas en l'air.

— Oui, oui, répondit l'accommodant Richard, qui, dans les tours soudains de sa fortune, se trouvait alors chargé de servir une pièce d'artillerie pour laquelle il avait conçu depuis long-temps une affection particulière, je l'ai baptisée d'après Mrs Whiffle, votre honneur, et par la raison qu'elles ont la parole aussi ronflante l'une que l'autre. Rangez-vous de côté, vous autres, et laissez la bavarde Catherine placer son mot dans la conversation.

Richard, qui, tout en parlant ainsi, avait pris son point de mire avec beaucoup de sang-froid, approcha de sa propre main la mèche de la lumière, et avec une adresse tout-à-fait remarquable il envoya ce qu'il appela hardiment un vrai *marche-droit*, à travers l'océan, dans la direction de ceux qui étaient naguère ses compagnons. Comme c'est l'ordinaire, quelques instans d'incertitude suivirent l'explosion, et alors les fragmens arrachés qu'on vît jaillir en l'air annoncèrent que le boulet avait traversé les paviers du *Dauphin*. L'effet qui en résulta sur le navire du Corsaire fut soudain et presque magique. Une longue bande de toile blanche, qui avait été étendue avec beaucoup d'art depuis la proue jusqu'à la poupe, disparut aussi vite qu'un oiseau fermerait ses ailes, laissant en sa place une large ceinture d'un rouge de sang, hérissée de l'artillerie du vaisseau. En même temps un pavillon de la même couleur sinistre s'éleva de sa poupe, et, après avoir été agité un instant d'un air sombre et menaçant, fut placé au bout du pic.

— Maintenant je le reconnais, le coquin! s'écria Bignall, Et voyez! il a jeté bas son masque, et il montre cette franche couleur de sang qui lui a fait donner son nom. A vos canons, mes amis! le pirate commence à prendre la chose au sérieux.

Il parlait encore quand une nappe de feu brilla sur toute cette ligne rouge qui était si propre à inspirer la terreur à des matelots superstitieux, et l'on y entendit succéder l'explosion simultanée d'une douzaine de grosses pièces d'artillerie. Ce passage subit de l'inattention et de l'indifférence à cet acte d'hostilité audacieux et déterminé, fit une forte impression sur les cœurs les plus braves qui se trouvassent à bord du croiseur du roi. Pendant l'intervalle momentané d'attente, chacun resta immobile, prétant la plus profonde attention, et l'on entendit siffler la grêle de fer qui arrivait à travers les airs. L'instant d'après, le craquement des bois percés, les cris de quelques blessés, le bruit des planches arrachées, et les fragmens de bois et de cordages sautant dans les airs, proclamèrent avec quelle dextérité cette bordée fatale avait été dirigée. Mais la surprise et la confusion qui la suivirent ne durèrent qu'un instant. Les Anglais poussèrent de grands cris, reprirent tout leur courage, et, revenant promptement à eux, répondirent vigoureusement à cette attaque.

Il s'ensuivit la canonade habituelle et régulière d'un combat naval. Désirant également en accélérer la fin, les deux vaisseaux s'approchaient insensiblement l'un de l'autre, et au bout de quelques instans, les deux nuages de fumée blanche qui s'élevaient autour des mâts de chaque navire, n'en formèrent plus qu'un seul indiquant le lieu solitaire d'un combat acharné, au milieu d'une scène de tranquillité parfaite. Les décharges d'artillerie étaient chaudes et se succédaient sans interruption. Mais tandis que les deux partis ennemis montraient un zèle égal pour se détruire l'un l'autre, une différence remarquable signalait le caractère particulier de chaque équipage. De grandes acclamations d'encouragement accompagnaient chaque bordée lâchée par le croiseur du roi, tandis qu'à bord du Corsaire l'œuvre meurtrière s'accomplissait au milieu d'un silence désespéré.

Le bruit et l'agitation de cette scène firent bientôt bouillir, dans les veines du vieux Bignall, ce sang que l'âge commençait à y faire circuler plus lentement.

— Le drôle n'a pas oublié son métier, s'écria-t-il, quand les preuves de l'habileté de son ennemi se manifestèrent évidemment par les voiles déchirées, les cordages rompus, les vergues brisées et les mâts chancelans de son propre vaisseau. S'il avait dans sa poche une commission du roi, on pourrait le nommer un héros.

Les circonstances étaient trop urgentes pour perdre le temps en vains discours. Wilder ne répondit qu'en encourageant ses marins à s'acquitter de leur tâche laborieuse et sanguinaire. Les deux vaisseaux suivaient alors le cours du vent, en décrivant deux lignes parallèles, lançans à chaque instant des volumes de flammes qu'on voyait briller à travers des nuages épais de fumée. On ne pouvait distinguer que les mâts de chaque navire, et encore n'étaient-ils visibles que pendant quelques instans bien courts. Plusieurs minutes, qui ne semblaient aux combattans qu'un instant indivisible, s'étaient ainsi passées, quand l'équipage du *Dard* s'aperçut que ce vaisseau n'obéissait plus à la manœuvre aussi promptement que les circonstances l'exigeaient. Cette nouvelle importante fut annoncée sur-le-champ par le maître à Wilder, et par celui-ci au capitaine. Une conférence rapide sur la cause de cet événement inattendu en fut le résultat immédiat et naturel.

— Voyez, dit Wilder, les voiles battent déjà contre les mâts, comme des haillons qui y seraient suspendus. Les explosions de l'artillerie ont abattu le vent.

— Écoutez! s'écria Bignall, dont l'expérience était plus consommée, l'artillerie du ciel gronde encore plus haut que la nôtre; la tempête que j'attendais est déjà arrivée. — Bâbord la barre, monsieur, et placez le vaisseau hors de la fumée. — Bâbord la barre sur-le-champ, monsieur; bâbord la barre, vous dis-je.

Mais le mouvement ralenti du navire ne répondait pas à l'impatience de celui qui donnait cet ordre et de ceux qui l'exécutaient, et il ne se prêtait pas à la manœuvre avec la rapidité qu'exigeait le besoin du moment. Cependant, tandis que Bignall, les officiers que leur devoir retenait près de sa personne, et les voiliers étaient ainsi occupés, les marins qui étaient aux batteries continuaient leur feu meurtrier. Le bruit du canon se faisait entendre sans interruption et était presque étourdissant, quoiqu'il y eût des momens où la voix sinistre du tonnerre retentissait de manière à rendre toute méprise impossible. Les yeux ne pouvaient pourtant prêter aucun secours à l'oreille pour aider les marins à juger de ce qu'ils devaient faire. Les mâts, les voiles et le corps du bâtiment étaient également enveloppés de colonnes mouvantes de fumée qui couvraient le ciel, l'air, la mer et les deux navires, d'un manteau blanc semblable au plus épais brouillard. Ce n'était même que par instans qu'on apercevait, à travers quelque trouée, les individus occupés au service des batteries.

— Je n'ai jamais vu une fumée si épaisse s'accumuler sur le pont d'un navire, dit Bignall avec une inquiétude que toute sa prudence ne pouvait entièrement dissimuler. — Tenez la barre à bâbord, monsieur; maintenez-l'y bien. — De par le Ciel, monsieur Wilder, les drôles savent qu'il y va de leur vie dans cette affaire.

—La journée est à nous! s'écria le second lieutenant près d'une batterie, en essuyant le sang d'une blessure qu'un éclat de bois lui avait faite au visage, et trop occupé du service dont il était chargé pour avoir fait attention à l'état du Ciel; il n'a pas tiré un seul coup de canon depuis près d'une minute.

—De par le Ciel, les coquins en ont assez! s'écria Bignall avec transport. Allons, mes amis, trois acclamations en honneur de la vict...

—Un instant, monsieur! s'écria Wilder d'un ton assez décidé pour interrompre son commandant dans son triomphe prématuré; sur ma parole, notre besogne n'est pas encore terminée. Je crois, à la vérité, que ses bouches à feu gardent le silence : mais voyez, la fumée commence à se dissiper; dans quelques minutes, si nous cessons notre feu, nous pourrons distinguer ce qui se passe sur son bord.

Une grande exclamation poussée par ceux qui servaient les batteries l'interrompit à son tour, et il s'éleva un cri général que les pirates prenaient la fuite. Mais les transports occasionés par un incident qui semblait prouver la supériorité du *Dard* se calmèrent bientôt, et d'une manière terrible. Un éclair vif et brillant pénétra à travers les vapeurs épaisses encore suspendues sur le vaisseau d'une manière extraordinaire, et fut suivi d'un roulement de tonnerre, auprès duquel l'explosion simultanée de cinquante pièces de canon n'eût été presque rien.

—Rappelez nos gens des batteries! s'écria Bignall, de ce ton retenu dont le calme forcé et peu naturel ne fait qu'une plus forte impression; rappelez-les sur-le-champ, monsieur, et faites carguer les voiles!

Wilder, plus surpris de l'arrivée subite et de la violence de la tempête que d'un langage auquel il était habitué depuis longtemps, ne tarda pas un instant à donner un ordre qui semblait si urgent. Les marins quittèrent leurs batteries comme des athlètes sortant de l'arène, les uns faibles et couverts de sang, les autres fiers et courroucés, tous plus ou moins animés par la scène active dans laquelle ils venaient de jouer leur rôle. Un grand nombre s'élancèrent sur les cordages qu'ils connaissaient si bien, et quelques-uns, en montant dans le nuage encore suspendu au-dessus du vaisseau, échappèrent aux regards au milieu des agrès.

— Ferai-je ferler les voiles ou prendre des ris? demanda Wilder le porte-voix en main, prêt à donner l'ordre nécessaire.

— Un instant, monsieur; dans une minute nous y verrons mieux.

Le lieutenant attendit, car il voyait déjà que le voile qui leur cachait leur situation réelle était sur le point de se soulever. La fumée qui était restée si long-temps sur le pont, comme pressée par le poids de l'atmosphère, commençait alors à s'élever, et on la vit former des guirlandes le long des mâts, et s'éloigner ensuite, chassée par un vent impétueux. Il fut alors possible de voir tout autour du vaisseau.

En place de ce soleil glorieux et de ce firmament brillant et azuré qui s'offrait aux regards une demi-heure auparavant, le ciel était couvert d'un immense voile noir. La mer réfléchissait cette couleur sinistre et paraissait sombre et courroucée. Les vagues avaient perdu leur mouvement régulier, et elles avaient une oscillation incertaine, comme si elles eussent attendu l'impulsion de cette force qui devait leur donner leur direction et une nouvelle violence. Les éclairs qui fendaient les nuages ne se suivaient pas rapidement, mais ils arrivaient avec majesté, et brillaient d'un éclat éblouissant; ils étaient accompagnés de ce terrible tonnerre des tropiques qu'on peut sans profanation se représenter comme la voix de celui qui a créé l'univers, parlant aux créatures qu'il a tirées du néant. De tous côtés on voyait l'apparence d'une lutte sérieuse et formidable entre les élémens. Le navire du Corsaire voguait légèrement devant une brise descendue des nuages; ses voiles étaient carguées, et son équipage s'occupait avec autant de calme que d'activité à réparer les avaries qu'il avait souffertes pendant le combat.

Il n'y avait pas un moment à perdre pour imiter l'exemple des prudens flibustiers. La proue du *Dard* fut à la hâte et heureusement tournée dans une direction contraire à la brise, et tandis qu'il commençait à marcher du même côté que le *Dauphin*, on essaya de rattacher aux vergues ses voiles déchirées et presque hors de service. Mais un temps précieux avait été perdu pendant qu'on était enseveli dans un nuage de fumée, et il était impossible de le regagner. La mer changea de couleur, et au lieu d'un vert foncé prit un blanc étincelant. Enfin, on entendit les sifflemens de l'ouragan qui arrivait à travers les ondes avec une violence irrésistible.

— Dépêchez-vous, camarades! cria Bignall lui-même, dans la situation dangereuse où se trouvait son vaisseau; pliez les voiles, pliez-les toutes; ne laissez pas au vent un seul chiffon! — De par le ciel! monsieur Wilder, ce vent-là n'est pas un jeu; encouragez nos gens à l'ouvrage; parlez-leur, monsieur, parlez-leur.

— Ferlez les voiles! cria Wilder. — S'il est trop tard coupez-les. — Servez-vous du couteau et des dents. — Descendez tous! — Vite! descendez! — Il y va de la vie!

Il y avait dans la voix du lieutenant quelque chose qui semblait comme surnaturel à l'équipage. Il avait si récemment vu une calamité semblable à celle qui le menaçait de nouveau, que ce souvenir donnait peut-être à son ton un accent d'horreur. On vit descendre rapidement une vingtaine de matelots, à travers une atmosphère si épaisse qu'elle semblait être sensible au toucher. On aurait dit une troupe d'oiseaux volant à tire d'ailes pour arriver à leur nid. Leur précipitation n'était pourtant pas inutile. Privés de tous leurs agrès, et chancelant déjà sous de nombreuses blessures, les mâts les plus hauts, se trouvant trop chargés, cédèrent à la fureur de l'ouragan, tombèrent tour à tour, et il ne resta debout que les trois grands mâts, mais nus et presque inutiles. Presque tous ceux qui étaient montés sur les agrès descendirent sur le tillac assez à temps pour se mettre en sûreté; mais il s'en trouva quelques-uns trop opiniâtres, ou encore trop échauffés par le combat pour écouter les avis salutaires de leur lieutenant. On vit ces victimes de leur obstination flotter un instant sur la surface des ondes, s'accrochant aux fragmens rompus des mâts, tandis que *le Dard*, entouré d'un nuage d'écume, et poussé par un vent impétueux, s'éloignait avec une rapidité qui fit bientôt perdre de vue leurs personnes et leurs misères.

— C'est la main de Dieu! s'écria le vieux Bignall d'une voix rauque; tandis que ses yeux se contractaient en cherchant à voir encore les malheureux naufragés. — Faites-y bien attention, Henry Arche, je soutiendrai toujours que ce ne sont pas les canons du pirate qui nous ont réduits dans cet état déplorable.

Peu disposé à chercher la misérable consolation à laquelle son commandant se livrait, Wilder déploya tous ses moyens pour remédier, autant que les circonstances le permettaient, à des avaries qu'il sentait pourtant être irréparables en ce moment. Au milieu du sifflement du vent, des coups redoublés du tonnerre, d'une atmosphère tantôt illuminée par la lueur sinistre des éclairs, tantôt obscurcie par un nuage de sombres vapeurs, et ayant partout sous les yeux les preuves terribles et sanglantes du combat qui venait d'avoir lieu, l'équipage du croiseur anglais se montra fidèle à lui-même et à son ancienne réputation. Parmi le tumulte de la tempête, on entendait s'élever les voix de Bignall et de ses officiers, soit pour donner les ordres dont une longue expérience leur avait appris la nécessité, soit pour encourager les matelots à faire leur devoir. Mais heureusement la lutte des élémens fut de courte durée. Les ailes de l'ouragan l'emportèrent bien loin, laissant les vents azilés reprendre leur cours ordinaire, et comme l'influence de ces vents combattait l'impulsion donnée aux vagues par l'ouragan, la mer parut alors plutôt calme qu'agitée.

Mais tandis qu'un danger disparaissait aux yeux des marins du *Dard*, un autre, qui n'était guère moins à craindre, attirait forcément leur attention. Tout souvenir de la générosité du Corsaire, tout sentiment de reconnaissance s'était effacé de l'esprit de Wilder, entièrement absorbé par l'orgueil tout puissant de sa profession, et par cet amour de la gloire qui est inhérent à un guerrier, quand il vit la belle symétrie des mâts du *Dauphin*, que les boulets et la foudre semblaient avoir respectés, et l'ordre et le bon état de tous ses agrès, qui ne paraissaient avoir souffert aucun dérangement. On aurait dit que ce bâtiment était protégé par un charme, ou que quelque pouvoir surnaturel avait veillé à sa sûreté au milieu des fureurs d'un second ouragan. Mais des réflexions impartiales, et faites avec plus de sang-froid, le forcèrent à s'avouer à lui-même que la vigilance et les sages précautions de l'être extraordinaire qui semblait non-seulement gouverner les mouvemens de ce navire, mais en maîtriser la fortune, avaient eu leur influence pour amener ce résultat.

Il n'eut pourtant que peu de loisir pour réfléchir sur ces changemens, et sur les moyens de faire face à la supériorité de l'ennemi. Le vaisseau du Corsaire avait déjà déployé plusieurs grandes voiles, et comme le retour de la brise régulière lui donnait l'avantage du vent, son approche était rapide et inévitable.

— De par le Ciel! monsieur Arche, tout le bonheur est pour les coquins aujourd'hui, dit le vétéran dès qu'il s'aperçut, aux manœuvres du *Dauphin*, que l'action allait probablement recommencer. Renvoyez nos gens à leurs batteries, monsieur, et qu'ils préparent leurs canons, car nous aurons probablement encore affaire à ces drôles.

— Je vous demanderai un instant de délai, dit vivement Wilder quand il entendit son commandant donner ordre à ses gens de se préparer à faire feu dès que l'ennemi serait à portée. Permettez-moi de vous prier d'attendre un instant. Nous ignorons quelles peuvent être ses intentions actuelles.

— Personne ne mettra le pied à bord du *Dard* sans se soumettre à l'autorité du roi son maître, répliqua le vieux marin d'un ton sévère. Feu! camarades, feu! Chassez ces misérables de leurs batteries! Apprenez-leur qu'il est dangereux d'approcher d'un lion, même quand il a reçu une blessure!

Wilder vit que toute remontrance serait tardive, car une nouvelle bordée partit au même instant du *Dard*, pour faire oublier au Corsaire les intentions généreuses qu'il pouvait avoir conçues. Le *Dauphin* reçut cette grêle de fer tandis qu'il s'avançait, et il dévia avec grace de sa marche, de manière à en empêcher la répétition. Il alla ensuite se placer en face de la proue du croiseur du roi, presque sans défense, et l'on entendit sur son bord une voix rauque sommer le commandant du *Dard* de baisser le pavillon.

— Venez, scélérats! venez! s'écria Bignall enflammé de colère: que vos propres mains tâchent d'exécuter cet ordre!

Le navire plein de graces, comme s'il eût été sensible lui-même aux sarcasmes de l'ennemi, pinça le vent davantage, et lâcha sa bordée à travers la poupe du *Dard*, par feu de file, et avec une dextérité calme et fatale, contre la partie la moins défendue de ce navire. On entendit au même instant un craquement semblable à celui de deux corps pesans qui se heurtent, et l'on vit une cinquantaine de figures farouches entrer sur la scène du carnage avec les armes nécessaires pour un combat corps à corps. Le choc d'une bordée tirée de si près, et dont l'effet avait été si fatal, avait paralysé pour un instant les efforts des défenseurs du *Dard*; mais dès que Bignall et son lieutenant virent de sombres figures sortir de la fumée sur leur propre tillac, ils appelèrent leurs gens à eux d'une voix qui n'avait même alors rien perdu de sa force; et à la tête d'une petite troupe, ils se jetèrent des deux côtés de la galerie pour arrêter le torrent qui s'y précipitait. La première rencontre fut terrible et meurtrière, et les deux partis reculèrent quelques pas pour attendre du renfort et reprendre haleine.

— Arrivez, brigands! arrivez, meurtriers! s'écria l'intrépide vétéran, qu'on voyait à la tête de sa petite troupe, et que faisaient distinguer les cheveux gris qui flottaient sur sa tête nue; vous savez que le ciel combat pour le parti de la justice!

Les flibustiers qu'il avait en face firent un mouvement subit et s'ouvrirent. On vit alors une nappe de flamme sortir des flancs du *Dauphin*, portant dans son centre une centaine d'instrumens de mort qui passèrent à travers un sabord vide. Bignall faisait encore brandir son épée sur sa tête avec fureur, et on l'entendit s'écrier jusqu'à ce que la voix mourût dans son gosier : —En avant! misérables, arrivez! —Henry! Henry Arche! —O Dieu! —Houra!

Il tomba comme un arbre qu'on abat, et mourut, possédant, sans le savoir, cette commission pour laquelle il avait travaillé pendant tout le cours d'une vie passée dans les fatigues et dans les dangers. Jusque alors Wilder avait maintenu sa position sur le pont, quoique pressé par une troupe aussi résolue et aussi entreprenante que la sienne; mais en ce moment terrible de crise, on entendit s'élever dans la mêlée une voix qui fit vibrer tous ses nerfs, et qui parut même exercer son influence puissante sur l'esprit des défenseurs du *Dard*.

— Place! faites-moi place! criait-elle d'un ton sonore, retentissant et plein d'autorité; laissez-moi passer, et suivez-moi : nulle autre main que la mienne n'abaissera cet orgueilleux pavillon.

— Courage! mes amis, tenez ferme! cria Wilder de son côté. Les cris, les juremens, les imprécations et les gémissemens formaient l'accompagnement de ce combat terrible, qui se livrait avec trop de violence pour qu'il pût durer long-temps. Wilder vit avec désespoir que sa troupe ne pouvait résister au nombre et à l'impétuosité des assaillans, mais il ne cessa pourtant pas un instant de l'encourager de sa voix, et de la stimuler par son exemple.

Il vit tomber à ses pieds, l'un après l'autre, un grand nombre de ceux qui combattaient avec lui, et se trouva enfin repoussé jusqu'à l'extrémité opposée du pont. Là, il rallia encore une petite troupe qu'on attaqua plusieurs fois en vain.

—Ah! s'écria une voix qu'il reconnut, mort à tous les traîtres! Ouvrez-vous un chemin à travers eux, mes braves! embrochez-le comme si c'était un chien! Une hallebarde au héros qui lui percera le cœur.

—Taisez-vous, bavard! répliqua la voix ferme du brave Richard; voici un blanc et un noir à votre service, si vous avez besoin d'une broche.

— Encore deux de la même bande! continua le général en levant son sabre pour porter à l'orateur un coup qui aurait terminé ses jours.

Un corps noir, à demi nu, s'avança pour recevoir la lame qui descendait, et qui tomba sur le manche d'une demi-pique, qu'elle coupa comme si c'eût été un roseau. Quoique se trouvant sans défense, Scipion ne fut pas effrayé; il se fraya un chemin jusqu'en avant de Wilder, et, le corps nu jusqu'à la ceinture, il combattit sans autre arme que ses bras nerveux, en homme qui méprisait les coups de toute espèce dont son corps athlétique, mais sans défense, devint sur-le-champ le but.

— Ferme! Guinée, s'écria Fid, donnez-leur-en de droite et de gauche; voici quelqu'un qui vous soutiendra, dès qu'il aura fait avaler son grog à cet ivrogne de soldat de marine.

Les parades et la science du malheureux général ne lui furent en ce moment d'aucune ressource contre un coup de sabre de Richard, qui, tombant sur son armure défensive, traversa son casque et lui fendit la tête jusqu'à la mâchoire.

— Arrêtez, meurtriers! s'écria Wilder, qui vit des coups sans nombre se diriger vers le corps sans défense du nègre qui continuait à combattre; frappez de ce côté, et épargnez un homme sans armes!

La vue de notre aventurier se troubla quand il vit tomber le nègre, entraînant dans sa chute deux de ceux qui l'attaquaient; et en ce moment une voix aussi forte que l'émotion que pouvait causer une pareille scène, s'écria presque à son oreille :

— Le combat est fini! Quiconque frappe un coup de plus se fait un ennemi de moi.

CHAPITRE XXXI.

« Emmenez-le; l'univers tout entier ne le sauverait pas. »
SHAKSPEARE. *Cymbeline.*

L'ouragan qui avait menacé d'engloutir le vaisseau n'avait été ni plus terrible ni plus imprévu que la scène que nous venons de rapporter ; et le riant aspect du ciel tranquille et du brillant soleil de la mer des Caraïbes formait un contraste frappant avec les horreurs qui suivirent le combat. Le moment de confusion occasionné par la chute de Scipion cessa bientôt, et Wilder put contempler les nobles débris du *Dard*, si complètement mutilé, et tous ces cadavres épars; triste résultat de la lutte affreuse qui s'était engagée. Le vaisseau a été suffisamment décrit; mais quelques mots sur l'état actuel des acteurs pourront servir à jeter du jour sur les événemens qui vont suivre.

A quelques pas de l'endroit où Wilder se trouvait lui-même, il vit debout le Corsaire immobile. Ce ne fut pourtant qu'au second coup d'œil qu'il reconnut, sous le casque d'abordage dont nous avons parlé, et qui lui donnait un air farouche, ses traits ordinairement doux et tranquilles. En promenant ses regards sur cette taille hardie où tout respirait l'orgueil du triomphe, Wilder eut peine à ne pas s'imaginer que le Corsaire était grandi tout à coup d'une manière aussi soudaine qu'inexplicable. Une main reposait sur la poignée d'un *yatagan* dont les gouttes rougeâtres qui coulaient de la lame courbée attestaient qu'il avait rendu de funestes services dans la mêlée, tandis que son pied était placé et semblait peser avec une force surnaturelle sur cet emblème national qu'il avait eu le farouche plaisir d'abattre lui-même. Près de lui, et presque sous son bras, était Roderick, incliné, n'ayant point d'armes, les vêtemens couverts de sang, l'œil fixe et hagard, et la figure aussi pâle que ceux en qui le principe de la vie venait de s'éteindre.

On voyait çà et là les prisonniers blessés, l'air morne, mais non abattu, tandis qu'un grand nombre de leurs ennemis, à peine plus malheureux, étaient étendus dans leur sang sur le pont, avec une expression de férocité sur la figure, qui indiquait clairement qu'au milieu de leurs souffrances ils n'avaient qu'une seule pensée, celle de la vengeance. Ceux des deux partis qui n'avaient point été blessés ou qui ne l'avaient été que légèrement, s'occupaient déjà de ce qui les intéressait le plus, les uns cherchant à piller, les autres à se cacher.

Mais telle était la discipline établie par le chef des flibustiers, tel était le respect pour sa puissance absolue, que pas une goutte de sang n'avait été répandue, pas un coup n'avait été donné depuis le moment où sa voix redoutable s'était fait entendre. Néanmoins il y avait eu assez de carnage pour assouvir leurs plus avides désirs, s'ils n'avaient eu soif que de sang. Wilder éprouvait de cuisantes douleurs à mesure que les traits inanimés d'un ami dévoué ou d'un fidèle serviteur se présentaient à sa vue les uns après les autres ; mais le coup le plus sensible fut lorsque ses yeux tombèrent sur la figure toujours sévère et menaçante de son vieux commandant.

— Capitaine Heidegger, dit-il en s'efforçant de montrer l'assurance qui était nécessaire dans un pareil moment, la fortune s'est déclarée pour vous : je demande merci pour ceux qui ont survécu.

— Et merci sera accordée à ceux qui peuvent y avoir des droits : je souhaite qu'il puisse se trouver que tous soient compris dans cette promesse.

La voix du Corsaire était solennelle, et semblait exprimer plus que le sens littéral des paroles. Cependant Wilder aurait pu réfléchir long-temps à cette réponse équivoque sans la comprendre, si l'approche d'une partie de l'équipage ennemi, dans lequel il reconnut à l'instant les mutins qui s'étaient montrés le plus dans l'insurrection dont il avait manqué de devenir la victime à bord du *Dauphin*, ne lui eût expliqué que trop clairement ce que leur chef avait voulu faire entendre.

— Nous réclamons l'exécution de nos anciennes lois ! dit le chef de la bande en s'adressant à son capitaine d'un ton fier et décidé que l'ardeur du combat pouvait expliquer, sinon excuser entièrement.

— Que voulez-vous ?

— La vie des traîtres ! fut la morne réponse.

— Vous connaissez les réglemens de notre service. S'il en est qui soient en notre pouvoir, qu'ils subissent leur sort.

S'il avait pu rester quelques doutes dans l'esprit de Wilder sur les intentions de ceux qui venaient d'une manière aussi terrible demander justice, ils se seraient évanouis au moment même, lorsqu'au milieu d'un affreux silence il se vit traîner avec ses deux compagnons devant le chef, ou plutôt le despote. Quoique l'amour de la vie dominât dans son cœur, cet amour même, dans une pareille extrémité, ne se manifesta par aucune prière, par aucune démarche humiliante. Il n'eut pas même un instant l'idée de recourir à quelque subterfuge qui eût été indigne de sa profession et de son caractère. Ses regards étaient fixés sur celui dont le pouvoir seul pouvait le sauver. Il surprit l'expression prononcée, mais rapide, de regret qui adoucit les traits rigides du Corsaire; puis, presque au même instant, ses traits reprirent leur calme et leur impassibilité. Il vit aussitôt que les devoirs du chef étouffaient les sentimens de l'homme, et il ne lui en fallut pas davantage pour lui apprendre qu'il n'avait rien à espérer. Dédaignant de s'abaisser à des remontrances inutiles, il resta à la place où ses accusateurs l'avaient placé debout, immobile et silencieux.

— Que voulez-vous? demanda enfin le Corsaire d'une voix que même ses nerfs de fer avaient peine à rendre aussi ferme qu'à l'ordinaire. — Que demandez-vous?

— Leur mort!

— Je vous comprends. — Allez, ils sont à votre merci!

Malgré les horreurs de la scène qui venait de se passer, malgré l'état d'exaltation et d'effervescence qui l'avait soutenu pendant le combat, le ton grave et solennel avec lequel son juge prononça une sentence qui le livrait à une mort brusque et ignominieuse, fit frissonner notre aventurier au point de le rendre presque insensible. Tout son sang se glaça dans ses veines, et le choc qu'il ressentit manqua de bouleverser sa raison; mais ce fut l'affaire d'une seconde, et, la secousse une fois passée, il se montra aussi fier, aussi intrépide que jamais, ne laissant échapper aucun signe de faiblesse que l'œil des hommes pût découvrir.

— Pour moi, je ne demande rien, dit-il avec une fermeté admirable; je sais que vos lois, ces lois que vous avez faites vous-même, me condamnent à un affreux destin; mais pour mes compagnons qui n'ont agi que par ignorance, et qui ne sont coupables que de m'être restés fidèles, je réclame, que dis-je, j'implore votre merci; ils ne savaient ce qu'ils faisaient, et...

— Parlez à ces hommes! dit le Corsaire en montrant du doigt, sans tourner les yeux, la troupe farouche qui l'entourait; — ils sont vos juges, c'est à eux à prononcer.

Un dégoût violent et presque insurmontable se manifesta dans les manières de Wilder; mais, faisant un violent effort sur lui-même, il le dompta, et se tournant du côté de l'équipage:

— Eh bien! dit-il, j'en appellerai même à eux. — Vous êtes hommes, vous êtes marins...

— A bas! s'écria la voix rauque de Nightingale. — Il veut prêcher! qu'il soit hissé au bout de la vergue!

Le son prolongé et retentissant du sifflet que l'impitoyable contre-maître fit entendre par dérision, comme pour appeler l'équipage à la manœuvre, fut suivi de cris prolongés, et plus de vingt voix où se confondaient les accens de presque autant de peuples différens, de manière à former une affreuse discordance, répétèrent en même temps :

— A bas ! à bas ! tous les trois à la vergue !

Wilder jeta un dernier regard sur le Corsaire; mais il ne put rencontrer ses yeux, que celui-ci avait détournés à dessein. Alors, la tête brûlante, il se sentit rudement transporté du gaillard d'arrière au milieu et dans la partie moins privilégiée du vaisseau. La violence du passage, la disposition des cordes passées précipitamment dans les poulies, et tous les apprêts terribles d'une exécution navale, ne parurent que l'affaire d'un moment à celui qui touchait de si près au néant.

— Un pavillon jaune pour signal du châtiment ! s'écria le capitaine vindicatif du gaillard d'avant; que ce brave monsieur parte pour sa dernière expédition sous l'enseigne qu'il mérite !

— Un pavillon jaune ! un pavillon jaune ! répétèrent une vingtaine de frénétiques. Descendons l'étendard du Corsaire, et arborons les couleurs du grand prevôt ! Un pavillon jaune ! un pavillon jaune !

Les éclats de rire grossiers, les railleries insultantes, avec lesquels cette burlesque proposition fut reçue, remuèrent la bile de Fid, qui jusque-là s'était soumis en silence au traitement qu'on lui faisait éprouver, par la raison qu'il pensait que c'était à son maître qu'il devait laisser le soin de dire ce qu'il jugerait convenable.

— Arrêtez, vils scélérats ! s'écria-t-il vivement, la prudence et la modération cédant à l'influence d'une vertueuse indignation; — coupe-jarrets infâmes, gauches coquins que vous êtes ! Oui, vous êtes des coquins, et je vous le prouverai à votre barbe, puisque vous êtes à la solde du diable; et vous êtes de gauches coquins encore, comme on peut le voir à la manière dont vous avez tourné cette corde autour de mon cou. Ce nœud coulera bien, n'est-ce pas ? Allez, allez, vous saurez tous un jour comment on pend décemment un homme; oui, oui, vous le saurez, scélérats ! Je vous réponds que vous l'apprendrez avec le temps.

— Enlevons-le, s'écria une voix, puis deux, puis trois successivement; — dépêchons, et qu'il prenne le chemin du Ciel !

28

Heureusement de nouveaux cris partis de l'une des écoutilles suspendirent l'exécution.

— Un prêtre! un prêtre! criait une autre bande de misérables, il va leur faire dire leurs prières avant qu'ils commencent leur danse.

Le rire féroce avec lequel les flibustiers accueillirent cette proposition dérisoire fut comprimé aussi subitement que si celui qu'ils bravaient avec tant d'impiété leur eût répondu du haut de son trône de miséricorde, lorsqu'une voix sonore et menaçante fit retentir ces mots au milieu d'eux :

— De par le Ciel! si un regard, un geste trop outrageant est adressé à un prisonnier à bord de ce vaisseau, le coupable ferait mieux d'envier le sort que vous préparez à ces misérables, que d'affronter ma colère! Éloignez-vous, je vous l'ordonne, et faites place à l'aumônier.

Toutes les mains hardiment levées se baissèrent à l'instant, toutes les lèvres profanes se fermèrent, laissant le saint ministre, objet de leurs sarcasmes et de leurs outrages, s'approcher lentement du lieu fatal.

— Voyez, dit le Corsaire d'une voix plus calme, mais toujours impérieuse; vous êtes le ministre de Dieu, et votre devoir est la charité : si vous avez des consolations qui puissent adoucir les derniers momens de vos semblables, hâtez-vous de les prodiguer.

— Quel crime ont-ils commis? demanda le ministre lorsqu'il lui fut permis de parler.

— Qu'importe? il vous suffit de savoir que leur heure est arrivée. Si vous voulez élever la voix pour prier, ne craignez rien. Ces sons inaccoutumés seront écoutés avec respect, même ici. Oui, et ces mécréans qui vous entourent si hardiment, se jetteront à genoux dans un morne silence, comme s'ils étaient touchés de vos saintes paroles. D'un geste, je saurai bien faire taire l'incrédulité et prévenir les railleries. Parlez sans crainte.

— Fléau des mers! dit en commençant l'aumônier dont les traits pâles et glacés d'horreur brillaient en ce moment d'une sainte indignation; violateur effronté des droits de l'homme! contempteur audacieux des ordres de votre créateur! une rétribution terrible vengera ce crime! N'est-ce pas assez d'avoir aujourd'hui frappé déjà tant de victimes? êtes-vous encore altéré de sang? Tremblez! le moment arrivera où, dans la justice du Tout-Puissant, ces crimes retomberont sur votre tête!

— Regardez! dit le Corsaire en souriant, quoique à travers ce sourire on pût distinguer quelque chose de hagard dans l'expression de sa figure ; voilà les preuves de la manière dont le Ciel protége le bon droit.

— Quoique sa justice terrible se cache pendant quelque temps dans les profondeurs d'une sagesse impénétrable, ne te trompe pas! l'heure n'est pas éloignée où elle saura t'atteindre, et...

L'aumônier ne put continuer ; sa voix expira sur ses lèvres, car ses yeux venaient de tomber sur le cadavre inanimé de Bignall, qui n'était qu'à demi caché sous le pavillon que le Corsaire lui-même avait jeté sur le corps. Alors rassemblant toute son énergie, il ajouta, dans le langage simple et expressif qui convenait à son ministère : — On me dit que votre cœur n'est pas tout-à-fait fermé à tout sentiment d'humanité ; que de meilleurs principes y ont germé autrefois ; que la semence existe encore, et il serait possible...

— Paix! vous parlez en vain. Remplissez votre devoir envers ces hommes, ou taisez-vous.

— Leur destin est-il irrévocable ?

— Oui !

— Qui l'a dit ? demanda une voix basse qui, frappant l'oreille du Corsaire, parut faire glisser un frisson mortel jusque dans les replis les plus secrets de son être. Mais ce mouvement de faiblesse cessa avec la surprise qui l'avait occasioné, et il répondit avec calme et presque au même instant :

— La loi!

— La loi! répéta la gouvernante. Comment ceux qui bouleversent tout, qui méprisent toutes les institutions humaines, peuvent-ils parler de la loi. Dites, si vous le voulez, que c'est une implacable, une affreuse vengeance, mais ne profanez pas le saint nom de la loi. Je m'écarte de l'objet qui m'amène : on m'a parlé de l'horrible scène qui se prépare, et je viens vous offrir la rançon des coupables. Fixez-la vous-même ; qu'elle soit digne de celui que nous rachetons. Un père reconnaissant donnera volontiers toute sa fortune pour celui qui a sauvé son enfant.

— Si l'or peut racheter leur vie, interrompit le Corsaire avec la rapidité de la pensée, il y en a ici par monceaux, et tout prêts à donner. Qu'en disent nos gens ? Veulent-ils accepter une rançon?

Une courte pause suivit ; puis un murmure bas et sinistre s'éleva dans une foule, indiquant la répugnance qu'elle éprouvait à renoncer à la vengeance. Le Corsaire jeta un regard méprisant sur les figures atroces qui l'environnaient, ses lèvres remuèrent fortement; mais, comme s'il dédaignait de s'interposer davantage, il n'articula rien; puis se tournant vers le prêtre, il dit avec le sang-froid étonnant qui le caractérisait :

— N'oubliez pas vos saintes fonctions : les momens sont précieux.

Après avoir dit ces mots, il se retirait à l'écart, à l'exemple de la gouvernante qui avait baissé son voile pour ne point voir un spectacle aussi révoltant, lorsque Wilder lui adressa la parole :

— Je vous remercie du fond du cœur de ce que vous étiez prêt à faire pour moi, lui dit-il; mais si vous voulez que rien ne trouble mes derniers momens, que je reçoive encore de vous une promesse solennelle avant de mourir.

— Laquelle ?

— Promettez que les personnes qui sont venues avec moi dans votre vaisseau pourront le quitter, sans qu'il leur soit fait aucun mal.

— Promettez, Walter, dit une voix solennelle du milieu de la foule.

— Je le promets.

— Je ne demande rien de plus. — Maintenant, digne ministre du Ciel, remplissez les devoirs de votre saint ministère près de mes compagnons. Leur ignorance a besoin d'être éclairée. Quant à moi, si je quittais la scène brillante du monde sans penser avec la plus vive reconnaissance à l'Être qui, comme je l'espère humblement, m'appelle à un héritage mille fois plus précieux, mon aveuglement serait volontaire et mon crime sans rémission. Mais ces malheureux pourront trouver quelque consolation dans vos prières.

Au milieu d'un silence profond et presque effrayant, l'aumônier s'approcha des deux matelots. Le peu d'importance dont ils étaient auprès de Wilder avait été cause qu'ils n'avaient point été observés pendant la plus grande partie de la scène précédente, et des changemens matériels s'étaient effectués, sans qu'on y eût fait attention, dans leur position respective. Fid était assis sur le pont, son collet déboutonné, le cou entouré de la corde fatale, soutenant la tête du nègre, presque insensible, qu'il avait placée sur ses genoux avec une tendresse et une attention particulière.

— Cet homme du moins trompera la malice de ses ennemis,

dit le prêtre en prenant la main raboteuse du nègre entre les siennes; le terme de son humiliation et de ses souffrances approche; il sera bientôt hors de l'atteinte de l'injustice des hommes. Ami, quel est le nom de votre compagnon ?

— Il importe peu que vous héliez de telle ou telle manière un homme qui se meurt, répondit Richard en secouant tristement la tête. Il a été couché sur les registres du vaisseau sous le nom de Scipion l'Africain, venant, comme vous savez, de la côte de Guinée. Appelez-le donc Scipion si vous voulez, et il vous comprendra bien.

— A-t-il reçu le baptême ? Est-il chrétien ?

— S'il ne l'est point, je ne sais pas qui diable le serait! reprit Richard avec une aigreur qui pouvait paraître un peu hors de saison. L'homme qui sert son pays, qui est bon camarade, et qui n'a pas d'infirmité naturelle, je l'appelle un saint, en tant qu'il s'agit simplement de religion. Eh ! Guinée, mon brave, donne une poignée de main à l'aumônier, si tu t'appelles chrétien. Un cabestan ne roule pas un câble plus promptement que le poignet de ce nègre ne l'aurait fait il y a seulement une heure ; et à présent vous voyez à quoi un géant peut être réduit !

— Son dernier moment approche en effet. Offrirai-je une prière pour le salut de l'âme qui va s'envoler ?

— Je n'en sais rien, je n'en sais rien, répondit Fid, avalant ses paroles, et prononçant un hem ! sonore et vigoureux, comme aux plus beaux jours de sa jeunesse. Lorsqu'il reste si peu de temps à un pauvre diable pour dire ce qu'il a sur son cœur, le mieux est peut-être de le laisser parler, s'il peut en venir à bout. Il peut lui venir à l'esprit quelque chose qu'il serait bien aise d'envoyer à ses amis d'Afrique ; auquel cas il nous faudrait chercher un messager convenable. — Ah! qu'y a-t-il, mon brave? Vous voyez qu'il cherche déjà à débrouiller quelques-unes de ses idées.

— Maître Fid, lui prendre le collier, dit le nègre en s'efforçant d'articuler.

— Oui, oui, dit Richard en s'éclaircissant de nouveau la gorge, et en regardant fièrement à droite et à gauche, comme s'il cherchait quelque objet sur lequel il pût exercer sa vengeance. Oui, oui, Guinée, mettez-vous l'esprit en repos sur ce point, et, pour ce qui est de cela, sur tous les autres. Vous aurez un tombeau ni plus ni moins profond que la mer, et un enterrement chrétien, mon garçon, si ce ministre que voici veut faire sa besogne. Tous les petits messages que vous pourriez avoir pour vos amis seront mis sur le livre de loch, et des mesures sont prises pour qu'ils parviennent à leurs oreillee. Vous avez eu bien des temps orageux, Guinée; et quelques ouragans ont sifflé sur votre tête, que peut-être vous auriez évités, si votre couleur avait été d'une nuance ou deux moins foncée. Quant à cela, il se peut que je vous aie moi-même mené un peu trop par la bride, camarade, lorsque j'étais par trop porté à me glorifier de ma couleur, ce que je prie le Seigneur de me pardonner d'aussi bon cœur que je suis sûr que vous le pardonnerez à Fid.

Le nègre fit un effort inutile pour se soulever, et sa main cherchait celle de son compagnon, tandis qu'il disait :

— Monsieur Fid demander pardon à pauvre noir! Maître en haut pardonner tout, monsieur Richard; lui plus penser à rien.

— S'il est vrai, ce sera ce que j'appelle une chose diablement généreuse, répondit Richard dont la conscience et les sentimens se trouvaient remués d'une manière qui ne lui était pas ordinaire. Il y a l'affaire de m'avoir tiré si courageusement du fond de l'eau, qui n'a jamais été, non plus, convenablement réglée entre nous; et une foule d'autres petits services de même genre; dont, voyez-vous, je ne suis pas fâché de vous remercier, pendant qu'il en est temps encore. Car, qui sait si jamais nos noms seront encore portés sur les registres du même vaisseau?

Un faible signe que son compagnon essaya de faire fut cause que le vieux matelot s'arrêta pour essayer de l'interpréter de son mieux. Grace à la connaissance qu'il avait du caractère de l'individu, il parait qu'il y réussit sans peine, car il ajouta presque aussitôt, comme s'il lui répondait :

—Eh bien! eh bien, c'est possible qu'ils le soient. Je suppose en effet que là haut ils casent les gens à peu près dans le même ordre qu'ils se trouvent ici-bas; de sorte qu'après tout, nous pourrions être à portée de nous héler l'un l'autre. Notre ordre de départ est signé à tous deux, quoiqu'il paraisse que vous deviez filer votre câble avant que ces coquins soient prêts à me hisser là-haut, et que par conséquent vous aurez sur moi l'avantage du vent. Je ne dirai pas grand chose sur les signaux qu'il pourra être nécessaire de faire pour nous reconnaître par là-bas, attendu que je suis bien sûr que vous n'oublierez pas monsieur Harry, à cause du petit avantage que vous avez de partir le premier; et comme je suis bien décidé à suivre d'aussi près que possible son sillage, j'aurai le double avantage de savoir que je suis dans la bonne route, et de vous rencontrer...

— Ce sont des pensées coupables et non moins contraires à votre bonheur futur qu'à celui de votre malheureux ami, interrompit l'aumônier. Il doit placer sa confiance dans un être bien différent dans tous ses attributs de votre officier, qu'il ne s'agit ici de suivre ni d'imiter; mettez votre confiance en un autre...

— .....Si je le fais, puissé-je...

— Paix ! dit Wilder : le nègre voudrait me parler.

Scipion avait tourné les yeux du côté de son officier, et il faisait de nouveau un faible effort pour étendre la main. Wilder lui ayant avancé la sienne, le nègre réussit à la porter à ses lèvres, puis il raidit, par un mouvement convulsif, ce bras d'Hercule, qu'il avait employé si récemment et avec tant de succès pour la défense de son maître, et il retomba presque aussitôt lourdement, quoique son œil éteint cherchât encore la figure de celui qu'il avait si long-temps aimé, et qui, au milieu de toutes ses souffrances, ne lui avait jamais refusé un regard de bienveillance ou de compassion. De sourds murmures suivirent cette scène, puis des plaintes moins déguisées leur succédèrent, jusqu'à ce que plusieurs exprimassent à haute voix leur mécontentement que la vengeance fût différée si long-temps.

— Il faut en finir avec eux, s'écria une voix de mauvais présage. — A la mer le cadavre, et à la vergue le vivant !

— Oui dà, s'écria Fid d'un ton si énergique que même le plus audacieux de la troupe en fut un moment frappé; qui oserait jeter un marin dans la mer avant que ses paupières soient encore fermées, lorsque ses dernières paroles retentissent encore aux oreilles de ses camarades ? Ah ! vous croyez nous garrotter si facilement, gauches de maladroits que vous êtes ! Tenez, voilà pour vos nœuds et pour vos liens tout à la fois !

En disant ces mots, le vieux matelot rassemblant toutes ses forces, rompit les cordes avec lesquelles on lui avait attaché les coudes, et il appliqua le corps du nègre contre le sien avec tant de rapidité et d'adresse que ses paroles n'en éprouvèrent pas d'interruption. — Où est celui, dans toute votre troupe de fainéants, qui pourrait se comparer à mon Scipion pour la force ou pour l'agilité ? En est-il un parmi vous tous qui donnerait ses rations pour qu'un camarade malade fît un meilleur repas, ou qui ferait une double corvée pour épargner le bras débile d'un ami ? Et maintenant tirez la corde, et remerciez le ciel de ce que les honnêtes gens sont à la place que vous devriez occuper, pendards que vous êtes.

— Finissons-en ! cria Nighthingale en accompagnant sa voix d'un coup aigu de son sifflet; qu'ils prennent leur passe-port pour le ciel !

— Arrêtez ! s'écria l'aumônier saisissant heureusement la corde avant qu'elle eût accompli son fatal office; au nom de celui dont le plus endurci de vous tous peut avoir besoin un jour d'implorer la merci, accordez encore une seule minute. Que veulent dire ces mots? mes yeux ne me trompent-ils pas? Arche de Lynn-Haven.

— Oui, oui, dit Richard, desserrant un peu la corde afin de parler plus librement, et transportant de sa boîte à sa bouche ce qui lui restait de tabac à mâcher : vous qui êtes un savant fieffé, il n'est pas étonnant que vous les ayez déchiffrés si aisément, quoiqu'ils aient été tracés par une main qui n'était pas très forte sur l'écriture.

— Mais d'où viennent ces mots ? et pourquoi ont-ils été tracés de cette manière en caractères indélébiles sur votre peau ? — Patience, hommes, monstres! démons! voudriez-vous envier à un homme qui va mourir même une minute de ce temps précieux qui nous devient si cher à nous tous, au moment où la vie va nous quitter ?

— Accordez encore une minute ! dit une voix sourde par derrière.

— D'où viennent ces mots, vous dis-je ? répéta l'aumônier.

— Ce n'est ni plus ni moins que la manière dont fut couchée sur le livre de loch une certaine circonstance qui maintenant ne sert plus à rien, attendu que ceux qu'elle concernait principalement vont partir pour leur dernière croisière. Le nègre a parlé du collier, mais alors il pensait que je pourrais rester au port, tandis qu'il naviguerait entre le ciel et la terre, pour chercher son dernier ancrage.

— Que dois-je croire? s'écria la voix tremblante et étouffée de Mrs Wyllys. O Merton ! pourquoi ces questions ? mon désespoir était-il donc prophétique? la nature fait-elle connaître si mystérieusement ses droits ?

— Calmez-vous, ma chère dame ! prenons garde de nous laisser abuser par de simples apparences. Arche de Lynn-Haven était le nom d'une propriété dans les îles appartenant à un de mes meilleurs amis, et ce fut là que je reçus et que je mis à bord d'un vaisseau le précieux dépôt que vous confiâtes à mes soins, mais....

— Parlez, s'écria la dame en s'élançant vers Wilder dans une sorte de frénésie; et, saisissant la corde qui, un instant auparavant, avait été serrée fortement autour de son cou, elle la détacha avec une adresse presque surnaturelle. Ce n'était donc pas le nom d'un vaisseau.

— D'un vaisseau! non certainement. Mais pourquoi ces craintes, ces espérances?

— Le collier! le collier! que parliez-vous de collier?

— Oh! ce n'est pas qu'il puisse servir à grand'chose à présent, répondit Fid qui suivit avec beaucoup de sang-froid l'exemple de Wilder, en profitant de ce que ses bras étaient libres pour ôter la corde qui lui ôtait la respiration, sans faire attention à un mouvement que plusieurs de ses bourreaux firent pour l'en empêcher, mais qui fut réprimé par un regard de leur chef; — je vais commencer par me débarrasser de cette corde, parce qu'il n'est ni sûr ni décent, pour un ignorant comme moi, de s'embarquer sur une mer inconnue avant son officier. Le collier n'était tout bonnement que celui d'un chien, et on peut le voir sur le bras de Guinée, qui était, sous bien des rapports, un homme dont on pourrait chercher long-temps le pareil inutilement.

— Lisez, dit la gouvernante dont les yeux se couvraient d'un nuage; lisez, ajouta-t-elle en montrant d'une main tremblante au ministre l'inscription qui était tracée sur la plaque.

— Grand Dieu! qu'est-ce que je vois! « Neptune, appartenant à Paul de Lacey! »

Un cri perçant s'échappa des lèvres de la gouvernante; ses mains s'élevèrent un instant vers le ciel, comme pour y porter le tribut de reconnaissance qui oppressait son cœur: puis, revenant à elle, elle pressa tendrement Wilder contre son sein, tandis qu'elle s'écriait avec l'accent irrésistible de la nature :

— Mon enfant! mon enfant! vous ne voudriez pas, vous n'oseriez pas arracher à une mère si long-temps malheureuse son unique enfant. Rendez-moi mon fils, mon noble fils! et je fatiguerai le ciel de mes prières pour vous. Vous êtes braves, et vous ne sauriez être sourds à la voix de la pitié. Vous êtes des hommes qui avez toujours vécu en présence de la majesté de Dieu, et il est impossible que vous ne reconnaissiez pas ici sa main. Donnez-moi mon enfant, et je vous abandonne tout le reste. Il est d'une race qui s'est illustrée sur les mers, et il n'est point de marin qui ne doive s'intéresser à lui. La veuve de de Lacey, la fille de —, implore votre pitié. Leur sang réuni coule dans ses veines, et vous ne le verserez pas! Une mère s'incline devant vous dans la poussière pour vous demander la grâce de son fils. Oh! rendez-moi mon enfant! mon enfant!

Lorsque les derniers accens de la suppliante se furent dissipés dans les airs, il régna sur le vaisseau un silence qu'on aurait pu comparer au calme religieux qui s'empare de l'ame du pécheur lorsqu'elle s'ouvre à de meilleurs sentimens. Les flibustiers farouches se regardèrent les uns les autres d'un air indécis, la nature se manifestant jusque sur leurs traits durs et insensibles. Cependant le désir de la vengeance était trop fortement enraciné dans leurs cœurs pour en sortir au premier mot, et le résultat aurait été douteux, si un homme n'avait tout à coup reparu au milieu d'eux, qui n'avait jamais donné un ordre en vain, et qui savait calmer ou exciter leur fureur à volonté. Pendant une demi-minute, il regarda autour de lui, le cercle s'élargissant de plus en plus devant un regard qui avait une expression telle que ceux qui étaient depuis le plus long temps sous ses ordres ne lui en avaient jamais vu de semblable. Ses traits étaient aussi pâles que ceux de la mère au désespoir. Trois fois ses lèvres s'ouvrirent, sans qu'il sortît aucun son de sa bouche. Enfin la foule attentive et respirant à peine, entendit une voix où au ton du commandement se mêlait une émotion profonde.

—Dispersez-vous! dit-il en faisant de la main un geste auquel on ne pouvait se méprendre; vous connaissez ma justice, mais vous savez aussi que je veux être obéi. Demain vous apprendrez mes volontés!

CHAPITRE XXXII.

« C'est lui! il a encore cette empreinte que la sage nature a mise sur son front, pour qu'elle servît aujourd'hui à le faire reconnaître. »
SHAKSPEARE.

Ce lendemain arriva, et il éclaira une scène bien différente de celles que nous avons décrites. *Le Dauphin* et *le Dard* voguaient de conserve, vergue à vergue, *le Dard* portant de nouveau le pavillon d'Angleterre, tandis que *le Dauphin* n'en avait aucun. Les avaries causées par l'ouragan et par le combat avaient été assez bien réparées pour que les deux vaisseaux pussent paraître à des yeux ordinaires, également prêts à affronter les dangers de l'océan et ceux de la guerre. Une longue raie bleue de vapeurs, qui s'étendait au nord, annonçait le voisinage de la terre ; et trois ou quatre légers bâtimens côtiers du pays, qui naviguaient à peu de distance, attestaient qu'il n'y avait rien d'hostile dans les projets actuels des flibustiers.

Quels étaient ces projets ? C'était encore un secret enseveli dans le sein du Corsaire. Le doute, la surprise, la méfiance, se peignaient tour à tour sur les traits non seulement de ses prisonniers, mais même des gens de son équipage. Pendant toute la longue nuit qui avait succédé aux événemens de la journée importante qui venait de s'écouler, on l'avait vu arpenter la poupe dans un morne silence. Le peu de mots qu'il avait proférés n'étaient que pour diriger les mouvemens du vaisseau : et lorsque quelqu'un se hasardait, dans un autre motif, à s'approcher de lui, un geste auquel personne n'osait désobéir lui assurait la solitude qu'il désirait. Une ou deux fois le jeune Roderick se glissa à ses côtés ; mais il faisait si peu de bruit, retenait avec tant de soin son haleine, qu'on eût dit quelque ange gardien qui veillait sur l'objet de ses soins.

Cependant lorsque le soleil se leva brillant et radieux du sein des eaux de l'Orient, un coup de canon fut tiré pour appeler un bâtiment côtier, et l'amener à bord du *Dauphin* ; et alors tout parut faire croire que le rideau allait se lever sur la dernière scène du drame. Après avoir fait ranger l'équipage sur le pont, le Corsaire, ayant auprès de lui sur la poupe les principaux de ses prisonniers, parla aux premiers en ces termes :

— La même fortune nous a unis depuis bien des années, et nous sommes depuis long-temps soumis aux mêmes lois. Si j'ai été prompt à punir, j'ai toujours été prêt à obéir. Vous ne pouvez m'accuser d'injustice. Mais le pacte est rompu à présent ; je reprends ma parole et je vous rends la vôtre. — Pas un mot ! pas un murmure ! Notre association cesse et nos lois n'existent plus. Telles étaient nos conventions. Je vous donne votre liberté, et ce que je demande en retour est peu de chose. Pour que vous n'ayez aucun sujet de vous plaindre; je vous abandonne mes trésors. Voyez, ajouta-t-il en se levant, cette enseigne sanglante avec laquelle il avait si souvent bravé le pouvoir des nations, pour laisser voir des monceaux de ce métal qui gouverne depuis si long-temps le monde; voyez ! tout cela était à moi; c'est maintenant à vous. Ces richesses seront transportées à bord de ce bâtiment côtier; là vous les partagerez entre vous comme vous le jugerez convenable; je vous en laisse les maîtres. Allez ; la terre est proche. Dispersez-vous, dans votre intérêt même. N'hésitez pas ; car sans moi, vous savez bien que ce croiseur royal serait bientôt maître de vous. Le vaisseau m'appartient déjà ; de tout le reste, je ne vous demande que ces prisonniers pour ma part. Adieu !

Une muette stupeur suivit cette allocution inattendue. Il y eut bien un instant quelques dispositions à la révolte ; mais le Corsaire avait trop bien pris ses mesures pour que la résistance fût possible. *Le Dard* était droit par le travers de leur vaisseau, tous les canonniers à leur poste et mèche allumée. Surpris, n'étant pas préparés, sans chef pour les conduire, toute opposition aurait été de la folie. A peine furent-ils revenus de leur étonnement, que chaque flibustier courut rassembler ses effets personnels et les transporter à bord du bâtiment côtier. Lorsque tous, à l'exception de l'équipage d'une seule chaloupe, eurent quitté *le Dauphin*, l'or qui leur avait été promis leur fut envoyé, et alors le bâtiment encombré s'éloigna précipitamment pour chercher l'abri de quelque crique secrète. Pendant cette scène le Corsaire avait gardé un silence de mort. Il se retourna alors vers Wilder, et, faisant un effort pour commander à ses sentimens, il lui dit:

— Maintenant il faut aussi nous séparer. Je recommande mes blessés à vos soins ; il a fallu les laisser auprès de vos chirurgiens. Je sais que vous n'abuserez pas de ma confiance.

— Ma parole est garante de leur sûreté, répondit le jeune de Lacey.

— Je vous crois. — Madame, ajouta-t-il en s'approchant de la plus âgée des deux dames, avec un mélange singulier d'amitié et d'incertitude, si un homme proscrit et coupable peut encore vous adresser la parole, accordez-moi une faveur.

— Laquelle? une mère n'a rien à refuser à celui qui a épargné son fils.

— Eh bien ! lorsque vous prierez le Ciel pour ce fils, n'oubliez

pas qu'il est quelqu'un à qui vos prières peuvent êtres aussi utiles !
Mais c'est assez. Maintenant, ajouta-t-il en regardant autour de
lui d'un air qui annonçait qu'il était déterminé à triompher de la
lutte qui se livrait dans son cœur, quelque effort qu'il dût lui en
coûter, et, en jetant un coup d'œil de regret sur ces ponts déserts
qui, si récemment encore, étaient bruyans et animés, maintenant,
oui, maintenant, il faut nous séparer ! La barque nous attend.

Wilder eut bientôt conduit sa mère et Gertrude dans la pinasse ;
mais il restait encore sur le tillac.

— Et vous, dit-il au Corsaire, que deviendrez-vous ?

— Je serai bientôt... oublié. — Adieu !

Le Corsaire lui fit signe de s'éloigner, et le jeune homme, après
lui avoir serré la main, monta sur la barque.

Lorsque Wilder se retrouva sur son vaisseau, dont la mort de
Bignall lui avait laissé le commandement, il donna aussitôt l'ordre de déployer les voiles, et de gouverner vers le port le plus voisin de son pays. Tant qu'il fut possible de distinguer les mouvemens de l'homme qui restait sur le tillac du *Dauphin*, aucun regard
ne put se détacher du vaisseau qui était toujours immobile à la
même place, comme s'il y eût été mis par quelque fée comme un
modèle parfait de construction. Une forme humaine marchait légèrement sur la poupe, et auprès d'elle on en voyait une autre
qui semblait comme l'ombre en raccourci de la première. A la fin
la distance absorba ces images indistinctes, et l'œil chercha en vain
à apercevoir ce qui se passait dans l'intérieur du vaisseau.

Mais les doutes furent bientôt éclaircis ; un trait de flamme partit tout à coup du tillac, s'élançant fièrement de voile en voile. Un
épais nuage de fumée sortit des flancs du vaisseau, puis le bruit
terrible de l'artillerie se fit entendre. Alors succéda le spectacle
terrible, et pourtant attrayant, d'un vaisseau qui brûle en pleine
mer. Tout fut terminé par un immense dais de fumée qui s'éleva
majestueusement vers le ciel, et par une explosion qui, malgré
l'éloignement, fit trembler les voiles du *Dard*, comme si les vents
alizés abandonnaient leur direction éternelle. Lorsque le nuage
eut quitté l'Océan, on ne vit au-dessous qu'un espace vide, et personne n'aurait pu reconnaître la place où cette merveille de l'art
avait flotté si récemment. Quelques matelots grimpés au haut des
mâts, et à l'aide de lunettes, crurent bien distinguer une espèce
de tache sur la mer ; mais était-ce une chaloupe, ou quelques débris du vaisseau, c'est ce qu'on ne sut jamais.

Depuis ce temps l'histoire du redoutable Corsaire Rouge se perdit par degrés dans les incidens plus nouveaux de ces mers fécondes en souvenirs; mais long-temps près, le marinier, pour abréger les longs quarts de la nuit, racontait encore des entreprises d'une audace incroyable qu'on disait avoir été exécutées sous ses auspices. La rumeur publique ne manquait pas de les embellir et de les dénaturer, jusqu'à ce que le caractère, et le nom même du Corsaire, fût confondu avec ceux des auteurs d'atrocités semblables. Il se passait aussi des scènes d'un intérêt plus noble et plus relevé sur le continent occidental, bien propres à effacer le souvenir d'une légende qui, aux yeux de bien des personnes, passait pour bizarre et improbable. Les colonies anglaises de l'Amérique septentrionale s'étaient révoltées contre la métropole, et, après une longue guerre, la question allait se décider en leur faveur, Newport, où se passe la première scène de cette histoire, avait été occupé successivement par les troupes du roi et par celles de ce monarque qui avait envoyé l'élite de ses chevaliers pour aider à dépouiller son rival de ses vastes possessions.

Ce beau port avait reçu des flottes ennemies, et les paisibles maisons de campagne avaient souvent retenti des cris de joie et de débauche des jeunes officiers. Plus de vingt ans s'étaient écoulés après les événemens rapportés dans ce volume, lorsque Newport célébra dans ses murs un nouveau jour de fête et de nouvelles réjouissances. Les forces combinées des alliés avaient forcé le chef le plus entreprenant des troupes anglaises à se rendre, lui et son armée. On croyait que la lutte était terminée, et les dignes habitans avaient, suivant leur usage, manifesté leur joie par les démonstrations les plus positives. Néanmoins les réjouissances cessèrent avec le jour, et, lorsque la nuit commença à venir, la petite ville reprit sa tranquillité toute provinciale. Une belle frégate, qui était à l'endroit même où le vaisseau du Corsaire a été vu pour la première fois, avait déjà baissé les nombreux étendards dont elle avait orné ses mâts pour célébrer la fête. Un pavillon de couleurs diverses, et portant une constellation d'étoiles nouvelles et brillantes, flottait seul à son pic. Précisément dans cet instant un autre croiseur, mais beaucoup moins grand, entra dans la rade, portant aussi les couleurs des nouveaux états. Ayant la marée contraire, et abandonné par la brise, il jeta bientôt l'ancre dans le détroit, entre Connecticut et Rhodes, et l'on vit une barque conduite par six rameurs vigoureux, se diriger vers le port intérieur. Lorsqu'elle s'approcha d'un quai retiré et solitaire, celui qui s'y trouvait seul pour observer ses mouvemens put distinguer qu'elle contenait une litière fermée par des rideaux, et une seule femme. Avant que la curiosité, qu'un pareil spectacle était de nature à exciter dans l'âme d'un spectateur tel que celui dont nous parlons, eût le temps de s'épuiser en conjectures, les rames furent jetées dans la barque qui avait touché les piliers, les matelots prirent la litière, et, accompagnés de la dame, ils vinrent s'arrêter devant lui.

— Dites-moi, je vous prie, dit une voix qui peignait la douleur et la résignation, le capitaine de marine, Henry de Lacey, a-t-il une résidence dans la ville de Newport ?

— Oui, il en a une, répondit le vieillard à qui la dame s'était adressée, il en a une, et on pourrait même dire qu'il en a deux, puisque cette frégate n'est pas moins à lui que la maison sur la colline ici tout près.

— Vous êtes trop âgé pour nous accompagner jusque-là, mais si quelqu'un de vos petits enfans, ou quelque garçon de votre connaissance pouvait nous y conduire, voilà de quoi le payer de sa peine.

— Le Seigneur vous conserve, mylady! reprit l'autre en jetant un regard oblique sur la dame, comme pour s'assurer qu'elle avait droit à ce titre, et en mettant soigneusement dans sa poche la petite pièce d'argent qu'elle lui offrait. Tout vieux que je suis, et quoique un peu cassé par suite d'aventures et de malheurs de tout genre, tant sur mer que sur terre, je n'en serai pas moins charmé de faire quelque chose pour une personne de votre condition. Suivez-moi, et vous verrez que votre pilote connaît bien la route.

Tout en disant ces mots, le vieillard prit les devans, et les matelots le suivirent, la dame marchant toujours à côté de la litière, l'air triste, abattu et en silence.

— Si vous avez besoin de vous rafraîchir, dit leur guide en se tournant pour leur montrer une maison, voilà une auberge bien connue, et qui, dans son temps, était fort fréquentée des marins. Le voisin Joram et l'*Ancre Dérapée* ont eu leur réputation, tout comme le plus grand guerrier de la terre, et quoique l'honnête Joë ait été moissonné par la récolte générale, la maison n'en est pas moins solide que le premier jour où il y est entré. Il a fait une bonne fin, et il est bon pour le pauvre pêcheur d'avoir de pareils exemples devant les yeux.

Quelques sons bas et étouffés sortirent de la litière; mais quoique le guide s'arrêtât pour écouter, ils ne furent suivis d'aucun autre indice qui pût lui révéler quelle était la personne qui s'y trouvait.

— Le malade souffre, reprit-il; mais les peines du corps et les afflictions de la chair doivent avoir leur cours. J'ai vécu pour voir sept cruelles et sanglantes guerres, dont j'espère humblement que celle qui est déchaînée aujourd'hui sera la dernière. Quant aux aventures prodigieuses dont j'ai été témoin, et aux dangers personnels que j'ai courus, jamais yeux n'ont vu, jamais langue n'a redit rien de pareil.

— Le temps vous a traité avec bien de la rigueur, mon ami, dit la dame d'une voix douce : cet or peut ajouter quelques jours plus tranquilles à ceux qui sont déjà passés.

Le vieux boîteux, car l'âge n'était pas la seule infirmité de leur conducteur, reçut le présent avec reconnaissance, trop occupé à en calculer la valeur pour s'occuper plus long-temps de la conversation. Ce fut donc au milieu d'un profond silence que les étrangers arrivèrent à la porte de la maison qu'ils cherchaient.

Il faisait nuit alors, le léger crépuscule de la saison ayant disparu pendant que les porteurs de la litière gravissaient la colline. Le guide frappa plusieurs coups à la porte, et on lui dit alors qu'il pouvait se retirer.

— Je connais mon monde, répondit-il, et je sais fort bien que le marin prudent ne renvoie le pilote que lorsque le vaisseau est bien amarré. Peut-être la vieille dame de Lacey est-elle sortie, peut-être le capitaine lui-même...

— Il suffit; voilà quelqu'un qui répondra à toutes nos questions.

En effet, la porte venait de s'ouvrir, et un homme parut sur le seuil, une lumière à la main. Ce n'était pas que son aspect fût des plus encourageans. Un certain air qu'il est aussi difficile d'affecter que de prendre, annonçait en lui un fils de l'océan, tandis qu'une jambe de bois, qui servait à soutenir une partie d'un corps robuste et vigoureux, prouvait que ce n'était pas sans payer de sa personne qu'il avait acquis l'expérience de son pénible état. Il y avait dans sa figure, tandis qu'il levait la lumière en l'air pour examiner le groupe qui était en dehors, quelque chose de dogmatique, de renfrogné, et même d'un peu fier : cependant il ne fut pas long à reconnaître le vieux boiteux, et il lui demanda sans cérémonie le motif de ce qu'il appelait une pareille bourrasque nocturne.

— C'est un marin blessé, répondit la dame d'une voix si plaintive et si tremblante qu'elle adoucit à l'instant le cœur du cerbère maritime, qui vient demander l'hospitalité à un de ses frères. Nous voudrions parler au capitaine Henry de Lacey.

— Alors vous avez jeté la sonde au bon endroit, madame, reprit le vieux matelot, comme maître Paul, que voici, vous le dira au nom de son père, non moins qu'en celui de la chère dame sa mère, sans oublier la vieille madame la grand'mère, qui n'est pas non plus un poisson d'eau douce, celle-là.

— Ils seront charmés de vous recevoir, dit un beau jeune homme d'environ dix-sept ans, dont le costume annonçait qu'il commençait déjà son éducation de marin, et qui regardait avec curiosité par-dessus l'épaule du vieux matelot ; je vais aller prévenir mon père ; et vous, Richard, préparez sans délai un appartement convenable pour nos hôtes.

Cet ordre, donné avec l'assurance de quelqu'un qui était habitué à agir par lui-même et à parler d'un ton d'autorité, fut exécuté à l'instant. L'appartement choisi par Richard était le parloir ordinaire de la maison. En quelques instans la litière y fut déposée, les porteurs se retirèrent, et la dame resta seule avec le matelot qui n'avait pas hésité à leur faire un accueil si cordial. Celui-ci s'occupa à préparer des lumières et à faire un bon feu de bois, ayant soin de ne laisser aucun vide dans la conversation, pour faire paraître moins long le temps qui dut s'écouler avant l'arrivée de ses maîtres.

Bientôt une porte du fond s'ouvrit, et le jeune homme que nous avons déjà nommé entra suivi des trois principaux habitans de la maison.

Le premier était un homme de moyen âge, portant le petit uniforme de capitaine de marine des nouveaux états. Son regard était calme et sa démarche encore ferme, quoique le temps et les fatigues eussent commencé à parsemer sa tête de cheveux gris. Il portait un bras en écharpe, preuve qu'il avait servi tout récemment ; sur l'autre s'appuyait une dame dont les joues fraîches et vermeilles et l'œil vif et brillant lui donnaient encore des droits incontestables à la beauté. Derrière eux venait une autre dame dont la démarche était plus chancelante, mais dont les traits calmes et doux annonçaient un soir paisible après un long jour d'orage. Tous les trois saluèrent poliment la dame étrangère, en ayant la délicatesse de ne pas se presser de lui demander le motif de sa visite. Cette réserve était nécessaire, car à l'agitation extraordinaire qu'elle éprouvait, et qui la faisait trembler de tous ses membres, il était évident qu'elle avait besoin d'un peu de temps pour se remettre et pour rassembler ses pensées.

Elle pleura long-temps et avec amertume, comme si elle eût été seule, et elle n'essaya de parler que lorsqu'un plus long silence eût pu paraître équivoque. Alors essuyant ses larmes, et levant un front qui portait l'empreinte de la souffrance aussi bien que de la douleur, elle parla pour la première fois à ses hôtes interdits.

— Cette visite doit vous paraître bien étrange, dit-elle; mais quelqu'un dont la volonté a toujours fait ma loi, a voulu être amené ici.

— Et pourquoi? demanda le capitaine avec douceur, remarquant que la voix lui manquait déjà.

— Pour mourir!

A cette réponse prononcée d'une voix défaillante, tous ses auditeurs tressaillirent. Le capitaine se leva, et s'approchant de la litière, il en tira doucement le rideau, montrant à tous ceux qui étaient dans la salle les traits de la personne qui y était renfermée. Un rayon d'intelligence parut animer le regard qui répondit au sien, quoique la pâleur de la mort ne fût que trop visiblement empreinte sur la figure du blessé. Son œil seul semblait encore tenir à terre; car tandis que tous ses organes semblaient déjà froids et glacés, son regard conservait encore quelque force, quelque sentiment et même une sorte de feu.

— Est-il quelque chose que nous puissions faire pour vous procurer quelque soulagement? demanda le capitaine de Lacey après une pause longue et solennelle, pendant laquelle tous ceux qui entouraient la litière contemplèrent tristement le lugubre spectacle du flambeau de la vie qui s'éteint.

Le sourire du mourant était effrayant, quoiqu'il s'y mêlât une expression singulière de tendresse et de douleur. Il ne répondit pas, mais ses yeux parcoururent successivement toutes les figures, jusqu'à ce qu'ils restassent fixes, comme par une espèce de charme, sur la plus âgée des deux dames. Ils y rencontrèrent un regard non moins fixe, non moins animé ; et la sympathie puissante qui existait entre eux deux était si évidente, qu'elle ne put échapper à l'observation du capitaine et de sa femme.

— Ma mère, dit le premier avec l'accent d'une tendre inquiétude, ma mère, qu'avez-vous ?

— Henry ! Gertrude ! s'écria la mère respectable en étendant les bras vers ses enfans, comme pour leur demander de la soutenir, mes enfans, les portes de votre maison ont été ouvertes à une personne qui a droit d'y entrer. Oh ! c'est dans ces momens terribles, lorsque les passions sont éteintes et que notre faiblesse paraît dans tout son jour, c'est dans ces momens d'agonie et de souffrance que la nature se fait entendre avec tant de force, qu'il est impossible de méconnaître sa voix. Elle me parle par cette bouche presque éteinte, par ces traits presque défigurés, sur lesquels il ne reste qu'un dernier air de famille !

— De famille ! s'écria le capitaine de Lacey : notre hôte nous est-il allié...

— C'est mon frère ! répondit la dame en laissant retomber sa tête sur son sein, comme si cette parenté ne lui causait pas moins de peine que de plaisir.

L'étranger, trop accablé lui-même pour parler, fit un signe d'assentiment, mais sans détourner un seul instant les yeux qui semblaient devoir rester fixés à la même place, tant qu'il lui resterait un souffle de vie.

— Votre frère ! s'écria son fils avec une surprise qui n'avait rien d'affecté. Je savais que vous aviez eu un frère, mais je croyais que vous l'aviez perdu de bonne heure.

— Je le crus long-temps moi-même, quoique souvent d'affreux pressentimens du contraire soient venus m'assiéger. Mais à présent ces joues creuses, ce visage éteint me parlent un langage qu'il m'est impossible de ne pas entendre. La pauvreté et l'infortune nous ont séparés pendant la vie, et je suppose que l'erreur qui m'abusait nous était commune.

Le malade blessé essaya de faire un signe de tête pour exprimer qu'elle ne se trompait pas.

— Il n'est plus possible d'en douter ! Henry, l'étranger est ton oncle, mon frère, autrefois mon pupille !

— J'aurais voulu le voir dans des circonstances plus heureuses, répondit l'officier avec la franchise d'un marin ; mais, en tout temps, votre frère est le bienvenu dans cette maison. La pauvreté du moins ne vous séparera plus.

— Regardez, Henry! Gertrude! ajouta la mère en portant la main sur sa figure tandis qu'elle parlait. Ces traits ne vous sont pas inconnus. Ne vous rappellent-ils pas quelqu'un que vous avez redouté, que vous avez aimé?

Ses enfans restèrent muets de surprise, et tous deux regardèrent si long-temps le blessé que leur vue finit par se troubler. Alors se fit entendre une voix basse, mais distincte, qui les fit tressaillir, et tous leurs doutes se dissipèrent à l'instant.

— Wilder, dit le blessé en réunissant le peu de forces qui semblaient lui rester, je suis venu vous demander le dernier service.

— Le capitaine Heidegger! s'écria l'officier.

— Le Corsaire Rouge! murmura la jeune Mrs de Lâcey reculant involontairement d'un pas d'un air d'effroi.

— Le Corsaire Rouge! répéta son fils, se rapprochant au contraire de la litière, par un mouvement de curiosité irrésistible.

— Le voilà enfin coffré! dit effrontément Richard en s'avançant vers le groupe, sans abandonner les pincettes dont il avait toujours fait mine de se servir pour avoir un prétexte de rester dans l'appartement.

— J'ai caché pendant long-temps ma honte et mon repentir, dit le mourant lorsque la première surprise fut un peu calmée, mais cette guerre m'a fait sortir de ma retraite. Notre pays avait besoin de nous deux, et tous deux nous l'avons servi. Vous avez pu lui offrir ouvertement votre bras; mais une cause si sainte ne devait pas être souillée par un nom comme le mien. Puisse le peu que j'ai fait de bien ne pas être oublié lorsque le monde parlera de mes méfaits! — Ma sœur! mon amie! pardon[1]!

— Puisse le Dieu de miséricorde, en voyant son repentir, lui pardonner sa vie orageuse! s'écria Mrs de Lacey en se jetant à genoux, les yeux baignés de larmes, et en levant ses mains vers le ciel. — O mon frère! mon frère! vous connaissez le saint mystère de notre rédemption, et il n'est pas besoin de vous rappeler sur quel appui vous devez mettre vos espérances de pardon!

— Si je n'eusse jamais oublié ces principes, mon nom pourrait

---

[1] L'auteur n'a pas cru devoir dire, mais nous supposons que la dame qui paraît dans cette dernière scène n'est autre que celle qui, sous le nom de Roderick, a partagé, vingt ans auparavant, la fortune du Corsaire. — ED.

encore être prononcé avec honneur ; mais, Wilder ! ajouta-t-il avec une énergie effrayante, Wilder !

Tous les yeux se tournèrent avidement sur lui. Sa main tenait un rouleau qui lui avait servi comme d'oreiller. Faisant un effort surnaturel, et se soulevant sur la litière, il le déploya tout à coup, et l'on vit flotter ce pavillon de l'indépendance, où brillaient les couleurs nationales sur un champ bleu parsemé d'étoiles, tandis qu'un rayon de triomphe éclairait jusqu'aux moindres traits de sa figure comme aux plus beaux jours de son orgueil !

— Wilder ! répéta-t-il avec un sourire convulsif, nous triomphons !

A ces mots il retomba sans mouvement, l'expression du triomphe s'éteignant dans celle de la mort, comme un nuage obscurcit la brillante clarté du soleil [1].

[1] Marin avant d'être auteur, c'est avec un véritable amour que M. Cooper peint les scènes nautiques : c'est avec le même charme qu'il entraîne son lecteur avec lui sur l'immense océan, après l'avoir guidé à travers ces steppes ou prairies sans culture des déserts américains appelés si poétiquement, par M. de Chateaubriand, *Arabie verte*. Ce charme, cet entraînement, cet intérêt sont si forts, qu'on se croit naturellement initié à ces termes techniques de la mer dont un lecteur de sang-froid pourrait trouver que M. Cooper abuse dans ce dernier ouvrage. En relisant *le Corsaire Rouge*, nous avons été plus d'une fois tentés d'expliquer par des notes certains de ces termes avec lesquels nous sommes peu familiers; mais ces notes, pour être complètes, seraient trop nombreuses, et devraient être trop souvent répétées, car la mémoire sert mal dans une langue qu'on entend parler pour la première fois. Notre tâche consiste pour ainsi dire, dans ce commentaire, à éclaircir pour le lecteur les passages auxquels une allusion locale, ou une citation littéraire donnerait en français une *étrangeté* un peu obscure. Ici les compatriotes de l'auteur ne sont guère plus avancés que nous : il faut se résigner à consulter soi-même son glossaire, et excuser le Traducteur comme l'Éditeur s'ils n'ont pas toujours trouvé l'équivalent de telle ou telle expression de la marine américaine, qui peut-être n'en a pas même dans l'*anglais* des marins d'Angleterre.—Ed.

FIN DU CORSAIRE ROUGE.

www.ingramcontent.com/pod-product-compliance
Lightning Source LLC
Chambersburg PA
CBHW070541230426
43665CB00014B/1769